LEXICOLOGIE

SÉMANTIQUE, MORPHOLOGIE, LEXICOGRAPHIE

LEXICOLOGIE

SÉMANTIQUE, MORPHOLOGIE, LEXICOGRAPHIE

ALISE LEHMANN
FRANÇOISE MARTIN-BERTHET

CURSUS LETTRES

Conception graphique :

ISBN : 978-2-200-27675-1

www.armand-colin.com

© Armand Colin, 2013

Internet : http//www.armand-colin.com

Armand Colin Éditeur • 21, rue du Montparnasse • 75006 Paris

SOMMAIRE ||||||||||||||||||||||||||||||||||||||||||||||||||||||||||||||||||

DEUXIÈME PARTIE
MORPHOLOGIE LEXICALE

TROISIÈME PARTIE
ÉLÉMENTS DE LEXICOGRAPHIE

Introduction ▌237
Lexicographie, métalexicographie, dictionnairique ▌237

AVANT-PROPOS ||||||||||||||||||||||||||||||||||||||||||||||||||||

Objet de la lexicologie

La *lexicologie* a pour tâche d'inventorier les unités qui constituent le lexique, et de décrire les relations entre ces unités.

Le lexique en effet n'est pas une simple liste qu'on ne pourrait ordonner que par l'ordre alphabétique ; il s'organise sur les deux plans du sens et de la forme :

> – la *sémantique lexicale* étudie l'organisation sémantique du lexique : elle analyse le sens des mots et les relations de sens qu'ils entretiennent entre eux ;
> – la *morphologie lexicale* étudie l'organisation formelle du lexique : elle analyse la structure des mots et les relations de forme et de sens qui existent entre eux.

Ces deux aspects concourent à construire une structure complexe, elle-même insérée dans l'ensemble du système de la langue.

Relations avec les autres domaines

Le lexique est lié à la *syntaxe*, puisque les mots sont employés dans des phrases.

Le sens des énoncés n'est pas seulement fait du sens des mots qui les composent : il dépend aussi de la syntaxe de la phrase et de la situation d'énonciation. La *sémantique lexicale* est donc une partie de la *sémantique*, étude du sens.

La forme des mots variables est en partie liée à leur emploi dans la phrase : cette variation, appelée *flexion* (conjugaison, déclinaison, variation en nombre et en genre), est l'objet de la *morphologie flexionnelle*. La *morphologie lexicale* est donc une partie de la *morphologie*, étude de la forme des mots. L'opposition entre *morphologie flexionnelle* et *morphologie lexicale* correspond à l'opposition entre *grammaire* et *lexique*.

Domaines voisins

Le lexique est partiellement représenté et décrit dans les dictionnaires : on appelle *lexicographie* la fabrication et l'étude des dictionnaires. La *lexicologie* et la *lexicographie* se sont constamment inspirées mutuellement, mais l'objet « langue » et l'objet « dictionnaire » sont de nature différente.

On distingue le lexique général, ou commun, et les lexiques de spécialité (disciplines scientifiques, techniques, métiers, secteurs d'activité, etc.) : l'étude des lexiques de spécialité est la *terminologie*.

Enfin, les mots sont attestés dans des textes ou discours, et l'étude des textes a pu privilégier ce niveau d'analyse : la *lexicologie* a, par là, partie liée avec la *stylistique* et l'*analyse de discours*. L'un des outils de ces disciplines est la *lexicométrie*, ou *statistique lexicale*, qui mesure la fréquence des mots dans un texte ou un ensemble de textes (corpus). On oppose parfois *lexique* de la langue et *vocabulaire* d'un texte ou d'un discours.

Dans ce livre, on s'en tiendra au lexique général dans sa forme écrite.

Cette 4e édition comporte trois parties.

Dans les deux premières parties, on s'efforce de dégager les fonctionnements *sémantiques* et *morphologiques* fondamentaux, en les illustrant par de nombreux exemples ; sans retracer l'histoire des idées sur le lexique, on indique autant que possible l'origine des notions issues des traditions philosophique, rhétorique et grammaticale, ou des développements plus récents de la linguistique.

Le point de vue est synchronique ; cependant, les faits diachroniques peuvent être évoqués quand ils apportent un argument à l'analyse ou qu'ils permettent de mieux comprendre la terminologie héritée de la tradition historique.

Des exercices d'application permettent de vérifier les notions acquises et de les affiner, à l'occasion des problèmes particuliers rencontrés.

À l'issue des deux premières parties, l'exercice consistant à étudier des mots dans un texte, comme le demandent notamment les épreuves de français moderne des concours de recrutement des professeurs de français, met en jeu l'ensemble des notions de sémantique et de morphologie.

Dans la troisième partie, on aborde les représentations du lexique données par les dictionnaires avec des éléments de *lexicographie*.

La première partie, *Sémantique lexicale*, a été rédigée par A. Lehmann.

La deuxième partie, *Morphologie lexicale*, a été rédigée par F. Martin-Berthet.

Dans la troisième partie, *Éléments de lexicographie*, les chapitres 10 et 11 ont été rédigés par F. Martin-Berthet ; le chapitre 12 a été rédigé par A. Lehmann.

MOT ET LEXIQUE

I. LE MOT
II. LE LEXIQUE

I. LE MOT

Chaque domaine de la linguistique doit définir son unité : les unités de la phonétique et de la phonologie sont le *son* et le *phonème* ; l'unité de la syntaxe est la *phrase* ; l'unité du lexique est communément appelée *mot*. L'identité d'un mot est constituée de trois éléments : une forme, un sens et une classe syntaxique.

> « Un mot résulte de l'association d'un sens donné à un ensemble de sons donnés susceptible d'un emploi grammatical donné. »
>
> A. MEILLET, *Linguistique historique et linguistique générale*,
> Paris-Genève, Champion-Slatkine, 1982 (1912), p. 30

À ces trois aspects correspondent trois types de difficultés pour définir le mot et établir la liste des unités du lexique.

A. LA CLASSE SYNTAXIQUE

Dans la définition du mot par Antoine Meillet citée ci-dessus, l'expression « emploi grammatical » désigne la classe syntaxique par laquelle le mot s'intègre à la phrase. En français, la tradition grammaticale reconnaît huit *classes de mots*, appelées aussi *parties du discours* : nom, verbe, adjectif, déterminant, pronom, adverbe, préposition et conjonction.

L'expression traditionnelle *parties du discours* est le calque du latin *partes orationis*, où *partes* signifie « parties » par rapport au « tout » de l'énoncé (*oratio*) ; ce sont les unités constituantes de la phrase. On peut parler aussi de *catégories morphosyntaxiques* (puisque des traits morphologiques interviennent dans leur définition, à savoir la variation en genre, en nombre, en personne) ou de *catégories grammaticales* ; mais ce dernier terme a aussi un autre sens : il désigne les catégories notionnelles qui ont une expression grammaticale, comme le temps, la personne, le genre, le nombre.

Dans la tradition de la grammaire scolaire, la classe du mot est sa <u>nature</u> (opposé à *fonction*).

Les mots comme *allô !*, *ouf !*, *chut !* sont recueillis dans une neuvième classe, celle des *interjections* ; mais il ne s'agit pas d'une classe de mots semblable aux autres : ce sont des mots qui sont des phrases (ou mots-phrases) et non des constituants de la phrase.

Certaines formes correspondent à plusieurs classes et ont des sens tout à fait distincts, comme *boucher* nom et *boucher* verbe. (Du point de vue diachronique, ils ont des origines différentes.) Ce sont donc deux mots différents qui sont *homonymes* (cf. chap. 5, I).

L'un des mots peut être dérivé de l'autre : seule la classe change, le sens étant globalement conservé ; par exemple, *déjeuner* nom dérive de *déjeuner* verbe. C'est une *conversion* (cf. chap. 8, II).

La forme *faux* peut être : a) un adjectif qualificatif (*une fausse note, ce passeport est faux*) ; b) un adverbe (*il chante faux* ; on parle aussi d'adjectif employé comme adverbe) ; c) un nom (*ce document est un faux*), qui vient de l'adjectif ; d) un autre nom homonyme (*couper l'herbe à la faux*, en relation avec le verbe *faucher*), qui n'a aucun rapport de sens avec le précédent (et qui a une autre origine).

De plus, certains mots ont plusieurs **emplois** pour une même classe, c'est-à-dire qu'ils entrent dans plusieurs constructions et contextes sans changement de classe. Par exemple, le verbe *casser* a un emploi transitif (*casser une vitre*) et un emploi intransitif (*la branche casse*) ; le *café* que l'on boit n'est pas celui où l'on va ; un *pauvre* homme n'est pas un homme *pauvre* ; le dérivé *pauvreté* est lié à ce second emploi. La différence de sens liée à la différence d'emploi est plus ou moins importante (cf. ci-dessous B.1.) ; mais chaque emploi est isolable comme un item déterminé.

B. LE SENS

1. MOTS HOMONYMES ET MOT POLYSÉMIQUE

À certaines formes de même classe correspondent plusieurs sens. Ainsi, *bise* signifie « vent du nord » ou « baiser » ; *perle* signifie « petite boule de nacre » ou « personne remarquable (dans sa partie) » ou encore « erreur ridicule (dans un texte) ». On devrait alors, pour s'en tenir à la définition donnée, considérer qu'il y a autant de mots différents que de sens différents (*homonymie*) ; dans le deuxième cas pourtant (*perle*), la notion d'un lien métaphorique entre les différents sens pourra suggérer que c'est un mot unique qui a plusieurs acceptions (*polysémie*). Il est souvent difficile de trancher avec la seule intuition sémantique (cf. chap. 5). Il y a des contextes différents (*cette femme est une perle, un collier de perles* ; cf. ci-dessus *emplois*) mais aussi des contextes communs, non discriminants (on peut par exemple *avoir perdu* ou *rechercher* une *perle* dans les deux cas).

> Dans la terminologie Sens-Texte, on appelle *lexies* les acceptions d'un *vocable* polysémique[1].

2. MOTS PLEINS ET MOTS VIDES

Certains mots dits *vides* n'ont pas de sens par eux-mêmes : il s'agit surtout des **mots grammaticaux** (prépositions, conjonctions, déterminants, pronoms), opposés aux **mots lexicaux** ou *mots pleins* (noms, adjectifs, verbes, adverbes ; on parle aussi de *catégories majeures*). Ceux-ci ont un sens plus autonome et une référence : ils renvoient à un objet ou une notion définissable (cf. chap. 2).

> On appelle *grammaticalisation* le « passage d'un mot autonome au rôle d'élément grammatical[2] », c'est-à-dire le fait qu'un mot lexical devienne grammatical ou acquière un emploi grammatical, avec une perte de sens. Par exemple, les formes verbales de participe présent *pendant* (verbe *pendre*) et *durant* (verbe *durer*) donnent des prépositions : *pendant ce temps, durant cette période* ; le verbe de mouvement *aller* devient un auxiliaire de futur proche : *je vais partir dans cinq minutes* ; le nom *question* « a donné naissance à une nouvelle préposition : *question chômage, c'est catastrophique*[3] ».

Cependant, les mots grammaticaux sont plus ou moins vides : par exemple, certaines prépositions ont un sens spatial particulier (*sur, devant*). D'autre part, le statut grammatical implique moins l'absence de sens qu'un mode de signification : le mot grammatical a un sens très abstrait, il concourt à l'interprétation de la phrase en mettant en relation les mots lexicaux. On opposera alors *sens grammatical* et *sens lexical*.

---

1. I. Mel'čuk, A Polguère, *Lexique actif du français*, Bruxelles, De Boeck, 1 vol., 2007, p. 17.
2. A. Meillet, *Linguistique historique et linguistique générale*, Paris-Genève, Champion-Slatkine, 1982 (1912), p. 130-133.
3. Ch. Marchello-Nizia, *Grammaticalisation et changement linguistique*, Bruxelles, De Boeck-Duculot, 2ᵉ éd., 2009, p. 15.

Dans une terminologie plus récente, on oppose *sens instructionnel* (consistant plutôt en « instructions » guidant la mise au point du sens des mots et de la phrase) et *sens référentiel* ou *descriptif* (consistant à décrire les propriétés d'un référent ; cf. chap. 2, 1)[1].

C. LA FORME

1. MOT FLÉCHI

Les mots variables ont plusieurs formes : ils ont une **flexion** (conjugaison, déclinaison, variation en genre et en nombre). Les différentes formes du mot variable sont aussi des mots : on peut parler du mot *grand* (adjectif), en tant qu'unité lexicale abstraite transcendant ses formes observables dans les phrases (*grand, grande, grands, grandes*), et du mot *grands* dans la phrase : *Les enfants sont grands* ; ou du mot *partir* (verbe) et du mot *partirons* dans la phrase : *Nous partirons à midi.*

On utilise conventionnellement l'une des formes du mot variable pour le nommer en tant qu'unité lexicale : le masculin singulier des mots variables en genre et en nombre, le singulier des mots variables en nombre, l'infinitif des verbes et le cas sujet des mots à déclinaison.

Cette forme est celle qui sert d'**adresse** (ou **entrée**) dans les dictionnaires (sauf indication de la variation en genre et en nombre par l'entrée : *blanc, blanche* ; *œil, yeux* ; cf. chap. 12, I C), ou de **lemme** dans le domaine du traitement automatique du langage. La **lemmatisation** consiste à indexer les différentes formes fléchies sous cette forme unique.

Si une des formes ou si chaque forme a un sens particulier, elle acquiert le statut d'unité lexicale différente. Cela arrive souvent avec la variation en genre : par exemple, *cuisinière* « appareil » n'est pas la forme féminine de *cuisinier* « humain » ; *loup* « demi-masque noir » n'est pas la forme masculine de *louve* « animal » ; *couturier* et *couturière* désignent des métiers différents. Le nombre peut aussi être concerné : on distinguera *la vacance* (d'un poste) et *les vacances* (les congés).

On utilise souvent le terme **lexème** (par analogie avec *phonème* et *morphème*) pour référer à l'unité lexicale abstraite. Ce terme est opposé à *mot-forme* ou *lexe* (cf. l'opposition *morphème/morphe*, cf. chap. 7, I) chez I. Mel'čuk[2].

1. (Cf. G. Kleiber, *Problèmes de sémantique. La polysémie en questions*, chap. 1 ; chap. 3, 3.)
2. I. Mel'čuk, *Cours de morphologie générale*, Presses de l'Université de Montréal-CNRS Éditions, vol. I, 1993.

2. MOT GRAPHIQUE

Fur, guingois, guise, plupart sont des mots graphiques : ils sont délimités à l'écrit par les blancs. Ce sont d'anciens noms. Aujourd'hui, ce ne sont plus des unités lexicales : les unités intégrantes de la phrase sont les expressions complexes dont ils font partie : adverbes, ou locutions adverbiales (*de guingois, au fur et à mesure, à ma, ta, sa... guise*) ; préposition, ou locution prépositionnelle (*en guise de*) ; conjonction, ou locution conjonctive (*au fur et à mesure que*) ; déterminant ou pronom indéfinis (*la plupart de* article N, *la plupart*).

Pomme, de et *terre* sont trois unités lexicales du français ; *pomme de terre* en constitue une quatrième, composée des précédentes.

L'orthographe ne délimite pas toujours les mots (unités lexicales) ; l'identification et la délimitation de ceux qui sont composés de plusieurs mots graphiques, ou mots **polylexicaux**, doivent se faire d'après des critères linguistiques (cf. chap. 9, I).

> Inversement, un mot graphique peut comprendre plusieurs unités de sens : on peut comparer par exemple *hypersensible* et *très sensible* ; d'où la recherche d'une unité minimale dotée de sens indépendante du découpage graphique (*morphème*, cf. chap. 7, I).

II. LE LEXIQUE

L'ensemble des mots d'une langue constitue son lexique.

Cet ensemble est structuré par des relations entre ses unités ; il se diversifie selon un certain nombre de variables ; il n'est pas clos, et ses contours ne sont pas fixés de manière absolue.

A. LES RELATIONS

1. RELATIONS PARADIGMATIQUES ET SYNTAGMATIQUES

Les unités de la langue sont reliées entre elles par deux grands types de relations :
- les *relations* (ou *rapports*) **syntagmatiques** sont des relations d'enchaînement (ou concaténation) et de contiguïté : *le + livre, lire + un + livre* ; un *syntagme* est un groupement d'unités (*le livre, lire un livre, le livre de ton ami*) ;
- les *relations* (ou *rapports*) **paradigmatiques** sont des relations d'équivalence ; un *paradigme* est l'ensemble des unités substituables dans un même enchaînement syntagmatique : par exemple, *le/un/ce/mon/chaque*, etc. (*livre doit être lu*) ; *lire un(e) livre/texte/roman/note/affiche*, etc.

Chaque point d'une séquence d'unités est le croisement d'un *axe vertical* (*paradigmatique*), où est sélectionnée l'unité, et d'un *axe horizontal* (*syntagmatique*), où les unités se placent les unes à la suite des autres, en raison de la *linéarité* du langage.

« Le signifiant, étant de nature auditive, se déroule dans le temps seul et a les caractères qu'il emprunte au temps : a) il représente une étendue, et b) cette étendue est mesurable dans une seule dimension : c'est une ligne. » L'écriture « substitue la ligne spatiale des signes graphiques à leur succession dans le temps. »

F. de Saussure, *Cours de linguistique générale*, Payot, 1995 [1916], première partie, chap. 1, p. 103

L'opposition entre *paradigme* et *syntagme* est issue d'une « dichotomie saussurienne » voisine mais différente, où les rapports « verticaux » sont dits **associatifs** et sont indépendants des rapports horizontaux syntagmatiques : « les mots offrant quelque chose de commun s'associent dans la mémoire, et il se forme ainsi des groupes au sein desquels règnent des rapports très divers ». Par exemple, *enseignement* entre dans les *séries associatives* : a) *enseignement, enseigner, enseignons*, etc. ; b) *enseignement, armement, changement*, etc. ; c) *enseignement, instruction, apprentissage, éducation*, etc. Le *rapport associatif* unit des termes *in absentia* dans une série mnémonique virtuelle. « Le *rapport syntagmatique* est *in praesentia* : il repose sur deux ou plusieurs termes également présents dans une série effective » ; son support est l'étendue. Ces deux ordres « correspondent à deux formes de notre activité mentale, toutes deux indispensables à la vie de la langue[1] ».

Le terme *syntagme* désigne chez Saussure toute combinaison d'unités consécutives : *re-lire, contre tous, la vie humaine, Dieu est bon, s'il fait beau, nous sortirons*[2], etc. Il désigne aujourd'hui un groupe de mots.

Le terme **paradigme**, emprunté au grec ancien, vient de la grammaire, où il signifie :
1. « exemple », « modèle » (c'est le sens du mot en grec) ; c'est le mot type, celui qui sert de modèle pour présenter une conjugaison ou une déclinaison : par exemple, *chanter* est le paradigme des verbes du premier groupe ; en latin *rosa* est le paradigme de la première déclinaison des noms ;
2. « liste close de formes fléchies » (conjugaison, déclinaison), par exemple, les formes du verbe *chanter* au présent de l'indicatif ; on passe de l'exemple à ce qu'il exemplifie, par métonymie.

Le point commun entre ces sens en grammaire et le sens linguistique évoqué ci-dessus est la notion de rapports « verticaux » et « *in absentia* » par opposition aux rapports syntagmatiques, « horizontaux » et « *in praesentia* ».

2. *RELATIONS SÉMANTIQUES, MORPHOLOGIQUES, SYNTAXIQUES*

Le terme **relations lexicales** (relations entre les mots) désigne communément les **relations de sens** entre mots de même classe syntaxique et sans lien morphologique :

---

1. F. de Saussure, *Cours de linguistique générale*, Payot, 1995, deuxième partie, chap. 5, p. 170-175.
2. *Ibid.*, p. 170.

synonymie, antonymie, hyperonymie et hyponymie, méronymie et holonymie (cf. chap. 4). Une relation sémantique comme l'antonymie est lexicale (*grand/petit*) ou morphologique (*juste/injuste*). Une certaine synonymie peut exister aussi entre mots de classe syntaxique différente, comme entre un verbe et un nom d'action ; elle est lexicale (*tomber* sujet humain et *chute*) ou morphologique (*chuter* et *chute*) (cf. chap. 8, I B 2).

Les **relations morphologiques** sont des relations de forme et de sens : elles ont lieu entre un mot simple et les mots construits qu'il produit (dérivés, composés) et entre les mots construits de même structure (cf. deuxième partie, *Morphologie lexicale*).

Les **relations syntaxiques** sont des relations combinatoires (*syntagmatiques*) de *construction* (comme entre un verbe et le type sémantique de nom qu'il accepte comme objet : par exemple, *écrire* + *lettre, livre, message*, etc.) et de *collocation* (une peur intense est une peur *bleue* ; cf. chap. 4, II A). Ce sont aussi les relations paradigmatiques de classe et sous-classe (nom, nom d'animé, verbe, verbe intransitif, etc.).

Ces trois types de relations sont intimement liés et diversement cumulés. La combinatoire syntaxique est associée à des compatibilités sémantiques. Une relation de forme sans relation de sens est purement *phonétique* (et graphique) et relève de la *paronymie* ou de l'*homonymie* (cf. chap. 5, I). Les relations morphologiques portent sur des *emplois* définis syntaxiquement (cf. *supra* A ; chap. 8, I B 1). Une relation comme celle entre un verbe et le nom d'action synonyme concerne à la fois le sens et la syntaxe.

> **Fonctions lexicales.** La théorie Sens-Texte regroupe les liens entre les mots en deux grands types : les *dérivations sémantiques* et les *collocations*.
>
> Les *dérivations sémantiques* comprennent non seulement les relations de sens classiquement répertoriées (telles que synonymie, antonymie) mais aussi le changement de classe grammaticale (*marchander/marchandage, vendre/vente, frapper/coup* ; *terre/terrestre, ville/urbain*), et la relation situation/élément de situation, participant (actant) ou circonstant (*nager/nageur, dormir/lit*). Elles sont ou non morphologiques : la notion subsume l'opposition entre sémantique et morphologie en faisant dominer la sémantique. On traduit aussi en termes sémantiques une relation qui a une expression syntaxique, celle entre verbe/actant/circonstant.
>
> Les *collocations* associent une base à ses collocatifs : ex. *dormir* : *comme une souche*.
>
> Ces liens sont représentés comme des *fonctions* (au sens mathématique) appliquées à des *arguments* : « instrument » (*couper*) > *couteau, hache*, etc. ; « intensificateur » (*méchant*) > *comme la gale, comme une teigne*[1].

---

1. Cf. I. Mel'čuk, A. Polguère, *Lexique actif du français*, p. 18-23.

B. LES VARIABLES

1. LES DOMAINES

Le lexique général est commun à tous les locuteurs ; les *lexiques de spécialité* sont liés à un *domaine* : science (chimie, astronomie), science et technique (informatique), métier (menuiserie), activité (jardinage), métier et activité (politique), etc. L'étude des lexiques de spécialité est la *terminologie*.

2. LES USAGES

Une langue vit longtemps et peut être parlée dans un espace très étendu : l'usage du lexique varie selon deux facteurs principaux, qui sont le temps et le lieu. Il se diversifie aussi selon les groupes sociaux et la situation de communication.

La variation **diachronique** a lieu dans le temps. Si un fonds stable demeure depuis les débuts du français, le lexique du français contemporain n'est pas identique à celui des périodes précédentes : certains mots anciens ne sont plus utilisés ni compris (ex. *malandrin*) ; des mots nouveaux, ou *néologismes*, apparaissent (ex. *zapper*). Cette variation est sensible entre les générations.

La variation **diatopique** a lieu dans l'espace. Les régions de France et les pays de la francophonie présentent des mots qui leur sont propres : ainsi *cheni* « saleté, désordre », *panosse* « serpillière » sont employés en Savoie et en Suisse ; *magasiner* est un québécisme qui signifie « aller faire des achats dans les magasins ».

La variation **diastratique** est liée aux groupes sociaux (représentés comme des *strates*) : certaines façons de parler sont considérées comme « populaires », d'autres au contraire comme marquant l'appartenance à un milieu social favorisé et cultivé. Certains groupes ont des argots spécifiques (« argot des malfaiteurs », argot scolaire, verlan des « jeunes des cités »). Cependant, la détermination sociale impliquée par cette notion est moins facile à appliquer au lexique qu'à d'autres aspects du langage, comme la prononciation ou la syntaxe.

La variation **diaphasique** (-*phas*- « parler », ex. *aphasie*) est liée à la situation de communication, qui sera plus ou moins familière ou formelle, induisant un vocabulaire plus ou moins familier ou recherché chez un même locuteur ou entre des locuteurs non différenciés par les autres facteurs.

Les dimensions *diastratique* et *diaphasique* ont des expressions voisines ; elles sont souvent confondues et exprimées en termes de *registres* ou de *niveaux de langue*. La *diastratie* est aussi *diatopie* dès lors que les groupes sociaux sont séparés dans l'espace : c'est ce que montre une expression comme « langage des cités ». Les classes d'âge (« langage des jeunes ») concernent la *diachronie* et la *diaphasie*. Les notions de *strates* et de *niveaux* peuvent véhiculer une dimension hiérarchique et une attitude normative, au détriment de leur vocation descriptive.

La description des usages est complexe, comme le montrent les marques lexicographiques courantes, qui se fondent sur des critères divers : situation de communication (*familier*), attitude de l'énonciateur (*péjoratif*), jugement moral ou esthétique (*vulgaire*), etc. La marque *littéraire* est tantôt une marque de domaine (elle réfère à un type de texte), tantôt une marque de registre (signifiant « soutenu »). Un terme comme *populaire* signifie plutôt « très familier » que « utilisé par les classes populaires ». (Cf. chap. 11, I B ; chap. 12, II.)

> Le terme *diachronique* est, chez Saussure, opposé à *synchronique*. Les autres termes ont été forgés pour rendre compte de la variation synchronique. Les termes *diatopique* et *diastratique* sont dus au Norvégien Leiv Flydal. Eugenio Coseriu les reprend et introduit le terme *diaphasique*[1] pour traiter plus spécifiquement des registres liés aux situations de communication, tels que « usuel », « solennel », « familier ». Toutefois, les aspects sociaux et les niveaux de langue étant très mêlés, on utilise couramment aujourd'hui *diastratique* de façon extensive. Pour un développement de cette nomenclature, voir Fr.-J. Haussman, *Encyclopédie internationale de lexicographie*[2].

Les mots attachés à l'usage d'un temps, d'un lieu ou d'un registre sont dits *marqués*, par opposition à un fonds commun *non marqué*.

3. LA FRÉQUENCE

Un petit nombre de mots très fréquents constituent un noyau autour duquel se superposent des couches de fréquence moindre, jusqu'aux mots très rares et aux *hapax*, qui sont les mots dont on a une seule attestation. La fréquence est évaluée intuitivement par les locuteurs d'après leur expérience : par exemple, chacun sent que *quand* est plus fréquent que *lorsque*. La fréquence est une donnée objective quand elle est tirée de l'observation des occurrences du mot dans un *corpus*, ou ensemble de textes ; mais elle est alors dépendante de ce corpus. Les moyens informatiques permettent aujourd'hui de réunir des corpus suffisamment importants pour fournir une bonne image de la fréquence des mots. Pour le français, on dispose notamment, grâce au laboratoire ATILF (Analyse et traitement informatique de la

1. E. Coseriu, « Structure lexicale et enseignement du vocabulaire », *Les Théories linguistiques et leurs applications*, Conseil de la coopération culturelle, AIDELA, Nancy, 1967, p. 33.
2. Fr.-J. Haussman, *Encyclopédie internationale de lexicographie*, Berlin/New York, Walter de Gruyter, 1989-1991, t. I, p. 649-657.

langue française, CNRS-Université Nancy 2, www.atilf.fr), de la base FRANTEXT, qui rassemble un très grand nombre de textes à dominante littéraire.

> Les expressions *mot courant* ou *sens courant* sont ambiguës parce qu'elles peuvent renvoyer aux trois variables évoquées ci-dessus : *courant* peut s'opposer à : 1) *spécialisé*, 2) *marqué*, 3) *rare*. La rareté est d'ailleurs souvent liée au caractère spécialisé ou marqué.
> Le terme *registre* est parfois utilisé de manière extensive, renvoyant à tous les aspects indiqués ici (domaine, usage, fréquence).

> La *fréquence absolue* est le nombre d'occurrences dans un corpus. La *fréquence relative* est rapportée à la longueur du corpus.
> Le *TLF, Trésor de la langue française, Dictionnaire de la langue du XIXe et du XXe siècles* (www.atilf.fr/tlfi), donne à la fin de certains articles la fréquence absolue de l'entrée dans les textes littéraires et les fréquences relatives dans les quatre demi-siècles, d'après le *Dictionnaire des fréquences, Vocabulaire littéraire des XIXe et XXe siècles* d'É. Brunet[1].
> Dans *Le Vocabulaire français de 1789 à nos jours, d'après les données du Trésor de la langue française* (Slatkine-Champion, 1981), t. II, É. Brunet donne les fréquences des 6 700 mots de fréquence absolue supérieure à 500 dans FRANTEXT, par genre et par période.
> J. Picoche et J.-Cl. Rolland, pour établir la nomenclature de leur *Dictionnaire du français usuel* (De Boeck-Duculot, 2002), sont partis des 907 mots de fréquence supérieure à 7 000 dans la liste d'É. Brunet, pour sélectionner 442 entrées consistant en mots lexicaux hyperfréquents et polysémiques qui conduisent, par leurs relations sémantiques et morphologiques, à un lexique de 15 000 mots.

Il faut noter que des mots usuels dans les échanges quotidiens apparaissent peu dans les listes statistiques, parce que leur apparition est liée à des thèmes ou à des situations : c'est le cas notamment des noms d'objet comme *livre*, *chaise*. Aussi, lorsqu'on a cherché dans les années 1950 à établir un « français fondamental » pour l'enseignement, a-t-on corrigé la fréquence par la *disponibilité*, évaluée par des enquêtes auprès d'un échantillon de locuteurs[2].

> L'étude des phénomènes de fréquence lexicale dans les corpus est la *lexicométrie*, ou *statistique lexicale* (encore appelée *statistique linguistique* ou *linguistique quantitative*, dans la mesure où les comptages peuvent porter aussi sur des aspects morphosyntaxiques, comme les temps des verbes). Depuis

1. E. Brunet, *Dictionnaire des fréquences, Vocabulaire littéraire des XIXe et XXe siècles*, Paris, Didier, 1971.
2. G. Gougenheim, R. Michéa, P. Rivenc, A. Sauvageot, *L'Élaboration du français fondamental (1er degré)*, Didier, 1964.

P. Guiraud[1], elle a porté notamment en France sur des œuvres littéraires[2] et sur le vocabulaire politique[3]. Elle entre aujourd'hui dans le cadre plus général de la *linguistique de corpus*[4].

C. LES MARGES

Le lexique comporte à ses marges un ensemble flou de mots plus ou moins intégrables dont le statut est incertain.

1. NOMS PROPRES

On considère que, à la différence des noms communs et des autres mots de la langue, ils n'ont pas véritablement de sens, mais seulement un référent (cf. chap. 2), qui est une entité individuelle : par exemple, *Paris, la Loire, Zola*.

> Ce point a été débattu par la philosophie : pour certains, il y a un sens des noms propres, qui se constitue des caractéristiques de leur référent et se dégage de leurs emplois dans les discours. De plus, il existe des classes sémantiques de noms propres : noms de pays, prénoms, noms d'animaux domestiques, etc.

Certains noms propres entrent dans le lexique par leurs dérivés, qu'il s'agisse de noms de lieux (*français, parisien, savoyard*) ou de noms d'auteurs (*cornélien, rabelaisien, marxisme*) et de personnages (*gargantuesque, ubuesque*).

D'autres passent dans la langue en devenant des noms communs. C'est le cas des noms de personnages emblématiques désignant un type d'individu : un *don Juan* ou *don juan* est un séducteur, un *tartufe* ou *tartuffe* est un hypocrite, une *Lolita* ou *lolita* (du nom de l'héroïne éponyme du roman de Nabokov) est une « nymphette », un *Machiavel* est un « homme d'État sans scrupule », un *mécène* est une « personne fortunée qui, par goût des arts, aide les écrivains, les artistes » (définitions du *Petit Robert*). La rhétorique classique a répertorié ce fait dans les « figures de mots » sous le terme *antonomase*. Ils peuvent prendre la marque du pluriel (*les don Juan* ou *les dons juans, les Lolita* ou *les lolitas, les tartuffes, les Machiavels, les mécènes*) et donner des dérivés : *donjuanesque*

---

1. P. Guiraud, *Les Caractères statistiques du vocabulaire*, PUF, 1954 ; *Problèmes et méthodes de la statistique linguistique*, PUF, 1960.
2. Cf. Ch. Müller, *Étude de statistique lexicale, Le vocabulaire du théâtre de Pierre Corneille*, Slatkine, 1993 (Larousse, 1967) ; É. Brunet, *Le Vocabulaire de Jean Giraudoux, Structure et évolution*, Slatkine, 1978 ; É. Brunet, *Écrits choisis volume I : Comptes d'auteurs. Études statistiques. De Rabelais à Gracq*, textes édités par Damon Mayaffre, Champion, 2009.
3. Cf. M. Tournier et « groupe de Saint-Cloud », *La Parole syndicale : étude du vocabulaire confédéral des centrales ouvrières françaises, 1971-1976*, PUF, 1982 ; D. Mayaffre, *Le poids des mots. Le discours de droite et de gauche dans l'entre-deux-guerres*, Champion, 2000.
4. Cf. aussi É. Brunet, *Ce qui compte. Écrits choisis, tome II. Méthodes statistiques*, textes édités par C. Poudat, Champion, 2011.

et *donjuanisme, tartuf(f)erie, machiavélique* et *machiavélisme, mécénat*. Le passage à l'initiale minuscule ne se fait pas toujours (*Machiavel*) : la lexicalisation comporte des degrés ; l'allusion culturelle est plus ou moins présente, le registre est souvent soutenu.

> Certains auteurs parlent de *nom propre métaphorique,* par opposition aux *noms propres métonymiques* tels que un Picasso = « un tableau de Picasso ».
>
> Les noms de personnages emblématiques entrent aussi à titre de parangon dans des comparaisons figées à valeur intensive, appartenant là encore à un registre plutôt soutenu ; ils gardent alors la majuscule et la référence particulière : *fier comme Artaban, riche comme Crésus, vieux comme Hérode.*

Des noms d'inventeurs ou de responsables, généralement oubliés, deviennent par métonymie le nom de leur invention ou de l'objet qu'ils ont promu : *poubelle* (Eugène Poubelle, préfet de la Seine), *guillotine* (le Dr Guillotin).

Les noms de marque (noms déposés) s'intègrent au lexique ou aux phrases de deux manières différentes :

– ils servent à désigner un type de produit : *frigidaire, goretex, sopalin* ; cet emploi est critiqué par les puristes ;

– ils fonctionnent comme noms de sous-classes d'objets (*hyponymes*, cf. chap. 4, I A) : *rouler en Renault* (sorte de voiture), *mettre ses Nike* (sorte de chaussures), *être en Chanel* (sorte de vêtements) : dans ce cas, ils gardent leur majuscule, restent invariables, et les dictionnaires de langue ne les répertorient pas.

Inversement, des noms communs deviennent des noms propres : c'est le cas des noms d'événements ou de périodes (*la Renaissance*), ou encore d'institutions (*l'Assemblée nationale*).

2. MOTS ÉTRANGERS

Toute langue emprunte à d'autres une partie de son lexique. Les mots étrangers sont « hors système » : ils ont leurs particularités phonétiques et morphologiques. Les *emprunts* sont assimilés quand ils sont conformes aux structures du français (*sentimental*, par exemple, est un anglicisme daté de 1769), ou quand ils se coulent dans ses moules phonétiques, orthographiques et morphologiques : *beef-steak* devient *bifteck* ; *blog, look* donnent *blogueur, relooker*. En revanche, *apartheid* (afrikaans) ou *tchador* (persan) comportent des sons qui ne sont pas dans le phonétisme français. Nombre de mots étrangers peu utilisés restent aux marges du lexique.

Emprunt, calque, xénisme. Le terme *emprunt* désigne tout élément provenant d'une autre langue, il a une valeur générique. Un *calque* est un emprunt qui résulte de la traduction littérale d'une expression (*col blanc* : anglais *white-collar*) ou d'une acception figurée (*souris* au sens de « boîtier connecté à un ordinateur » : anglais *mouse*), ou encore de l'adaptation d'un dérivé (*surpêche, surréagir* : anglais *over-fishing, overreact*). Le terme *xénisme* est réservé à l'emprunt qui correspond à une réalité étrangère (afrikaans *apartheid*, russe *toundra*).

L'emprunt aux langues anciennes (grec et latin). Un mot peut être emprunté au grec ancien ou au latin de la même façon qu'aux langues modernes : *humus* est latin ; *agora, chaos, misanthrope* sont grecs. Deux autres types d'emprunt aux langues anciennes ont un statut différent :
– le latin étant à la fois langue mère et langue d'emprunt, le français a des *mots savants* empruntés au latin, qui parfois doublent un *mot populaire* de même étymon : le latin *auscultare* donne en français *écouter* et par emprunt *ausculter* (cf. chap. 6, I) ;
– le français emprunte au latin et au grec des *éléments* pour construire des *composés savants* (*omnivore, misogyne, xénophobe*), des *dérivés savants* dont le radical a la forme d'un mot latin (*épiler* de *pilus* « poil », *carcéral* de *carcer* « prison ») ou servir de préfixe ou de suffixe (*hypersensible, insecticide*).
Il s'agit alors de modes de formation internes au français. (Cf. chap. 6, II A ; chap. 8, II ; chap. 9, III.)

3. MOTS NOUVEAUX

L'apparition d'un mot nouveau, ou *néologisme*, est un fait historique (qu'il n'est pas toujours facile de dater d'ailleurs) qui a lieu dans un discours individuel, par nécessité (nommer une réalité ou une notion nouvelle), par recherche d'expressivité, par jeu, etc. Il s'intègre ou non dans la langue comme bien commun de la collectivité[1].

La nouveauté est dans la forme, le sens ou la syntaxe :
– les néologismes de forme créent une nouvelle forme ; pour la plupart, ils sont produits par les procédés de formation que sont la dérivation (cf. chap. 8) et la composition (cf. chap. 9) : par exemple, *démondialisation, écoquartier, monte-escalier* ;
– les néologismes de sens créent un nouveau sens pour une forme donnée, selon certains mécanismes sémantiques tels que les métaphores, les métonymies, les extensions ou restrictions (cf. chap. 5, III) : par exemple, on peut parler de *polluer l'atmosphère* dans un sens moral et psychologique, par métaphore ;
– les néologismes syntaxiques créent un nouvel emploi, soit par changement de classe grammaticale (ou *conversion*, cf. chap. 8, II), soit par changement de construction : par ex. à *angoisser* transitif à objet humain (*cet endroit m'angoisse*) s'ajoute

1. Cf. J.-F. Sablayrolles, *La Néologie en français contemporain*, Paris, Champion, 2000.

depuis peu une construction intransitive à sujet humain : *j'angoisse* « j'éprouve de l'angoisse ».

Un nouveau sens est souvent aussi un nouvel emploi : dans le « langage des cités », l'adjectif *moelleux* s'applique à une personne (nouvel emploi) avec le sens « mou, sans énergie[1] » ; *être (un) décroissant* (Adj et N) quand il s'agit d'une personne, c'est remettre en cause la croissance économique.

> Un mot nouveau peut aussi être un emprunt (cf. *supra* 2) ; si c'est un calque, il peut correspondre aux trois cas évoqués.

On appelle parfois mots *théoriques* ou *possibles* les formes produites par le système virtuel de la langue et non (encore) attestées, dans lesquelles puisent les néologismes de forme.

> « Un mot que j'improvise, comme *in-décor-able*, existe déjà en puissance dans la langue ; on retrouve tous ses éléments dans les syntagmes tels que *décor-er, décor-ation : pardonn-able, mani-able : in-connu, in-sensé*, etc., et sa réalisation dans la parole est un fait insignifiant en comparaison de la possibilité de le former. »
>
> F. de Saussure, *Cours de linguistique générale*, troisième partie, chap. 4, p. 227

Le lexique attesté s'augmente ainsi de la masse des mots « en puissance » dans la langue. Cependant, on ne peut pas dire quels sont les mots « théoriques » sans avoir élucidé tous les mécanismes de la formation des mots ; or, ces mécanismes ne sont pas totalement décrits. Il est encore plus difficile de prédire les sens ou les emplois possibles. Il faut noter aussi que l'usage n'est pas indifférent : savoir que *irrécupérable* est lexicalisé, mais non *indécorable*, ou *imbattable* et moins *battable* (cf. chap. 6, II C ; chap. 7, II C 3), fait partie de la compétence lexicale.

---

1. Cf. J.-P. Goudaillier, *Lexik des cités*, Fleuve noir, 2007.

PREMIÈRE PARTIE
SÉMANTIQUE LEXICALE

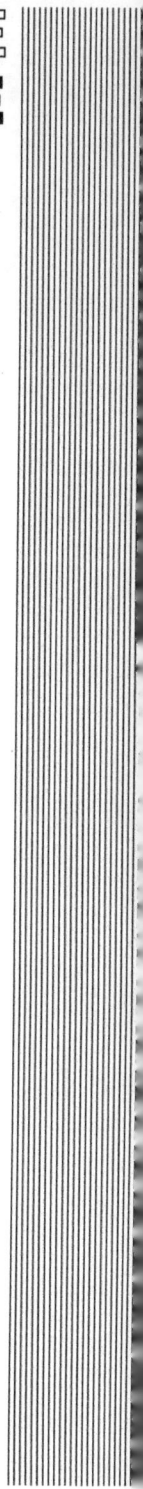

CHAPITRE 2 ||||||||||||||||||||||||||||||||||||||||||||||||||||
LE SIGNE
LINGUISTIQUE

I. LE SIGNE LINGUISTIQUE ET LE RÉFÉRENT
II. EXTENSION *VS* INTENSION
III DÉNOTATION *VS* CONNOTATION(S)

L a sémantique lexicale a pour objet l'étude du sens des unités lexicales. Elle se
sert des concepts liés au signe, hérités souvent de la philosophie. On définira
brièvement ici les concepts fondamentaux.

I. LE SIGNE LINGUISTIQUE ET LE RÉFÉRENT

A. LE SIGNE

Ferdinand de Saussure (1857-1913) définit le signe linguistique comme une entité
à double face, l'une sensible qui est son **signifiant** (l'image acoustique), l'autre, abstraite, qui est son **signifié** (le concept).

Signifiant et signifié s'impliquent réciproquement. Au signifiant oral [flœR] ou
au signifiant graphique (*fleur*) est associé le signifié « production de certains végé-
taux, colorée, souvent parfumée ».

« Le signe linguistique unit non une chose et un nom, mais un concept et une image acoustique.
Cette dernière n'est pas le son matériel, chose purement physique, mais l'empreinte psychique de
ce son, la représentation que nous en donne le témoignage de nos sens [...] ».

F. de Saussure, *Cours de linguistique générale*, première partie, chap. 1, p. 98

Le lien unissant le signifiant au signifié est arbitraire.

« Ainsi l'idée de "sœur" n'est liée par aucun rapport intérieur avec la suite de sons *s-ö-r* qui lui sert de signifiant ; il pourrait aussi bien être représenté par n'importe quelle autre… »

Ibid., p. 100

B. LE RÉFÉRENT

Les signes linguistiques permettent au locuteur de parler de la réalité qui l'entoure. Ils ont, en effet, la propriété de pouvoir renvoyer aux objets du monde, extérieurs à la langue ; ces objets sont les **référents**. Signes linguistiques et référents ne doivent pas être confondus. Ainsi c'est bien la fleur (la plante concrète) qui embaume et non pas le mot *fleur* ni le signifié de *fleur*. La confusion entre le signe et le référent désigné par le signe s'observe dans l'apprentissage du langage. Dans sa thèse, I. Berthoud-Papandropoulou rapporte différents tests qu'elle présente à des enfants âgés de 4 à 6 ans[1]. L'un des tests consiste à leur soumettre des mots de longueur différente en demandant de juger de leur dimension. À la question : « Pourquoi *armoire* est un mot long ? », l'enfant répond : « parce qu'il y a beaucoup d'affaires dedans ». Les enfants répondent à la question **métalinguistique** – c'est-à-dire portant sur la langue – par des réponses liées aux caractéristiques du référent. Ces réponses traduisent le refus de l'arbitraire du signe et le besoin de motivation (cf. chap. 6, III).

Les référents sont des entités matérielles ou conceptuelles (êtres, objets, lieux, processus, propriétés, événements, etc.). Ils relèvent de l'univers extralinguistique réel ou fictif (par exemple, la sirène). Les référents ne sont pas tous des données immédiates du réel. Ils sont médiatisés par la langue. Les rapports entre l'ordre de la langue et l'ordre du monde sont complexes ; ils ont nourri les débats philosophiques dès l'Antiquité.

On distingue l'emploi référentiel du signe de son emploi autonymique. Lorsque le signe ne renvoie pas à un référent (externe) mais à lui-même, il est dit **autonyme** (il se désigne lui-même comme signe). Dans l'exemple : *Chat rime avec rat*, *chat* est autonyme (on dit que le locuteur fait *mention* du signe). En revanche, dans l'exemple : *Le chat miaule sur le balcon*, *le chat* renvoie au référent (on dit que le locuteur fait *usage* du signe).

Ce n'est que par le passage de la langue au discours, par le biais d'un acte d'*énonciation*, que le signe réfère, c'est-à-dire qu'il permet au locuteur de désigner un objet. Dans l'énoncé : *Mon chat miaule sur le balcon*, *mon chat* vise un référent particulier appartenant à l'univers du locuteur.

---

1. I. Berthoud-Papandropoulou, *La Réflexion métalinguistique chez l'enfant*, Université de Genève, 1980.

C. LE SENS RÉFÉRENTIEL

Le sens référentiel d'une unité lexicale (aussi appelé *sens désignatif* ou *sens dénotatif*) est le signifié stable du signe qui correspond à la relation de désignation entre le signe et le référent. Dans cette conception, le sens d'un mot détermine sa référence ; il est constitué des propriétés qui permettent d'identifier et d'isoler une catégorie d'objets extralinguistiques par rapport à d'autres objets, même si le signifié ne prend pas en compte toutes les caractéristiques du référent. On peut donc dire que le sens référentiel rassemble les critères ou les informations que la langue a retenus pour référer à un objet extralinguistique. Ainsi, pour que le nom *chat* puisse être attribué à un individu particulier, il faut que ce dernier satisfasse à un ensemble de conditions comme « animal », « quadrupède », « petit », « domestique », « miaule », etc. (cf. chap. 3, I A ; III A).

À la suite de J.-C. Milner[1], on distingue parfois **référence actuelle** (référence en discours) et **référence virtuelle** (hors discours). Le sens référentiel équivaut alors à la notion de référence virtuelle[2].

D. LE SENS DIFFÉRENTIEL

Pour Saussure, le sens d'une unité lexicale est différentiel. La langue étant un système de signes dont tous les termes sont solidaires, le signifié du signe linguistique est déterminé par sa position à l'intérieur du système linguistique, c'est-à-dire par les rapports qu'il entretient avec les autres signifiés voisins qui lui sont opposables.

« Dans l'intérieur d'une même langue, tous les mots qui expriment des idées voisines se limitent réciproquement : des synonymes comme *redouter, craindre, avoir peur* n'ont de valeur propre que par leur opposition ; si *redouter* n'existait pas, tout son contenu irait à ses concurrents. »

F. de Saussure, *op. cit.*, deuxième partie, chap. 4, p. 160

La conception différentielle du sens est à la base de l'analyse sémique. Ce point est développé dans le chapitre 3, II.

---

1. J.-C. Milner, *Introduction à une science du langage*, Paris, Seuil, 1989, p. 336.
2. Sur les rapports entre sens et référence, cf. G. Kleiber, *Problèmes de sémantique. La polysémie en questions*, p. 30-52.

II. EXTENSION *VS* INTENSION

L'extension et l'intension (ou *compréhension*) sont des concepts issus de la logique, d'un emploi courant en lexicologie. Le terme *compréhension* est plus ancien mais il prête à confusion ; l'anglicisme *intension* est plus clair en ce qu'il s'oppose morphologiquement à *extension*.

Lorsque l'on définit une classe d'objets, on peut opter entre deux solutions :
– énumérer les éléments dont se compose la classe (définition en extension) ;
– définir la classe à l'aide des propriétés communes aux objets de la classe (définition en intension).

Sur le plan linguistique, l'extension d'un signe est l'ensemble des référents auxquels il s'applique ; l'intension d'un signe est l'ensemble des traits qui constituent son signifié (autrement dit son sens dénotatif). L'extension de *fleur* est l'ensemble des fleurs (tulipes, roses, marguerites, etc.) ; l'intension de *fleur* est le sens de *fleur* composé des traits sémantiques /production/, /venant de végétaux/, /colorée/, /souvent parfumée/. Extension et intension sont en relation complémentaire (cf. chap. 4, I, A). L'intension d'un signe détermine son extension.

> Certains mots, comme les termes de couleur, ne sont guère susceptibles d'une analyse en traits sémantiques : on peut décomposer *rouge* en /coloré/ mais comment poursuivre ? Ils requièrent donc une définition en extension, qui consiste à énumérer les objets de la couleur à définir (*rouge* : couleur du sang, du coquelicot, du feu, du rubis, etc.).

III. DÉNOTATION *VS* CONNOTATION(S)

En logique, la dénotation est l'extension d'un signe, et la connotation son intension. On écartera ici l'acception logique du terme *connotation*.

En linguistique, le **sens** ou **signifié dénotatif** s'oppose au **sens** ou **signifié connotatif**.

La connotation d'un signe est constituée des valeurs sémantiques secondes qui viennent se greffer sur le sens dénotatif. Dans le domaine du lexique, la connotation recouvre différents faits : registres de langue (ainsi *policier* et *flic* n'ont pas la même connotation), contenus affectifs propres à un individu ou à un groupe d'individus (par exemple, le mot *paysan* a, selon les cas, une valeur positive ou négative), représentations culturelles et idéologiques liées aux contextes d'utilisation de l'unité lexicale ou en rapport avec les référents (par exemple, le mot *peuple*).

Clochard et *SDF* (*sans domicile fixe*) se différencient par leurs connotations : *clochard* peut avoir, dans certains contextes, une connotation affective que n'a pas l'euphémisme *SDF*. Le mot *sans-papiers* s'est diffusé à partir des années 1980 parce qu'il n'avait pas la charge négative de *clandestin*.

Les valeurs connotatives sont hétérogènes et variables selon les locuteurs. Bien que commode et d'un usage généralisé, la notion de connotation reste floue ; de là le choix du pluriel qui traduit la diversité des faits.

De plus, les critères de démarcation entre traits dénotatifs et traits connotatifs ne sont pas aisés (cf. chap. 3, II B). Selon C. Kerbrat-Orecchioni[1], ce qui fonde le statut spécial des valeurs sémantiques de la connotation tient à leur nature et/ou à leur modalité d'affirmation :

– leur nature est spécifique parce que « les informations qu'elles fournissent portent sur autre chose que le référent du discours » et qu'elles renseignent sur le locuteur, la situation de communication, le genre de discours, etc. ;

– leur modalité d'affirmation est spécifique : « véhiculées par un matériel signifiant beaucoup plus diversifié que celui dont relève la dénotation », puisque la connotation exploite la totalité du matériel linguistique, signifiant compris, « ces valeurs sont suggérées plus que véritablement assertées, et secondaires par rapport aux contenus dénotatifs auxquels elles sont subordonnées ». On ne saurait donc s'étonner de la difficulté que pose l'intégration des connotations dans une théorie sémantique.

Un nom propre peut connoter. R. Barthes, dans son analyse de la publicité pour les pâtes *Panzani*, remarque que le signe *Panzani* n'est pas seulement le nom de la marque, mais « qu'il livre aussi, par son assonance, un signifié supplémentaire qui est, si l'on veut, "l'italianité[2]" ».

1. C. Kerbrat-Orecchioni, *La Connotation*, Lyon, Presses Universitaires de Lyon, 1977, p. 18.
2. R. Barthes, « Rhétorique de l'image », *Communications* 4, Seuil, 1964, p. 41.

CHAPITRE 3 ||||||||||||||||||||||||||||||||||||||||||||||||||||||
LES ANALYSES
DU SENS LEXICAL

I. LA DÉFINITION PAR INCLUSION
II. L'ANALYSE SÉMIQUE OU COMPONENTIELLE
III. PROTOTYPES ET STÉRÉOTYPES
IV. EXERCICES (1, 2, 3, 4)

P our la sémantique lexicale, les mots ont un sens en langue : il y a, sous les différentes occurrences (apparitions) d'un mot en discours, un invariant sémantique,
un noyau stable inhérent au mot que l'on peut décrire en relation avec ses emplois
et hors emploi. Comment rendre compte de ce sens codé, conventionnel, des unités
lexicales ?

Les analyses du sens lexical diffèrent selon les modèles théoriques. On en
retiendra trois qui forment le soubassement théorique de la sémantique lexicale. Les
modèles présentés en I (la définition par inclusion) et en III (la théorie des prototypes et des stéréotypes) se situent dans une perspective de sémantique référentielle
ou sémantique de la désignation (cf. chap. 2, I C) : le sens de l'unité lexicale est
conçu en termes de traits référentiels, qu'il s'agisse des traits de la définition ou des
traits typiques. Le modèle de l'analyse sémique (II), en revanche, est orienté vers
la sémantique de la signification (cf. chap. 2, I D) : le sens de l'unité lexicale est
défini de manière différentielle par les rapports qu'il entretient avec les autres unités
du système linguistique, en dehors de la référence. Le cadre théorique de l'analyse
sémique est le structuralisme, celui de la sémantique du prototype se rattache au courant cognitif qui se développe à partir des années quatre-vingt.

I. LA DÉFINITION PAR INCLUSION

La définition est une activité naturelle qui se fonde sur la propriété métalinguistique du langage. À la question : *Qu'est-ce qu'un X ?*, il est toujours possible de
répondre en reformulant en plusieurs mots ce qui a été exprimé en un seul.

> La définition n'est pas l'apanage du lexicographe ou du linguiste. Tout locuteur, enfant ou adulte, a la capacité de produire des définitions. C'est là un des aspects de l'activité épilinguistique. Le terme *épilinguistique*, qui vient d'A. Culioli, désigne l'activité métalinguistique spontanée du locuteur.

La définition par inclusion est une forme particulière de périphrase qui procède selon les catégories logiques inaugurées par Aristote (384-322 av. J.-C.) ; elle représente une analyse du sens dénotatif des unités lexicales. Les définitions lexicographiques en fournissent de nombreux exemples.

Les définitions correspondant à ce type reçoivent diverses appellations : **définition logique**, **définition hyperonymique**[1] ou **définition par inclusion**, dénomination proposée par J. Rey-Debove[2], dont on suivra ici l'analyse.

A. LE MODÈLE ARISTOTÉLICIEN

1. GENRE PROCHAIN ET DIFFÉRENCES SPÉCIFIQUES

Aristote décrit, en ces termes, le processus sur lequel se fonde la définition par inclusion :

« Il faut en définissant poser l'objet dans son genre et alors seulement y rattacher les différences. »

Topiques, VI, 1

La définition, bâtie sur ce modèle, consiste donc à désigner d'abord le genre (la classe générale), dont relève le référent du nom à définir, puis à spécifier les différences qui le séparent des autres espèces appartenant au même genre. En voici un exemple :

fonte : alliage de fer et de carbone [...].

Cette définition du *Petit Robert* (*PR*) se compose de l'incluant (*alliage*), qui nomme la catégorie générale à laquelle appartient le référent, et de traits différenciateurs (*fer et carbone*), qui le distinguent des autres alliages (laiton, bronze, etc.), c'est-à-dire des autres référents nommés de la catégorie. *Alliage* est l'**incluant** ou l'**hyperonyme** (cf. chap. 4, I A) de *fonte*. La définition est ordonnée (incluant placé, en règle générale, en premier), hiérarchisée et distinctive. Elle doit, en effet, permettre d'isoler la classe de référents à laquelle renvoie le signe sans que cette classe

---

1. Cf. R. Martin, *Pour une logique du sens*, Paris, PUF, 1992 [1983].
2. J. Rey-Debove, *Étude linguistique et sémiotique des dictionnaires français contemporains*, La Hague, Mouton, 1971.

ne soit confondue avec une autre classe. La définition par inclusion est une définition en intension du signe (cf. chap. 2, II). À titre d'illustration, voici quelques exemples de définitions de ce type (*PR* 2013) :

grog : boisson faite d'eau chaude sucrée et d'eau-de-vie, de rhum ;

fauteuil : siège à dossier et à bras, à une seule place ;

œil : organe de la vue [...].

On constate que la lecture de la définition peut s'arrêter après l'incluant : « le grog est une boisson », « le fauteuil est un siège ». Aristote recommandait de définir par le recours au **genre prochain**. Il distinguait, dans une classification absolue, trois genres : le genre prochain (qui n'a en dessous de lui que des espèces), le genre éloigné (qui englobe d'autres genres) et le genre suprême (qui n'est englobé dans aucun autre). *Fauteuil* entre ainsi dans une série d'inclusions : *siège* (genre prochain), *meuble* (genre éloigné) et *chose* (genre suprême). La notion d'incluant est relative ; aucun incluant ne représente en soi le genre prochain : *siège* est le genre prochain de *fauteuil* et *meuble* est le genre prochain de *siège*. Le recours au genre prochain assure à la définition économie et efficacité ; les différences spécifiques seront moins nombreuses que dans le cas du genre éloigné.

2. VISÉE RÉFÉRENTIELLE

La définition par inclusion parle des choses, des référents (c'est, selon la terminologie utilisée par J. Rey-Debove, une définition de la « chose nommée »). La démarche consiste à inclure une classe de référents exprimés par le substantif (*fonte*) dans une autre classe (*alliage*). La visée référentielle apparaît lorsque l'on vérifie la relation d'identité, à l'aide de la double question (Y étant l'incluant) :

Est-ce que tous les X (appelés X) sont des Y qui... ?

Est-ce que tous les Y qui... sont des X ?

Si la réponse est affirmative dans les deux cas, la définition est juste.

Est-ce que toutes les fontes (ou tous les objets appelés fonte) sont des alliages qui sont constitués de fer et de carbone ?

Est-ce que tous les alliages qui sont constitués de fer et de carbone sont de la fonte ?

La définition par inclusion, en mentionnant les traits qui réfèrent aux propriétés des objets désignés par le mot, offre simultanément une analyse du sens lexical. « C'est en parlant des choses que le contenu des signes apparaît mais implicitement[1]. »

---

1. J. Rey-Debove, *op. cit.*, p. 222.

Dans les dictionnaires actuels, il n'y a pas de verbe entre l'**entrée** (sujet de l'article du dictionnaire) et les informations tenues sur l'entrée (cf. chap. 12, III A). Dans le cas d'une entrée nominale, on peut soit rétablir la copule *être* : *(la) fonte (est un) alliage de fer et de carbone*, soit rétablir la copule *signifier : fonte (signifie) alliage de fer et de carbone*. Si l'on rétablit la copule *être*, l'entrée renvoie à la chose nommée et la définition se prête à une lecture référentielle. Si l'on rétablit la copule *signifier*, l'entrée est autonyme et la définition indique les traits du signifié. De là, l'ambiguïté de la définition lexicographique des noms[1].

3. DE LA CATÉGORIE NOMINALE À D'AUTRES CATÉGORIES

Logiciens et linguistes s'appuient, en règle générale, sur des exemples de définitions de noms car le substantif convient particulièrement au modèle aristotélicien de la définition. Cependant, au prix de quelques ajustements, le modèle est également utilisé dans les dictionnaires pour les verbes et à un moindre degré pour les adjectifs, comme le montrent ces extraits du *PR* :

> *agiter* : remuer vivement en divers sens, en déterminant des mouvements irréguliers ;
> *pourpre* : rouge foncé.

On retrouve la même structure : les incluants (*remuer* et *rouge*) de même catégorie syntaxique que les mots définis et les différences spécifiques. Mais le système des inclusions des verbes et des adjectifs est moins riche que dans le cas du nom (cf. chap. 4, I A).

B. DÉFINITIONS HYPOSPÉCIFIQUES, SUFFISANTES, HYPERSPÉCIFIQUES

Exprimer le défini et rien que le défini, tel est l'objectif de la définition. Mais la justesse de l'adéquation défini/définition (testée par la double question, évoquée ci-dessus) n'est pas toujours obtenue. Trois cas doivent être distingués.

a) La définition est **hypospécifique** lorsque le nombre de traits spécifiques est insuffisant ; seule la première question reçoit une réponse positive. Voici la définition de *saharienne* tirée de l'édition 1985 du *Petit Larousse illustré* (*PLI*) :
saharienne : veste de toile.
À la question : *Est-ce que toutes les sahariennes sont des vestes de toile ?* la réponse est oui ; à la question : *Est-ce que toutes les vestes de toile sont des*

---

1. *Ibid.*, p. 24-25 et p. 183.

sahariennes ? la réponse est non (il existe des vestes de toile qui ne sont pas des sahariennes). La définition ne permet pas de différencier l'entité dénotée des entités partageant le même genre prochain. (Précisons que dans les éditions ultérieures, la définition du *PLI* a été remaniée cf. *infra*, C).

b) La définition est **suffisante** ; elle répond positivement à la double question et indique les conditions nécessaires et suffisantes permettant d'isoler de façon distinctive la classe des référents à laquelle renvoie le signe. Il en est ainsi de la définition de *chamois* que présente le *Dictionnaire du français contemporain* (*DFC*, 1975) :
chamois : ruminant à cornes recourbées vivant dans les hautes montagnes d'Europe.

c) La définition est **hyperspécifique** ; elle énumère un nombre élevé de traits, allant au-delà de la description nécessaire, accumulant des éléments non discriminatoires, des qualifications superflues. C'est le cas de la définition de *chamois* du *Grand Larousse de la langue française* (*GLLF*, 1971) :
chamois : ruminant à cornes lisses et recourbées au sommet, aux jambes longues et fortes, qui se rencontre dans les hautes montagnes de l'Europe où il grimpe et saute avec agilité.
Les définitions hyperspécifiques sont aussi appelées **définitions encyclopédiques**. Elles sont particulièrement fréquentes dans certains domaines de connaissances sur le monde comme, par exemple, lorsqu'il s'agit de définir des espèces naturelles ou des noms d'objets.

Le choix entre définitions suffisantes, hypospécifiques, hyperspécifiques est lié à la stratégie de chaque dictionnaire. Cependant, le partage entre les définitions suffisantes et les définitions encyclopédiques n'est pas toujours commode à établir car il n'existe pas pour un objet donné une seule et unique définition pertinente (cf. *infra*, C).

C. DIVERSITÉ DU CONTENU DANS LA DÉFINITION D'UN MOT

Les définitions par inclusion d'un même défini présentent une variété du contenu. Cela tient à la difficulté de sélectionner l'incluant et les traits différenciateurs. En effet, d'une part, l'incluant correspondant au genre prochain risque d'être peu connu ; parmi les incluants de *carré*, à savoir *rectangle*, *quadrilatère*, *figure*, l'incluant qui s'imposera ne sera pas l'incluant « étroit » *rectangle* – il faut avoir des connaissances en géométrie pour admettre qu'un carré est une espèce de rectangle – mais un incluant « moyen » de la chaîne comme *figure*. D'autre part, il n'est pas toujours facile de trouver l'hyperonyme adéquat. Un couteau est-il un ustensile de cuisine, un instrument, un outil, une arme ? Le locuteur, par prudence, choisit l'inclusion à la source (*objet, chose* ou, en termes familiers, *truc*). Les dictionnaires, de leur côté, en particulier dans les domaines peu structurés, ne sont pas en accord : le dressoir est-il une armoire (Littré) ? un buffet (*DFC*) ? une étagère (*PR*) ? Quant aux qualifications distinctives de l'objet, elles offrent un large éventail de possibilités que B. Quemada a répertoriées[1] : elles peuvent porter sur la description de l'objet, sur son utilisation, sur ses modalités de fonctionnement, sur son origine, etc.

L'exemple du nom *saharienne* montre à quel point un mot se prête à des définitions diverses.

> *GLLF* (1971) : veste de toile très légère, de couleur claire.
> *Dictionnaire du français Hachette* (2013) : veste de toile légère, à grandes poches plaquées.
> *PLI* (2013) : veste de toile ceinturée, aux nombreuses poches, inspirée de l'uniforme militaire.
> *TLF* (*Trésor de la langue française,* tome XIV, 1990) : veste de toile légère, à manches courtes, avec de nombreuses poches et de couleur claire.
> *PR* (2013) : veste de toile ceinturée, à manches courtes et poches plaquées, inspirée de l'uniforme militaire.

On remarquera ceci :
– le nombre de traits de la description du référent peut être très élevé. Il pourrait être évidemment augmenté (on pourrait, par exemple, indiquer que ce vêtement est destiné indifféremment aux hommes et aux femmes) ;
– pour juger de la nature distinctive ou encyclopédique du trait, il faudrait arrêter une liste de référents comparés ;
– les définitions avec des contenus variés (celle du *TLF* et celle du *PR*) peuvent être considérées, l'une et l'autre, comme pertinentes, c'est-à-dire aptes à délimiter le sens référentiel du mot.

Le flottement dans le nombre et le choix des traits spécifiques sont inhérents au modèle de la définition « analytique » (par inclusion). L'analyse du sens lexical implique une part de flou. On retrouvera la question, posée en d'autres termes, dans d'autres formes de représentation du sens (cf. *infra*, III).

---

1. B. Quémada, *Les Dictionnaires du français moderne*, p. 432-435.

D. LES LIMITES DU MODÈLE

Pour des raisons différentes, l'ensemble des items lexicaux ne peut être soumis à l'analyse selon le genre et l'espèce.

Deux catégories de mots sont rebelles au système de l'inclusion : les mots dits *primitifs* et les mots grammaticaux :

– Les primitifs sont les mots non analysables, incluants tels *être, chose, personne, objet* auxquels on aboutit lorsque l'on a remonté à la source la chaîne des inclusions. Ces **primitifs lexicaux**, qu'il faut distinguer des **primitifs sémantiques** (cf. *infra*, II), ne peuvent être définis pour des raisons d'ordre philosophique et lexical (l'analyse exigerait des unités sémantiquement encore plus pauvres qui n'existent pas). Les définitions par inclusion poursuivies à l'échelle de l'ensemble lexical conduisent à une impasse.

– Les mots grammaticaux (*car, que*, etc.) ont, comme les primitifs lexicaux, une fréquence très élevée. Ils ont un contenu sémantique relativement pauvre, quasiment réduit à leur fonction (cf. chap. 1, I B 2). C'est la raison pour laquelle ils ne peuvent être véritablement l'objet d'une définition par inclusion et qu'ils relèvent d'une autre procédure d'analyse, la définition métalinguistique (cf. chap. 12, III B 5) :

que : pronom relatif désignant une personne ou une chose.

(*Pronom* est un incluant métalinguistique.)

Par ailleurs, certains mots entrent difficilement dans le système de l'inclusion, en particulier les mots exprimant un rapport de partie à tout (cf. chap. 4, I B) ou les termes collectifs (cf. chap. 12, III B 2).

II. L'ANALYSE SÉMIQUE OU COMPONENTIELLE

Contrairement au modèle précédent, l'analyse sémique ne se place pas sur le terrain de la référence. Elle a une visée strictement « linguistique » en développant une approche du sens intralinguistique et différentielle. Cette conception, selon laquelle le sens d'un mot dépend de ses relations avec d'autres termes, est fondée sur la notion de **valeur** telle qu'elle est définie par Saussure :

« La langue est un système dont tous les termes sont solidaires et où la valeur de l'un ne résulte que de la présence simultanée de l'autre » (p. 159) ;

[…] « les concepts sont purement différentiels, définis non pas positivement par leur contenu, mais négativement par leur rapport avec les autres termes du système. Leur plus exacte caractéristique est d'être ce que les autres ne sont pas » (p. 162) ;

[…] « dans la langue, il n'y a que des différences. […] Qu'on prenne le signifié ou le signifiant, la langue ne comporte ni des idées ni des sons qui préexisteraient au système linguistique, mais seulement des différences conceptuelles et des différences phoniques issues de ce système » (p. 166).

F. de Saussure, *Cours de linguistique générale*, deuxième partie, chap. 4 « La valeur »

L'analyse sémique s'est développée à la fin des années soixante. À cette période du structuralisme, les linguistes ont songé à appliquer au sens les méthodes de l'analyse phonologique, en postulant l'existence du principe d'isomorphisme, c'est-à-dire d'une analogie de structure entre le plan de l'expression (les signifiants) et le plan du contenu (les signifiés). De la même manière que le phonologue décrit le système des oppositions phonologiques, le sémanticien est conduit à différencier, au sein d'un ensemble lexical donné, les sens des mots les uns par rapport aux autres en procédant à l'analyse du signifié **en traits distinctifs**.

Ces traits reçoivent diverses appellations : **sèmes** (de là, le terme d'*analyse sémique*), **composants** (en anglais *components*, ce qui explique le terme d'*analyse componentielle*) ou **traits sémantiques**.

On tiendra ici pour équivalentes les dénominations *analyse sémique* et *analyse componentielle* en dépit de leur origine différente : européenne pour l'analyse sémique pratiquée par B. Pottier, par A.-J. Greimas et par E. Coseriu, américaine pour l'analyse componentielle représentée, en particulier, par J.-J. Katz et J.-A. Fodor. On mettra l'accent dans cette présentation sur la version européenne.

A. LE MODÈLE PHONOLOGIQUE DANS L'ANALYSE DU SENS

1. LES CONCEPTS PHONOLOGIQUES

Ce qui caractérise les phonèmes, souligne Saussure, « ce n'est pas, comme on pourrait le croire, leur qualité propre et positive, mais simplement le fait qu'ils ne se confondent pas entre eux. Les phonèmes sont avant tout des entités oppositives, relatives et négatives[1] ». La phonologie, premier domaine à avoir appliqué et poursuivi la réflexion de Saussure sur la nature différentielle du signifiant, a joué un rôle majeur dans l'élaboration des concepts de la linguistique. On en rappellera ici les notions utiles.

– Pour établir l'inventaire des phonèmes d'une langue donnée, le phonologue a recours à la **commutation** (substitution d'un élément par un autre pour dégager des distinctions pertinentes). La confrontation des « paires minimales » telles que [pyl] *vs* [byl] (*pull* vs *bulle*), [pul] *vs* [bul] (*poule* vs *boule*) permet de montrer que /p/ et /b/ sont des phonèmes (sans avoir de sens en eux-mêmes, ils sont capables de produire un changement de sens par simple commutation).

---

1. F. de Saussure, *op. cit*, deuxième partie, chap. 4, p. 164.

– Le phonème est défini comme un « faisceau » (une somme) de traits distinctifs ou pertinents. Ces traits qui analysent la substance sonore ne sont pas susceptibles de réalisation indépendante. Chaque phonème présente une configuration particulière : il partage un ou plusieurs traits avec les autres phonèmes et se différencie des autres phonèmes par au moins un trait pertinent. L'analyse est présentée sous forme d'un tableau où + indique la présence du trait et – l'absence de ce trait. On reprendra l'exemple très simple de /p/ et /b/ :

	/p/	/b/
Sonorité	–	+
Labialité	+	+
Occlusion	+	+

Les phonèmes /p/ et /b/ se distinguent, on le voit, par le trait sonorité (vibration des cordes vocales) : /b/ est sonore (ou voisé), /p/ est sourd (non voisé).

– L'opposition entre certains phonèmes (tels /p/ et /b/) se manifeste dans certaines positions et peut être neutralisée dans d'autres (elle perd de sa pertinence). Ainsi devant une consonne non voisée (par exemple dans *absorber* et *aptitude*), l'opposition entre la sourde /p/ et la sonore /b/ ne peut se manifester. Les traits distinctifs sont alors les traits communs aux deux phonèmes et définissent l'archiphonème noté /P/.

2. LES CONCEPTS ET LES MÉTHODES DE L'ANALYSE SÉMIQUE

Sème et sémème : la substance sémantique d'un mot est comparable à la substance phonologique d'un phonème (principe de l'isomorphisme). Elle est constituée d'un faisceau de traits distinctifs de signification appelés *sèmes*. Le sémème est l'ensemble de sèmes caractérisant un mot (ou, dans le cas d'un terme polysémique, une acception d'un mot). Il se représente de la façon suivante :

sémème = {sème¹, sème²..., sèmeⁿ}.

Ainsi, le sémème de *femme* est composé des sèmes /humain/, /non mâle/, /adulte/ ; il s'oppose au sémème de *fille* comportant les sèmes /humain/, /non mâle/, /non adulte/. Le sème /adulte/ est un trait distinctif dans ce couple de mots.

Archisémème et archilexème : l'analyse sémique (dans sa version européenne) s'applique à une série de mots appartenant à un **micro-ensemble lexical**. Cet ensemble de nature paradigmatique est composé d'unités lexicales qui partagent une zone commune de signification (il n'y a, en effet, guère d'intérêt à opposer un lapin à un flacon).

Cet ensemble est appelé par B. Pottier *taxème d'expérience* de manière à souligner que l'ensemble lexical fonctionne dans une situation socioculturelle donnée[1]. Le terme de *taxème* est repris par F. Rastier[2].

Lorsque l'on compare un ensemble de sémèmes entre eux, l'on peut observer qu'ils ont certains sèmes en commun. L'archisémème désigne l'ensemble des sèmes communs à plusieurs sémèmes, c'est-à-dire leur intersection (dans le cas des sémèmes de *femme* et de *fille*, /humain/ et /non mâle/). À cet archisémème ne correspond aucun mot en français. Mais il peut arriver que l'archisémème ait une réalisation lexicale ; dans ce cas, celui-ci prend le nom d'*archilexème* (par ex. *siège*, équivalent lexical du sème /pour s'asseoir/, cf. *infra*).

Ce type de démarche consistant à partir d'une notion commune et à rechercher comment cette notion se réalise dans différents signifiants (signifié > signifiant) est appelé **onomasiologique**. Elle s'oppose à la démarche **sémasiologique** qui, à l'inverse, envisage la relation signifiant > signifié. La perspective sémasiologique caractérise le dictionnaire de langue qui part du mot-entrée (signifiant graphique) et aboutit aux différents signifiés (définitions). La perspective onomasiologique n'est pas adoptée par tous les praticiens de l'analyse sémique ; ainsi A.-J. Greimas[3] appliquant l'analyse sémique aux diverses acceptions de *tête* suit une démarche sémasiologique.

Sur la base de cette opposition, on distingue généralement le **champ lexical** de nature onomasiologique (par ex. l'ensemble des mots désignant la notion de « siège ») du **champ sémantique** de nature sémasiologique (par ex. les différents sens et emplois du mot *tête*). Mais la terminologie relative aux champs manque d'unification. Le *Dictionnaire des sciences du langage* de F. Neveu oppose, sous l'entrée *champ sémantique*, les champs onomasiologiques (correspondant aux champs lexicaux) aux champs sémasiologiques conçus de façon extensive et englobant différents types de champs. N. et J. Tournier estiment, sous l'entrée *champ sémantique*, qu'« il est préférable, par souci de clarté, de ne pas utiliser ce terme[4] ».

3. L'EXEMPLE DES NOMS DE SIÈGES

B. Pottier a illustré les méthodes de l'analyse sémique (perspective onomasiologique) dans sa célèbre analyse de l'ensemble des sièges[5]. Cet exemple est un archétype et ne peut être ignoré.

---

1. B. Pottier, *Linguistique générale*, théorie et description, p. 103.
2. F. Rastier, *Sémantique interprétative*, Paris, PUF, 1987.
3. A.-J. Greimas, *Sémantique structurale*, p. 40-50.
4. N. et J. Tournier, *Dictionnaire de lexicologie française*, Paris, Ellipses, 2009.
5. B. Pottier, « Vers une sémantique moderne », *Travaux de linguistique et de littérature de Strasbourg*, II, 1, 1964, p. 107-137.

	s^1 pour s'asseoir	s^2 sur pieds	s^3 pour une personne	s^4 avec dossier	s^5 avec bras	s^6 en matière rigide
chaise	+	+	+	+	−	+
fauteuil	+	+	+	+	+	+
tabouret	+	+	+	−	−	+
canapé	+	+	−	(+)	(+)	+
pouf	+	−	+	−	−	−

À l'aide de six sèmes, B. Pottier oppose les sémèmes des cinq mots choisis. Chaque mot a un contenu sémantique différent (porté sur la ligne horizontale).

Sémème de *chaise* = {s^1, s^2, s^3, s^4, s^6}

Sémème de *fauteuil* = {s^1, s^2, s^3, s^4, s^5, s^6}

Sémème de *canapé* = {s^1, s^2, s^6} avec parfois s^4 et s^5, de là le signe (+).

On remarque que, si l'on ajoute s^5 au sémème de *chaise*, on aboutit au sémème de *fauteuil*. La différenciation entre les différents sémèmes étant réalisée, l'analyse sémique a atteint son objectif. Si l'on ajoutait à l'ensemble lexical un autre mot, soit par exemple *chaise longue*, il faudrait modifier la grille, ajouter d'autres sèmes (par exemple, sème[7] /pliable/), voire réorganiser, en fonction de cet ajout, d'autres oppositions.

L'archisémème de cet ensemble est constitué du sème[1] /pour s'asseoir/, *siège* est l'archilexème qui lui correspond.

Les sèmes sont des **composants sémantiques**. De là, la nécessité de signes démarcatifs (guillemets, crochets, barres obliques). On préférera les barres obliques car il faut distinguer clairement les niveaux : *humain* représente le mot, « humain » le signifié du mot, et /humain/ le sème. La désignation des sèmes représente, sans aucun doute, une difficulté. Contrairement au domaine phonologique ou grammatical, il n'y a pas de métalangue sémantique « toute prête ». Elle est à formuler à chaque analyse. Pour montrer l'écart par rapport au langage naturel, les linguistes choisissent, en règle générale, une formulation abstraite : A.-J. Greimas parlera de /sphéroïdité/ pour décrire le sémème de *tête* plutôt que de /forme ronde/. Mais, dans le cas de l'étude des sièges, la désignation des sèmes est proche du discours ordinaire. Il ne faut cependant pas se méprendre sur leur nature. Par définition, un sème n'est pas un trait référentiel. C'est un **trait différentiel de contenu** au sein d'un ensemble donné. Les nombreuses critiques suscitées par cette analyse (cf. *infra*, C) s'expliquent en partie par cet amalgame. La grille proposée par B. Pottier vaut pour ses fondements méthodologiques.

B. LES SÈMES

1. STATUT

Si l'on poursuit le parallélisme avec le modèle phonologique, les sèmes devraient être universels, en nombre fini et « minimaux ». Or rien n'est moins sûr, le modèle phonologique n'est pas transposable tel quel à l'analyse du sens.

Exception faite de certains sèmes tels /animé/, /mâle/, les sèmes sont propres à une langue donnée car ils sont définis par des rapports entre sémèmes qui dépendent des structures lexicales de chaque langue particulière. Il ne semble pas qu'on puisse les réduire à un petit nombre ; les sèmes sont en nombre illimité. Ils ne sont pas non plus des unités minimales : le sème /pour s'asseoir/ peut être décomposé en unités plus petites, comme, par exemple, le trait /finalité/. Unités minimales de différenciation, les sèmes ne sauraient être assimilés à des unités minimales de signification.

Les sèmes doivent donc être distingués des noèmes. Les **noèmes** ou **primitifs sémantiques** sont des unités minimales non analysables (entités métalinguistiques ou cognitives). Ils sont en nombre restreint et sont considérés comme des universaux. Voici quelques exemples de primitifs sémantiques[1] : « *quelqu'un* », « *quelque chose* », « *penser* », « *dire* », « *vouloir* », « *négation* ».

2. TYPES

Les sèmes ne sont pas tous de même nature. Sur la base des travaux de B. Pottier, on peut résumer ainsi les principales distinctions :

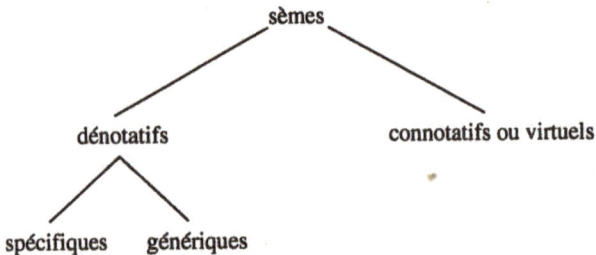

B. Pottier appelle **sémantème** « l'ensemble des sèmes spécifiques dans un ensemble donné », **classème** « l'ensemble des sèmes génériques dans un ensemble donné » et **virtuème** « la partie connotative du sémème ».

---

1. Cf. A. Wierzbicka, « La quête des primitifs sémantiques : 1965-1992 », *Langue française* 98, 1993.

La distinction **sèmes dénotatifs/sèmes connotatifs** reprend l'opposition classique dénotation/connotation (cf. chap. 2, III). Les sèmes dénotatifs, acceptés par l'ensemble de la communauté linguistique, déterminent la référence de façon stable tandis que les sèmes connotatifs ont un caractère instable, virtuel, voire individuel. Ainsi *armoire* a le sème dénotatif /fermé par portes/ et le sème connotatif /en bois/, *gueule* appliqué à un être humain a le sème dénotatif /orifice/ et le sème connotatif /populaire/ (exemples de B. Pottier). Le virtuème, dans ces conditions, inclut des phénomènes trop divers, prêtant le flanc à la critique.

De fait, le sème connotatif de *gueule* ne relève pas, à proprement parler, d'une analyse du signifié mais d'une situation de discours qui détermine le registre utilisé. Pour R. Martin[1], le trait /en bois/ pour *armoire* n'est pas connotatif (car il est socialement généralisé) mais dénotatif. La difficulté de cerner le virtuème renvoie à la difficulté posée par l'intégration de la notion de connotations. On peut noter que la théorie du prototype (cf. *infra*, III) permet de résoudre ces questions : certains traits sont plus centraux que d'autres, bien qu'ils ne soient pas partagés par tous les éléments de la catégorie (une armoire prototypique est en bois).

La distinction **sèmes spécifiques/sèmes génériques** introduit, par le biais des sèmes génériques, une dimension syntaxique dans l'analyse componentielle. Tandis que les sèmes spécifiques, tels les sèmes /avec dossier/, /sur pieds/, permettent d'opposer des sémèmes voisins et opèrent dans un seul champ lexical, les sèmes génériques sont des composants très généraux, de nature syntactico-sémantique, qui sont communs à des unités appartenant à des ensembles lexicaux différents. Ainsi le classème (ensemble des sèmes génériques) valant pour *chaise, fauteuil, canapé*, etc., sera constitué de /non animé/, /matériel/, /comptable/, traits qui définissent également *crayon* ou *pinceau* par exemple. Les sèmes génériques sont proches des traits de sous-catégorisation sémantique pratiqués dans l'analyse distributionnelle (cf. chap. 4, II A et chap. 5, II A).

La typologie des sèmes que propose F. Rastier[2] maintient, en les reformulant, les principales distinctions entre les sèmes (dénotatifs, connotatifs, génériques, spécifiques). Les sèmes dénotatifs sont appelés **inhérents** et les sèmes connotatifs **afférents**. Les sèmes afférents sont liés aux normes sociales. Ainsi le sémème de *caviar* comprend, en langue, le sème inhérent /comestible/ et le sème afférent /luxe/, le sémème de *femme* comprend le sème inhérent /sexe féminin/ et le sème afférent /faiblesse/. La typologie de Rastier s'inscrit cependant dans une perspective différente : la **sémantique textuelle**. L'étude des sémèmes en contexte le conduit à introduire l'opposition entre les sèmes **actualisés** (activés par le contexte) et les sèmes **virtualisés** (neutralisés dans le contexte), opposition valable pour tous les types de sèmes.

---

1. R. Martin, *Inférence, antonymie et paraphrase*, Paris, Klincksieck, 1976, p. 139-140.
2. F. Rastier, *Sémantique interprétative*, Paris, PUF, 1987 chap. 2.

Voici un exemple simplifié d'analyse sémique textuelle appliquée à un extrait de Zola *(Madeleine Férat)* : « Guillaume était la femme dans le ménage, l'être faible qui obéit, qui subit les influences de la chair et de l'esprit[1]. » Dans cette phrase, le trait /faiblesse/, fortement récurrent *(être faible, obéit, subit)*, est actualisé ; il apparaît, en particulier, comme sème inhérent de *faible* et comme sème afférent de *femme*. En revanche, le trait inhérent du sémème de *femme* /sexe féminin/ est neutralisé parce qu'incompatible avec le trait /sexe masculin/ inhérent à *Guillaume*. Le critère contextuel l'emporte donc sur celui qui relève du système fonctionnel de la langue ; il s'agit d'une étude dynamique du sens lexical.

C. DIFFICULTÉS THÉORIQUES ET MÉTHODOLOGIQUES

1. DÉLIMITATION DE L'ENSEMBLE LEXICAL

Comme les sèmes en tant que traits pertinents dépendent largement des ensembles que le linguiste se donne, la question de la détermination de l'ensemble est centrale. L'ensemble lexical est établi, on l'a vu, sur la base de critères conceptuels, selon une démarche onomasiologique. Ces critères ne pouvant être assortis de critères formels (ne pouvant donc s'appuyer sur les formes linguistiques) restent fragiles. L'ensemble des moyens de transport {*voiture, taxi, autobus, autocar, métro, train, avion, moto, bicyclette*} étudié par B. Pottier[2] est justifié par l'expérience « d'un citadin voyageur ». Mais comment expliquer la limitation du corpus des sièges ? Pourquoi ne pas y inclure, comme l'ont suggéré maints commentateurs, d'autres signes comme *strapontin, pliant, bergère* ou *méridienne* qui désignent tous des sièges ? Pour tenter de résoudre la difficulté, B. Pottier pose des conditions plus restrictives :

« Le sème est le trait distinctif sémantique d'un sémème, relativement à un petit ensemble de termes réellement disponibles et vraisemblablement utilisables chez le locuteur dans une circonstance donnée de communication. »

« Sémantique et noémique », Annuario de estudios filologicos,
Universidad de Extremadura, 1980, p. 169, (cité in Rastier, Sémantique interprétative, Paris, PUF, p. 33)

Les contraintes pragmatiques permettront alors de séparer l'étude du lexique spécialisé (*bergère, méridienne*) du lexique général (*fauteuil, tabouret*).

---

1. *Ibid.*, p. 81-82.
2. B. Pottier, *Linguistique générale...*, *op. cit.*, p. 63.

2. SÉLECTION DES SÈMES ET OPPOSITION SÉMIQUE

Dans l'analyse sémique, le trait distinctif a un caractère binaire : tel sémème possède ou ne possède pas tel sème. Ce modèle binaire, hérité de l'analyse phonologique, convient à des cas limpides, telle l'opposition *rivage/rive* ou *marin/marinier* ; mais dans d'autres cas, il rend le choix des sèmes plus délicat et la procédure de recherche des sèmes distinctifs est parfois longue et malaisée. La difficulté liée au choix des traits définitionnels d'un mot (cf. *supra*, I B) est accrue lorsqu'il s'agit de mettre au clair des oppositions pertinentes au sein d'un sous-ensemble lexical. Par exemple, le sémème de *auberge* doit-il comprendre le trait /destiné au logement/ ou le trait /sert des repas/ ? Le trait /luxueux/ ou le trait /campagnard/ ? S'agit-il de traits virtuels ? Dans l'indécision, devra-t-on renoncer à utiliser ces sèmes pour opposer les sémèmes de *hôtel*, *hôtellerie*, *auberge* et identifier des différences sur d'autres traits au mépris de l'intuition ? Ou bien admettre qu'il n'y a pas de structuration claire des oppositions sémiques dans cet ensemble ?

À l'inverse, il arrive que différentes analyses sémiques du même ensemble lexical soient également plausibles (cf. exercice 2). C'est le cas, en particulier, lorsque les traits distinctifs sont liés au savoir (spécialisé ou non) que l'on a du domaine. Voici, par exemple, deux analyses sémiques différentes des synonymes *rabais* et *remise*. *Rabais* et *remise* partagent le sens « réduction de prix ». Pour le consommateur, *remise* a le sème /réservé à un client particulier/, *rabais* ne l'a pas. En revanche, pour un expert dans le domaine de la comptabilité, *rabais* a le sème /exceptionnel/ tandis que *remise* est caractérisé par le sème /accordé automatiquement/. Les deux analyses ne sont nullement contradictoires.

Par ailleurs, les oppositions sémiques varient selon le temps et l'espace. L'analyse des noms de sièges date de 1964 et aujourd'hui la matrice des traits serait quelque peu modifiée : le sème[6] /en matière rigide/ n'est plus guère pertinent pour *fauteuil* (cf. *infra*, 3). D'une façon générale, la représentation sémique des mots en langue ne peut s'abstraire des données socioculturelles qui conditionnent le sens lexical.

3. LA NATURE DES SÈMES

Dès lors que l'on sort du cadre théorique qui fonde la sémantique componentielle, et que l'on juge l'analyse sémique au vu de certains résultats, on est tenté d'envisager le sème non pas comme un trait sémantique mais comme une propriété du référent. Il est vrai que, dans l'analyse archétypale des sièges, les sèmes proposés /sur pieds/, /avec dossier/, etc., valent également comme traits référentiels. La visée linguistique de la recherche des traits distinctifs n'empêche pas une interprétation référentielle de ces traits.

De plus, le fait que la sémantique structurale ait privilégié la description de domaines déjà fortement structurés (animaux domestiques, relations de parenté) a alimenté la critique envers une méthode accusée de classer les choses au détriment des structures de l'organisation proprement linguistique. Ces objections contribuent à affaiblir la portée de l'analyse componentielle.

D. ANALYSE SÉMIQUE ET DÉFINITION PAR INCLUSION

À première vue, il y a des ressemblances. Il s'agit, dans les deux cas, d'une définition du sémème en termes de traits (définition en intension). L'incluant (ou hyperonyme) est l'équivalent de l'archilexème, réalisation langagière de l'archisémème. Citons à nouveau la définition de *fauteuil* du *PR* :

fauteuil : siège à dossier et à bras, à une seule place.

L'incluant *siège* est l'archilexème et les traits spécifiques correspondent ici aux sèmes. La définition par inclusion implique donc une comparaison implicite avec d'autres signes alors que dans l'analyse sémique la comparaison est explicite. De plus, tout comme le sémanticien veille à séparer les sèmes distinctifs des sèmes plus ou moins virtuels, celui qui pratique la définition par inclusion tente de faire le partage entre les traits spécifiques et les traits encyclopédiques. Mais là s'arrête le parallélisme car les deux procédures diffèrent dans leurs objectifs et leurs méthodes.

L'analyse sémique a une **optique différentielle** (c'est-à-dire **contrastive**) : elle vise à dégager les oppositions entre sémèmes d'un ensemble lexical clos. Ainsi *taxi* est confronté à *voiture, autobus, autocar, métro, train, avion, moto, bicyclette* pour être « interdéfini » par les sèmes suivants : /transport de personnes/, /sur terre/, /payant/, /4 à 6 personnes/ et, facultativement, /individuel/ et /intra-urbain/. Le lexicographe, en revanche, qui recourt à la définition par inclusion, définit le ou les sémèmes d'un mot de façon autonome. *Taxi* est ainsi défini dans le *PR* (2013) :

taxi : voiture automobile de place, munie d'un compteur qui indique le prix de la course.

Là où le sémanticien recherche des sèmes dans la perspective d'une combinatoire, attentif à une formulation métalinguistique non équivoque et recourant volontiers à la formalisation – matrice de traits utilisée par les linguistes européens ou représentation arborescente employée par Katz et Fodor[1] –, le lexicographe propose

---

1. J. J. Katz, J.-A. Fodor, « Structure d'une théorie sémantique », *Cahiers de Lexicologie*, II, 1966, p. 39-72 ; et I, 1967, p. 47-66.

une périphrase exprimée en langage ordinaire (l'hyperonyme *voiture de place* est cependant un archaïsme) et dans laquelle les traits spécifiques ne constituent pas obligatoirement des unités sémantiques ni des traits différenciateurs.

La conception du sens lexical qui fonde la définition par inclusion ne s'identifie donc pas à l'analyse componentielle. Les démarches théoriques sont à l'opposé : relation des mots aux choses (relation de désignation) dans le cas de la définition par inclusion, relation entre les signes (relation de signification) dans le cas de l'analyse componentielle ; les méthodes restent différentes. Cependant, dans la mesure où lexicologie et lexicographie ont toujours été dans une relation complémentaire, il n'y a pas lieu de s'étonner de ce que, d'une part, les lexicographes tirent parti de certains résultats de l'analyse sémique ni de ce que, d'autre part, les linguistes puisent dans les définitions du dictionnaire un contenu qu'ils traiteront en termes de sèmes, puisque la définition du dictionnaire se prête à une double lecture, référentielle et métalinguistique (cf. I, A 2).

En dépit d'une critique de la sémantique structurale, l'apport théorique et méthodologique de la sémantique componentielle reste important. Les concepts de *sème*, de *sémème* et d'*archisémème* sont des concepts fondamentaux, largement utilisés, libres du lien avec le modèle structural. La comparaison entre sémèmes s'applique à de nombreux domaines de la sémantique lexicale (relations sémantiques, polysémie). L'analyse sémique peut être heureusement complétée par d'autres méthodes comme celles de l'analyse distributionnelle. On notera que la formalisation du contenu sémantique a pu séduire les chercheurs en intelligence artificielle.

III. PROTOTYPES ET STÉRÉOTYPES

La théorie des prototypes et celle des stéréotypes, apparues aux environs de l'année 1975, proviennent d'horizons différents : la première se rattache à la psychologie (E. Rosch), la seconde à la philosophie du langage (H. Putnam). Elles s'opposent aux théories classiques du sens sur la question de la catégorisation. Cette question de nature philosophique – « Sur quels critères peut-on décider de l'appartenance d'un objet à une catégorie ? » – a une portée linguistique : « Quels sont les principes qui gouvernent le regroupement des référents dans une même catégorie désignée par un nom ? » Des catégories, on passe au sens lexical, comme l'exprime le sous-titre *Catégories et sens lexical* de l'étude de G. Kleiber[1], dont on s'inspirera

---

1. G. Kleiber, *La Sémantique du prototype. Catégorie et sens lexical*, Paris, PUF, 1990.

ici. Toutefois, il s'agit d'une sémantique référentielle dans laquelle la dimension philosophique prend le pas sur l'analyse proprement linguistique. Les deux notions de prototype et de stéréotype, souvent réunies parce qu'elles envisagent la catégorisation sous l'angle de la « typicité », seront présentées séparément.

A. LA CRITIQUE DU MODÈLE DES CONDITIONS NÉCESSAIRES ET SUFFISANTES

À la question « comment catégorise-t-on ? », les théories classiques du sens, issues de la tradition aristotélicienne, donnent la réponse suivante : les membres d'une même classe ou catégorie partagent les mêmes propriétés, et le critère de l'appartenance à la catégorie est lié à la possession de ces propriétés. C'est le modèle des *conditions nécessaires et suffisantes* (CNS) : pour qu'un X appartienne à une catégorie, il faut et il suffit qu'il ait les attributs communs à cette catégorie. Le sens d'un mot étant compris comme ce qui détermine sa référence sera donc identifié aux CNS ; autrement dit, il sera constitué des conditions que doit remplir un référent pour être adéquatement dénommé par ce mot. Ce modèle du sens lexical se retrouve dans les conceptions classiques du sens : sens référentiel, définition par inclusion (définition « suffisante »), analyse componentielle (à condition d'interpréter les sèmes comme des traits référentiels, cf. *supra*).

L'approche prototypique et l'approche stéréotypique récusent ce modèle sur trois points principaux.

- Le modèle des CNS stipule que les frontières entre les catégories sont nettes. Mais ce n'est pas toujours le cas. Si l'on définit *chaise* à l'aide des CNS (quatre pieds, en matériel rigide, pour une personne, avec dossier), on devrait n'appeler *chaise* que des sièges qui ont ces propriétés ; or, on peut appeler *chaise* un meuble auquel manque une de ces propriétés, accidentellement ou non.
- Il donne l'illusion de catégories homogènes ; or, les membres d'une catégorie donnée ne sont pas équivalents. Il y a en effet une sorte de hiérarchie à l'intérieur d'une catégorie. Ainsi le moineau illustre mieux la catégorie *oiseau* que le poulet ou l'autruche.
- La recherche des CNS conduit à des définitions « analytiques », c'est-à-dire composées de propriétés toujours vraies. Elle exclut, par conséquent, des propriétés qui ne sont pas toujours vérifiées. Il en est ainsi du plumage noir des merles. Cet attribut ne peut figurer parmi les CNS parce qu'il y a des merles albinos ; pourtant cet attribut joue un rôle dans l'identification de la catégorie *merle*. Il en va de même pour l'exemple canonique de *oiseau* : bien que le fait

de voler ne soit pas une propriété nécessaire pour la catégorie *oiseau*, puisque certains oiseaux (dont l'autruche) ne volent pas, *voler* est primordial pour la reconnaissance de la catégorie.

B. LE PROTOTYPE

Dans la version « standard » de la théorie à laquelle on se limitera[1], la théorie du prototype traite la catégorisation sous deux aspects : la dimension horizontale (structure interne aux catégories) et la dimension verticale (structuration entre catégories). Le premier aspect est le plus important.

1. STRUCTURE INTERNE DES CATÉGORIES

Dans la sémantique du prototype, la structure interne des catégories ne repose plus, comme dans les CNS, sur les propriétés partagées mais sur le degré de ressemblance avec le meilleur exemple ou meilleur représentant de la catégorie, appelé *prototype*. *Moineau* sera un meilleur exemple de la catégorie *oiseau* qu'*autruche* ou *poulet* ; *moineau* (le prototype) est l'entité centrale autour de laquelle s'organise la catégorie, *autruche* ou *poulet* se situant à la périphérie de la catégorie. La catégorie ainsi conçue est un ensemble flou ; la sous-classe des autruches ou des poulets est « moins oiseau » que la sous-classe des moineaux.

Par suite d'une évolution théorique, la représentation du prototype change quelque peu ; le prototype perd son statut d'exemple concret pour être assimilé à une image mentale, abstraite, condensant un ensemble de propriétés ou attributs (proto-) typiques de la catégorie. Exemple : le trait /voler/ est un attribut prototypique de *oiseau*. Les membres d'une même catégorie ne sont donc pas tenus de partager tous les mêmes propriétés (tous les oiseaux ne volent pas). Ils sont liés par une **ressemblance de famille** ; la ressemblance de famille n'exige pas que tous les membres d'une catégorie possèdent au moins un attribut commun. Cette notion est empruntée à L. Wittgenstein[2]. Les traits prototypiques de la catégorie sont déterminés par des tests auprès des usagers de la langue et s'appuient sur la fréquence (cf. exercice 3). On pourra noter que cette définition du prototype fait pièce à l'argument selon lequel il pourrait y avoir plusieurs prototypes pour une même catégorie.

La catégorisation est donc rapportée à des processus cognitifs en raison du « principe d'appariement » au prototype qui est à la base de l'opération de catégorisation.

1. G. Kleiber, *op. cit.*, chap. 2.
2. L. Wittgenstein, *Tractatus logico-philosophicus*, suivi d'*Investigations philosophiques*, Paris, Gallimard, 1961, p. 147-148 [1953].

Le prototype est un concept de **sémantique cognitive** (autrement dit décrivant le fonctionnement et l'organisation de l'esprit humain). En mettant au premier plan les propriétés qui ne sont pas nécessaires mais qui sont typiques, la théorie du prototype offre ainsi un modèle de la catégorisation plus souple que celui des CNS. De plus, elle présente une vision positive du sens lexical ; car il ne s'agit plus d'indiquer les traits qui séparent une catégorie des autres (cas des définitions distinctives) mais d'énumérer les attributs positifs de la catégorie.

2. HIÉRARCHIE VERTICALE DES CATÉGORIES

À une structure interne des catégories correspond une hiérarchie verticale. Un objet peut être rangé dans des catégories différentes et être dénommé de différentes façons. Cette organisation verticale met en jeu les relations d'inclusion que les théories précédentes n'ignoraient pas (distinctions aristotéliciennes du genre et de l'espèce et relations d'hyponymie et d'hyperonymie décrites au chapitre 4). E. Rosch et al.[1] distinguent trois niveaux :

– niveau superordonné (*animal* ou *meuble*) ;
– niveau de base (*chien* ou *chaise*) ;
– niveau subordonné (*setter* ou *chaise pliante*).

Le prototype s'applique au niveau de base. Il est, en effet, impossible de choisir un prototype pour le superordonné *animal* qui rassemble des catégories trop disparates. Ainsi, en quoi *chat* serait-il un meilleur exemple d'*animal* que *chien* ou *oiseau* ? Le niveau de base représente le niveau de dénomination le plus utilisé : on ne dira pas *Il y a un animal dans la cour* ou *Il y a un setter dans la cour* mais *Il y a un chien dans la cour*. Il est le niveau **saillant** du point de vue cognitif (perception d'une similarité globale et identification rapide).

Dans les deux dimensions, horizontale et verticale, le prototype fonctionne donc comme point de référence cognitif de la procédure de catégorisation.

C. LE STÉRÉOTYPE

1. LES NOMS D'ESPÈCES NATURELLES

Critique à l'égard des théories traditionnelles de la signification, le philosophe H. Putnam introduit la notion de stéréotype pour décrire la signification des noms

---

1. E. Rosch *et al.*, « Basic Objects in Natural Categories », *Cognitive Psychology* 8, 1976, p. 382-436.

d'espèces naturelles et d'artefacts[1]. Le stéréotype – il s'agit ici d'une acception
technique dénuée de la péjoration habituellement attachée à ce mot – est « la
description d'un membre normal » de la classe naturelle, présentant les caractéristiques qui lui sont associées. Ces propriétés peuvent être vraies ou fausses (éléments de croyance, représentations culturelles). H. Putnam développe, entre autres,
l'exemple de *citron*. Le stéréotype de *citron* comprend les traits /peau jaune/, /goût
acidulé/, etc. ; le trait /peau jaune/, décrivant un citron typique, ne sera pas vrai
pour les membres atypiques (un citron encore vert, qui est cependant toujours
un citron, ou la sous-catégorie des citrons verts). Le stéréotype est donc une idée
conventionnelle, parfois inexacte, qui correspond à **l'image sociale partagée de
l'unité lexicale**.

> H. Putnam développe, à ce sujet, l'hypothèse sociolinguistique de la « division sociale du travail lin-
> guistique ». Les stéréotypes s'opposent aux connaissances spécialisées détenues par les experts (aux
> définitions savantes en quelque sorte). Seules celles-ci décrivent véritablement l'extension fixe de la
> catégorie (par exemple, H_2O pour l'eau alors que le stéréotype d'*eau* est composé des traits : /sans
> couleur/, /transparente/, /sans goût/, /étanche la soif/, etc.).
> Les noms d'espèces naturelles seraient, comme les noms propres, des *désignateurs rigides*, aptes à
> désigner le même référent dans tous les mondes possibles[2]. Ce n'est pas le sens associé au mot qui
> détermine la référence, c'est la référence qui est première (instaurant une dénotation fixée, non flexible)
> et le sens est ce que l'on sait encyclopédiquement du référent. On parle de *théorie de la référence
> directe* ou de *théorie causale de la référence* ; on associe d'abord un nom à un référent (« baptême
> initial ») et on associe ensuite au nom les propriétés typiques du référent.

Il y a une correspondance entre le stéréotype et le prototype puisqu'ils rassemblent
également les traits centraux de la catégorie (les données sémantiques saillantes) et
décrivent positivement (c'est-à-dire de manière non différentielle) le contenu du sens
lexical. Les perspectives, cependant, diffèrent ; le stéréotype décrit les conventions
sociales et relève d'une théorie sociolinguistique tandis que le prototype décrit l'organisation cognitive des catégories et relève d'une théorie psycholinguistique. Mais,
dans la majorité des cas, stéréotypes et prototypes coïncident, les données sémantiques les plus importantes du point de vue social étant aussi les plus importantes du

1. Cf. H. Putnam, « Is Semantics Possible ? », *Mind, Language and Reality*, Cambridge University Press, 1975,
p. 132-152, trad. dans *La Définition*, (éd. J. Chaurand et F. Mazière) Paris, Larousse, 1990, p. 292-304 ; « Signification, référence et stéréotypes », *Philosophie*, n° 5, 1985, p. 21-44.
2. Cf. S. Kripke, *La Logique des noms propres*, Paris, Minuit, 1982.

point de vue cognitif. Il en va ainsi du trait /voler/, partie du stéréotype de *oiseau* et attribut prototypique de la catégorie *oiseau*.

Toutefois, l'assimilation des deux théories risque de masquer la spécificité du stéréotype. Pour H. Putnam, le stéréotype sert davantage à transmettre l'usage effectif du mot qu'à en donner la signification. Il s'inscrit dans une dimension pragmatique de l'acquisition des mots, la même qui caractérise le dictionnaire.

2. STÉRÉOTYPE ET DÉFINITION LEXICOGRAPHIQUE

Le stéréotype correspond davantage à la pratique lexicographique que ne le fait la représentation du sens procédant selon la définition par inclusion. En effet, la définition du dictionnaire, loin de se conformer à l'idéal de la définition « suffisante », fournit un ensemble de propriétés du référent plus riche que l'ensemble des CNS. Cette définition, dite hyperspécifique dans le modèle de la définition par inclusion, vise à donner une « représentation effective » de la catégorie[1]. Ainsi la définition de *oiseau* du *PR* comprend le trait /voler/ dont on a vu qu'il était inégalement partagé par les membres de la catégorie (et donc non nécessaire).

La définition de *corbeau* du *TLF* :

corbeau : grand oiseau (passereaux) au plumage noir, au bec fort et légèrement recourbé, réputé charognard

comprend des traits descriptifs et un trait culturel (« réputé charognard ») qui font le portrait du corbeau stéréotypique[2]. Mais les dictionnaires ne décrivent pas les stéréotypes de façon uniforme ; ainsi pour le *PR* (2009), *corbeau* a le trait /souvent agressif/ ; en outre, les traits à vocation stéréotypique étant, par nature, non limités se dispersent dans le texte lexicographique entre définition, expressions, exemples.

Par ailleurs, d'une époque à une autre, les représentations culturelles changent.

En témoigne cette définition extraite du dictionnaire de Richelet[3] :

chat : animal très connu [...] qui a les yeux étincelants, qui est fin, qui vit de souris et de toute sorte de chair ; qui hait les rats, les souris, les chiens, les aigles, les serpents et l'herbe que l'on appelle la rüe ; et cet exemple pour le mot *tigre* proposé dans le *Petit Larousse illustré* de 1906 à 1958 :

Le tigre est cruel sans nécessité.

---

1. R. Martin, « La définition "naturelle" », *La Définition, op. cit.*, p. 89.
2. Cf. B. Fradin, J.-M. Marandin, « Autour de la définition : de la lexicographie à la sémantique », *Langue française*, n°43, 1979.
3. P. Richelet, *Dictionnaire françois contenant les mots et les choses*, Genève,1680.

Proches du lieu commun, les traits stéréotypiques offrent une connaissance sémantique moyenne dans laquelle la frontière entre les contenus linguistiques et les connaissances encyclopédiques est incertaine.

3. STÉRÉOTYPE ET PHRASÉOLOGIE

Les traits liés aux stéréotypes sont diversement actualisés dans la langue. Les emplois métaphoriques lexicalisés (cf. chap. 5, III A) et la **phraséologie** – on entend, par phraséologie, l'ensemble des expressions, collocations, locutions, phrases codées dans une langue – mettent en évidence certains éléments des stéréotypes associés aux noms d'espèces naturelles (cf. exercice 4).

> Les sens métaphoriques de *corbeau*, « homme avide et sans scrupule » et « auteur de lettres anonymes », se rattachent au trait stéréotypique /charognard/.
> Le stéréotype associé à *oiseau* est particulièrement productif en français. Le trait /vole/ motive l'expression *à vol d'oiseau* ; les comparaisons figées telles que *manger comme un oiseau* ou *comme un moineau* (l'oiseau passe pour être frugal, ce qui est dénué de vérité scientifique), *être comme un oiseau sur la branche* (« dans une situation précaire ») expriment le plus haut degré d'une des propriétés typiques de *oiseau*.

La stéréotypie diffère d'une civilisation à l'autre ; ainsi le stéréotype associé à *serpent* dans la culture occidentale est fort différent de celui de la culture asiatique. D'une langue à l'autre, la phraséologie ne retient pas les mêmes traits[1].

D. CATÉGORIES COGNITIVES ET SENS LEXICAL

Les critiques principales adressées par les linguistes aux approches du sens lexical menées dans le cadre des théories du prototype et du stéréotype sont les suivantes :
- Elles ne représentent pas un modèle universel de description du sens lexical. Ce modèle fonctionne mieux pour certaines catégories comme les noms d'espèces naturelles et d'artefacts (par ex., *tasse*) que pour d'autres. Toutefois la théorie des prototypes a été étendue à d'autres catégories (verbes, démonstratifs, prépositions,
- Elles ne remettent pas véritablement en cause l'analyse du sens en traits, puisque les propriétés typiques se substituent aux conditions nécessaires et

---

1. Cf. A. Desporte, F. Martin-Berthet, « Stéréotypes comparés : noms d'animaux en français et en espagnol », *Cahiers de lexicologie*, n°66, 1995 ; et « Noms d'animaux et expressions en français et en espagnol », *Langages* 143, 2001.

suffisantes. La définition et la hiérarchisation de ces traits – s'ordonnant selon un degré plus ou moins fort de centralité – dépendent de critères statistiques dont on peut contester la validité.

Par ailleurs, dans la sémantique du prototype, la notion de ressemblance de famille n'exigeant plus d'attributs communs (puisqu'il suffit que chaque membre de la catégorie partage au moins une propriété avec un autre membre de la catégorie), la question de l'appartenance d'une entité à une catégorie n'est pas réglée. Comment savoir, par exemple, qu'*autruche* appartient à la classe *oiseau* ? H. Putnam, en revanche, maintient le trait générique (appelé *marqueur sémantique*) dans la représentation de la signification lexicale : pour *eau* « espèce naturelle, liquide ».

   – Les théories du prototype et du stéréotype présentent une vision quelque peu déformée des conceptions du sens lexical auxquelles elles s'opposent. En effet, identifier ces conceptions au modèle des CNS n'est pas toujours fondé (cf. *supra*, C 2) et réduire l'analyse sémique aux CNS pose également problème, non seulement parce que l'on n'y retient que la perspective référentielle, mais aussi parce que l'on passe sous silence l'existence des sèmes non obligatoires, virtuels. Les représentations traditionnelles du sens lexical incluent, de fait, des traits non nécessaires qui ne sont pas totalement étrangers aux prototypes et aux stéréotypes.

Néanmoins, les approches prototypique et stéréotypique du sens lexical rompent avec les théories précédentes. Cela se traduit moins par des avancées proprement linguistiques que par un renouvellement de la problématique. L'accent est mis sur la souplesse et la flexibilité du modèle (au détriment d'une certaine rigueur méthodologique), sur l'exemplification (au préjudice de la généralisation) et sur une vision positive du sens lexical (par rejet d'une conception différentielle). Il s'agit d'une sémantique référentielle globale intégrant les données sociales et psycholinguistiques. La dimension pragmatique et cognitive de ces modèles explique leur succès.

Les trois représentations du sens lexical (*supra*, I, II et III) concernent le sens du mot indépendamment du contexte et portent tout particulièrement sur le substantif, qui a une relative capacité dénotative autonome. La théorie liée à la définition (I), la sémantique du prototype et celle du stéréotype (III) privilégient, conformément aux traditions de la logique et de la philosophie du langage, une conception référentialiste du sens. Dans sa version européenne, l'analyse componentielle (II) prône, à la suite de Saussure, une approche différentielle du sens, envisageant la relation de signification (rapports entre sémèmes) dégagée de la référence. Ces trois modèles s'accordent sur l'existence d'un sens stable, conventionnel, de l'unité linguistique que l'on peut décrire en terme de traits.

IV. L'APPROCHE DYNAMIQUE (OU CONSTRUCTIVISTE) DU SENS

D'autres approches du sens, apparues ces dernières décennies, prônent une conception dynamique du sens. Remettant en cause l'existence d'un sens conventionnel, prérequis, associé par avance aux expressions linguistiques qui fonde la *conception « fixiste » du sens*, elles présentent une *conception constructiviste du sens* : le sens des mots variant systématiquement d'une occurrence à l'autre et n'étant pas « fixé » une fois pour toutes, l'accent est mis sur la nécessité de construire tout sens, en interaction avec le contexte (d'où aussi le nom de *contextualisme*). Sans détailler ici les différents courants qui les composent[1], on peut retenir que de telles approches, développées dans le cadre d'une réflexion sur la polysémie, proposent une analyse du sens en termes non référentiels de deux façons : soit le sens est vu comme une instruction et non plus comme une description (sens dit *instructionnel* ou *procédural* parce qu'il s'agit d'indiquer les procédures à suivre pour trouver ou construire le sens), soit le sens est décrit à un niveau supérieur de généralité, comme une forme schématique abstraite qui subsume les différents emplois référentiels (cf. l'exemple de *boîte*, chap. 5, II B 2).

Ces approches renouvellent les théories sur le sens en portant l'accent sur la génération du sens mais elles restent bien souvent à l'état programmatique. En outre, elles relèvent davantage de la pragmatique et de la sémantique des énoncés que de la sémantique lexicale proprement dite.

V. EXERCICES

EXERCICE 1

Les définitions lexicographiques par inclusion

Commenter les définitions suivantes, extraites de divers dictionnaires, en observant le rapport entre le défini et la périphrase définitionnelle.
1. **bavarder** v. intr. : parler beaucoup, de choses et d'autres (*PR* 2013).

---

1. Cf., sur ce point, G. Kleiber, *Problèmes de sémantique, La polysémie en questions*, chap. 1, p. 15-52 ; F. Recanati « La polysémie contre le fixisme », *Aux sources de la polysémie nominale, Langue française*, 113, 1997, p. 107-123 ; R. Martin, *Sémantique et automate*, p. 28-50 ; P. Larrivée, *Une histoire du sens*, p. 115-127.

2. **conservation** n. f. : action de conserver, de maintenir intact ou dans le même état (*PR* 2013).
3. **fenouil** n. m. : plante potagère aromatique (*DFC* 1975).
4. **fourmi** n. f. : insecte de quelques millimètres de long, vivant en société ou fourmilières, où l'on rencontre des reines fécondes et de nombreuses ouvrières sans ailes (*Lexis* 1979).
5. **fourmi** n. f. : insecte hyménoptère de petite taille vivant en colonies nombreuses (*TLF*).
6. **fourmi** n. f. : petit insecte, noir ou rouge, très actif, qui vit en société dans les fourmilières (*Le Petit Robert des enfants,* 1988).
7. **patin** n. m. : semelle munie d'une lame métallique que l'on fixe sous la chaussure pour glisser sur la glace (*DFC* 1975).
8. **sapin** n. m. : grand arbre résineux à feuillage persistant (*DFC* 1975).
9. **sapin** n. m. : arbre résineux au tronc grisâtre, commun dans les montagnes d'Europe occidentale entre 500 et 1 500 m, à feuilles persistantes portant deux lignes blanches en dessous (*PLI* 1989).
10. **sapin** n. m. : arbre conifère résineux de la famille des Abiétinées, à tronc droit et élevé, à écorce grisâtre et écailleuse, à branches plongeantes, à aiguilles persistantes, dont le fruit est un cône dressé et dont on rencontre de nombreuses variétés en moyenne montagne (*TLF*).

CORRIGÉ

Les définitions par inclusion sont nécessairement formées de deux parties : l'incluant qui désigne la catégorie générale (le genre) dont relève l'objet à définir, et les traits spécifiques qui différencient les espèces entre elles. Elles s'appliquent aux noms mais aussi aux verbes (ex. *bavarder*), plus rarement aux adjectifs.

• Incluants : *plante* ou *plante potagère* (*fenouil*), *insecte* (*fourmi*), *arbre résineux* (*sapin*), *parler* (*bavarder*). Ces incluants (ou hyperonymes) représentent le genre prochain. Pour *sapin*, l'incluant correspondant au genre prochain est *conifère* (10) mais *conifère*, terme technique, moins connu que le mot à définir, relève de la classification botanique. Le *DFC* (8) et le *PLI* (9) préfèrent recourir à la périphrase *arbre résineux* (à peu près équivalente à *conifère*, même si tous les résineux ne sont pas des conifères) ; le *TLF* (10) cumule, dans un souci d'exactitude encyclopédique, les différents incluants (cf. aussi *insecte hyménoptère* pour *fourmi*). On voit les difficultés de l'application du système de l'inclusion lorsqu'un mot est engagé dans une taxinomie scientifique : doit-on privilégier les catégories du savoir (hyperonyme spécialisé), se satisfaire de la structuration de la langue générale ou mêler les deux types de classification ?

Pour *patin* (7), l'incluant *semelle* est mal choisi : un patin à glace n'est pas une semelle (est-ce un dispositif ? une lame ? un type de chaussure ?).

• Traits spécifiques : /aromatique/ pour *fenouil*, /de petite taille/ et /vivant en colonies nombreuses/ pour *fourmi*... Ces traits qui forment, en principe, la partie distinctive de la définition, sont de nature variée : marques descriptives (*sapin* : « à feuillage persistant », « au tronc grisâtre »), marques de localisation (*sapin* : « dont on rencontre de nombreuses variétés en moyenne montagne »), marques fonctionnelles (*patin* : « pour glisser sur la glace »), marques exprimant les modalités (*bavarder* : « beaucoup », « de choses et d'autres »).

Le nombre de traits peut varier d'un dictionnaire à l'autre. En testant ainsi l'adéquation défini/définition, on peut distinguer :

– les définitions hypospécifiques comme celles de *fenouil* et de *sapin* (8). Le nombre réduit de traits différenciateurs ne permet pas de séparer, par exemple, le fenouil du cerfeuil ou le sapin des espèces voisines ;
– les définitions suffisantes ou distinctives : *sapin* (9), *fourmi* (5) ;
– les définitions hyperspécifiques ou encyclopédiques : *fourmi* (4), *sapin* (10). Elles présentent un nombre élevé de traits, dont certains ne sont pas nécessaires pour l'identification du défini (par exemple, l'information sur les reines et les ouvrières dans la définition de *fourmi* que propose le *Lexis*).

La définition de *fourmi* (6) tirée du *Petit Robert des enfants* peut être jugée hyperspécifique ; elle présente un trait du stéréotype associé à *fourmi* /très actif/ (cf. le lien avec la phraséologie : *un travail de fourmi*, « inlassable et minutieux »). Les traits du stéréotype ne sont pas toujours des traits encyclopédiques.

On notera que la définition 2 (*conservation*) mêle deux procédures : définition par inclusion de *conserver* (« maintenir intact ou dans le même état ») et définition morpho-sémantique de *conservation* (« action de conserver ») cf. chap. 12, III B 3.

Conclusion : on a coutume d'opposer, en lexicographie, les dictionnaires à visée encyclopédique, tel le *PLI*, dont le discours est orienté sur la description du référent (de là, de nombreuses définitions hyperspécifiques) aux dictionnaires de langue à visée linguistique, tels le *PR* ou le *DFC*, qui tendent à privilégier un discours portant sur le signe (de là, le choix des définitions suffisantes). Mais le critère définitionnel n'est pas suffisant pour distinguer les deux types de dictionnaires ; comme on le voit dans ce court échantillon, s'il est vrai que le *DFC* présente de nombreuses définitions hypospécifiques lorsqu'il s'agit de termes renvoyant à une taxinomie, ce n'est pas le cas du *PR* ni du *TLF*. D'autres facteurs de différenciation doivent entrer en jeu (cf. troisième partie, chap. 10, II).

EXERCICE 2

L'analyse sémique

Appliquer l'analyse sémique aux mots de la série suivante :
allocution – causerie – communication – conférence – déclaration – exposé – harangue – sermon.
a) Quel est l'archisémème de cet ensemble ? Y a-t-il un archilexème correspondant ?
b) Opposer par leurs sèmes pertinents les différents mots de la série en présentant l'analyse sous la forme d'un tableau.
c) Si l'on ajoute *laïus*, *speech*, *topo*, peut-on étudier, à l'aide des sèmes, leur synonymie par rapport aux autres mots de la série ?

CORRIGÉ

Remarques méthodologiques :
• l'analyse sémique porte sur la description des sémèmes en langue et non sur les occurrences particulières des mots en discours. Ainsi on définira le sémème de *allocution* par le sème /ton familier/ sans rendre compte de l'emploi en contexte *l'allocution télévisée du chef de l'État* dans lequel le sème /ton familier/ est neutralisé ;
• il s'agit de comparer entre eux les différents mots de la série (et non les différents sémèmes d'un mot). Il est donc **nécessaire de sélectionner, au préalable, pour chaque mot polysémique, un seul sémème (une seule acception).** Cette sélection, condition *sine qua non* de l'analyse sémique d'un micro-ensemble, se fait en synchronie en fonction de l'unité conceptuelle du taxème (que manifeste l'archisémème). On exclura ainsi les sémèmes dans lesquels n'apparaît pas le sème /paroles/, à savoir pour *communication* : « fait de communiquer, manière de communiquer », pour *conférence* : « réunion de personnes », pour *déclaration* : « affirmation écrite » ; on écartera également l'acception de *causerie* : « entretien » (qui comprend le sème /plusieurs locuteurs/).

Voici les acceptions retenues (*Le Grand Robert de la langue française*, 1986) :

allocution : discours familier et bref adressé par une personnalité dans une circonstance particulière et à un public précis ;

causerie : discours, conférence sans prétention ;

communication : exposé oral concernant un sujet déterminé que l'on fait devant une société savante ;

conférence : discours, causerie (où l'on traite en public une question littéraire, artistique, scientifique, politique) ;

déclaration : discours [...] par lequel on déclare quelque chose ;

exposé : *absolt.* bref discours sur un sujet précis, didactique ;

harangue : discours solennel prononcé devant une assemblée, un haut personnage ;

sermon : discours prononcé en chaire par un prédicateur (en particulier catholique).

a) L'archisémème est l'ensemble des sèmes communs aux différents sémèmes soit s^1 /paroles/, s^2 /prononcées en public/, s^3 /par un locuteur/, s^4 /en position de supériorité par rapport à son auditoire/. L'archilexème est *discours*. Il convient à tous les mots de la série à condition de s'en tenir au tri de la polysémie tel qu'il a été effectué (ainsi il ne peut rendre compte de l'acception de *exposé* : « exercice pédagogique consistant à présenter une question devant un jury ou dans le cadre d'un cours »).

b) L'inventaire des sèmes pertinents s'organise selon plusieurs axes : durée du discours, ton ou style, visée, thème traité, public, personnalité du locuteur. La sélection des sèmes doit permettre d'aboutir à une analyse différentielle du contenu sémantique des différents mots. Il faut éviter la redondance (le même sème ne doit pas apparaître sous deux formulations différentes) et veiller à une métalangue sémantique non ambiguë.

On propose le tableau suivant (p. 67). La numérotation des sèmes tient compte des sèmes communs décrits dans la question précédente.

L'analyse présentée est distinctive : chacun des sémèmes a un contenu sémantique différent. Les mots s'opposent entre eux de la façon suivante :

Communication, conférence : discours, ayant une certaine longueur, dont le ton n'est ni familier ni officiel, ayant une visée didactique et informative et portant sur un sujet culturel (scientifique, littéraire, artistique). *Communication* se distingue de *conférence* par la nature du public (public spécialisé) et par le sujet traité (il ne relève pas du domaine politique).

Exposé, conférence, communication : discours dont le ton n'est ni familier ni officiel, ayant une visée didactique et informative. *Exposé* se différencie de *conférence* par la brièveté et de *communication* par la nature du public (public non spécialisé).

Conférence, causerie : discours ayant une certaine longueur, à visée informative, abordant des sujets culturels et politiques. *Causerie* se caractérise par le ton familier et l'absence de finalité didactique.

Causerie, allocution : discours dont le ton est familier. *Allocution* est défini par la brièveté du propos, l'absence de visée informative et la liberté concernant le sujet traité.

Déclaration, harangue : discours ayant un caractère officiel, portant sur un sujet politique. *Déclaration* se caractérise par une visée informative, *harangue* par une finalité de persuasion.

Sermon, harangue : discours visant à provoquer un changement chez l'auditoire. *Sermon* traite d'un sujet religieux, *harangue* d'un sujet à caractère politique.

On pourrait établir une autre grille d'analyse, légèrement différente, à partir de l'exploitation des sèmes concernant la personnalité du locuteur. Soit pour *harangue* : /le locuteur est un orateur/, pour *sermon* : /le locuteur est un prêtre/, pour *déclaration* : /le locuteur a un statut officiel/, pour *communication* et *conférence* : /le locuteur est un spécialiste de la question traitée/. Ces sèmes remplaceraient le sème[11] /sujet religieux/, le sème[13] /sujet politique/ et le sème[14] /public de spécialistes/. Pour un même ensemble de mots, on peut donc proposer deux grilles concurrentes, également distinctives.

L'inventaire des sèmes possibles n'est pas clos (cf. les définitions de nature encyclopédique dont le nombre de traits n'est pas limité). On aurait pu, ainsi, faire appel au sème /possibilité d'improvisation/ pour définir *causerie* ou exploiter les traits différenciateurs concernant l'importance de l'auditoire.

   c) *Laïus, speech, topo* se caractérisent par la présence dans leurs sémèmes de sèmes connotatifs : ils relèvent du registre familier. *Speech* est synonyme d'*allocution* et *topo* d'*exposé* (identité des sèmes dénotatifs). *Laïus* est un synonyme péjoratif de *discours* car il comporte, en outre, le sème /verbeux/.

Conclusion : l'analyse des sémèmes montre que les rapports qui unissent les sèmes entre eux ne sont pas identiques ; les sèmes s'additionnent les uns aux autres (par exemple s^1, s^2, s^5, s^6) ou sont régis par des liens syntaxiques (s^3, s^4). D'autre part, l'analyse en sèmes d'un ensemble lexical donne matière à contestation car

Analyse sémique des noms désignant différents types de discours

	s¹ paroles	s² prononcées en public	s³ par un locuteur	s⁴ en position de supériorité par rapport à son auditoire	s⁵ durée brève	s⁶ ton familier	s⁷ caractère officiel	s⁸ visée à provoquer un changement chez l'auditoire	s⁹ visée didactique	s¹⁰ visée informative	s¹¹ sujet religieux	s¹² sujet culturel	s¹³ sujet politique	s¹⁴ public de spécialistes
allocution	+	+	+	+	+	+	–	–	–	–	–	–	–	–
causerie	+	+	+	+	–	+	–	–	–	(+)	–	+	(+)	–
communication	+	+	+	+	–	–	–	–	+	+	–	+	–	+
conférence	+	+	+	+	–	–	–	–	+	+	–	+	(+)	–
déclaration	+	+	+	+	–	–	+	–	–	+	–	–	+	–
exposé	+	+	+	+	(+)	–	–	–	+	(+)	–	+	–	–
harangue	+	+	+	+	–	–	+	+	–	–	–	–	+	–
sermon	+	+	+	+	–	–	–	+	–	–	+	–	–	–

+ : présence du sème ; – : absence du sème ; (+) : présence facultative du sème (sème virtuel)

aucun trait ne reçoit l'assentiment unanime des locuteurs (sèmes virtuels). De plus, l'analyse sémique met sur un même plan les traits sémantiques ; en cela, elle s'oppose à l'analyse qui hiérarchise selon les degrés de typicité les différents traits. On pourra confronter de ce point de vue la décomposition en sèmes de *harangue* à son analyse en traits typiques présentée par R. Martin[1] et dans laquelle figurent en première position les traits : /discours adressé à une assemblée, à une foule/ et /discours qui vise à susciter l'action/.

EXERCICE 3

L'analyse du sens en traits typiques

Qu'est-ce qu'un *appartement* ? Présenter le sens du mot sous forme d'une série de traits ordonnés par ordre de centralité.

CORRIGÉ

Cet exercice est une application de la théorie sémantique des prototypes et des stéréotypes : dans l'analyse du sens lexical d'un mot, certains traits apparaissent plus centraux (plus caractéristiques) que d'autres. Le classement des traits par ordre de centralité se fonde sur l'intuition de l'usager de la langue. Aussi ne peut-on proposer un corrigé type.

On reproduira ici l'ordre des traits de *appartement* proposé dans l'article de R. Martin[2]. Ce classement, qui va du trait le plus central aux traits périphériques, est le résultat d'un test soumis à un groupe d'étudiants.

1. Un appartement est destiné à l'habitation.
2. Il est situé dans un immeuble.
3. Il est composé de plusieurs pièces (ce qui le distingue de *studio*).
4. Les pièces sont contiguës.
5. Il y a d'autres appartements dans l'immeuble.
6. Les pièces sont de plain-pied.
7. Il comporte une cuisine.
8. Il sert au logement d'une seule famille.
9. Il est d'un certain confort.

---

1. R. Martin, « La définition "naturelle" », *La Définition*, p. 93-95.
2. *Ibid.*, p. 94.

On remarque que les traits centraux ou typiques (de 1 à 4) coïncident avec les traits contenus dans la définition minimale (appelée aussi suffisante) de *appartement* telle qu'elle est représentée dans les dictionnaires. Les traits périphériques (de 6 à 9) sont ceux qui prêtent à discussion.

EXERCICE 4

Stéréotype et phraséologie

Quels sont les traits du stéréotype associé à *canard* qui motivent la phraséologie et les sens figurés de ce mot ?

CORRIGÉ

Rappelons que le stéréotype est, selon H. Putnam, ce qui caractérise un membre normal d'une espèce naturelle ; il en fournit une description typique incluant des traits non nécessaires et correspond à une représentation du référent partagée par les locuteurs d'une communauté linguistique. L'on peut identifier les propriétés typiques de *canard*, retenues en français, à travers l'analyse de la phraséologie (expressions contenant le mot *canard*), de ses acceptions métaphoriques (cf. chap. 5, I, A), de ses composés et de ses dérivés, qui procèdent d'une matrice commune de traits sémantiques.

Pour recenser les traits du stéréotype, les dictionnaires sont d'une utilité relativement limitée. D'une part, les définitions lexicographiques des noms d'espèces naturelles indiquent rarement tous les traits typiques. La définition du *TLF* (tome V, 1977) est plus riche à cet égard que celle du *PR* (2013) :

canard (*PR*) : Oiseau palmipède (anatidés) au bec jaune, large, aux ailes longues et pointues ;

canard (*TLF*) : Oiseau aquatique palmipède de la famille des Anatidés, à large bec jaune, aux pattes courtes et aux ailes longues et pointues, dont la chair comestible est recherchée.

D'autre part, la majorité des dictionnaires de langue motivent rarement les expressions et les acceptions figurées (exception faite du *TLF* qui le fait partiellement).

On reprendra ici, en le modifiant légèrement, le tableau des traits typiques de *canard* établi par A. Desportes et F. Martin-Berthet[1].

---

1. A. Desportes, F. Martin-Berthet, « Noms d'animaux et expressions en français et en espagnol », Langages 142, 2001, p. 76.

Traits du stéréotype associé à *canard*	Actualisation dans les formes linguistiques et les sens de *canard*
/couleur/	*bleu canard*
/comestible/	*canard au sang, canard laqué, canard aux navets,* etc.
/bec large/	*canard* : domaine médical : « tasse à long bec destinée aux malades alités »
/aquatique/	*mouillé, trempé comme un canard*
	mare aux canards
	ça glisse comme l'eau sur les plumes
	d'un canard (fig.)
	« morceau de sucre trempé dans un alcool,
	dans du café »
	canarder en parlant d'un navire :
	« qui plonge par l'avant »
/dandinement/	*marcher en canard, les pieds en canard,*
	comme un canard
	un canard boiteux (fig.)
	le vilain petit canard (fig.)
/cri discordant/	*canard* « fausse note »
	canard « fausse nouvelle »
	canard « journal »
	canarder en parlant d'un instrument de musique : « faire une fausse note »
/chasse/	*un froid de canard*
	canarder (fam.) : « tirer sur quelqu'un »,
	se faire canarder, ça canarde
/petits/	terme d'affection : *mon canard, mon petit canard*

On a choisi de rattacher l'expression *froid de canard* « froid intense » au trait /chasse/, suivant en cela les explications données dans les dictionnaires : les vols de canards sauvages ont lieu lors des grands froids. Si quelques expressions restent opaques (*ne pas casser trois pattes à un canard* ou *Il ne faut pas prendre les enfants du bon Dieu pour des canards sauvages*), le stéréotype associé à *canard* est particulièrement productif en français motivant les principaux sens du mot *canard*, ses expressions et le dérivé *canarder*. En espagnol, en revanche (cf. article cité), le stéréotype de *canard* est moins riche, seuls deux traits typiques /comestible/ et /dandinement/ sont actualisés.

Les traits du stéréotype ne mettent donc pas en œuvre un savoir purement référentiel mais font appel à un savoir linguistique. Les traits sont associés au mot, la combinaison et la sélection des traits typiques parmi l'éventail des traits référentiels étant propres à chaque langue.

On notera, par ailleurs, que dans le cas de *canard*, la mise en valeur des propriétés typiques permet de montrer une certaine unité dans la polysémie du mot. On ne s'étonnera donc pas que, sur le même exemple *canard*, J. Picoche[1] décrive un archétype sémantique dont les traits sont assez comparables au corrigé proposé ici, bien qu'ils se situent dans un cadre théorique différent, celui du signifié de puissance (cf. chap. 5, II B).

---

1. J. Picoche, *Précis de lexicologie française*, Paris, Nathan Université, 1992, p. 78-80, rééd. Vigdor.

CHAPITRE 4 ▮▮▮▮▮▮▮▮▮▮▮▮▮▮▮▮▮▮▮▮▮▮▮▮▮▮
LES RELATIONS SÉMANTIQUES

I. RELATIONS DE HIÉRARCHIE ET D'INCLUSION
II. RELATIONS D'ÉQUIVALENCE ET D'OPPOSITION
III. EXERCICE (5)

Les relations sémantiques entre les unités lexicales sont de deux types :
- relations hiérarchiques et d'inclusion lorsqu'elles concernent des unités qui n'ont pas le même rang (hyponymes et hyperonymes, relation partie-tout) ;
- relations d'équivalence et d'opposition lorsqu'elles concernent des unités de même rang (synonymes, antonymes, co-hyponymes).

Ces relations, exception faite de la relation partie-tout, structurent le lexique sur le plan paradigmatique.

Ces termes ont en commun l'élément *-onyme* signifiant « appellation, nom » ; *hyponyme* et *hyperonyme* ont été créés sur le modèle de *synonyme* et *antonyme*, tout comme *méronyme* plus récent (il désigne la relation partie-tout) auquel répond *holonyme* (le tout par rapport à la partie).

I. RELATIONS DE HIÉRARCHIE ET D'INCLUSION

A. L'HYPONYMIE ET L'HYPERONYMIE

La relation d'hyponymie est une relation hiérarchique qui unit un mot spécifique (*sous-ordonné*), l'hyponyme, à un mot plus général (*superordonné*) nommé l'hyperonyme. Ainsi *tulipe* est l'hyponyme de *fleur*, *fleur* est l'hyperonyme de *tulipe*, *morille* est l'hyponyme de *champignon*, *champignon* est l'hyperonyme de *morille*. Les co-hyponymes ont le même hyperonyme (cf. *infra*, II C). Ces rapports sont exploités, on l'a vu, dans les définitions lexicographiques : dans la définition de *fonte* « alliage de fer et de carbone […] », *alliage* est l'hyperonyme de *fonte*, *fonte* étant l'hyponyme de *alliage*.

L'hyperonyme est aussi appelé *incluant, terme* (ou *mot*) *générique* et *archi-lexème* (dans le cadre de l'analyse sémique).

1. INCLUSION EXTENSIONNELLE ET INTENSIONNELLE

Le rapport qui lie un hyponyme (*tulipe*) à un hyperonyme (*fleur*) est un rapport d'inclusion. Mais cette formulation est équivoque et il faut distinguer deux points de vue. Du point de vue de la référence, la classe des référents qui sont des tulipes est incluse dans la classe des référents qui sont des fleurs : l'inclusion est extension-nelle (schéma A). Du point de vue du sens, le sens de *fleur* est inclus dans le sens de *tulipe* : l'inclusion est intensionnelle (schéma B). Les sèmes de *fleur* : s^1 /produc-tion/, s^2 /venant de végétaux/, s^3 /colorée/, s^4 /souvent parfumée/ sont inclus dans le sémème de *tulipe* qui comprend, en outre, s^5 /racine bulbeuse/, s^6 /fleur évasée/, s^7 / couleurs vives/.

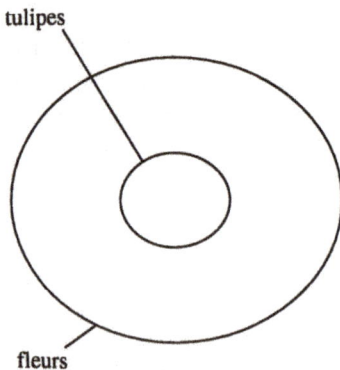

tulipes

(sèmes de) *tulipe*

s^5

s^6

s^1

s^4 s^2

s^3

s^7

fleurs

(sèmes de) *fleur*

Schéma A
Inclusion extensionnelle

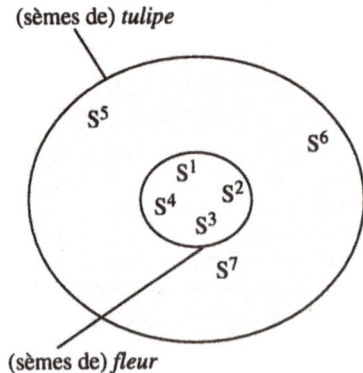

Schéma B
Inclusion intensionnelle

En conformité avec le principe selon lequel l'extension et l'intension (la compré-hension) d'un terme sont en rapport inverse, l'inclusion extensionnelle est l'inverse de l'inclusion intensionnelle. L'hyponyme a une extension plus réduite que celle de son hyperonyme (tulipe dénote un sous-ensemble de fleurs) mais son intension est plus grande : il comporte un nombre plus élevé de sèmes. L'inclusion intensionnelle est en porte-à-faux avec les préfixes des dénominations retenues (*hypo-* et *hyper-*) qui se placent sur le terrain de la référence. La version extensionnelle, intuitivement plus satisfaisante, offre, de plus, l'avantage de convenir à la relation d'implication.

2. RELATION D'IMPLICATION

L'hyponymie établit un rapport d'implication unilatérale entre deux entités : *si x est une tulipe, alors x est une fleur* ; mais on ne peut pas dire : *si x est une fleur, alors x est une tulipe*. Cela explique que la relation s'établisse, dans le discours, de l'hyponyme à l'hyperonyme. L'hyperonyme, parce qu'il désigne ce que désigne l'hyponyme, peut reprendre – c'est-à-dire servir d'anaphorique à – l'hyponyme :

  Un chat entra. L'animal était malade.
  et non **Un animal entra. Le chat était malade.*

De même la construction coordonnée par *et d'autres* n'admet que l'ordre suivant :
  Paul a demandé des tulipes et d'autres fleurs.
  et non **Paul a demandé des fleurs et d'autres tulipes.*

3. STRUCTURES HIÉRARCHIQUES

Un mot donné peut entrer dans une série d'inclusions successives qui dessinent des relations hiérarchiques dans le lexique.
Exemples :
  sapin/conifère/arbre/végétal
  tulipe précoce/tulipe/fleur/plante
  redingote/manteau/vêtement

Certains mots sont tour à tour hyponymes et hyperonymes : *manteau*, par exemple, est l'hyperonyme de *redingote* et l'hyponyme de *vêtement*. Les séries lexicales, contrairement aux inventaires taxinomiques, n'excèdent guère trois à quatre degrés. La hiérarchisation est bloquée vers le haut par la présence de noms très généraux (*chose*, *truc*) et vers le bas par des périphrases développées (par exemple, *redingote à double boutonnage et à parements de velours*). Les structures lexicales hiérarchiques diffèrent d'une langue à l'autre et peuvent présenter ce qu'il est convenu d'appeler des **trous lexicaux**. Aussi arrive-t-il que le besoin d'un hyperonyme se fasse sentir dans un domaine donné. *Deux-roues* a été créé en 1960 pour englober *scooter*, *vélomoteur*, *bicyclette* et la série est devenue complète : *scooter/deux-roues/véhicule*.

Les rapports d'un terme à un autre à l'intérieur d'une série ne sont toutefois pas identiques. D'un côté, les hyperonymes qui se trouvent au sommet de la hiérarchie, tel *végétal* ou *animal*, dominent des sous-classes qui sont très disparates (pour *animal* : *oiseau, reptile, poisson, insecte*, etc.). J. Rey-Debove[1] suggère de réserver le terme de *superordonné* (calqué sur l'usage anglais) à cette catégorie d'hyperonymes

---

1. J. Rey-Debove, « Prototypes et définitions », *DRLAV* 41, 1989, p. 158.

pour laquelle il est impossible de choisir un prototype (cf. chap. 3, III B). D'un autre côté, la relation qui unit le mot composé au mot simple (*tulipe précoce* et *tulipe*) est plus étroite et détermine une subdivision interne à une classe, les hyponymes partageant les principales caractéristiques sémantiques de l'hyperonyme[1].

Certains mots relèvent d'une double classification : structures lexicales et catégories taxinomiques liées à l'organisation des connaissances. Les deux structures ne se recouvrent pas, même si elles peuvent parfois se superposer. Ainsi l'hyperonyme de *chat* est soit *mammifère carnivore* ou *félidé* (catégories zoologiques), soit *félin* ou *animal domestique*. Les définitions des dictionnaires portent la trace de ces hésitations (cf. exercice 1). Il peut, en effet, y avoir divergence entre le savoir non spécialisé et la connaissance spécialisée ; en botanique, l'hyperonyme de *courgette* n'est pas *légume* mais *fruit* et la baleine a été classée comme *poisson*, au xviie siècle, avant d'être cataloguée comme *mammifère*.

La relation hyper-/hyponymique touche différentes catégories syntaxiques : des verbes (*couper/cisailler*, *manger/grignoter*), des adjectifs (*rouge/pourpre*, *gai/guilleret*) et surtout des noms, cela pour une double raison. D'une part, le nom est à la fois catégorie syntaxique (substantif) et outil de dénomination (or les relations de hiérarchie mettent en jeu des classes de référents) ; d'autre part, le nom se prête tout particulièrement à deux types de formation d'hyperonymes et d'hyponymes : changement de signe lexical (*tulipe/fleur*), passage du mot simple au mot composé (voir l'exemple déjà cité *tulipe/tulipe précoce* ou *chat/chat siamois*, *table/table de bridge*).

À cela s'ajoute la catégorie des noms propres de marque. Cette formation a été exploitée dans les slogans publicitaires dans les années 1990. En voici un exemple : *Une Lancia c'est plus moderne qu'une voiture. Lancia* est hyponyme de *voiture* mais le slogan joue sur la transgression de la relation d'inclusion pour susciter l'interprétation selon laquelle une Lancia n'est pas une voiture (ordinaire).

Les relations hyperonymiques et hyponymiques ont un rôle central dans l'apprentissage du lexique. Le locuteur peut parler des objets dont il ne connaît pas le nom spécifique en recourant à l'hyperonyme, ou bien ne retenir que la seule relation liant l'hyponyme à l'hyperonyme sans rien savoir du sens de l'hyponyme (il saura, par exemple, qu'un varan est un lézard sans savoir en quoi il se différencie des autres lézards).

---

1. Cf. G. Kleiber et I. Tamba, « L'hyponymie revisitée : inclusion et hiérarchie », *Langages* 98, 1990.

B. LA RELATION PARTIE-TOUT

La relation partie-tout est une relation hiérarchique qui existe entre un couple de termes dont l'un dénote une partie et l'autre dénote le tout (relatif à cette partie) : *guidon/bicyclette, poignée/valise, bras/corps, ongle/doigt, porte/maison, voile/bateau*. *Guidon* est une partie de *bicyclette* ou le **méronyme** (« nom de la partie ») de *bicyclette* ; inversement, *bicyclette* désigne le tout ou l'**holonyme** (« nom du tout ») de *guidon*. La relation partie-tout concerne les noms qui renvoient à des référents divisibles et discrets, soit principalement les noms comptables.

> Les noms communs sont classés en différentes sous-catégories syntactico-sémantiques : noms comptables/noms massifs, noms concrets/noms abstraits, noms animés/noms inanimés[1]. Les noms comptables se prêtent au dénombrement, ce qui suppose la discontinuité, c'est-à-dire des entités distinctes ; ils se combinent avec les déterminants numéraux (*une, deux bicyclettes*). Les référents qu'ils dénotent présentent, pour la plupart, une substance hétérogène, susceptible d'être divisée en parties qui ne sont pas de même nature que le tout : le guidon par rapport à la bicyclette. De là leur aptitude à se prêter à la relation partie-tout. En revanche, les noms massifs sont indénombrables et se combinent avec l'article partitif (*de l'eau* et non *une, deux eaux*) ; ils supposent une substance homogène continue, dont la partition provoque une entité du même type : une partie de l'eau, c'est toujours de l'eau[2].

Les méronymes présentent quelques similitudes avec les hyponymes. Ils ont une composante de sens relationnel qui exige leur liaison à un autre terme : tandis qu'un N hyponyme est *une sorte de* N hyperonyme (*une tulipe est une sorte de fleur*), un N méronyme est *une partie du* N holonyme[3] . La relation de dépendance est orientée et récurrente, comme l'illustrent ces deux séries méronymiques : *ongle* partie du *doigt*, *doigt* partie de la *main*, *main* partie du *bras*, *bras* partie du *corps* humain ; et *ongle* (en tant que synonyme de *griffe*) partie de *patte*, *patte* partie de *animal*. La méronymie est, comme l'hyponymie, une relation logique d'implication (*doigt* implique *main*).

Mais la relation partie-tout se différencie de la relation d'hyponymie.

Elle exprime une appartenance que l'on peut paraphraser avec le verbe *avoir*. Soit *guidon/bicyclette*. *Le guidon est une partie de la bicyclette* se convertit en *La bicyclette a un guidon*. L'holonyme domine le méronyme en position d'objet. Au

---

1. Cf. N. Flaux et D. Van de Velde, *Les Noms en français, esquisse de classement*, Paris, Ophrys, 2000.
2. Cf. G. Kleiber, « Massif/comptable et partie/tout », *Verbum*, XIX, 3, 1997.
3. Cf. I. Tamba, « Organisation hiérarchique et relations de dépendance dans le lexique », *L'Information grammaticale* 50, 1991.

contraire, dans la relation hyponymique liée à l'opération d'inclusion, l'hyponyme est dominé par un nom attribut : *La tulipe est une fleur.*

D'autre part, et ce trait est essentiel, alors qu'un hyperonyme impose ses propriétés à ses hyponymes, les propriétés du tout (holonyme) ne sont pas obligatoirement transmises à ses parties (méronymes). Les co-hyponymes de *fleur* : *tulipe*, *œillet*, *pivoine* (cf. *infra*, II C) possèdent les propriétés de la classe *fleur* (pétales, parfum, etc.), mais les méronymes de *bicyclette* comme *guidon*, *roues* n'ont pas en commun les propriétés de la classe *bicyclette*, puisque les parties des noms comptables ne sont pas homogènes (cf. *supra*).

Enfin, les reprises anaphoriques diffèrent ; les méronymes peuvent figurer en position d'anaphores associatives dans le cadre de deux phrases consécutives.

> *Il contemple cet arbre ; le tronc est tout craquelé.*
> *Il prend le stylo ; la plume est cassée.*

Les deux expressions anaphoriques (*le tronc*, *la plume*) correspondent à la partie et renvoient à des référents identifiés de façon indirecte par l'intermédiaire des antécédents (*cet arbre*, *le stylo*) auxquels ils sont associés par la relation partie-tout.

Cependant toutes les relations partie-tout ne sont pas susceptibles de donner lieu à une telle anaphore. Les noms de partie de corps des animés en sont, en particulier, exclus ; on ne dira pas :*Le garçon a couru sous la pluie. Les pieds étaient mouillés* mais on utilisera le possessif : *Le garçon a couru sous la pluie. Ses pieds étaient mouillés.*

Les rapports de dépendance méronymique sont variés et complexes : « au lieu d'y avoir une seule relation clairement différenciée, il y a en réalité une famille nombreuse de relations plus ou moins similaires[1] ». Les catégories habituellement retenues pour rendre compte des relations méronymiques sont les suivantes : membre/ensemble (*arbre/forêt*, *musicien/orchestre*), composant/assemblage (*anse/tasse*, *roue/voiture*), portion/masse (*part/gâteau*, *flocon/neige*), matière/objet (*cuir/valise*, *acier/bicyclette*), activité/phase (*discours/péroraison*), zone/lieu (*oasis/désert*). Mais il y aurait lieu d'établir une typologie plus rigoureuse.

---

1. D. A. Cruse, *Lexical Semantics*, Cambridge University Press, 1986, cité par I. Tamba, « Un puzzle sémantique : le couplage des relations de tout à partie et de partie à tout », *Le Gré des Langues* 7, 1994, p. 67.

II. RELATIONS D'ÉQUIVALENCE ET D'OPPOSITION

A. LA SYNONYMIE

1. CRITÈRES

La notion de synonymie est problématique bien qu'elle renvoie à une pratique intuitive largement reconnue.

La synonymie est la relation d'équivalence sémantique entre deux ou plusieurs unités lexicales dont la forme diffère. Les synonymes ont un même signifié et des signifiants différents ; ils s'opposent, en ce sens, aux homonymes définis par un même signifiant et des signifiés différents (cf. chap. 5, I B) ; dans les deux cas, il n'y a pas de symétrie entre le plan du signifié et le plan du signifiant. La **synonymie lexicale** (ou synonymie de mots) se manifeste entre mots et/ou syntagmes de même catégorie grammaticale : *pédicure/podologue, policier/agent de police*. La synonymie de phrases porte sur des unités supérieures (phrases, énoncés) ; les phrases représentant les formulations différentes d'un même contenu sémantique constituent des **paraphrases** : par ex. *un chien a attaqué le petit garçon/le petit garçon a été attaqué par un chien.* Sur le plan métalinguistique, on observe dans le dictionnaire la relation de synonymie entre le mot-entrée et la périphrase définition-nelle (cf. chap. 12, III A).

> La synonymie ne doit pas être confondue avec la dénomination multiple ; les expressions définies (groupes nominaux pourvus d'un déterminant défini et qui renvoient à une entité singulière) telles *la Ville lumière* et *la capitale de la France* désignent le même référent (Paris) sans avoir le même sens.

La synonymie n'est pas, à proprement parler, une identité de sens. Lorsque la forme est différente, les locuteurs s'attendent à une différence de sens : les exemples qui viennent d'être proposés tels *pédicure* et *podologue* peuvent être perçus comme non synonymes. L'identité de sens (ou synonymie absolue) est un leurre. Tout au plus pourrait-on signaler quelques rares cas de synonymes « absolus » dans les lexiques spécialisés (par exemple, en phonétique *voisé* et *sonore* ou en lexicogra-phie *entrée* et *adresse*, bien que ces deux termes n'aient pas la même fréquence). C'est la raison pour laquelle on utilise les termes de **parasynonymie** ou de **quasi-synonymie** qui soulignent le caractère approximatif de la synonymie.

Les grammairiens du XVIIe siècle et du XVIIIe siècle avaient déjà noté ce fait. En 1718, l'abbé Girard intitule son ouvrage *La Justesse de la langue française, ou les différentes significations des mots qui passent pour synonymes.* Dumarsais, de son côté, écrit : « S'il y avait des synonymes parfaits, il y aurait deux langues dans une même langue[1] ».

Sur le plan théorique, la synonymie lexicale ne se conçoit que dans une théorie de la désignation qui envisage les relations entre les signes et les choses : si un objet a plusieurs noms (*vélo*, *bicyclette*, *bécane*), on peut obtenir cet objet en utilisant indifféremment un de ces noms. Il s'agit d'une approche onomasiologique. En revanche, dans une théorie de la signification (perspective sémasiologique), il ne peut y avoir de synonymes dans la mesure où tout mot possède « une partie désignative qu'il peut avoir en commun avec d'autres mots et une partie connotative propre qui ne se retrouve dans aucun autre mot[2] ». C'est l'approche sémasiologique qui domine dans les études et les définitions de la synonymie.

La synonymie doit être envisagée dans ses rapports avec la polysémie. Lorsque des synonymes concernent des unités polysémiques, la synonymie ne porte que sur une acception. Ainsi le mot *sommet* commute avec *cime* dans les exemples : *le sommet d'un arbre, la cime d'un arbre* (« endroit le plus élevé d'un objet vertical ») mais non pas dans l'exemple : *il est au sommet de sa gloire* où *sommet* (ayant le sens de « point le plus élevé ») aura pour synonyme *apogée*. Les synonymes permettent de distinguer les acceptions d'un mot polysémique ou de dégrouper les homonymes (cf. chap. 5, II).

> Le *Dictionnaire électronique des synonymes* du CRISCO de l'université de Caen, consultable en ligne (elsap1.unicaen.fr), fournit la liste des synonymes des unités lexicales (42 synonymes pour *sommet*, 14 pour *cime*) en liaison avec les diverses acceptions des unités lexicales. Plus précisément, il propose une représentation géométrique de la synonymie qui visualise la proximité plus ou moins grande entre les diverses acceptions de l'unité lexicale et de ses sous-ensembles particuliers de synonymes[3].

2. LA DIFFÉRENCIATION DES SYNONYMES

Les différences entre les parasynonymes se manifestent sur les trois plans, syntaxique, sémantique et pragmatique, bien souvent de façon simultanée.

– Les différences syntaxiques

Les différences d'emploi entre les unités ont pour effet de restreindre la synonymie à un sous-ensemble de contextes communs : deux mots sont synonymes dans certains environnements et non dans d'autres.

---

1. Dumarsais, *Des tropes ou des différents sens*, 1730, Paris, Flammarion, éd. 1988, p. 236.
2. J. Rey-Debove, « La synonymie ou échange de signes comme fondement de la sémantique », *Langages* 128, 1997, p. 95.
3. Cf. B. Victorri, F. Venant, « Représentation géométrique de la synonymie », *Le Français moderne* 1, 2007.

Ce phénomène, en grande partie dû à la polysémie, est appelé **synonymie partielle** ou **contextuelle**, le terme *contexte* désignant ici non pas le contexte situationnel mais le contexte linguistique. Pour éviter l'ambiguïté du terme *contexte*, on peut utiliser le terme *cotexte* pour désigner les environnements linguistiques d'une unité.

> Les substantifs *écrivain* et *auteur* forment un couple de synonymes lorsqu'ils ont le sens de « personne qui compose des ouvrages littéraires ». Mais ils ne commutent pas dans tous les emplois correspondant à cette acception : *écrivain classique/auteur classique* mais *auteur de romans* et non **écrivain de romans* (on trouve cependant sur le *Web* quelques occurrences de *écrivain de romans*).
> Le verbe *relever* (cf. chap. 5, II A 3) est synonyme de *dépendre* dans la construction syntaxique *relever de (la décision relève du ministre)* mais non dans les autres emplois.

Il en résulte que, sur le plan méthodologique, une étude des synonymes doit être d'abord contextuelle. La méthode de l'**analyse distributionnelle** est ici primordiale. Elle consiste à préciser les environnements possibles de chaque mot, du point de vue syntaxique et sémantique. À partir d'une étude des phrases où l'unité apparaît, elle dégage les propriétés distributionnelles qui appartiennent en propre à cette unité en spécifiant les constructions syntaxiques (**sous-catégorisation syntaxique**) et en indiquant la nature sémantique des environnements (traits de **sous-catégorisation sémantique** des substantifs dits aussi **traits sémantiques de sélection**, tels que humain, non humain, concret, abstrait, comptable, massif). En voici une brève illustration :

> *Grave* et *sérieux* commutent notamment lorsqu'ils sont utilisés avec un nom abstrait : *la situation (la question, l'affaire, le problème, la crise) est grave/est sérieux(se)* ; leur signification est voisine : « qui a une très grande importance et peut avoir des conséquences fâcheuses » ; mais *grave* comprend, en outre, le sème /imminence du préjudice/. En revanche, lorsqu'ils s'appliquent à un nom concret / audible/, la commutation est impossible : *Le son de cet instrument est grave (*sérieux)*.

L'analyse des environnements syntaxiques doit également prendre en compte les collocations. Les **collocations** désignent les groupes de mots fréquemment associés dans le discours et semi-figés. Exemples : on utilise habituellement avec le mot *discours* le verbe *prononcer* (*prononcer un discours*), on dit d'*un récit* qu'il est *fidèle*, on parle d'*un célibataire endurci*, d'*une peur bleue*. Les collocations, restreignant la combinatoire des mots sur le plan syntagmatique, limitent la variation des synonymes.

Ouvrir et *entamer* sont substituables dans certains contextes : *ouvrir/entamer un dialogue, une discussion* mais on dira *ouvrir le débat* plutôt que *entamer le débat, entamer des pourparlers* plutôt que *ouvrir des pourparlers*[1]. De même, *gravement* et *sérieusement* diffèrent par leurs collocations : on dira *(un homme) gravement blessé* plutôt que *(un homme) sérieusement blessé*.

Le *Dictionnaire des combinaisons de mots. Les synonymes en contexte*, (dir. par D. Le Fur) Les Usuels des Robert, 2007 recense autour de 2 600 mots-clés (substantifs) les mots et les expressions avec lesquels ils se combinent : groupements libres, collocations et expressions idiomatiques. Voir aussi le *Lexique actif du français. L'apprentissage du vocabulaire fondé sur 20 000 dérivations sémantiques et collocations du français*, de I. Mel'čuk, A. Polguère, Bruxelles, de Boeck, 2007.

Ce n'est donc qu'après avoir montré les conditions locales dans lesquelles la synonymie est possible que l'on pourra procéder à une analyse de ce qui les différencie (cf. exercice 5).

– Les différences sémantiques

Les différences entre les sémèmes des synonymes portent sur les sèmes spécifiques. *Cime* se distingue de *sommet* par le sème /pointu/ ; *pourpre* de *rouge* par le sème /foncé/ ; *lassitude, épuisement* désignent le même état physique que *fatigue* mais avec une différence de degré, ce sont des synonymes intensifs ; *rabais* et *remise* présentent une parasynonymie qui est analysée différemment selon les locuteurs (cf. chap. 3, II C 2).

Ces synonymes peuvent se trouver dans les mêmes contextes (*le sommet d'un arbre, la cime d'un arbre, une étoffe rouge, une étoffe pourpre*). La relation synonymique peut parfois se confondre avec la relation d'hyponymie : *pourpre* est à la fois un hyponyme et un synonyme de *rouge*. Mais du point de vue logique, la synonymie se distingue de l'hyponymie : implication bilatérale pour la synonymie, implication unilatérale pour l'hyponymie.

– Les différences pragmatiques

Lorsque les mots synonymes ont le même sens dénotatif, ils diffèrent par leurs composantes pragmatiques ou signifié connotatif (cf. exercice 5). Le lexique, en effet, est composé de plusieurs sous-systèmes et les locuteurs peuvent choisir entre plusieurs variantes lexicales. C'est le phénomène général de la variation intralinguistique (cf. chap. 1, II B). Les différences pragmatiques des synonymes renvoient à différents aspects de la variation lexicale, traitée dans le dictionnaire sous la forme des marques d'usage et de domaine (cf. chap. 11, I B et C et chap. 12, II B et C) :

---

1. Cf. S. Verlinde, J. Binon, Th. Selva, « Corpus, collocations, et dictionnaires d'apprentissage », *Langue française* 150, 2006.

– variations diachroniques : *bru/belle-fille* ; *épatant/super* ; *clinquant/bling-bling* (néol.) ;
– variations géographiques (diatopiques) : *wassingue* (nord de la France), *panosse* (dans le Midi), *serpillière* ;
– variations liées aux registres de langue (diastratiques et diaphasiques) : familier ou populaire/standard (*futal/pantalon, tronche/tête*), littéraire/standard (*croisée/fenêtre*), argot (verlan)/langue commune (*meuf/femme, keuf/flic*) ;
– variations liées à l'opposition langues de spécialité/langue commune : *rhinite/rhume* ; *préposé/facteur* ; *encéphalite spongiforme bovine/maladie de la vache folle* ;
– connotations, qu'il s'agisse de péjoration (*nègre* pour un être humain par rapport à *noir* ou *black*) ou au contraire d'euphémismes : *longue maladie* (pour *cancer*), *demandeur d'emploi* (pour *chômeur*), *plan social* (pour *plan de licenciements*), *technicien de surface* (pour *balayeur*), *hôtesse de caisse* (*pour caissière*), *SDF* (pour *sans-abri*).

Comme ces caractérisations sont, par nature, fluctuantes et qu'elles se combinent (*bru* est à la fois *vieilli* et *rural*), on peut préférer avoir recours à la notion de **marque**, empruntée à la phonologie (cf. chap. 1, II B 2). Un terme marqué possède par rapport au terme non marqué une particularité supplémentaire que l'autre terme ne possède pas ; le terme marqué dans un couple de synonymes est le mot qui n'appartient pas au registre standard : *bru* est marqué par rapport à *belle-fille*. Le terme marqué a une fréquence moins grande que le terme non marqué (*bru* est moins fréquent que *belle-fille*). Cependant l'évaluation de la fréquence doit être rapportée aux types de locuteurs. Ainsi le mot *black* sera le terme marqué dans un groupe donné de locuteurs par rapport à *noir* ; dans un autre groupe c'est le mot *black* (habituellement utilisé) qui sera non marqué et *noir* sera le terme marqué.

En règle générale, les synonymes qui se distinguent par leurs composantes pragmatiques sont substituables dans les mêmes énoncés (par exemple, *Je vous présente ma belle-fille/ma bru, Il a une drôle de tête/une drôle de tronche*). Mais ils ne sont pas utilisés dans les mêmes situations de discours ni par les mêmes énonciateurs. C'est dire que, quoiqu'ils aient la même référence, ils ne sont pas toujours réellement interchangeables (par exemple, *préposé/facteur*).

L'argot et les lexiques de spécialité – en particulier lorsque la taxinomie scientifique concurrence la taxinomie populaire (par exemple, *centaurée/bleuet*) – procurent des synonymes en abondance. En outre, les facteurs extralinguistiques favorisent dans certains domaines référentiels une affluence de synonymes. Là où s'exerce le poids des tabous, l'interdit stimule en retour une créativité linguistique. Tel est le cas du vocabulaire de la sexualité ; P. Guiraud a relevé près de 600 termes désignant l'organe sexuel masculin et un nombre équivalent pour le sexe de la femme[1]. Un autre exemple de créativité linguistique est fourni par la « langue des cités », fortement imprégnée de verlan[2].

La synonymie se distingue des autres relations sémantiques par deux points : la forte dépendance par rapport au contexte syntaxique et ses liens avec les contraintes d'ordre stylistique (l'utilisation de synonymes est recommandée pour éviter l'abus de répétitions).

B. L'ANTONYMIE

Dans la tradition lexicographique, les antonymes sont définis comme des mots de sens contraire et, comme tels, ils paraissent opposés aux synonymes. Cette vue permet certes de souligner l'analogie de fonctionnement des antonymes avec les synonymes ; synonymie partielle et antonymie partielle participent du même processus puisqu'un terme polysémique a, selon ses acceptions et ses emplois, des antonymes différents ; par exemple pour l'adjectif *clair* : *trouble* (*eau claire*), *foncé* (*couleur claire*), *obscur* (*idée claire*). Mais cette définition de l'antonymie est trop vague. D'une part, l'antonymie implique une dimension de ressemblance entre les termes ; plus précisément, les sémèmes antonymiques comportent toujours des sèmes communs : ainsi *frère* et *sœur* partagent les sèmes /être humain/ /né des mêmes parents que la personne considérée/ et s'opposent par le sème /relatif au sexe/. La relation d'antonymie unit donc deux mots de même catégorie grammaticale ayant une partie de leur sémème en commun. D'autre part, la notion d'antonymie n'est pas unitaire ; elle recouvre, de fait, différents types d'oppositions, principalement binaires. Sur la base de critères logiques, on distingue généralement trois types d'antonymes.

1. ANTONYMES CONTRADICTOIRES OU COMPLÉMENTAIRES

Ils sont en relation de disjonction exclusive : la négation de l'un des mots entraîne l'assertion de l'autre, les deux mots ne peuvent être niés simultanément. Soit le couple de mots *vivant/mort*. La proposition *x n'est pas vivant* implique que *x est mort* ; la proposition *x est mort* implique que *x n'est pas vivant* ; tout *x* (à condition qu'il s'agisse d'un être animé) ne saurait être que *vivant* ou *mort* (*À demi mort*,

1. P. Guiraud, *Dictionnaire érotique*, Paris, Payot, 1978, p. 13.
2. Cf. B. Seguin, F. Teillard, *Les Céfrans parlent aux Français*, Calmann-Lévy, 1996 ; J.-P. Goudaillier, *Comment tu tchatches ! Dictionnaire du français contemporain des cités*, Maisonneuve et Larose, 1997 ; *Lexik des cités*, Paris, Fleuve noir, 2007.

c'est être *vivant*). *Mâle/femelle, présent/absent, ouvert/fermé, marié/célibataire* illustrent cette même relation.

L'application des tests logico-sémantiques tient compte des présuppositions et croyances propres à une culture. Ainsi, la complémentarité de *marié/célibataire* exige que l'on pose qu'il s'agit d'un individu adulte, que le mariage est reconnu dans la civilisation, que *être veuf* ou *divorcé* équivaut à *marié, avoir été marié* et que *concubin* est situé dans la même classe que *célibataire*. Mais le nouveau statut juridique défini par le Pacs (Pacte civil de solidarité) en 1998 a changé les données de telle sorte qu'il y a désormais trois antonymes mutuellement exclusifs : *marié/célibataire/pacsé*.

On voit que les oppositions exprimant l'incompatibilité peuvent comprendre plusieurs termes.

J. Lyons, recensant les oppositions non binaires dans les ensembles à plusieurs éléments composés de termes incompatibles, distingue deux types d'ordre[1] :

– les ensembles qui sont ordonnés sériellement, c'est-à-dire qui présentent deux éléments extrêmes ; c'est le cas, par exemple, des hiérarchies comme les grades militaires {*général... caporal*} ;
– les ensembles qui sont ordonnés cycliquement, c'est-à-dire qui n'ont pas d'éléments extrêmes, chaque élément de l'ensemble étant ordonné entre deux éléments {*printemps, été, automne, hiver*} ou {*lundi... dimanche*}. Les éléments des ensembles cycliques, mutuellement exclusifs au sein d'un paradigme, peuvent être considérés comme des co-hyponymes (cf. *infra*).

2. ANTONYMES CONTRAIRES OU « GRADABLES »

Ces mots définissent les extrêmes d'une échelle de gradation implicite et autorisent l'existence de degrés intermédiaires. *Grand/petit, large/étroit, riche/pauvre, beau/laid, bon/mauvais, chaud/froid, amour/haine* relèvent de cette catégorie. Deux propriétés les distinguent des contradictoires :

– ils sont sujets à la gradation (de là le terme de « gradable »). On peut dire *il est passablement (assez, moins, plus, très) grand* mais on ne peut pas dire *il est passablement (assez, moins, plus, très) marié*. La gradation repose en effet sur une comparaison. Celle-ci peut être explicite (formes du comparatif, par exemple : *x est plus grand que y*) ou implicite (*x est grand*). Le choix de ces antonymes par le locuteur dépendra de la norme socioculturelle en

1. J. Lyons, *Éléments de sémantique*, Paris, Larousse, 1978, p. 23.

vigueur. Selon que l'on habite dans une petite ville ou à Paris, la propriété *grand* ou *petit* ne sera pas attribuée de la même façon à un logement ;

– la négation de l'un des deux mots n'entraîne pas obligatoirement l'affirmation de l'autre. La proposition *x n'est pas grand* n'implique pas nécessairement *x est petit*, de même que *x n'est pas petit* n'implique pas *x est grand* ; *x peut être ni petit ni grand*, mais *moyen*. Les termes intermédiaires peuvent être lexicalisés : *moyen, médiocre* (pour l'opposition *bon/mauvais*) ou ne pas l'être : par exemple, dans le cas de l'opposition *riche/pauvre*, on dira : *il n'est ni riche ni pauvre*. Des séries existent dans lesquelles les antonymes s'opposent terme à terme : *glacial/brûlant, froid/chaud, frais/tiède*.

> Dans les cas de neutralisation (effacement) de l'antonymie, ce sont les termes non marqués de l'opposition qui sont utilisés pour les noms et les adjectifs de dimension (*large, grand, long, haut,* etc.). Ainsi, *largeur, large,* perçus comme non péjoratifs, apparaissent dans les contextes neutralisants de ce type :
> – phrase interrogative : *Quelle est la largeur de ce ruban* et non **Quelle est l'étroitesse de ce ruban ?* ;
> – phrase déclarative : *Je demande la largeur de ce ruban* et non **l'étroitesse de ce ruban* ;
> – expression de mesure : *Ce ruban est large de trois centimètres* et non **étroit de trois centimètres*.

Les antonymes « gradables » sont fort nombreux. Sans doute est-ce la raison pour laquelle les ouvrages de sémantique réservent généralement le terme d'*antonymes* à cette seule catégorie. Les antonymes lexicaux (comme *intelligent/sot, bon/ mauvais*) y sont plus nombreux que les antonymes morphologiques (*intelligent/inintelligent, hypertension/hypotension*). Pour J. Lyons, les antonymes lexicaux, parce qu'ils ne sont pas reliés du point de vue morphologique, « reflètent une lexicalisation plus poussée des contrastes entre deux pôles[1] ».

3. ANTONYMES CONVERSES OU RÉCIPROQUES

La relation d'opposition dans ces couples de mots (*mari/femme, posséder/appartenir, donner/recevoir,* etc.) se révèle par une permutation des actants (participants au procès du verbe) :

    Jean est le mari de Julie. Julie est la femme de Jean.

Mari et *femme* entretiennent une relation converse car la substitution de l'un par l'autre dans un énoncé contraint à inverser les actants (*Jean, Julie*) pour que soit conservée la relation de paraphrase. Ce test de permutation (que l'on peut rapprocher de l'actif et du passif) permet de vérifier la réciprocité de la relation :

---

1. *Ibid.,* p. 225.

Jean possède cette maison. Cette maison appartient à Jean.

Jean est le professeur de Marie. Marie est l'élève de Jean.

Les antonymes converses se rencontrent dans le domaine des relations de parenté et d'échanges sociaux (*père/fils, médecin/malade, patron/employé*) et dans le domaine des relations temporelles et spatiales (*avant/après, devant/derrière*).

Le principe de dichotomisation est un principe essentiel au fonctionnement des langues ; il correspond à des schèmes cognitifs. Il y a une tendance générale de l'homme à catégoriser l'expérience en termes d'oppositions binaires.

> Le lexique des mots de l'espace, riche en antonymes (*haut/bas, devant/derrière, dedans/dehors, dessus/dessous*, etc.) est, à cet égard, révélateur ; structurant notre perception du monde, il donne lieu à une évaluation positive et négative, à la source de nombreuses métaphores[1]. Ainsi les mots de la dimension verticale (tels *haut/bas, sommet/base*) sont particulièrement aptes à l'expression métaphorique de la hiérarchie sociale et de la conflictualité sociale[2].

C. LA CO-HYPONYMIE

Sont co-hyponymes les mots partageant une même relation hiérarchique avec un hyperonyme (cf. I A). La co-hyponymie est donc une relation sémantique triangulaire[3]. *Tulipe, œillet* sont co-hyponymes de *fleur* ; *cèpe, morille, girolle* sont co-hyponymes de *champignon* ; *printemps, été* sont co-hyponymes de *saison*. Les co-hyponymes sont des unités de même rang car ils sont situés au même niveau de la relation qui les rattache à l'hyperonyme. Ils diffèrent entre eux par un ou plusieurs traits spécifiques. Contrairement à ce qui se passe pour la relation d'antonymie fondée principalement sur une opposition binaire, la négation d'un des co-hyponymes n'implique pas nécessairement l'affirmation d'un autre co-hyponyme, le choix restant ouvert : *si x n'est pas une tulipe, x peut être un œillet, une pivoine…* Les co-hyponymes sont mutuellement exclusifs : *une fleur est ou une tulipe ou un œillet ou une pivoine ; une saison est ou le printemps ou l'été.*

Les co-hyponymes peuvent entretenir entre eux des relations de synonymie ou des relations d'antonymie. *Guilleret/jovial*, que l'on peut considérer comme des co-hyponymes de *gai* (*jovial* signifiant une gaieté franche, *guilleret* une gaieté vive),

---

1. Cf. G. Lakoff et M. Johnson, *Les Métaphores dans la vie quotidienne*, chap. 4 ; cf. pour la présentation de cette approche chap. 5, III E 6.

2. Cf. S. Rémi-Giraud, « De haut en bas et de la base au sommet. Les parcours de la verticalité » in *Mots de l'espace et conflictualité sociale*, dir. par P. Bacot et S. Rémi-Giraud, Paris, L'Harmattan, 2007.

3. J. Rey-Debove, « La synonymie ou les échanges de signes comme fondement de la sémantique », *La Synonymie. Langages* 128, 1997, p. 92.

peuvent passer pour synonymes ; *acheter/voler*, co-hyponymes de *se procurer*, sont antonymes.

III. EXERCICE

EXERCICE 5

Étudier la parasynonymie des couples suivants en caractérisant les contextes dans lesquels ils peuvent ou non commuter et en spécifiant les différences qui les séparent :

– *fille mère/mère célibataire* ;
– *battre/frapper*.

CORRIGÉ

1) Les noms composés *fille mère* et *mère célibataire* sont, à première vue, substituables dans un grand nombre d'énoncés. Ils ont le même signifié dénotatif (« femme non mariée qui a un ou plusieurs enfants ») et diffèrent par leur signifié connotatif : *fille mère* est péjoratif, *mère célibataire* est le terme plus neutre. La structure morphologique manifeste ces différences : dans *mère célibataire*, le déterminé est *mère*, mot à connotations positives, dans *fille mère* le déterminé est *fille*, terme à connotations péjoratives. *Mère célibataire* (qui date de 1961) a remplacé *fille mère,* terme vieilli qui n'est plus guère employé de nos jours, ce qui limite de fait la substituabilité.

   Toutefois, en raison de l'évolution des mœurs et de la diversification des structures familiales, le terme *mère célibataire* tend à disparaître de l'usage au profit de l'expression *famille monoparentale* apparue dans les années 1980 et désignant la famille où il n'y a qu'un seul parent, père ou mère.

2) Les verbes *battre* et *frapper* sont polysémiques. Ils présentent une proximité sémantique dans l'intersection de leurs polysémies respectives en relation avec leur distribution.

   a) Ils sont substituables dans deux types d'environnements :
   • Premier contexte : Humain + Verbe + Animé.
   Le père bat son enfant. L'enfant bat son chien.
   Le père frappe son enfant. L'enfant frappe son chien.

La différence entre *battre* et *frapper* est sémantique : *battre* « donner des coups à plusieurs reprises », *frapper* : « donner un ou plusieurs coups ». *Battre* présente obligatoirement le sème /plusieurs coups/ (cf. le nom de l'association *SOS Femmes battues*).

Au passif, si la commutation reste possible (*L'enfant a été battu par son père, l'enfant a été frappé par son père*), *frapper* est ambigu (il peut avoir le sens de « impressionner »).

Frapper admet, contrairement à *battre*, un complément qui précise le lieu du coup.

> *Le père frappe son enfant au visage.*
> **Le père bat son enfant au visage.*

• Deuxième contexte (fortement restreint) : le sujet désigne la pluie, la grêle…, l'objet est concret.

> *La pluie battait les vitres.*
> *La pluie frappait les vitres.*

Battre et *frapper* partagent les sèmes /toucher/, /avec une certaine force/, *battre* peut se différencier par le sème déjà observé /répétition de l'action/, *frapper* par le sème /rapidité de l'action/.

b) *Battre* et *frapper* ne sont pas substituables l'un à l'autre. Vu la polysémie des deux verbes, ces contextes sont trop nombreux pour pouvoir être décrits ; on proposera deux exemples concernant *battre*.

Emploi intransitif : le sujet désigne une partie du corps ou un objet susceptible de mouvements, *battre* signifie : « être animé de mouvements ».

> *Le pouls bat lentement.*
> **Le pouls frappe lentement.*

Emploi transitif : le sujet est humain et l'objet, humain, désigne un adversaire ; *battre* a le sens de « l'emporter sur ».

> *En 2002, la droite a battu la gauche aux élections législatives.*
> **En 2002, la droite a frappé la gauche aux élections législatives.*

c) Emplois figés : *battre* et *frapper* entrent dans de nombreux syntagmes figés dans lesquels toute commutation est bloquée (cf. chap. 9, I C).

> *Battre la campagne.*
> **Frapper la campagne.*

Toutefois la commutation peut être observée dans un cas :

L'enfant bat des mains.

L'enfant frappe des mains (frappe dans ses mains).

Battre équivaut à « applaudir », *frapper* a une extension plus grande (accompagner un rythme dans le but ou non d'applaudir).

Les deux locutions techniques *battre monnaie* et *frapper la monnaie* se distinguent par l'emploi de l'article et par le sens, *frapper* précise le processus de fabrication des pièces de monnaie (« reproduire des empreintes sur les deux faces d'une pièce de monnaie »).

Conclusion : les synonymes lexicaux doivent être étudiés en contexte. Aux différences distributionnelles s'ajoute la codification des collocations qui limite considérablement la synonymie réelle dans l'usage.

CHAPITRE 5 ▌▌▌▌▌▌▌▌▌▌▌▌▌▌▌▌▌▌▌▌▌▌▌▌
LA POLYSÉMIE

La polysémie est un trait constitutif de toute langue naturelle. Elle répond au principe d'économie linguistique, un même signe servant à plusieurs usages. Grâce aux ressources de la polysémie, la langue est apte à exprimer, avec un nombre limité d'éléments, une infinité de contenus inédits et peut faire face aux besoins de nouvelles dénominations ; ainsi le mot *souris* s'est enrichi d'une nouvelle acception (« boîtier connecté à un micro-ordinateur ») par le biais du calque anglais (cf. chap. 1, II C 2). L'homonymie, en revanche, n'est pas essentielle au fonctionnement des langues.

I. MONOSÉMIE, POLYSÉMIE, HOMONYMIE

A. POLYSÉMIE ET MONOSÉMIE

Le mot *polysémique* (ou *polysème*) s'oppose, par définition, au mot *monosémique*. Il présente une pluralité d'**acceptions** (ou sémèmes) correspondant à des emplois différents (il y a un signe pour plusieurs signifiés). *Canard*, par exemple, a cinq acceptions : « animal », « sucre trempé », « fausse note », « fausse nouvelle », « journal ». Les acceptions d'un polysème ne sont pas disjointes : elles entretiennent des liens entre elles. Le mot monosémique a une seule acception (un signifié pour un signifiant) soit, par exemple, *décélérer* (« réduire sa vitesse »).

De manière générale, deux caractéristiques distinguent le polysème du mot monosémique :
   – le polysème fait partie du **lexique général** (ex : *foyer*, *instruire*, *solide*) tandis que l'unité monosémique relève, le plus souvent, des lexiques de spécialité

(ex : *azote, hydrocortisone, phonème*). Lorsqu'elles ne créent pas un terme spécifique, les langues de spécialité recourent aux mots polysémiques du lexique commun, en en spécialisant une acception selon les domaines : *instruire* a une acception propre en droit, *foyer* une acception propre en optique, *canard* une acception technique relevant du domaine médical (« tasse en forme de bec destinée à un malade alité ») ;

– le polysème a une **fréquence** relativement **élevée** contrairement aux mots monosémiques. *Être, faire, pouvoir, homme, devoir, jour* figurent dans le noyau des mots les plus fréquents du français.

La polysémie d'un mot peut être foisonnante – dans le dictionnaire de Littré (1863), qui, certes, multiplie les distinctions, il n'y a pas moins de 27 subdivisions de sens pour *homme* – ou être plus réduite. Par ailleurs, le découpage des acceptions et le décompte exact du nombre d'acceptions peuvent varier d'un dictionnaire à l'autre. Comme le notent B. Victorri et C. Fuchs, « la polysémie se caractérise par l'impossibilité de définir, à coup sûr, un nombre précis de sens[1] » . Par exemple, l'analyse de *canard* doit-elle distinguer l'acception « mauvais journal » de l'acception « journal » ?

Il arrive que des polysèmes présentent des acceptions opposées sans que cela ne compromette l'unité du mot. Tel est le cas du verbe *louer*, signifiant : « donner en location » et « prendre en location ». Le terme savant *énantiosémie* désigne ce phénomène, plus connu sous le nom du terme arabe *addad*. Cependant, la polysémie ne gêne pas le fonctionnement de la langue. D'une part, les risques d'ambiguïtés lexicales – comme dans l'énoncé *il ne voyage jamais sans son guide* – sont levés grâce au cotexte (environnement linguistique) et au contexte (circonstances énonciatives et situation référentielle). D'autre part, la polysémie favorise une grande souplesse dans l'expression langagière, le locuteur pouvant choisir une certaine indétermination en exploitant simultanément plusieurs acceptions. On observe ce phénomène dans certaines gloses épilinguistiques, lorsque le locuteur spécifie que tel mot qu'il emploie est à prendre « dans tous les sens du mot » ou au « double sens du mot ». C. Julia cite cet exemple du philosophe Alain : « L'imprudent philosophe se trouve retranché et seul. Hors de lui-même, dans tous les sens de cette riche expression. »[2]

La polysémie est un phénomène massif. Un grand nombre d'unités sont polysémiques – plus de 40 % des mots de la nomenclature du *Petit Robert* selon B. Vic-

---

1. B. Victorri, C. Fuchs, *La Polysémie. Construction dynamique du sens*, Paris, Hermès, 1996, p. 18.

2. Cf. C. Julia, *Fixer le sens ? La sémantique spontanée des gloses de spécification du sens*, Saint-Étienne, Presses de la Sorbonne Nouvelle, 2001, p. 219-233.

torri et C. Fuchs[1] – et toutes les classes syntaxiques sont concernées : noms, verbes, adjectifs, adverbes, prépositions, conjonctions, pronoms. La polysémie touche également, comme d'ailleurs l'homonymie, les unités qui ne sont pas des mots (par exemple les affixes ; cf. chap. 8, I A 2).

B. HOMONYMIE

1. HOMONYMES, HOMOPHONES, HOMOGRAPHES

Les homonymes sont des signes distincts en ceci que leur forme est identique et que leurs signifiés diffèrent. Les homophones ont même prononciation (identité du signifiant oral) : *car* (nom), *car* (conjonction), *quart, carre*. Les homographes ont même orthographe (identité du signifiant graphique) : *car* (nom) et *car* (conjonction). La plupart des homographes sont homophones. Le terme d'homonyme s'applique généralement aux homophones qu'ils soient ou non homographes, les homographes non homophones n'étant pas considérés comme homonymes : par exemple, *(il) convient* (de *convenir*), *(ils) convient* (de *convier*). On peut noter que la **paronymie**, en raison de la ressemblance phonique des éléments, est une homophonie approximative : *éminent/imminent, collision/collusion*.

J. Lyons propose de distinguer l'homonymie partielle (qui réunit l'homophonie et l'homographie) et l'homonymie absolue ou complète qui repose sur l'identité des formes et de la catégorie syntaxique[2]. D'autres auteurs emploient le terme d'*homomorphie*. On utilisera ici le terme traditionnel d'*homonymie* en le réservant, dans le cadre de la distinction polysémie/homonymie, aux mots à la fois homophones et homographes et de même catégorie grammaticale.

2. CONFLITS HOMONYMIQUES

Les homonymes résultent, en règle générale, de l'évolution phonétique d'étymons différents. Leur nombre est relativement élevé en français car ce sont les monosyllabes – dont le français est riche – qui sont principalement touchés : plus une unité est courte, plus elle a de chances de coïncider, par le jeu des changements phonétiques, avec d'autres. Ainsi, le latin *turris* a donné *tour* en français (« bâtiment »), homonyme de *tour*, issu de *tornus* (« machine-outil », cf. *tour de potier*).

Lorsque des conflits surviennent provoquant des « collisions homonymiques », la langue supprime un des termes et recourt à un nouveau signe. Cela s'est produit pour les deux homonymes : *aimer* (issu de *amare*) et *esmer* (provenant de *aestimare*) dont

---

1. B. Victorri, C. Fuchs, *op. cit.*, p. 13.
2. J. Lyons, *Sémantique linguistique*, Paris, Larousse, 1990, p. 188.

la proximité des signifiés (« aimer » et « estimer ») constituait une source de perturbation ; le conflit fut résolu par l'emprunt de forme savante *estimer* qui a remplacé *esmer* (cf. chap. 6, I). La différenciation des homonymes correspond à une nécessité du système car l'homonymie trouble le jeu des oppositions phonologiques ; elle s'est pratiquée en français tant au niveau de l'orthographe (*dessein/dessin*) qu'au niveau de l'indication du genre (*le voile/la voile*).

Néanmoins, l'homonymie est relativement bien tolérée lorsqu'elle touche des classes syntaxiques différentes ; dans les autres cas, comme pour la polysémie, le contexte et le cotexte permettent de dissiper les ambiguïtés lexicales qui peuvent advenir et parfois d'en jouer (exemple : *la beauté du présent*).

C. HOMONYMIE/POLYSÉMIE : LE CRITÈRE ÉTYMOLOGIQUE

Selon l'approche traditionnelle, polysèmes et homonymes se différencient par l'étymologie. Ainsi il y a deux verbes homonymes *louer* (l'un, signifiant « adresser des louanges » et l'autre, « donner/prendre en location ») qui ont deux étymons distincts (*laudare* et *locare*) ; il y a trois substantifs *baie* (« ouverture », « golfe », « fruit ») remontant à trois étymons différents, deux éléments *terr-* en raison de leur différence d'origine : *terr-* (« avoir peur », du latin *terrere*, comme dans *terrible*) et *terre* (« surface du globe », du latin *terra*, comme dans *terrestre*). En revanche, il n'y a qu'un seul mot *éclair* avec plusieurs acceptions (« brève lumière sinueuse », « bref moment », « pâtisserie ») puisqu'il dérive d'un seul étymon (du verbe *éclairer*, latin *exclarare*). La conception de l'unité-mot est fortement tributaire de l'étymologie. Les concepts de la lexicologie gardent l'empreinte de l'histoire.

Les homonymes donnent lieu dans le dictionnaire à des articles distincts ; les différentes entrées homonymes (mots vedettes de l'article) sont souvent numérotées par besoin de clarté. On prendra garde de ne pas confondre cette présentation avec la subdivision des acceptions dans le cadre de l'article d'un mot polysémique.

Homonymes :
1. *louer* v. tr. (lat. *laudare*). Adresser des louanges...
2. *louer* v. tr. (lat. *locare*). I. Donner en location... II. Prendre en location...
Polysème :
éclair n. m. de *éclairer*. I. 1. Lumière intense, brève, sinueuse... 2. *Par anal.* Lumière vive, de courte durée. 3. *Fig.* Bref moment... II. Pâtisserie...

Le critère étymologique qui différencie homonymes et polysèmes n'est cependant pas toujours décisif. L'évolution sémantique, lorsqu'elle est forte, conduit à l'éclatement d'une forme polysémique en signes homonymes. *Grève*, issu d'un étymon unique (latin populaire *grava*), signifie, à ses origines, « terrain de sable et de gravier au bord de l'eau ». Sur la *place de Grève* (située au bord de la Seine à Paris, actuellement place de l'Hôtel-de-Ville) se réunissaient les ouvriers qui attendaient l'embauche. On y associa peu à peu la deuxième acception de « arrêt de travail ». Mais en synchronie les liens entre les deux sens « terrain sablonneux » et « arrêt de travail » sont rompus et la polysémie est devenue homonymie (deux mots *grève*). De même, *voler*, ayant pris, à partir du milieu du XVIe siècle, le sens de « dérober » dans le domaine de la fauconnerie, s'est dissocié en emplois distincts et, malgré l'identité d'origine, recouvre synchroniquement deux homonymes : *voler* 1 « se déplacer dans l'air » et *voler* 2 « dérober ». Ces cas, relativement rares dans l'approche traditionnelle de l'homonymie, soulignent l'importance du critère sémantique dans la disjonction en homonymes.

II. ANALYSES DE LA POLYSÉMIE : TRAITEMENT HOMONYMIQUE ET TRAITEMENT UNITAIRE

A. TRAITEMENT HOMONYMIQUE DE LA POLYSÉMIE

1. LE PRINCIPE

La linguistique structurale, dans les années 1960, a renouvelé la question de la polysémie et de l'homonymie par une approche synchronique de l'homonymie. En présence d'une forme linguistique manifestant des différences de sens et d'emplois, le lexicographe ou le linguiste, libéré de toute contrainte diachronique, détermine si les différences que manifeste le mot polysémique relèvent de l'homonymie ou de la polysémie.

Dans le cas où ces différences lui paraissent importantes, il applique le *traitement homonymique* de la polysémie consistant à scinder le mot polysémique en plusieurs homonymes. Ce processus de répartition des sens et des emplois du polysème en plusieurs mots-entrées de même forme est appelé en lexicographie **dégroupement des entrées** (cf. chap. 11, II A).

En revanche, dans le cas où les sens et les emplois sont suffisamment proches pour être considérés comme les acceptions d'un même mot, il opte pour le *traitement unitaire* (une unité lexicale avec plusieurs acceptions, cf. *infra*, B), appelé aussi *traitement polysémique*.

Le *dégroupement* des sens et des emplois conduisant à la multiplication des entrées homonymes est corrélé dans le dictionnaire au *regroupement* des mots dérivés et composés, autour des termes de base placés en entrées (cf. *infra*, le critère morphologique et chap. 11, II A). Il a été notamment inauguré dans le *Dictionnaire du français contemporain*[1], ouvrage pionnier en ce domaine et a été repris dans le *Lexis* (1979). La dette de la lexicologie envers la lexicographie est, à cet égard, très importante.

2. LES CRITÈRES DE LA DISJONCTION EN HOMONYMES
– Le critère syntaxique

Deux mots sont homonymes lorsque leur comportement distributionnel diffère et révèle une différence sémantique qu'illustre la commutation synonymique. Les linguistes et les lexicographes ont toujours tenu compte des constructions syntaxiques pour la différenciation des acceptions des verbes et des adjectifs mais sans aller jusqu'à la distinction des homonymes.

On reprendra l'exemple type de l'adjectif *cher* proposé par le linguiste Jean Dubois[2], un des auteurs du *DFC*. Les deux homonymes *cher* s'opposent distributionnellement sur deux points :

– En position attribut : *cher* 1 « aimé » est obligatoirement accompagné d'une expansion (*cher à quelqu'un*), *cher* 2 « qui coûte cher » ne nécessite pas de complément :

Cet ami m'est cher.
Ce livre m'est cher.
Les médecins sont chers.
Les livres sont chers.

Si l'on tente de supprimer l'expansion, le sens de *cher* change :
Ce livre m'est cher. Ce livre est cher.

– En position épithète : *cher* 1 « aimé » tend à précéder le nom, *cher* 2 « qui coûte cher » est toujours placé après le nom.

Ton cher ami est parti.
Il ne quitte pas ses chères pantoufles.
Il achète des pantoufles chères.

Aux deux homonymes *cher* ainsi distingués correspondent des synonymes distincts : *aimé, adoré* vs *coûteux, onéreux...*

---

1. J. Dubois *et al., Dictionnaire du français contemporain*, Larousse, 1966, 1re éd.
2. J. Dubois, *Grammaire structurale : le nom et le pronom*, Paris, Larousse, 1965, p. 14.

– Le critère sémantique

Dans le cas des unités homonymes, les sémèmes sont disjoints (absence de sèmes communs) ; dans le cas du mot polysémique, il y a intersection positive des sémèmes (présence de sèmes communs). L'adjectif *cher* (qui vient de *carus*) est considéré traditionnellement comme un mot polysémique mais la divergence sémantique entre les acceptions « aimé » et « qui coûte cher » est telle qu'elle justifie le dégroupement en deux entrées ; c'est le traitement lexicographique adopté dans le *DFC* et dans le *Lexis* (1975) qui pratiquent les dégroupements de mots à même étymon. Mais un locuteur donné pourra avoir le sentiment contraire et percevoir une relation entre « aimé » et « coûteux » (liés par les sèmes /mesurable/, /intensité/). Le critère sémantique est relativement fragile.

– Le critère morphologique

Deux mots sont homonymes lorsqu'ils sont à la base de séries dérivationnelles différentes. Ce critère confirme, pour certains mots, le repérage des homonymes en soulignant la communauté sémantique entre la base et les dérivés.

Cher 1 « aimé » > *chéri, chérir.*
Cher 2 « qui coûte beaucoup » > *cherté, chérot.*
Chèrement, en raison de sa polysémie, se trouve dans les deux séries.

L'application simultanée de ces trois critères conduit au traitement homonymique de la polysémie.

Mais l'adjectif *cher* est un cas d'école. En réalité, les trois critères en faveur de l'homonymie ne sont pas toujours réunis ; ils jouent, en effet, à des niveaux différents. Le critère dérivationnel qui porte sur les relations morpho-sémantiques est, en partie, aléatoire : d'une part, les mots sans dérivés ne sont pas concernés ; d'autre part, de nombreux sens ne sont pas en relation avec des dérivés ; enfin, le partage des dérivés selon ce traitement pose problème lorsque ce dérivé est lui-même polysémique (cf. *chèrement*) car on aboutit, de fait, à des dérivés homonymes, ce qui tend à annuler le procédé. De leur côté, les critères syntaxiques ne permettent pas toujours d'établir des sens distincts car il y a rarement correspondance absolue entre différences syntaxiques et différences sémantiques. De là, le poids du critère sémantique : à partir de quel degré de divergence sémantique est-on en présence d'homonymes ou d'un polysème ? Il est impossible, dans bien des cas, d'établir des critères rigoureux car la substance sémantique forme un continuum. La question du seuil de divergence sémantique se pose de façon répétée aux tenants du traitement homonymique lorsqu'ils ont à décider du nombre d'homonymes. L'examen d'un cas concret permet de mieux comprendre ces questions.

3. EXEMPLE : RELEVER

La classe syntaxique du mot joue un rôle dans les critères de disjonction. Dans le cas du verbe, ce sont les critères syntaxiques qui sont déterminants pour distinguer les homonymes. La description distributionnelle des environnements en termes de sous-catégorisation (cf. chap. 4, II A 2) est donc un préalable à la division en homonymes.

Les traits sémantiques de sélection s'organisent de façon binaire : humain/non humain, abstrait/concret, massif/comptable. Un substantif ayant le trait /concret/ réfère à un objet du monde physique, perceptible par les sens, tandis qu'un substantif ayant le trait /abstrait/ réfère à des entités non perceptibles par les sens (exemple : *chaise* vs *courage*) ; un même substantif aura, selon le contexte, un emploi concret ou un emploi abstrait. Ces sous-catégorisations demandent toutefois à être affinées. Les classes formées sont souvent trop générales pour être efficaces dans la sélection d'une acception ; par exemple, le trait /concret/ du complément de *prendre* (*je prends un steak* et *je prends le train*) ne permet pas de distinguer les emplois différents. Il faut donc ajouter d'autres traits pour caractériser les environnements, par exemple /aliment/, comme on l'a fait, en partie, ci-dessous (cf. aussi *infra* C, les classes d'objet).

On a adopté ici une présentation simplifiée. Les éléments entre crochets représentent les traits de sous-catégorisation sémantique des substantifs (+ indique la présence du trait et – l'absence du trait). Les accolades regroupent les différentes possibilités distributionnelles ; ainsi, dans l'exemple *Jules relève...*, l'objet peut être soit [+ humain] (exemple : *enfant*), soit [– animé] [+ concret] (exemple : *siège*). Les emplois du verbe sont distingués par des lettres (en gras) ; il s'agit des emplois principaux ; on a écarté les acceptions vieillies et les expressions figées afin que l'exposé de la méthode gagne en clarté.

A. [+ H] + V + $\begin{cases} \text{[+ H]} \\ \text{[– animé] [+ concret]} \end{cases}$

« mettre debout, en position verticale »
Jules relève le siège.
Jules relève l'enfant tombé à terre.
L'enfant se relève. Le siège se relève.

B. [+ H] + V + $\begin{cases} \text{[– animé] [+ concret] [+ partie du corps]} \\ \text{[– animé] [+ concret] [+ vêtement ou partie de vêtement]} \end{cases}$

« diriger vers le haut »
Jules relève la tête. Sa tête se relève brusquement.
Jules relève le col de son manteau.

C. [+ H] + V +[– animé] [+ concret ou abstrait] [+ comptable] (lieu)

« noter, remarquer »
Les policiers relèvent des traces de balles sur le mur.
Jules relève des erreurs dans le texte.

D. [+ H] + V + $\begin{cases} \text{[+ abstrait]} \\ \text{[+ H] [+ collectif]} \end{cases}$

« restaurer, rendre la prospérité »
Ce grand ministre a relevé l'économie du pays.
Ce grand homme d'État a relevé la nation affaiblie.

E. [+ H] + V + [– animé][+ concret] [+ quantifiable]

« porter à un degré plus élevé »
Le ministre relève les prix de l'essence.

F. [+ H] + V + [– animé] [+ concret] [+ aliment] [+ cuisiné] *de* (*avec*) [+ aliment]

Le deuxième complément est contraint (noms désignant des aromates).
« donner plus de goût »
Le cuisinier relève la sauce avec du poivre.
Le cuisinier relève le plat d'un mélange d'épices.

G. [+ H] + V + [+ abstrait] *de* [+ abstrait]

« agrémenter, donner de l'attrait »
Le conteur relève son récit d'anecdotes.

H. [+ H] + V + [+ H]

L'objet désigne souvent un militaire ou un fonctionnaire exerçant à tour de rôle une fonction.
« remplacer »
Le soldat relève la sentinelle.
Toutes les heures, les gardes se relevaient.

I. [+ H] + V + [+ H] *de* [+ abstrait]

« dégager, libérer d'une obligation »

Jules relève la jeune fille de sa promesse.
Le ministre relève Jules de ses fonctions.

J. $\begin{cases} \text{[+ H] + V + } de \\ \text{[+ abstrait]} \end{cases} \begin{cases} \text{[+ H]} \\ \text{[+ abstrait]} \end{cases}$

« dépendre de, être du ressort de »
Jules ne veut relever de personne.
La décision relève du doyen.
Cette étude relève de la linguistique.

Le verbe polysémique *relever* se prête à un traitement en quatre homonymes :

Relever 1 (emplois A, B, D, E, F, G)
[+ H] + V + [+ H, + conc + abst]
et [+ H] + V + [+ abst] *de* + [+ abst]   « mettre plus haut »

Relever 2 (emploi C)
[+ H] + V + [+ conc]   « noter »

Relever 3 (emplois H et I)
[+ H] + V + [+ H]
et [+ H] + V + [+ H] *de* + [+ abst]   « remplacer, libérer »

Relever 4 (emploi J)
[+ H, + abst] + V + *de* + [+ H, + abst]   « dépendre de »

Ce traitement appelle les commentaires suivants :
– l'homonyme *relever* 4 se distingue nettement des autres : la distribution spécifique *relever de* est en corrélation avec le sens « dépendre de ». Le rôle de la préposition est ici déterminant. Aucun dérivé n'est en rapport avec cet homonyme ;
– l'homonyme *relever* 3 se construit avec un complément d'objet humain. Cette distribution s'observe également dans l'emploi A (« mettre debout ») ; on voit qu'à une même distribution peuvent correspondre des sens distincts. Cependant *relever* 3 est toujours suivi d'un complément humain. Les deux acceptions « remplacer » (H) et « libérer d'une obligation » (I) sont assez distantes l'une de l'autre mais le critère syntaxique l'a emporté sur le critère sémantique. Le dérivé *relève* est en relation morphosémantique avec l'emploi H ;
– l'homonyme *relever* 2 se différencie des autres homonymes sur le plan sémantique (spécificité des acceptions « noter, remarquer » corroborée par les dérivés *relevé* et *releveur*). La distribution [+ humain] V [– animé] [+ concret] n'est

pas, dans ce cas, discriminante, puisqu'elle est commune aux emplois C, B et A ;

– l'homonyme *relever* 1 rassemble les autres emplois (A, B, D, E et F) en raison d'une communauté sémantique (« passage à un état supérieur ») que soulignent les dérivés *relevé* et *relèvement* et en raison d'un comportement syntaxique similaire.

Le traitement du verbe *relever* aurait pu aboutir à un dégroupement en cinq entrées (si l'on isole les emplois G et F) mais l'excès d'homonymes conduit à une dispersion préjudiciable au traitement proposé. Dans cet exemple, les critères syntaxiques sont confirmés par les critères sémantiques et dérivationnels, ce qui valide l'ensemble de la procédure.

B. TRAITEMENT UNITAIRE DE LA POLYSÉMIE

Le traitement unitaire qui s'oppose à la disjonction en homonymes consiste à maintenir dans une **perspective synchronique** l'unité du polysème. L'analyse (qui ne rejette pas la dimension syntaxique de la polysémie) se fonde principalement sur des arguments sémantiques : lorsque les diverses acceptions d'un mot polysémique sont reliées entre elles (en particulier, par le biais de tropes, cf. III), autrement dit s'il y a intersection positive des sémèmes, le traitement unitaire doit être retenu.

On présentera deux voies de recherche qui mettent en relief l'unité profonde du polysème.

1. *LE SIGNIFIÉ DE PUISSANCE*

J. Picoche (dans *Structures sémantiques du lexique français*) développe une approche originale de la polysémie en appliquant et en adaptant au lexique les principes et concepts guillaumiens. Selon G. Guillaume (1883-1960), le sens, auquel s'opposent les **effets de sens** observables dans le discours, est une construction du linguiste et doit se décrire comme un mouvement de pensée continu dans lequel le discours opère des coupes. Le signifié de puissance en est le principe d'unité.

L'hypothèse de J. Picoche est la suivante : un polysème a un signifié unique (un signifié de puissance) qui permet de rendre compte de ses multiples effets de sens. Le signifié de puissance est défini comme une unité sous-jacente, virtuelle, partiellement actualisée par les différents effets de sens du mot en discours. Il appartient au linguiste de saisir à travers les emplois cette réalité mentale. Un mouvement de pensée inconscient, appelé **cinétisme**, relie de façon continue les différentes acceptions d'un mot polysémique. Plus exactement ce mouvement peut être interrompu en divers points de son déroulement, ces interruptions étant dénommées **saisies** ; aux saisies correspondent les productions d'effets de sens dans le discours d'un locuteur au moment où il parle. L'acception sémantiquement la plus riche est qualifiée de saisie **plénière**, la saisie **subduite** étant l'acception la plus pauvre en sèmes (cf. *infra*, III A 3).

On prendra d'abord l'exemple de *créneau*[1] :

1. *Les créneaux du château fort permettaient à ses défenseurs de tirer sur l'ennemi en restant à l'abri.*
2. *Je fais un créneau pour garer ma voiture.*
3. *Cet industriel a trouvé un bon créneau, ce qui lui permet d'exporter.*
4. *Le ministre monte au créneau pour défendre son projet de loi.*

La saisie plénière de *créneau* peut se formuler ainsi : « portions de murailles, isolées les unes des autres par des vides de même dimension et de même forme rectangulaire, ménagées en haut d'une fortification pour servir de protection à ses défenseurs ». À partir de ce sens plénier réunissant des sèmes concrets /muraille de pierre/ et des sèmes abstraits /défense/, deux cinétismes se développent : l'un se dirige vers la notion d'alternance de places pleines et vides (2) et se poursuit dans l'abstraction dans une autre saisie (3), l'autre aboutit à la notion de défense (4). On observe le mécanisme de subduction puisqu'il y a passage d'une acception riche (1) à une acception plus pauvre (2 et 3) ; ainsi l'acception « trouver un créneau pour vendre » retient seulement la notion de place vide.

L'exemple de *créneau* est utilisé ici dans une optique méthodologique puisque ce mot ne fait pas l'objet d'une disjonction en homonymes dans les dictionnaires, mais la méthode est identique lorsque l'étude porte sur des mots auxquels le traitement homonymique est appliqué. Dans l'article intitulé « Combien y a-t-il de *cœur(s)* en français[2] ? », J. Picoche défend contre les partisans du dégroupement (quatre entrées *cœur* dans le *Lexis*) sa conception du traitement unitaire qui permet de montrer, à partir du signifié de puissance, la cohésion interne du polysème *cœur*.

Cependant la recherche sémantique menée par J. Picoche ne sacrifie pas la dimension syntaxique. L'analyse des structures actancielles, essentielle dans le cas des verbes, permet de découvrir, s'il y a lieu, le signifié de puissance.

---

1. J. Picoche, *op. cit.*, p. 12-14.
2. J. Picoche, *Langue française* 105, 1995.

> Les **actants** sont les participants sémantiques au procès du verbe ; du point de vue syntaxique, ce sont des sujets et des compléments essentiels que l'on distingue des circonstants (compléments non essentiels). Ces concepts sont empruntés à L. Tesnière[1].
>
> L'analyse actancielle est pratiquée notamment dans deux ouvrages lexicographiques : le *Dictionnaire du français usuel* de J. Picoche et J.-C. Rolland et le *Lexique actif du français* de I. Mel'čuk et A. Polguère.

On utilisera, à titre d'illustration, l'exemple du verbe *défendre*. Ce verbe se prête à la disjonction en deux homonymes, en raison des différences syntaxiques et dérivationnelles, correspondant à deux acceptions divergentes (« interdire » et « protéger »).

Voici l'analyse qu'en propose J. Picoche (extraits du *Dictionnaire du français usuel*) :

Plusieurs structures actancielles sont dégagées dont celles-ci (A désigne les actants) :

I. A1 humain *défend* à A2 humain A3 considéré comme un mal pour A4 : « interdire »

Ex : *La maîtresse défend aux garçons de battre les filles.*

II. a) A1 humain *défend* A4 humain contre A2 : « protéger »

Ex : *La maîtresse défend les filles contre les garçons.*

II. b) A1 non humain *défend* A 4 non humain : « protéger »

Ex : *Le fort Saint-Nicolas défend l'entrée du port de Marseille.*

Ces structures (à 4, 3 et 2 actants) ne sont dissemblables qu'en surface. J. Picoche montre que le verbe *défendre* dans toutes ses acceptions admet un schéma actanciel profond : il met en présence quatre actants parmi lesquels se trouve toujours un être animé (dans la structure II b, A1 non humain représente une œuvre humaine), ces actants sont de forces inégales et en relations conflictuelles. On remarquera encore ceci : seule l'acception II b représente une acception subduite (par rapport à II a) ; les deux acceptions plénières « interdire » et « protéger » ne sont pas ordonnées les unes par rapport aux autres ; le signifié de puissance révèle, de façon implicite, l'existence d'un lien entre « interdiction » et « protection »[2].

Ainsi si, par l'analyse sémantique, le linguiste réussit à découvrir, au-delà des structures syntaxiques en surface, le schéma actanciel profond qui définit le signifié de puissance, il n'y a plus lieu de dissocier les emplois en homonymes.

---

1. L. Tesnière, *Éléments de syntaxe structurale*, Paris, Klincksieck, 1959.
2. J. Picoche, *Structures sémantiques du lexique français*, p. 50-51, et « La cohérence des polysèmes, un outil pour débloquer l'enseignement du vocabulaire », *Repères*, n° 8, INRP, Paris, 1993, p. 16.

2. UN SCHÉMA ORGANISATEUR ABSTRAIT

Suivant cette approche, le noyau de sens expliquant les acceptions du polysème est présenté sous la forme d'une représentation sémantique abstraite, qui n'a pas une relation directe avec les référents. Bien que ce traitement de l'unité polysémique ne soit pas abordé dans le cadre du débat homonymie/polysémie mais dans celui qui concerne la conception référentielle du sens (cf. chap. 3), il a semblé préférable de le présenter ici parce qu'il met l'accent sur l'unicité du mot polysémique. L'étude de *boîte* menée par P. Cadiot[1] servira d'illustration.

Dans l'analyse de la polysémie de *boîte* qui inclut ses nombreux composés (*boîte à bac, boîte aux lettres, boîte de vitesse, boîte de nuit*, etc.), P. Cadiot réfute la description du sens telle que la pratiquent les dictionnaires qui consiste à énumérer les propriétés de l'objet définissant le référent prototypique (sens de base) puis à y rattacher les autres sens. *Boîte* n'y est donc pas défini par des traits descriptifs (/récipient/, /de matière rigide/, /facilement transportable/, /généralement muni d'un couvercle/) mais par des traits fonctionnels abstraits.

La formule proposée par P. Cadiot est la suivante :
X (boîte) contenir Y pour produire/fournir Z
Y et Z peuvent avoir la même référence, chacune des fonctions « contenir » et « produire/fournir » étant plus ou moins centrale.

Ainsi une boîte d'allumettes contient des allumettes pour fournir des allumettes, une boîte à musique n'est pas un contenant mais une source pour produire de la musique, une boîte à bac produit des bacheliers, etc. Dans les composés de forme N1 (*boîte*) *de* N2, la préposition *de* active le trait /contenant/ de *boîte* (ex. *boîte d'allumettes*) tandis que dans les composés N1 (*boîte*) *à* N2, la préposition *à* en active le trait /source/ (ex. *boîte à bac*).

Cette catégorisation conceptuelle ouverte (appelée « modèle mental flexible ») définit *boîte* de manière intensionnelle (fonctionnelle), *boîte* recevant ses extensions référentielles par une mécanique d'ajustement aux contraintes matérielles du domaine concerné de l'expérience ; cet ajustement se fait, en particulier, dans le cas des composés, à partir du référent de N2. Le schéma sémantique abstrait, tel qu'il est reconstruit par le linguiste, permet donc de rendre compte de tous les emplois de *boîte*. Mais il présente le défaut d'être trop général ; comme le fait remarquer G. Kleiber[2], un cartable ou une serviette répondent à cette formule et ils ne sont pourtant pas appelés *boîte*.

---

1. P. Cadiot, 1994 ; repris dans *Les Prépositions abstraites en français*, Paris, A. Colin, 1997, chap. 10, p. 201-213.
2. G. Kleiber, *Problèmes de sémantique. La polysémie en questions*, p. 48.

Pour P. Cadiot et B. Habert, ce modèle d'analyse de la polysémie peut être appliqué à un certain nombre d'autres noms comme *bouche, clé, lit, pic, porte, table, tête,* etc., qui renvoient à « une forme [...] qui fonctionne comme un schéma pour l'appréhension de réalités variées [...], alors que notre expérience immédiate nous fournit un référent prototypique valorisé comme le sens[1] ».

Les recherches menées par les disciples de A. Culioli se situent dans la même perspective constructiviste ; elles visent à dégager (à travers l'interaction des sens avec le cotexte) la « forme schématique » qui représente l'identité du mot polysémique et qui arrive à subsumer les différentes valeurs référentielles[2]. J.-J. Frankel et D. Lebaud analysent de cette façon la polysémie du mot *lit.* Sans tenir compte de la distinction entre sens propre et sens figuré, ils élaborent, à partir de l'expression *faire le lit du fascisme,* la forme schématique abstraite de *lit* qui ne correspond ni à un sens immédiatement accessible à l'observation, ni à un sens premier du mot[3].

C. CHOIX DU TRAITEMENT

Le choix du traitement homonymique ou unitaire, qui se pose au lexicographe et au linguiste, est déterminé par des considérations théoriques et pratiques.

Les dictionnaires qui donnent l'étymologie des mots, qu'il s'agisse des grands dictionnaires de langue (*TLF, Le Grand Robert de la langue française, GLLF, Dictionnaire de l'Académie française*) ou de dictionnaires usuels (le *Petit Robert*), maintiennent l'unité du mot polysémique. Il n'y a là rien d'étonnant : dans la plupart des cas, ce choix se combine avec la mention des figures qui relient les acceptions entre elles.

Parmi les dictionnaires usuels dont le programme est synchronique, deux dictionnaires optent résolument pour la solution homonymique, mais en suivant des tendances différentes : une certaine multiplication du nombre d'homonymes dans le *DFC* et le *Lexis,* un nombre plus restreint d'homonymes dans le *Robert méthodique* paru en 1982 (version première du *Robert Brio*). La situation du *Lexis* est unique puisqu'il pratique, à l'image du *DFC,* les dégroupements tout en conservant des informations diachroniques. En revanche, le *Dictionnaire du français usuel* de J. Picoche et J.-C. Rolland privilégie systématiquement le traitement unitaire, conformément aux options théoriques de J. Picoche (cf. *supra,* B 1).

---

1. P. Cadiot, B. Habert, « Aux sources de la polysémie nominale », *Langue française* 113, 1997, p. 4.
2. Cf. J.-J. Franckel, « Introduction », *Langue française* 133, 2002, p. 3-15.
3. J.-J. Frankel, D. Lebaud, « Lexique et opérations. Le lit de l'arbitraire », *La Théorie d'Antoine Culioli. Ouvertures et incidences,* Paris, Ophrys, 1992, p. 89-105.

Les linguistes se partagent entre deux tendances principales.

D'un côté, les syntacticiens, les terminologues et les chercheurs travaillant sur le traitement automatique du langage sont plutôt partisans de la solution homonymique pour des raisons de lisibilité du traitement homonymique. De là, dans les dictionnaires électroniques, le choix du dégroupement systématique.

> L'analyse linguistique du lexique en termes de **classes d'objets** s'inscrit dans cette perspective. Les classes d'objets sont des classes lexicales définies à partir de critères distributionnels et sémantiques : par exemple, le verbe *rédiger* délimite la classe d'objets <texte> qui réunit toutes les unités lexicales qui peuvent apparaître comme compléments : *essai, roman, article, lettre, tract, journal*, etc., cette classe étant elle-même subdivisée en différentes sous-classes, selon les constructions spécifiques. On établit ainsi les phrases élémentaires de la langue, telles que N Hum *rédiger* <texte>, formées d'un prédicat (*rédiger*) et d'un ou plusieurs arguments (N <humain>, N <texte>). Les classes d'objets sont des classes d'arguments, qui peuvent distinguer les emplois de prédicats de manière plus fine que les grandes classes telles que /concret/ : par exemple, la classe N <voie de communication> distingue un emploi de *emprunter* (*emprunter le passage souterrain*) de l'emploi *emprunter un livre* ; on sépare *prendre* N <médicament>, *prendre* N <moyen de transport collectif>, *prendre* N <voie de communication>, etc. Elles servent à la constitution de lexiques électroniques, en vue du traitement automatique de la langue[1].

D'un autre côté, les sémanticiens inclinent assez généralement vers le maintien de la polysémie.

> La controverse à propos du mot *livre* illustre ce débat ; elle a opposé D. Kayser (informaticien), argumentant en faveur d'une multiplicité de référents[2], à G. Kleiber, défendant l'existence d'un sens unique[3].

Il est vrai que la méthode du dégroupement homonymique, pour prix de la clarté recherchée, est exposée à un risque qui n'est pas négligeable : ne pas être comprise du lecteur du dictionnaire et faire l'objet d'un rejet. Sur ce plan, en effet, le point de vue du lexicographe ou du linguiste ne coïncide pas avec le point de vue de l'usager. Celui-ci porte un jugement intuitif sur l'identité lexicale, recherche les motivations

1. Cf. D. Le Pesant et M. Mathieu-Colas, « Introduction aux classes d'objets », *Langages* 131, 1998, p. 6-33 ; M. Mathieu-Colas, « Illustration d'une classe d'objets : les voies de communication », *Langages*, 1998, p. 77-90 ; G. Gross, *Manuel d'analyse linguistique. Approche sémantico-syntaxique du lexiqu*e, chapitre 2, p. 33-34, chap. 4 ; Laboratoire LDI, Lexiques Dictionnaires Informatique, université Paris 13 et université de Cergy-Pontoise.
2. D. Kayser, « Une sémantique qui n'a pas de sens », *Langages* 87, 1987.
3. G. Kleiber, « Sur la définition sémantique d'un mot. Les sens uniques conduisent-ils à des impasses ? », in *La Définition*, p. 125-148.

internes et répugne à admettre le traitement homonymique tel qu'il est pratiqué dans certains dictionnaires. Le locuteur tient spontanément à l'unité du signe.

« La forme linguistique constitue pour lui (le locuteur) l'unité de parole ; la polysémie la maintient, l'homonymie la détruit [...]. Les dégroupements du linguiste vont à l'encontre d'un besoin profond de subordination du contenu à la forme. »

J. Rey-Debove, *Étude linguistique et sémiotique des dictionnaires français contemporains*, p. 135-136.

À l'heure actuelle, le débat portant sur la distinction homonymie/polysémie a quelque peu perdu de son acuité. Les approches récentes de la polysémie sont en effet centrées sur d'autres questions, comme celles de la construction dynamique du sens, du rôle du cotexte et du contexte, de la conception continue ou discontinue de la polysémie, de l'apparentement des sens multiples[1].

Ainsi, la notion de **facettes**, introduite par A. D. Cruse[2], définit un cas particulier de polysémie, à la frontière entre polysémie lexicale et variation contextuelle. Un nom tel que *livre* a deux facettes de sens : il désigne un objet matériel dans l'énoncé : *Ce livre est gros* et un objet abstrait, intellectuel dans l'énoncé : *Ce livre est passionnant*. D'un côté, les deux facettes sont interprétables séparément (variation sémantique proche de la polysémie) mais, d'un autre côté, elles ne sont pas antagonistes puisque l'apparition d'une interprétation globale renvoyant en même temps aux deux facettes est tout à fait possible, comme dans cet énoncé : *Ce livre est gros et passionnant*. Or, dans les cas de polysémie classique, la coordination de deux sens distincts est interdite (par ex., pour *plateau*, la réunion des deux sens « support plat » et « étendue de pays plate » n'est pas autorisée *Ce plateau est lourd mais peu peuplé*). De là, l'idée que l'on n'a pas affaire à des sens distincts mais aux aspects différents d'un même concept global. Le changement de facette est un glissement de la référence de type métonymique (cf. *infra* III B)[3].

III. LES CHANGEMENTS DE SENS : LE MÉCANISME DES TROPES

Les changements de sens des unités lexicales (c'est-à-dire les différentes formes de passage d'une acception à l'autre) peuvent être traités du point de vue diachronique ou synchronique.

1. Cf. G. Kleiber, *Problèmes de sémantique. La polysémie en questions*, chap. 2.
2. A. D. Cruse, « La signification des noms propres de pays en anglais » *in* Rémi-Giraud S. et Rétat P. (éd.), *Les Mots de la nation*, Presses universitaires de Lyon, 1996, p. 93-102.
3. Sur la présentation et la critique de cette notion, cf. G. Kleiber, *Problèmes de sémantique. La polysémie en questions*, chap. 3, p. 87-101 ; *Langages* 172, 2008.

En diachronie, on présente l'évolution sémantique du mot polysémique en suivant l'ordre d'apparition des acceptions ; telle est, par exemple, la démarche du *Dictionnaire historique de la langue française* de A. Rey (Le Robert, 1992). On notera que les dictionnaires de langue comme le *GLLF* et le *TLF* présentent, dans une rubrique séparée, l'ordre historique des acceptions.

En synchronie – angle que l'on privilégiera ici – on décrit les relations régulières qui unissent les différentes acceptions du mot polysémique.

Quelle que soit la perspective retenue, c'est la théorie classique des **tropes** qui fournit l'essentiel des bases de la description des changements de sens ; elle explique « les figures éteintes » du vocabulaire (par ex. *verser une somme d'argent*) comme les néologismes sémantiques (par ex. *portail* dans son acception en informatique, calquée de l'anglais).

Décrits dès l'Antiquité par la rhétorique, les tropes forment une catégorie spécifique de **figures**. Dumarsais (1676-1756) les définit comme « des figures par lesquelles on fait prendre à un mot une signification qui n'est pas précisément la signification propre de ce mot[1] ». Il y a donc une convergence entre la conception rhétorique des tropes et la démarche du sémanticien ou du lexicographe qui retrace le parcours sémantique du mot en présentant le **sens figuré** (sens obtenu par figure) par rapport **au sens propre** dont il dérive. Le sens figuré est également appelé sens second ou **sens dérivé**.

> Dans le cadre de la lexicologie explicative et combinatoire de I. Mel'čuk, le terme de *dérivation sémantique* prend un autre sens (cf. chap. 1, II A 2) ; il désigne une relation entre deux lexies (acceptions) fondée sur une parenté de sens : par exemple *galoper, course, trot* sont des dérivés sémantiques de *galop*[2].

Les changements de sens – que traduisent, à leur façon, les indicateurs métalinguistiques du dictionnaire comme *fig.* (*figuré*), *par anal.* (*par analogie*), *par ext.* (*par extension*), *par restr.* (*par restriction*) ou *spécialt.* (*spécialement*) (cf. marques sémantiques chap. 12, II C) – peuvent être rapportés à trois tropes essentiels : la métaphore, la métonymie et la synecdoque. On différencie les tropes selon la **nature logique** du lien qui unit le sens propre (que l'on notera A) au sens figuré (noté B). Il faut préciser que le sens propre du mot n'est pas le sens donné par l'étymon ; c'est le sens d'un mot considéré comme antérieur aux autres sens, du point de vue logique. Le trope dicte l'ordonnancement des acceptions.

---

1. Dumarsais, *Des tropes ou des différents sens*, p. 69.
2. I. Mel'čuk, A. Polguère, *Lexique actif du français*, p. 14-18.

On écartera ici ce qui relève du discours. Seuls les **tropes lexicalisés**, c'est-à-dire les acceptions figurées incluses dans la polysémie du mot, concernent la sémantique lexicale, les **tropes d'invention** relèvent, quant à eux, de la stylistique. La métaphore utilisée par V. Hugo à propos du croissant de lune (« *cette faucille d'or* ») est un trope d'invention (ou **métaphore vive**). Par ailleurs, on décrira les processus linguistiques en jeu dans les changements de sens sans traiter des causes des changements de sens.

A. LA MÉTAPHORE

1. RESSEMBLANCE ENTRE LES SIGNIFIÉS

La métaphore est un trope par ressemblance, qui consiste à donner à un mot un autre sens en fonction d'une comparaison implicite. Ainsi une relation métaphorique unit l'acception A de *perle* à l'acception dérivée B en vertu d'une ressemblance (/rareté/ et /excellence/) entre les deux acceptions :

    perle   A : « petite bille de nacre ».

                B : « personne remarquable dans un domaine ».

Mots composés et locutions offrent un grand nombre d'emplois métaphoriques, quel que soit le registre de langue ; *jeter des perles aux pourceaux* ou *aux cochons* (« accorder à quelqu'un une chose dont il est incapable d'apprécier la valeur ») est une locution littéraire (d'origine biblique d'après le *Dictionnaire des expressions et locutions figurées* de Rey et Chantereau), *donner de la confiture aux cochons* est une locution familière.

Une même relation métaphorique peut être exploitée plusieurs fois. Cela peut se produire soit dans le cadre d'un seul mot (par ex. les acceptions dérivées de *bouton* : *bouton sur la peau, bouton de vêtement, boutons de manchettes, bouton de porte*), soit dans le cadre d'un ensemble de mots de même catégorie syntaxique, par exemple, dans le cas des dénominations argotiques de *tête* fondées sur la ressemblance avec un objet rond, telles *boule, bobine, bille*, etc.[1], soit dans le cadre d'un ensemble de mots de catégorie syntaxique différente (par ex. la métaphore assimilant l'amour à un feu présente dans *ardeur, flamme, brûler, se consumer, ardent*, etc.).

2. DU CONCRET AU CONCRET, DU CONCRET À L'ABSTRAIT

La relation métaphorique opère soit d'une acception concrète à une acception concrète, soit, le plus souvent, d'une acception concrète à une acception abstraite,

---

1. Cf. G. Petit, « Un phénomène d'hybridation sémiotique et sémantique : les noms familiers », *Le Français moderne* LXVI, 1, 1988.

processus typique de la métaphore. On rappellera que le sémème concret d'un substantif désigne un emploi dénotant un référent, objet de sensation ou de mesure, le sémème abstrait désignant un référent qui n'est pas considéré sous son aspect sensoriel.

– Passage du concret au concret, noté dans les dictionnaires *par anal.* :

Canard : acception propre « oiseau » ; par analogie avec le plongeon du volatile, « sucre trempé dans un liquide » et en rapport avec le son peu harmonieux du canard, « fausse note ».

Banane : à partir du sémème concret « fruit oblong », par analogie de forme, plusieurs acceptions métaphoriques : « chignon d'une certaine forme », « coiffure masculine », « sac-ceinture ».

– Passage du concret à l'abstrait, noté dans le dictionnaire *fig.* ou plus rarement *par métaph.* :

Brancher (PR)	A : « rattacher un circuit secondaire au réseau principal ».
	B : « mettre au courant » (*est-ce qu'il t'a branché ?*).
Fourmi	A : « petit insecte vivant en société… ».
	B : « personne laborieuse, économe » (*elle est une fourmi, un travail de fourmi*).

Dans les cas de *canard* et de *fourmi*, les relations entre le sens propre et le sens dérivé (concret ou abstrait) s'effectuent par la sélection d'un trait du stéréotype associé au nom d'espèce naturelle (cf. chap. 3, III C et exercice 4).

La relation concret>abstrait s'observe également dans le passage du latin au français ; ainsi *anima* (« souffle ») a donné *âme* et *sapere* (« sentir par le goût ») a donné *savoir*. De tels exemples ont entretenu l'idée fausse selon laquelle le sens propre est toujours concret et le sens figuré abstrait.

Dans le cas des métaphores comme dans le cas des métonymies (cf. *infra* B), on peut observer des liens de polysémie réguliers. La **polysémie régulière** (qui s'oppose à la polysémie lexicalisée) a pour caractéristique de ne pas être dépendante d'une unité lexicale précise mais de règles générales qui s'appliquent à plusieurs unités lexicales. L. Barque[1] présente, en particulier, des métaphores régulières dans le domaine des animaux, fondées sur l'analogie entre l'animal et l'homme dont voici des exemples :

Animal > individu qui a une fonction (*cobaye, gorille, lièvre, limier, mule, taupe*).

---

1. L. Barque, *Description et formalisation de la polysémie régulière du français*, Thèse de Doctorat, université de Paris 7, 2008.

Animal > individu nuisible (*chacal, corbeau, requin, vautour, vipère*).

Lieu de vie (occupé par un animal) > lieu (occupé par un individu), notamment lieu jugé sale (*bauge, chenil, clapier, porcherie, tanière*).

On peut considérer qu'un lien sémantique est dit régulier lorsqu'il s'observe entre plusieurs paires d'unités lexicales (non synonymes entre elles) et évaluer le degré de régularité à la proportion de mots concernés. Lorsque tous les mots sont concernés, on parle de *polysémie systématique* (cf. *infra* B 1).

3. PROCESSUS SÉMIQUE

L'analyse du processus sémique dans les différents tropes est menée de façon différente selon les sémanticiens. Pour R. Martin[1], qui donne une description formalisée des relations logiques entre les sémèmes, la relation métaphorique consiste dans l'identité d'au moins un des sèmes spécifiques, comme c'est le cas du mot *impasse*, dont les sémèmes sont décomposés comme suit :

impasse   A : « /rue/ /sans issue/ ».

            B : « /situation/ /sans issue/ /favorable/ ».

La similitude entre les deux sémèmes repose sur le sème /sans issue/. Mais il est plus intéressant d'identifier le mécanisme métaphorique à « la suppression, ou plus exactement à la mise entre parenthèses d'une partie des sèmes constitutifs du lexème employé[2] » . Entre les sémèmes A et B se produit une déperdition sémique, comme le montre l'exemple de *éclair* :

éclair   A : « lumière brève, intense, sinueuse, survenant pendant un orage, provoquée par une décharge électrique ».

            B : « moment bref et intense » (*éclair de génie*).

L'acception B ne retient de l'acception A que les sèmes /bref/, /intense/, /soudain/. Ce processus, qui n'est pas contradictoire avec l'identité de sèmes spécifiques, se vérifie dans les nombreux exemples présentés plus haut (*fourmi, perle, banane*).

« Dans les tropes lexicalisés, note C. Kerbrat-Orecchioni qui prend l'exemple de *rivière de diamants*, le sens primitif du mot se maintient sous forme de trace connotative. »

C. Kerbrat-Orecchioni, *L'Implicite*, Paris, A. Colin, 1986, p. 109

---

1. R. Martin, *Pour une logique du sens*, p. 70.
2. M. Le Guern, *Sémantique de la métaphore et de la métonymie*, p. 15.

Dans le cadre guillaumien du signifié de puissance (cf. *supra*, II, B), J. Picoche[1] rend compte de ce mécanisme par le phénomène de la **subduction**. La subduction est un mouvement de pensée (cinétisme) qui relie une acception riche en sèmes (saisie plénière) à une acception pauvre. C'est un processus d'abstraction et d'appauvrissement sémique. Il y a deux types de subduction dans le cadre du processus métaphorique :

- remontée d'un sens plénier concret à un sens subduit concret. Exemple : le mot *artère* dénote en saisie plénière « un vaisseau qui distribue le sang » et en saisie subduite « une voie de communication » ;
- remontée d'un sens plénier concret à un sens subduit abstrait. Outre l'exemple de *créneau* présenté précédemment (II B), on peut citer le cas de *fourchette* dans lequel le mouvement de subduction est important. De la saisie plénière « petit instrument de table formé d'un manche et de deux ou plusieurs dents » à la saisie subduite « écart entre deux possibilités statistiques extrêmes », seule reste la notion d'« écart ». L'avantage de cette description est de relier, dans un mouvement de pensée continu, les acceptions entre elles.

B. LA MÉTONYMIE

1. CONTIGUÏTÉ DES OBJETS DÉNOTÉS

Contrairement à la métaphore, la métonymie joue sur la relation référentielle. Elle est un trope par correspondance qui consiste à nommer un objet par le nom d'un autre objet en raison d'une contiguïté entre ces objets (le sens étymologique de *métonymie* est « nom pour un autre nom »). Il y a glissement de la référence d'un objet à un autre. Ce processus s'explique par une ellipse : *J'ai bu un verre* pour *j'ai bu le contenu d'un verre* ; l'ellipse définit le rapport qui caractérise chaque catégorie de métonymie. La métonymie regroupe une classe de relations dont la liste n'est pas arrêtée. En s'inspirant de la classification établie par Fontanier[2], on distinguera les métonymies suivantes :

- de la cause pour l'effet : *un Picasso* (pour *un tableau de Picasso*), *vivre de son travail* (pour *vivre du produit de son travail*) ;
- de l'instrument pour l'utilisateur de l'instrument : *trois jeunes tambours* (pour *ceux qui battent le tambour*), *une fine lame* (pour *celui qui manie finement une lame*) ;
- de la matière pour l'objet : *les cuivres* (pour *les instruments de cuisine en cuivre* ou pour *les instruments de musique en cuivre*) ;

---

1. J. Picoche, *Structures sémantiques du lexique français*, p. 33-34.
2. Fontanier, *Les Figures du discours*, 1830.

– du contenant pour le contenu : *l'amphi* (pour *les étudiants de l'amphi*), *il a mangé toute la boîte* (pour *il a mangé tous les bonbons contenus dans la boîte*) ;
– du lieu pour la chose (produit ou institution) : *le cantal* (pour *le fromage du Cantal*), *Wall Street* (pour *la Bourse de New York*), *Vichy* (pour *le gouvernement de Vichy*), *vichy* (pour *la toile de Vichy*) ;
– du signe pour la chose signifiée : *la couronne* (pour la réalité symbolisée par la royauté), *le sabre et le goupillon* (pour l'armée et l'Église) ;
– du physique pour le moral ou pour la personne : *c'est un cerveau* (pour *c'est une intelligence*), *faire le joli cœur* (pour *faire le galant*) ;
– de l'attribut vestimentaire pour la désignation de la personne à laquelle cette chose est liée : *les casques bleus* (pour *les soldats de l'ONU*), *les cols blancs* (pour *les employés de bureau*), *lâche-moi les baskets* (pour *laisse-moi tranquille*).

C'est dans le cadre des relations métonymiques que l'on observe les cas les plus nets de polysémie systématique[1]. La **polysémie systématique** désigne un processus régulier et productif qui engendre le sens secondaire à partir du sens premier, non plus pour une seule unité lexicale mais pour toutes les unités ayant le même sens premier. On peut citer en exemples :
– le processus selon lequel un mot désignant un objet peut prendre le sens de « représentation de cet objet » (statue, photo, etc.) : ainsi le mot *lion* peut s'utiliser pour une représentation d'un lion (*le lion de la place Denfert-Rochereau*), le mot *soldat* peut désigner un soldat en plomb, etc. ;
– la relation entre un emploi comptable et un emploi massif ; tous les noms d'arbres peuvent prendre le sens de « bois » : *un chêne, une table en chêne, un pin, une étagère en pin, etc.* ; de nombreux noms d'animaux peuvent prendre le sens de « viande de l'animal » : *un poulet, du poulet, une pintade, de la pintade, etc.* ;
– les noms de lieu peuvent s'appliquer aux personnes qui se trouvent dans le lieu : *la salle (a applaudi), la ville (a voté pour tel candidat)*, etc.
La perspective d'analyse n'est pas la même que dans l'approche classique du sens. La polysémie systématique vise la génération du sens, c'est-à-dire qu'elle se situe en amont pour proposer des règles générales faisant partie de la compétence sémantique du locuteur. Une telle démarche aboutit à un modèle plus économique que le traitement local de la polysémie, au cas par cas. Toutefois, cette approche peut conduire à postuler des polysémies systématiques là où le lexique n'est pas aussi systématique[2]. Les deux types de polysémie, polysémie lexicalisée et polysémie systématique, coexistent dans la langue.

---

1. Sur la polysémie systématique, cf. l'ouvrage de G. Kleiber (1999) et les articles parus dans *Langue française* 113, mars 1997 : G. Nunberg et A. Zaenen, « La polysémie systématique dans la description lexicale », et F. Recanati, « La polysémie contre le fixisme ».
2. Cf. G. Kleiber, *Problèmes de sémantique. La polysémie en questions*, chap. 4.

2. DU CONCRET AU CONCRET, DE L'ABSTRAIT AU CONCRET

La métonymie instaure une relation d'une référence concrète à une autre référence concrète et, ce qui arrive rarement dans la métaphore, relie un emploi abstrait à un emploi concret. Ce fait, noté par les sémanticiens de la fin du XIXᵉ siècle[1], est illustré notamment par les noms déverbaux :

– *addition* : « action d'ajouter » ; par métonymie, « note représentant le total des dépenses effectuées au café, au restaurant... » ;
– *arrêt* : « action de s'arrêter » ; par métonymie, « endroit où doit s'arrêter un véhicule de transport » ;
– *friture* : « action de frire » ; par métonymie, « aliment frit » ;
– *pêche* : « action de pêcher » ; par métonymie, « poissons pêchés » ;
– *sortie* : « action de sortir » ; par métonymie, « passage par où les personnes sortent ».

3. PROCESSUS SÉMIQUE

Le transfert métonymique consiste à passer d'un sémème A à un autre sémème B, sans qu'intervienne, en synchronie, une modification notable du sémème initial.

friture	sémème A :	« action de frire ».
	sémème B :	« aliment frit ».
blaireau (PR)	sémème A : « petit mammifère carnivore [...], plantigrade, de pelage clair sur le dos, foncé sous le ventre, qui se creuse un terrier ».	
	sémème B : « pinceau fait de poils de blaireau dont se servent les peintres, les doreurs... ».	

Le sémème A de *blaireau* réapparaît sous forme de sème spécifique dans le sémème B. Toutefois, comme le montre F. Rastier[2], seuls les sèmes /pelage/, /clair/ ou /foncé/ de *blaireau* sont retenus dans le sémème dérivé, les autres sèmes de *blaireau* devenant virtuels, c'est-à-dire afférents (cf. chap. 3, II B). F. Rastier propose d'envisager les relations entre sémèmes de la façon suivante : « des sèmes inhérents d'un sémème peuvent être afférents dans un autre ».

Lorsque les transferts métonymiques se font en chaîne – le cas n'est pas exceptionnel –, la relation entre le sémème initial (A) et le sémème final (C) tend à se rompre. Le même mot en vient à désigner un objet qui perd tout lien avec le premier.

verre   A : « substance dure, cassante, transparente... ».

1. A. Darmesteter, *La Vie des mots étudiée dans leurs significations* ; M. Bréal, *Essai de sémantique*.
2. F. Rastier, *Sémantique interprétative*, p. 68.

B : « récipient à boire » (fait en A et, par extension, fait dans une autre matière).

C : « contenu de B ».

La métonymie diffère ainsi profondément de la métaphore ; il n'y a pas d'appauvrissement sémique mais enrichissement sémique dans une chaîne de transformations.

4. L'ORDRE DIACHRONIQUE

L'enchaînement des métonymies peut être décrit selon l'ordre diachronique.

Bureau désigna d'abord une grosse étoffe de laine (*bure*), puis, par métonymie, un tapis fait de cette étoffe recouvrant la table (XIIe-XIIIe siècles) et la table ainsi recouverte (1361), table sur laquelle on fait les comptes. Ces emplois sont sortis d'usage avec le changement des réalités extralinguistiques (évolution du mobilier, changement des habitudes sociales). Par de nouvelles métonymies, *bureau* est devenu le nom d'une table de travail (seconde moitié du XVIe siècle), de la pièce où se trouve la table (à partir de 1495), d'un établissement ouvert au public (1557), des employés travaillant dans un bureau (1718), des membres d'une assemblée élus par leurs collègues pour diriger leurs travaux (1787), du comité chargé d'étudier une question. Les bureaux, à la fin du XVIIIe siècle, concernent en particulier l'administration, puis le secteur tertiaire.

L'oubli des significations primitives de *bureau* (« étoffe », « table recouverte de l'étoffe ») a facilité le développement des autres emplois métonymiques. Comme pour la métaphore mais sans doute plus massivement, les métonymies, une fois lexicalisées, échappent à la conscience de l'usager. C'est le phénomène de la **démotivation** (cf. exercice 8 et chap. 6, III). La métonymie favorise, en conséquence, la disjonction en homonymes : *bureau* peut donner lieu à deux homonymes, l'un regroupant le meuble et la pièce, l'autre l'établissement ouvert au public et l'ensemble du personnel.

C. LA SYNECDOQUE

La synecdoque est un trope par connexion fondé sur la relation d'inclusion entre les référents dénotés.

La catégorie de la synecdoque prête à controverse car il n'existe pas de frontières précises entre la métonymie et la synecdoque (ainsi l'emploi du nom de la matière pour l'objet est considéré tantôt comme synecdoque tantôt comme métonymie). De plus, la rhétorique traditionnelle classe, sous cette rubrique, des faits hétéroclites dont un grand nombre relèvent du discours.

On limitera la synecdoque à deux catégories, qui renvoient aux relations d'inclusion structurant le lexique : partie/tout et hyponymie/hyperonymie (cf. chap. 4, I).

Les relations établies par la synecdoque conduisent à **des restrictions et à des extensions de sens.**

1. SYNECDOQUES DE LA PARTIE ET DU TOUT

La synecdoque qui consiste à employer la partie pour le tout est la plus répandue.

tête   A : « partie supérieure du corps de l'homme ».

B : « la tête représentant un seul individu » (*c'est tant par tête*).

toit   A : « partie supérieure d'un édifice ».

B : « maison » (*être sans toit*).

À l'inverse, la synecdoque consistant à prendre le tout pour la partie est rare :

tête   A : « partie supérieure du corps de l'homme ».

B : « partie de la tête où poussent les cheveux » (*se laver la tête*).

Le processus est globalement semblable à la métonymie à ceci près que, dans le cas de la synecdoque, la relation référentielle d'inclusion semble dominer aux dépens de la relation d'ellipse.

2. SYNECDOQUES DE L'ESPÈCE ET DU GENRE

Dans la synecdoque du genre pour l'espèce, l'acception A désignant le genre est à la base de l'acception dérivée B désignant l'espèce. La restriction de l'extension en B (nombre plus limité de référents) entraîne corollairement, au plan logique, un accroissement de l'intension, autrement dit une addition de sèmes (cf. chap. 2, II).

homme   A : « être humain ».

B : « être humain de sexe masculin ».

viande   A (*Vx*) : « ensemble des aliments dont se nourrit l'homme » (*les vivres*).

B : « chair des mammifères et des oiseaux dont l'homme se nourrit ».

Dans la synecdoque de l'espèce pour le genre, l'acception dérivée B désignant le genre est une extension par rapport à A, désignant l'espèce. Parallèlement se produit une diminution de l'intension, autrement dit un effacement de sèmes :

bifteck   A : « tranche de bœuf grillée ».

B : « nourriture » (*gagner son bifteck*).

Les évolutions sémantiques de *viande* et de *bifteck* montrent l'importance de la réalité socioculturelle et du système dominant des valeurs dans les changements de sens. L'élévation du niveau de vie et la valorisation culturelle de la viande par rapport au pain (*gagner son pain, sa croûte*) expliquent la synecdoque de *bifteck*.

En diachronie, les synecdoques du genre et de l'espèce sont à l'origine de nombreuses évolutions sémantiques qui coïncident avec les échanges entre le lexique général et les lexiques de spécialité. Le verbe *traire,* ayant en ancien français le sens général de « tirer » (valeur encore perceptible dans *soustraire, abstraire* et *extraire*), s'est progressivement restreint à l'acception du vocabulaire agricole « tirer le lait d'une femelle ». Inversement, *gagner* dont le sens originel est, selon le *Dictionnaire historique de la langue française*, « se procurer de la nourriture, faire paître le bétail » a pris le sens général de « s'assurer un profit matériel par toute espèce de travail ».

D'un trope à l'autre, les processus varient mais il y a une différence essentielle entre métonymie et synecdoque, d'une part, et métaphore, d'autre part. La métaphore a le pouvoir de créer la relation métaphorique (par des connexions et des rapprochements inattendus), contrairement à la métonymie et à la synecdoque qui mobilisent des relations qui existent entre les référents, indépendamment de leur exploitation linguistique. Ce contraste a été noté par de nombreux auteurs[1].

D. LES CATACHRÈSES

Les catachrèses sont des tropes qui suppléent aux lacunes de la dénomination en l'absence dans la langue de terme propre. Ainsi *œil-de-bœuf* constitue la dénomination normale de l'objet (un type de fenêtre). Les catachrèses sont des figures totalement lexicalisées (en anglais, on parle de figures « congelées ») ; elles reposent sur des métaphores (ex : *œil-de-bœuf, boutons de manchettes, dents d'une scie, bec d'une plume, gorges d'une rivière, ailes d'un bâtiment, pied de table*), sur des métonymies (ex : *la Cour, le Parquet, le premier violon*), voire sur des synecdoques. Dans les catachrèses, la conscience du trope a disparu.

L'axe de lexicalisation des figures est graduel ; il y a un continuum entre catachrèses, figures lexicalisées, figures semi-lexicalisées, figures vivantes.

E. PROBLÈMES POSÉS PAR L'ANALYSE
DES CHANGEMENTS DE SENS

Les problèmes que pose l'analyse selon les tropes sont multiples et on ne saurait tous les traiter ici.

On se bornera à évoquer la question de l'inventaire des tropes sémantiques, en soulignant que les **tropes en plusieurs mots**, improprement appelés *tropes* selon

---

1. Cf. en particulier, M. Prandi, « Grammaire philosophique de la métaphore », *in* N. Charbonnel et G. Kleiber, *La Métaphore entre philosophie et rhétorique*, Paris, PUF, 1999, p. 190-191.

Fontanier[1], doivent en faire partie puisque ces figures du discours, telles l'ironie ou la litote, peuvent jouer un rôle dans les changements de sens d'un polysème ; exemple : le trope ironique, appelé aussi **antiphrase**, est à la source de l'acception dérivée de *perle* « erreur ridicule dans un texte », ce trope établissant une relation d'antonymie entre les sémèmes. L'analyse de la polysémie en termes de tropes rencontre des problèmes de différents types.

1. CHANGEMENTS SÉMANTIQUES COMPOSITES

Le changement de sens d'un mot peut résulter de plusieurs processus œuvrant simultanément. La synecdoque peut se combiner avec le transfert du vocabulaire commun au vocabulaire spécialisé. Les calques peuvent s'associer aux tropes (cf. les exemples de *souris*, *portail*). La métonymie peut se mêler à la métaphore, comme cela se produit dans l'expression *vider son sac* ou dans l'évolution sémantique de *meule* aboutissant à l'acception familière « mobylette ou moto » (appareil qui écrase en tournant > rotation mécanique > tout appareil qui tourne > mobylette ou moto). Dans ces changements composites, il n'est pas toujours aisé de trancher (cf. exercice 7). Par ailleurs, bien des évolutions demeurent inexpliquées (ainsi l'acception dérivée « gâteau » de *éclair* a suscité toutes sortes d'explications fantaisistes).

2. ORDRE DES ACCEPTIONS : ORDRE LOGIQUE ET ORDRE HISTORIQUE

Deux principes de description s'affrontent : l'ordre logique des sens qui confère à l'évolution des sens une régularité supposée et l'ordre historique des sens, objectivement fondé sur les attestations, même si celles-ci n'ont qu'une valeur relative (cf. aussi chap. 12, III C 2).

La dérivation sémantique impose en synchronie un ordre des acceptions, un sens étant « une figure » de l'autre. Mais des divergences peuvent se manifester entre l'ordre logique, établi par les tropes en synchronie, et l'ordre diachronique des acceptions. Le cas est fréquent ; la polysémie de *foyer* (cf. exercice 6) en fournit l'illustration.

Par ailleurs, si la métaphore et la métonymie imposent leur ordre logique, il n'en va pas de même des relations dues à la synecdoque qui sont des relations réversibles. En théorie, dire du sémème B qu'il représente l'espèce par rapport à A permet d'affirmer que le sémème A est le genre par rapport à B. Quel ordre choisir ? De fait, c'est l'ordre historique des acceptions qui permet bien souvent d'orienter la relation (cf. *supra*, exemple *viande*).

---

1. Fontanier, *Les Figures du discours,* p. 75.

3. POLYSÈMES SANS FIGURE

Cette question en rapport avec l'ordre des acceptions est liée à une réflexion générale sur une typologie des polysèmes (esquissée, en particulier, par R. Martin et J. Picoche). En dépit d'importantes différences de critères et de perspective théorique, ces deux auteurs s'accordent sur l'existence d'une catégorie de substantifs dont la polysémie ne peut être expliquée à l'aide des tropes et dont, en conséquence, **l'ordre des acceptions est arbitraire.** Un des exemples de R. Martin est le suivant[1] :

plateau   A : « support plat servant à poser et à transporter des objets ».
        B : « étendue de pays assez plate et dominant les environs ».

Sur le plan sémique, on relève des caractéristiques spécifiques : les deux acceptions ne présentent qu'un seul sème commun (/plat/) sans que rien d'autre ne les relie. Il n'y a donc pas de relation immédiate entre les acceptions. Les acceptions ne sont pas ordonnées.

> R. Martin fonde sur ce critère sa distinction entre « polysémie de sens » et « polysémie d'acceptions ». Dans la polysémie de sens (exemple : *plateau*), il est impossible de spécifier la dérivation d'un sens par rapport à un autre ; entre les sémèmes, il y a addition et effacement de sèmes. En revanche, dans la polysémie d'acceptions, un sémème est obtenu à partir d'un autre, par addition ou effacement de sèmes, les acceptions étant liées par des relations de restriction, d'extension, de métonymie ou d'analogie (exemples *supra* : *impasse, blaireau*, etc.).

De son côté, J. Picoche[2] prend l'exemple de *hôtel* dont les sens se répartissent en trois catégories :
1. « bâtiment offrant des chambres » ;
2. « monument historique ou demeure citadine urbaine » (cf. *hôtel de Rohan, hôtel particulier*) ;
3. « bâtiment abritant des services publics » (cf. *hôtel de ville*).

Dans ce polysème qui présente un noyau sémique « bâtiment ayant une certaine importance », les sens sont spécifiés par le contexte. L'explication des changements de sens ne mettant en jeu aucun mécanisme de subduction, l'ordre des sens est, dans ces conditions, sans importance.

> On pourrait évoquer, à ce sujet, la notion de **polyréférence** selon laquelle il y aurait un sens unique qui s'actualiserait différemment selon les circonstances référentielles. Dans ces conditions, on serait

1. R. Martin, *Pour une logique du sens*, p. 70-71.
2. J. Picoche, *Didactique du vocabulaire français*, p. 134.

amené à distinguer la polysémie proprement dite, pluralité de sens d'un même mot, et la polyréférence, pluralité de références associées à un même sens[1].

4. LA DIMENSION SYNTAXIQUE

La dimension syntaxique des figures ne peut être négligée. Elle joue un rôle essentiel dans la métaphore verbale et dans la métaphore adjectivale qui impliquent une relation entre des termes présents dans l'énoncé. Dans ces cas, le trope porte à la fois sur le verbe (ou l'adjectif) et/ou **sur la nature des environnements**, autrement dit **sur le sémème et/ou les actants**.

Ainsi, l'adjectif *glacial* prend une acception abstraite métaphorique avec des substantifs pourvus du trait /abstrait/ ou /humain/ : *une politesse glaciale, un accueil glacial, un homme glacial*. De même, la modification des traits de sélection du verbe *flairer* transforme le sens propre en sens figuré :

1. *Le chat flaire sa nourriture.* [+ Animal] + V + [+ Concret] « reconnaître par l'odeur ».
2. *La mère flaire le danger.* [+ Hum] + V + [+ Abstrait] « reconnaître par l'intuition ».

Le syntacticien ou le lexicographe peut alors passer sous silence la relation métaphorique et mettre l'accent sur la différence des emplois qui engendre deux acceptions distinctes ou deux homonymes.

On a pu constater, en outre, que l'emploi métaphorique de certains verbes était caractérisé par des restrictions syntaxiques. Dans leurs emplois figurés, ces verbes sont obligatoirement suivis de compléments qui sont facultatifs dans leurs emplois propres.

Tel est le cas du verbe *farcir* :

Sens figuré : *L'auteur a farci son texte de citations* et non **L'auteur a farci son texte.*

Sens propre : *Le cuisinier a farci la volaille. Le cuisinier a farci la volaille de foie gras.*

Ces contraintes concernent également des verbes comme *tapisser, assaisonner, truffer*, etc.[2] et les verbes de mouvement[3].

---

1. Cf. D. Corbin, M. Temple, « Le monde des mots et des sens construits : catégories sémantiques, catégories référentielles », *Cahiers de lexicologie* 65, 1994, p. 14.
2. Cf. J. Tamine, « Métaphore et syntaxe », *Langages* 54, 1979.
3. Cf. B. Lamiroy, « Les verbes de mouvement, emplois figurés et extensions métaphoriques », *Langue française* 76, 1987.

5. LES LIMITES DE L'APPROCHE RHÉTORIQUE

La tradition rhétorique marque l'analyse des changements de sens. La perspective est lexicaliste et l'unité considérée est le mot ou le syntagme. On privilégie la réflexion à partir du substantif, lieu de toutes les figures. De là, un certain nombre d'insuffisances : la dimension syntaxique est souvent sacrifiée (cf. *infra*), l'analyse est descriptive (explications des changements données *a posteriori*) et les polysèmes sont considérés isolément au lieu d'être reliés les uns aux autres. Il faut toutefois noter que certaines recherches débordent le cadre du mot : les études structuralistes comme celles de P. Guiraud[1] portent sur des systèmes, champs morpho-sémantiques ou structures sémantiques ; pour sa part, J. Picoche[2] étudie divers ensembles de polysèmes.

L'explication par les tropes ne prétend cependant pas rendre compte de tous les changements de sens. D'autres données interviennent, qu'il faut également envisager : données syntaxiques ou données extralinguistiques qui sont à l'origine de bien des mutations sémantiques[3] (cf. *supra* l'évolution de *grève*, I, C et exercice 8).

6. L'APPROCHE COGNITIVE

Les figures de rhétorique connaissent un regain d'intérêt qui se manifeste en pragmatique, en sémantique et en sémantique cognitive. On se limitera ici à présenter l'approche cognitive de la métaphore, telle qu'elle est développée dans l'ouvrage de G. Lakoff et M. Johnson, *Les Métaphores dans la vie quotidienne* (1980), et qui a rencontré un large écho.

Pour ces auteurs, la métaphore relève de l'ordre du conceptuel. Elle est un des mécanismes fondamentaux par lesquels l'esprit humain est capable d'appréhender l'univers. Le système conceptuel humain est, de ce fait, entièrement structuré et défini par un réseau de métaphores. Les « concepts métaphoriques » ont un fondement dans l'expérience ; ils consistent à percevoir et à structurer un domaine-source familier sous les aspects d'un autre domaine (domaine-cible) : ainsi nous concevons le temps sur le modèle de l'espace, les théories comme des constructions, l'amour en termes de voyage, la discussion sur le modèle de la guerre, etc.[4] Lakoff et Johnson illustrent ces métaphores conceptuelles par des exemples tirés du langage quotidien, toutes catégories linguistiques confondues.

---

1. P. Guiraud, *Structures étymologiques du lexique français*, Paris, Payot, 1986 [Larousse, 1967].
2. J. Picoche, *Structures sémantiques du lexique français*, p. 101-136.
3. Sur l'approche sociohistorique des changements de sens, cf. V. Nyckees, « Pour une archéologie du sens figuré », *Langue française* 113, 1997.
4. La liste complète des concepts métaphoriques est consultable à l'adresse suivante : http://cogsci.berkeley.edu/lakoff

Ainsi, la métaphore « la discussion c'est la guerre » se reflète dans les énoncés suivants :

> Vos affirmations sont *indéfendables*. Il a *attaqué chaque point faible* de mon argumentation. Ses critiques visaient *droit au but*. J'ai *démoli* son argumentation. Je n'ai jamais *gagné* sur un point avec lui. Tu n'es pas d'accord ? Alors *défends*-toi ! Si tu utilises cette *stratégie*, il va *t'écraser*[1].

La théorie de Lakoff et Johnson soulève deux objections principales. D'une part, comme le suggère l'extrait ci-dessus, la langue y apparaît comme un simple instrument d'expression, se chargeant de véhiculer la métaphore sous différentes expressions. Cette mise en retrait de l'analyse linguistique est en accord avec la conception cognitiviste : « La métaphore est un phénomène qui concerne d'abord la pensée et l'action, et seulement de manière dérivée le langage[2] » . Or les figures se manifestent sur le plan linguistique, elles naissent de et par la langue. D'autre part, les métaphores recensées dans l'ouvrage sont conventionnelles et stéréotypées (elles sont proches des catachrèses) ; la thèse des chercheurs américains est inapte à expliquer des métaphores plus complexes, telles la métaphore filée ou la métaphore vive.

> M. Prandi[3] conçoit la métaphore vive comme « un conflit conceptuel ». Contrairement aux métaphores conceptuelles qui sont cohérentes et ont un signifié codé et stable, la métaphore vive repose sur un contenu conflictuel entièrement construit par le langage et nécessitant une interprétation discursive. Tel est le cas de l'énoncé *La lune rêve* de Baudelaire qui met en présence deux concepts incompatibles (fait qui peut également être analysé en termes de violation des règles de sous-catégorisation, cf. *supra* 4).

La conception de Lakoff et Johnson n'est pas entièrement nouvelle mais elle a le mérite de donner une place essentielle à la métaphore en la présentant comme un des instruments puissants de conceptualisation. Il n'en reste pas moins que l'étude des figures ne saurait être menée en dehors des structures lexicales propres à chaque langue car, on le sait, les manières de représenter métaphoriquement les concepts peuvent sensiblement varier selon les langues et les cultures.

---

1. G. Lakoff et M. Johnson, *Les Métaphores dans la vie quotidienne*, 1980, p. 14.
2. G. Lakoff et M. Johnson, *op. cit.*, p. 163.
3. M. Prandi, *Grammaire philosophique des tropes*, Paris, Minuit, 1992.

IV. EXERCICES

EXERCICE 6

Analyses de la polysémie

a) Dans le corpus de citations (et exemple) ci-après, établi à partir du CD-ROM du *Grand Robert de la langue française* (2005), distinguer les diverses acceptions du mot *foyer* en relevant les syntagmes lexicalisés. Classer les acceptions en différents groupes.

b) Étudier les passages sémantiques d'une acception à l'autre.

c) En opposition au traitement unitaire, proposer un traitement homonymique.

1. Le feu agonisait dans le foyer, sous la cendre noire des lettres (G. Maupassant). **2.** L'Europe avait jusqu'ici été le foyer de la culture occidentale (A. Siegfried). **3.** L'ardent foyer jetait des clartés fantastiques (V. Hugo). **4.** Ainsi rejoint-il la troupe hétéroclite des instables, des ratés, des sans-foyer et des déracinés [...] (F. Mallet-Joris). **5.** La terre ne décrit pas un cercle autour du soleil, mais bien une ellipse [...] la terre occupe un des foyers de l'ellipse [...] (J. Verne). **6.** Il est devenu laïc, a fondé un foyer, a eu des enfants et a gardé la foi (F. Mauriac). **7.** Les foyers d'infection sont en extension croissante. À l'allure où la maladie se répand, si elle n'est pas stoppée [...] (A. Camus). **8.** J'allais presque chaque soir à la Comédie française, connu de tous, flânant à mon gré dans les couloirs, au foyer, sur la scène, du trou du souffleur jusqu'aux loges des actrices (P. Léautaud). **9.** Pour garder sa pression, il brûlait à quai, immobile, des tonnes et des tonnes de charbon, dans les foyers de ses trois chaudières (R. Vercel). **10.** Sauf pour les diamants [...], les principaux foyers miniers se succèdent le long des frontières orientales (M. Demangeon). **11.** Je connais tous les hôtels de Paris, les borgnes, les louches, les myopes, les palaces, les bordels, les pensions de famille, les foyers du jeune homme, les asiles de nuit (G. Dormann). **12.** Le soleil, foyer de tendresse et de vie [...] (A. Rimbaud). **13.** Les tronçons basaltiques mesuraient quarante à cinquante pieds de hauteur [...]. L'éclat du foyer de lumière, signalé par l'ingénieur, pénétrait pour ainsi dire les parois [...] (J. Verne). **14.** Or, après une absence de treize mois, il arriva au foyer conjugal, au moment où sa femme, encore alitée, venait de lui donner un héritier [...] (Lautréamont). **15.** Tant qu'on ne vous aura pas renvoyés dans vos foyers, vous serez des soldats et vous obéirez à vos chefs (J.-P. Sartre). **16.** Il a des lunettes à double foyer. **17.** [...] il lui semblait qu'une joie née de la camaraderie exige de l'esprit qu'il mette tout en commun avec le camarade, qu'il jette au foyer de l'amitié les idées fugitives (J. Romains). **18.** Chez Wagner, la musique est le noyau du drame, le foyer rayonnant et le centre attractif (R. Rolland). **19.** [...] la femme, gardienne du foyer (P. Verlaine). **20.** Le père est le premier près du foyer ; il l'allume et l'entretient ; il en est le pontife (Fustel de Coulanges).

CORRIGÉ

a) Dans le *GR*, les acceptions du polysème sont classées en trois groupes, comportant des subdivisions.

• Premier groupe (I) :

    I, 1 : « lieu où l'on fait le feu » (phrase 1) ;

    I, 2 : « feu » (phrases 3, 20) ;

    I, 3 : « partie d'un appareil de chauffage » (phrase 9).

• Deuxième groupe (II) :

    II, 1, a : « lieu où habite et vit une famille » (phrases 4, 14, 15). Syntagmes lexicalisés : *foyer conjugal, sans-foyer, renvoyer un soldat dans ses foyers* (« le démobiliser ») ;

    II, 1, b : « ensemble de personnes qui composent la famille » (phrases 6, 19). Syntagme figé : *fonder un foyer*. Dans la phrase 19, *foyer* désigne à la fois le domicile et la famille ;

    II, 2 : « lieu de vie, de réunion pour une catégorie de personnes » (phrase 11) ;

    II, 3 : spécialement dans le domaine du spectacle « lieu où les spectateurs peuvent circuler » (phrase 8, dans laquelle le syntagme lexicalisé *foyer du public* devient par ellipse *foyer*).

• Troisième groupe (III) :

    III, 1, a : « point d'où rayonne la lumière, la chaleur » (phrase 13) ;

    III, 1, b : en optique « point constitué par le sommet du faisceau conique formé par la réflexion ou la réfraction de rayons lumineux initialement parallèles ». Syntagme lexicalisé : *verres à double foyer* (phrase 16) ;

    III, 2 : en géométrie « point remarquable associé à certaines courbes » (phrase 5) ;

    III, 3, a : « point central où converge et d'où se répand un processus » (phrases 2, 18) ;

    III, 3, b : « lieu d'où se propage une maladie » (phrase 7) ;

    III, 3, c : « groupement géographique » (phrase 10).

Deux emplois métaphoriques peuvent poser des difficultés d'interprétation : la phrase 12 (emploi métaphorique de III, 1, a) et la phrase 17, dans laquelle *foyer* signifie « feu ».

On observe que dans les emplois II, 2 ; II, 3 et III, 3, a *foyer* est obligatoirement suivi soit d'un adjectif soit d'un complément (humain ou abstrait) introduit par *de*.

b) L'analyse des changements de sens est traitée en synchronie. Les tropes rendent quasiment compte de tous les liens sémantiques.

Le sens propre de *foyer* « partie de la cheminée où l'on fait le feu » (I, 1) est la source de deux tropes :
- « le feu qui brûle dans le foyer » (I, 2), synecdoque du tout et de la partie ;
- « la dalle de marbre placée devant le foyer pour l'isoler du sol » (acception non représentée dans le corpus), métonymie liée à la contiguïté partie de la cheminée/dalle.

L'acception générale « lieu où l'on fait le feu » s'applique par extension à la « partie d'un appareil de chauffage où brûle le combustible » (I, 3). Cette relation peut être analysée soit comme le passage du genre à l'espèce (synecdoque), soit comme le passage d'une acception générale à une acception technique.

Le passage de I à II « lieu où se groupent des personnes, servant d'abri, d'asile » se fait par métonymie. Cette relation entre le foyer « feu » et le foyer « asile » a une valeur anthropologique. Comme les métaphores, les métonymies ont une **source culturelle**.

II, 1, a : « lieu où habite, vit la famille » > II, 1, b : « la famille » par glissement métonymique (le lieu pour les personnes).

II, 1, b : « lieu de vie pour des personnes ayant des liens familiaux » > II, 2 : « lieu de vie pour une catégorie de personnes », synecdoque de l'espèce qui produit une extension de sens entraînant la suppression du sème /ayant des liens familiaux/.

L'acception II, 3 : « salle d'un théâtre où les spectateurs peuvent circuler » reste isolée en synchronie. Les emplois sont liés au contexte : *foyer du public, des artistes.*

Le groupe III : « source ou point de convergence d'un rayonnement » regroupe des acceptions métaphoriques dérivées de I, 2 ; comme « feu qui brûle dans le foyer » et des acceptions relevant des langues de spécialité. On relève un enchaînement de métaphores :
- concret > concret : I, 2 « feu qui brûle dans le foyer » > III, 1, a « centre d'où rayonne la chaleur, la lumière » ;
- concret > abstrait : III, 1, a « centre d'où rayonne la chaleur » > III, 3, a « point central à partir duquel se développe quelque chose ». Cette dérivation métaphorique se traduit par une déperdition en sèmes.

L'acception figurée III, 3, a se restreint dans les acceptions spécialisées relevant du domaine de la médecine (III, 3, b) et du domaine de l'économie (III, 3, c). On retrouve le même type de changement sémantique composite observé de I, 1 à I, 3.

L'acception spécialisée de *foyer* (III, 2) en géométrie peut être due à un transfert analogique à partir de son emploi en optique.

L'analyse du jeu des tropes dans la polysémie de *foyer* met en évidence :
- les changements de sens qui mêlent plusieurs processus : l'extension et la restriction sémantique induites par la synecdoque se combinent à la spécialisation technique de l'acception (passages de I, 1 à I, 3 et de III, 3, a à III, 3, b) ;
- les divergences entre une étude synchronique et diachronique. D'une part, la motivation sémantique entre les acceptions peut disparaître en synchronie. Tel est le cas de l'acception II, 3 (dérivée par métonymie de I, 2) : le foyer « local de théâtre » était une salle où se réunissaient spectateurs et acteurs pour se réchauffer. D'autre part, l'ordre logique, établi par les tropes en synchronie, peut différer de l'ordre diachronique des acceptions. L'ordre historique des acceptions de *foyer* (groupe III) est le suivant : 1) 1575, « siège d'une maladie » ; 2) avant 1704, « point central à partir duquel se développe un processus » ; 3) milieu du XVIIIe siècle, « centre d'où rayonne la chaleur[1] ». Cet ordre est exactement l'inverse de l'ordre logique présenté plus haut, à savoir : « centre d'où rayonne la chaleur » par métaphore, « point central à partir duquel se développe un processus » par restriction, « siège d'une maladie ». L'ordre logique tend à restituer un processus général (relation métaphorique allant du concret à l'abstrait).

c) L'analyse du polysème *foyer* selon les tropes s'oppose au traitement homonymique de *foyer*. Les tropes motivent les liens sémantiques entre les acceptions et confirment l'unité du polysème tandis que la disjonction en homonymes rompt ces liens en séparant les sémèmes. Dans le cas d'un nom tel que *foyer*, le traitement homonymique est fondé sur des critères sémantiques.

On peut proposer une division du polysème *foyer* en deux homonymes :
- *foyer* 1 réunit les diverses acceptions de I (« lieu où l'on fait le feu ») et de III (« source ou point de convergence d'un rayonnement »). Elles partagent les sèmes /point ou lieu/, /chaleur/, /rayonnement/ ;
- *foyer* 2 correspond à II (« local à usage d'habitation ou de réunion »).

Entre *foyer* 1 et *foyer* 2 il y a un écart sémantique (absence de traits sémantiques communs) qui justifie la division en deux homonymes.

On peut également envisager une scission en trois homonymes, correspondant à la division en trois groupes d'acceptions : *foyer* 1 (groupe I), *foyer* 2 (groupe II),

---

1. Source : *Dictionnaire historique de la langue française*, Le Robert, 1992.

foyer 3 (groupe III). Cette solution moins satisfaisante accuse la disparité de contenu entre *foyer* 1 et *foyer* 3. L'exploitation du critère dérivationnel (verbe *focaliser*, adjectif *focal* liés à *foyer* 3) peut étayer le choix de trois homonymes.

Conclusion : il faut dissiper un malentendu souvent répandu qui consiste à considérer le traitement unitaire comme seul apte à rendre compte de toutes les acceptions. Ce malentendu naît de la confusion entre les deux plans : analyse de la polysémie et traitement de la polysémie. La différence entre le traitement unitaire et le traitement homonymique d'un polysème ne réside pas dans l'analyse des acceptions (effectuée, dans tous les cas, en relation, lorsque l'unité s'y prête, avec le comportement syntaxique) mais dans la solution finale adoptée : un seul mot (traitement unitaire) ou plusieurs mots (traitement homonymique) ? Le choix entre ces deux solutions s'appuie sur divers critères, dont le critère sémantique. C'est à ce niveau qu'intervient l'analyse des tropes dans le cadre du traitement unitaire de la polysémie.

EXERCICE 7

Les changements de sens (1)

Indiquer les passages sémantiques entre les acceptions de *timbre* extraites du CD-ROM du *Petit Robert* (2001).

timbre n. m.

I♦

1♦ Anciennt : Cloche immobile frappée par un marteau.

◊ Loc. fam. (1608) Vieilli : *avoir le timbre brouillé, un peu fêlé* : être un peu fou, un peu dérangé.

2♦ (XVIIe) Qualité spécifique des sons produits par un instrument, indépendante de leur hauteur, de leur intensité et de leur durée.

3♦ (1680) *Timbre* ou *corde de timbre* : corde à boyau tendue en double contre la peau inférieure d'un tambour *(peau de timbre)* pour augmenter sa résonance.

II♦

1♦ (par anal. de forme avec le tambour ou la cloche) *Vx.* Partie du casque qui protégeait le crâne.

◊ Blas. Casque, ornement (couronne, tiare, mitre, mortier) placé au-dessus des armoiries pour indiquer la qualité de celui qui le porte.

2♦ (xviiᵉ) Mod. Marque, cachet que doivent porter certains documents à caractère officiel, et qui donne lieu à la perception d'un droit au profit de l'État ; ce droit.

◊ Marque qu'une administration, un établissement public, une entreprise privée appose sur un document ou un objet pour en garantir l'origine.

◊ Techn. Poinçon ou plaque qu'on appose sur une chaudière à vapeur pour indiquer la pression maximale qu'elle peut supporter ; le chiffre qui exprime cette pression.

3♦ Instrument qui sert à imprimer la marque appelée *timbre*.

4♦ (1802) Anciennt : marque postale, cachet que la poste apposait sur une lettre pour indiquer le bureau d'origine et certifier que le port avait été payé par l'expéditeur.

5♦ (1848 ; mis en vente le 1ᵉʳ janvier 1849) TIMBRE OU TIMBRE-POSTE

◊ (1858) *Timbre-taxe* : timbre indiquant le port à percevoir du destinataire pour une correspondance insuffisamment affranchie ou non acquittée.

◊ Dr. fisc. Vignette gommée représentant une valeur déterminée, que l'on colle sur un acte pour attester le paiement du droit de timbre (II, 2) (on dit parfois *timbre mobile*, par oppos. au *papier timbré*).

◊ Vignette qui atteste le paiement d'une cotisation et que l'on colle sur une carte d'adhérent.

◊ Vignette vendue au profit d'œuvres.

6♦ Méd. Pastille adhésive imprégnée d'un médicament, d'une substance qui pénètre dans l'organisme par voie percutanée (⇒ *patch*).

CORRIGÉ

L'ordre des acceptions est conforme à celui du *PR* mais les diverses acceptions ont été renumérotées de 1 à 11.

Acception 1 « cloche immobile frappée par un marteau ».

Acception 2 « qualité spécifique des sons produits par un instrument ».

L'acception 2 dérive de l'acception 1 par métonymie (on passe de « instrument sonore » à « sonorité »).

Acception 3 « tambour » : ce sens est celui de l'étymon grec *tympanon*. Le tambour et la cloche sont deux sortes d'instrument à percussion : ces deux acceptions sont liées par un double mouvement d'extension (ou, en termes rhétoriques, synecdoque généralisante) et de restriction (synecdoque particularisante). Historiquement, c'est l'acception 1 qui dérive de l'acception 3 : « tambour » [« tout instrument à percussion »] « cloche » (l'acception intermédiaire n'est pas lexicalisée) ; mais l'ordre est réversible d'un point de vue logique.

Acception 4 « partie du casque qui protégeait le crâne » : l'acception 4 dérive de l'acception 1 par métaphore (analogie de forme).

Acception 5 « ornement en forme de casque » (qui sert de marque) : l'acception 5 dérive de l'acception 4 par une forme de métonymie qui passe de l'objet à sa représentation.

Remarque : la relation d'un objet à sa représentation échappe en fait à la dichotomie métaphore/métonymie. Elle est de type métonymique en ceci qu'il y a entre représenté et représentant une connexion objective et nécessaire ; de plus, on retrouve un mécanisme d'ellipse typique de beaucoup de métonymies : *un timbre = un* (dessin d'un) *timbre* comme *un Picasso = un* (tableau de) *Picasso, un vison = un* (manteau de) *vison*, etc. Mais elle est aussi symbolique (le représentant symbolise le représenté), ce qui rapproche de la métaphore.

Acception 6 « marque » : l'acception 6 dérive de l'acception 5 par extension (d'un type de marque à tout type de marque), ou extension et restriction (d'un type de marque à tel autre type de marque).

Acception 7 « instrument pour imprimer la marque » : l'acception 7 dérive de l'acception 6 par métonymie du résultat pour l'instrument (inverse de celle qui va de l'acception 1 à l'acception 2).

Acception 8 « marque postale » : l'acception 8 dérive de l'acception 6 par restriction (de tout type de marque à un type de marque), ou extension et restriction (un type de marque → tout type de marque → un autre type de marque).

Acception 9 « vignette adhésive de la poste » : l'acception 9 dérive de l'acception 8 à la suite d'un changement référentiel ; le sens « marque postale » demeure, mais s'attache à un nouveau support.

Acception 10 « vignette adhésive » (attestant le paiement d'un droit d'État, d'une cotisation, d'une contribution, etc.) : l'acception 10 dérive de l'acception 9 par extension.

Acception 11 « patch ». L'acception 11 dérive de l'acception 10 par extension et restriction : « vignette attestant un paiement » [« toute vignette »] « vignette médicale » (*patch*) ; l'acception générique intermédiaire ne paraît pas lexicalisée.

Remarque : le même exemple *timbre* a été analysé par A. Darmesteter[1] mais à partir du dictionnaire de Littré.

---

1. A. Darmesteter, *La Vie des mots étudiée dans leur signification*, p. 74-76.

EXERCICE 8

Les changements de sens (2)

Caractériser les relations entre les acceptions de *toilette* présentées d'après le CD-ROM du *Grand Robert de la langue française* (2005).
On a ajouté au texte du *GR* une numérotation continue de 1 à 15 (chiffres entre crochets) de nature à identifier les différentes acceptions.

toilette

	I (Petite toile).
[1]	1 *Vx.* Petite pièce de toile.
[2]	*Vieilli.* Pièce de toile dans laquelle certains artisans ou commerçants enveloppent leur marchandise. (1723). *Anciennt. Marchande, revendeuse à la toilette* qui vendait des vêtements, des objets de parure (d'occasion), et qui, souvent, pratiquait l'usure.
[3]	(XVIᵉ). *Vx.* Linge brodé et orné, placé sur une table de toilette, appelé plus tard *dessus de toilette* (→ II., 1.).
[4]	2 *Techn.* Emballage* fait de roseaux fendus, assemblés en claies, en caissettes.
[5]	3 (1555). *Bouch.* Membrane (crépine) dont on se sert en boucherie, en charcuterie, pour envelopper certains morceaux.
	II Fin XVIᵉ ; à cause de la pièce de toile, de la toilette (I.) sur laquelle on disposait les ustensiles servant à la parure.
[6]	1 *Vx.* Ensemble des ustensiles et des produits servant à la parure.
[7]	(1749). *Mod.* Meuble (table, console, etc.) sur lequel on place ce qui est nécessaire à se parer. *Toilette de marbre, dessus de toilette* : pièce de tissu, toilette au sens I, 1, recouvrant ce meuble.
[8]	2 (Av. 1690). Action de se préparer, de s'apprêter* pour paraître en public ; de se peigner, farder, maquiller, parfumer ; de s'habiller. *Meuble, table de toilette* : la toilette (au sens 1).
[9]	(1690). *Vx.* Moment pendant lequel les grandes dames, la reine, recevaient en s'apprêtant. *Fréquenter les toilettes* (Saint-Simon). (1829). *Spécialt. Toilette des condamnés, dernière toilette* : préparation corporelle à laquelle on soumettait un condamné à mort, avant de le conduire à l'échafaud.
[10]	3 Fait de s'habiller et de se parer. *Avoir le goût de la toilette.*

[11]	(Fin XVIIIe). Habillement, manière dont on est vêtu et apprêté. (Se dit surtout des femmes). *Une toilette* : les vêtements que porte une femme (lorsqu'ils sont plus ou moins recherchés).
[12]	4 (1842, Balzac). Ensemble des soins de propreté du corps.
	(1762). *Cabinet de toilette* : petite pièce où est aménagé ce qu'il faut pour se laver, s'apprêter (cuvette, broc, pot à eau, et de nos jours, lavabo, douche, etc.).
[13]	5 (XXe). *Plur. par euphém. Les toilettes. Cabinet* (et cf. *Cabinet d'aisances*), *W.-C., waters* ; *lavabo* ; *fam. chiottes, goguenots, pipi-room* ; → *Le petit coin*, le petit endroit.*
[14]	6 (Av. 1841, Chateaubriand). Fait de nettoyer, d'apprêter, de préparer (une chose). *Faire la toilette d'un bateau, d'un instrument.*
[15]	Fig. *Faire la toilette d'un texte*, la préparation d'un manuscrit pour l'édition.

CORRIGÉ

Toilette est dérivé de *toile* ; le sens étymologique « petite toile » a disparu de la quasi-totalité des emplois. On distinguera trois étapes dans l'évolution sémantique.

Première étape :

Acception [1] : « petite pièce de toile ».

L'acception [2] « pièce de toile dans laquelle certains artisans ou commerçants enveloppent leur marchandise » (cf. le syntagme *marchande à la toilette*) dérive de l'acception générique [1]. Il y a restriction de l'extension par spécification de l'usage ; on peut interpréter ce passage sémantique comme une synecdoque du genre à l'espèce.

Les acceptions [4] « emballage » et [5] « crépine » illustrent le passage du vocabulaire général au vocabulaire spécialisé ; elles dérivent par métaphore de l'acception [2] (analogie de la fonction sous la forme du trait /servant à envelopper des objets/). L'acception « crépine », relevant de la boucherie, est reliée, en outre, métaphoriquement à l'acception étymologique « petite toile, fine toile », la crépine étant une fine membrane.

Deuxième étape :

L'acception [3] « linge brodé, placé sur un meuble sur lequel on disposait les ustensiles servant à la parure » (définition plus claire que celle proposée par le *GR*) dérive de l'acception [1]. Elle est le point de départ du développement sémantique du mot en rapport avec la parure et donne lieu à un enchaînement de métonymies :

métonymie du contenant pour le contenu, acception [6] « ensemble des ustensiles et des produits servant à la parure » puis, métonymie de l'objet pour le support, acception [7] « meuble sur lequel on place les objets nécessaires à la parure ». L'acception [7] peut aussi dériver directement de l'acception [3], par contiguïté entre le linge et le meuble sur lequel est posé le linge.

Une nouvelle métonymie conduit de l'acception concrète [6] « ustensiles » à l'acception abstraite [8] « action de se préparer, de s'apprêter pour paraître en public » ; il s'agit d'une métonymie des moyens pour l'action. L'acception [10] « fait de s'habiller et de se parer » marque une restriction par rapport à l'acception précédente [8].

Le passage de l'acception [10] (abstrait) « fait de s'habiller » à l'acception [11] (concret) « habillement, manière dont on est vêtu » résulte d'une métonymie de l'action pour le résultat. L'acception [11] concerne plus précisément l'habillement féminin, en raison des pratiques sociales ; de là, l'emploi du syntagme *une toilette* pour désigner la tenue vestimentaire d'une femme.

L'acception [9] « moment pendant lequel les grandes dames, la reine, recevaient en s'apprêtant », qui date de l'époque classique, dérive de l'acception [8] : il y a relation métonymique entre l'action de s'apprêter et le moment de cette action, et restriction de cette action aux femmes de haut rang.

Troisième étape :

L'acception [12] « ensemble des soins de propreté du corps » (milieu du XIXᵉ) introduit une rupture dans l'évolution sémantique. Elle dérive par métonymie de l'acception [8] : on passe des soins donnés aux apprêts et aux vêtements à ceux du corps. Ce transfert métonymique s'explique par les changements référentiels : le développement de l'hygiène au XIXᵉ siècle. L'évolution de *toilette* est, en cela, semblable à celle de *propre/propreté*. Aux XVIIᵉ et XVIIIᵉ siècles, *propre* a le sens de « élégant, bien arrangé » et s'oppose à *négligé* ; à partir du XIXᵉ siècle, il perd cette valeur et s'oppose à *sale*[1].

L'acception [13] « lieux d'aisance » résulte d'une désignation euphémistique et d'une métonymie. L'euphémisme consiste à ne pas nommer l'activité objet de tabou (la satisfaction des besoins naturels) et à la détourner sur une notion connexe : « ensemble des soins de propreté du corps ». On trouve la relation métonymique de l'action pour le lieu, avec ellipse (*les cabinets de toilette* → *les toilettes*). L'euphémisme *toilettes* est d'un registre plus soutenu que le terme *cabinets* (issu de *cabinets d'aisance, cabinets de toilette*). La marque du pluriel est

---

1. Cf. les encadrés *Propre, Propreté* dans le *Dictionnaire culturel en langue française* dir. par A. Rey, 2005.

nécessaire pour distinguer cette acception du mot *toilette* ; elle est un argument en faveur du traitement homonymique (deux mots distincts : *toilette* et *toilettes*).

L'acception [14] « fait de nettoyer, d'apprêter une chose » (*faire la toilette d'un bateau, d'un instrument*) peut être considérée comme dérivée de l'acception [8] et de l'acception [12] par métaphore. Le processus métaphorique est déclenché par le changement de la construction syntaxique (*faire la toilette de* + objet concret). De même, *faire la toilette d'un texte* [15] est un emploi métaphorique issu de l'acception [14].

L'évolution sémantique du mot aboutit à sa **démotivation** (cf. chap. 6, III) ; les sens actuels de *toilette* n'ont plus de rapport avec la « pièce de toile ». L'enchaînement des métonymies se développe à partir de l'oubli des significations précédentes. Le processus est bien décrit par A. Darmesteter[1] : « Dans l'*enchaînement*, le mot oublie son sens primitif en passant au deuxième objet ; puis le nom passe du deuxième objet à un troisième à l'aide d'un caractère nouveau qui s'oublie à son tour, et ainsi de suite ». On peut observer que, pour nommer les acceptions peu à peu oubliées du mot *toilette*, apparaissent différents syntagmes : *dessus de toilette* pour le linge brodé placé sur un meuble (acception [3]), *nécessaire de toilette* pour l'ensemble des objets servant à la parure (acception [6]), *table de toilette* pour le meuble (acception [7]). Ces syntagmes sortent peu à peu de l'usage.

Remarque bibliographique : la polysémie de *toilette* est traitée dans une perspective différente par P. Siblot[2].

---

1. A. Darmesteter, *La Vie des mots étudiée dans leur signification*, p. 70.
2. P. Siblot, « Isotopie et réglage du sens », *Cahiers de praxématique* 12, 1989.

DEUXIÈME PARTIE
MORPHOLOGIE
LEXICALE

CHAPITRE 6 ||||||||||||||||||||||||||||||||||||||||||||||||||||||||
LA FORMATION DES MOTS EN DIACHRONIE

I. MOTS HÉRÉDITAIRES ET EMPRUNTS
II. MOTS CONSTRUITS
III. LA DÉMOTIVATION
IV. EXERCICES (9, 10)

L a morphologie lexicale a d'abord été diachronique : elle a cherché à expliquer la forme des mots par leur origine et à les dater autant que possible.

De ce point de vue, les mots français ont deux types d'origine : soit ils viennent d'une autre langue, par héritage ou par emprunt ; soit ils ont été formés par le français, selon deux procédés principaux, qui sont la *dérivation* et la *composition*.

Les critères de la classification des mots dans ces types de formation sont l'*étymologie* (origine) et la *datation* (date de la première attestation observée). C'est surtout la datation relative des mots les uns par rapport aux autres qui importe, quand il s'agit de décrire les processus de formation.

On ne connaît pas l'origine de tous les mots : par exemple, l'adjectif de couleur *beige*, les noms *argot*, *bigoudi*, sont d'origine inconnue ; le verbe *friser* est d'origine incertaine (peut-être *frire*).

Les **onomatopées**, qui reproduisent des bruits naturels, sont soit héritées, comme *groin* (origine latine) ou *grommeler* (origine germanique), soit empruntées (*zapper*, anglicisme), soit de création française, comme *japper* (qui imite le cri du chien). Le mot *onomatopée* signifie « création » (-*pée*, grec ancien *poiein* « faire, créer ») de « nom » (*onomato-*, grec *onoma, onomatos* « nom »).
Le *Dictionnaire étymologique du français* de J. PICOCHE donne dans son annexe II les mots remontant, directement ou par l'intermédiaire de leur étymon, à une onomatopée de cri d'animal.
Certaines onomatopées sont des *interjections* (cf. chap. 1, I A) : *boum ! vlan !*

La terminologie établie pour décrire les types de formation dans cette optique reste largement utilisée en synchronie, au prix parfois d'une certaine confusion entre point de vue synchronique et point de vue diachronique. Il est donc important de la replacer dans son contexte initial, avant d'examiner son usage en synchronie.

I. MOTS HÉRÉDITAIRES ET EMPRUNTS

Les mots héréditaires sont ceux que le français a hérité d'une langue ancienne : latin, francique, gaulois. L'étymologie étudie leur histoire phonétique et sémantique en remontant jusqu'à leur forme la plus ancienne, qui est leur *étymon*. Ainsi le mot français *âme* a pour étymon le mot latin *anima* « souffle ». Le mot latin et le mot français sont un même individu historique : « *Chanter* ne vient pas du latin *cantare*, mais il est le latin *cantare*[1]. » L'étymon est soit attesté, soit reconstitué d'après les lois du changement phonétique, qui ont été étudiées par la phonétique historique.

Tout au long de son histoire, le français a par ailleurs emprunté des mots aux langues modernes et aux langues anciennes (cf. chap. 1, II C 2) : *bravade* vient de l'italien, *kaolin* vient du chinois, *képi* vient de l'allemand, *golf* vient de l'anglais, *chiffre* vient de l'arabe, *kayak* vient de l'esquimau, etc. ; *chlore*, *euphorie* ont été empruntés au grec ancien ; *humus* a été emprunté au latin.

Les emprunts au latin ont un statut particulier, dû au fait que le latin est à la fois langue mère et langue d'emprunt. Certains mots empruntés au latin sont appelés **mots savants** (ou *formes savantes*) par opposition aux **mots populaires** (ou *formes populaires*), hérités du latin à date ancienne, qui se sont modifiés suivant les lois de l'évolution phonétique ; les mots savants gardent la forme de l'étymon latin, à part l'adaptation au système français. Ces deux voies ont donné lieu à des **doublets**, qui prennent des sens différents : par exemple, le latin *fragilis* a donné une forme populaire, *frêle*, et une forme savante, *fragile*. On peut citer encore : *écouter* et *ausculter* (latin *auscultare*), *entier* et *intègre* (latin *integer*), *naïf* et *natif* (latin *nativus*), *nager* et *naviguer* (latin *navigare*), *poison* et *potion* (latin *potio, -onis*), *recouvrer* et *récupérer* (latin *recuperare*), etc.

Certains affixes ont également une forme populaire et une forme savante : par exemple, *-el* et *-al* (latin *-alis*), *-aison* et *-ation* (latin *-atio*). Les deux formes peuvent donner des doublets comme *originel* et *original* (latin *originalis*), *inclinaison* et *inclination* (latin *inclinatio*).

---

1. F. de Saussure, *Écrits de linguistique générale*, Gallimard, 2002, p. 153.

Ces emprunts ont été faits par des gens savants, qui savaient le latin et le grec, et les mots populaires étaient ceux du peuple ; mais on voit qu'il ne faut pas confondre cet emploi purement historique des adjectifs *populaire* et *savant*, avec la valeur qu'ils ont en synchronie, où ils désignent un registre (*populaire*) ou l'appartenance à une terminologie scientifique et technique (*savant*) : *populaire* s'oppose alors à *familier, courant, soutenu*, etc., et *savant* à *commun* (cf. chap. 1, 2.2). Les exemples donnés ci-dessus montrent que les *mots savants* (au sens de la morphologie historique) peuvent, en ce qui concerne le vocabulaire contemporain examiné en synchronie, appartenir au vocabulaire commun (ex. *fragile*), et les *mots populaires* n'être pas marqués en registre (ex. *écouter*).

II. MOTS CONSTRUITS

Le français a aussi « construit » des mots, c'est-à-dire qu'il les a créés à partir du « fonds primitif » et des emprunts : les mots héréditaires ou empruntés aux langues proches sont analysés et modifiés, selon un certain nombre de procédés de formation.

Le terme *mot construit* sert alors de terme générique pour tous les types de formation et se définit par opposition à *mot héréditaire* et *mot emprunté*. C'est en ce sens qu'il est employé par exemple par Robert-Léon Wagner[1].

A. COMPOSITION ET DÉRIVATION

Les deux grands types de formation s'opposent principalement par la nature des formants.

La **composition** assemble deux (ou plus) mots (*chou-fleur, portefeuille*) (cf. chap. 9).

La **dérivation** produit un mot nouveau à partir d'un seul mot préexistant en le modifiant. La modification peut porter sur les trois aspects du mot : forme (*dérivation affixale : infra* B ; chap. 8, I), sens (*dérivation sémantique* ou *changement de sens* : chap. 5, III) et classe syntaxique (*dérivation impropre* ou *conversion : infra* B ; chap. 8, II).

La *dérivation affixale* consiste en l'ajout d'*affixes* (*préfixes* et *suffixes*) : ce sont des éléments non autonomes adjoints au mot primitif, dont la forme phonique et/ou graphique peut être légèrement modifiée, et qui devient le radical : *mass(e)* (N) + *-if* > *massif* (Adj), *massive* (Adj féminin) + *-ment* > *massivement* (Adv).

Les **dérivés savants** sont formés d'un radical de forme savante et d'un affixe de forme savante ou populaire : le radical de *é-pil-er* vient du latin *pilus* « poil » qui est

---

1. Robert-Léon Wagner, « Les mots construits en français », *Bulletin de la Société linguistique de Paris* LXIII, 1969, recueilli dans *Essais de linguistique française*, Nathan, 1980.

l'étymon de *poil* ; on les oppose aux dérivés populaires formés d'un radical et d'un affixe populaires (*poil-u*). On peut appliquer ce terme aussi aux dérivés *empruntés*, déjà formés en latin, comme *aspérité* (latin *asperitas*). Voir chap. 8, II, pour le point de vue synchronique.

Les **composés savants** sont formés de mots grecs et latins : *téléphone* = adverbe grec *têle* « au loin, à distance » + nom grec *phônè* « son, voix » ; *misogyne* = verbe grec *misein* « haïr » + nom grec *gunè* « femme » ; *omnivore* = déterminant et pronom indéfini latin *omnis* « tout » + verbe latin *vorare* « manger, dévorer » (cf. chap. 9, III).

On applique aussi ces termes à des dérivés et composés grecs et latins déjà formés en grec ou en latin : *pileux* (latin *pilosus* « poilu »), *ébriété* (latin *ebrietas*, sur *ebrius* « ivre » qui est l'étymon de *ivre*), *fratricide* (latin *fratricida*), *misanthrope* (grec *misanthrôpos*). Mais ces derniers, du point de vue diachronique, sont des mots empruntés, et non des mots construits en français.

Certains préfixes sont dits *autonomes* ou *séparables* : ces formes fonctionnent aussi comme prépositions ou adverbes, ce qui rapproche la préfixation de la composition (*sur-passer, mal-adroit*). D'autres préfixes comme *dé-* (*dé-faire*) ou *in-* (*in-apte*) ne sont pas autonomes en français (ils sont *liés*) : ce sont de purs affixes, ce qui peut ranger la préfixation dans la dérivation, avec la suffixation.

> Du point de vue étymologique, les préfixes liés sont pour la plupart issus de préfixes latins détachables, qui fonctionnent aussi en latin comme prépositions et adverbes : ainsi, *dé-* vient de la préposition latine *de* signifiant l'éloignement, la séparation ; *é-* (*é-branch-er*) vient de *ex, e* ; *anti-* est une forme de la préposition *ante*, *pré-* vient de la préposition *prae*. Chez A. Darmesteter[1], la préfixation est une composition à l'aide de « particules » (ce terme utilisé notamment en grammaire grecque désigne des « petits mots » formant groupe avec d'autres, comme les prépositions ou les articles en français). En remontant encore dans le temps, la grammaire historique et comparée des langues indo-européennes indique que les prépositions et préfixes grecs et latins sont d'anciens adverbes ayant perdu leur autonomie pour devenir préposition devant nom et « préverbe » devant verbe[2].
>
> Le passage de mot lexical (adverbe) à mot grammatical (préposition) et à affixe (préfixe) peut être vu comme une forme de **grammaticalisation** (cf. chap. 1, I B 2[3]).

---

1. A. Darmesteter, *De la création actuelle de mots nouveaux dans la langue française*, Première Partie, Troisième section, chap. 9.
2. A. Meillet et J. Vendryes, *Traité de grammaire comparée des langues classiques*, Champion, 1979 [1924], p. 573.
3. Cf. K. Van Goethem, *L'Emploi préverbal des prépositions en français. Typologie et grammaticalisation*, De Boeck-Duculot, 2009, chap. 2.

« En fait, il n'y a pas de limites sûres entre la composition et la dérivation. La dérivation n'est souvent qu'une étape récente de la composition. La grammaire moderne analyse par exemple *vivement* comme un dérivé de *vif*, formé à l'aide du suffixe *-ment* ajouté à la forme féminine de l'adjectif ; mais si nous nous reportons à l'époque où se formait le mot, nous voyons qu'il n'est qu'une composition, une fusion de deux mots indépendants, un adjectif et un substantif féminin *vive-ment* (*viva mente*) [latin *mens, mentis* "esprit"] […]. […] dans les combinaisons telles que *malpropre, bienheureux, biscuit*, où entre une particule qui existe aussi à l'état indépendant, le procédé a plutôt le caractère d'une composition. On peut choisir, à discrétion, entre l'une ou l'autre de ces dénominations ; c'est un choix qui présente un intérêt minime. »

Kristoffer Nyrop, Grammaire historique de la langue française, t. III, Livre Premier, chap. 1, A

B. DÉRIVATION IMPROPRE, DÉRIVATION RÉGRESSIVE

La **dérivation impropre** est non affixale : elle modifie la classe syntaxique sans affixation ; le changement de classe se fait sans changement de forme. Ainsi, par exemple, *mauve*, qui est le nom d'une fleur, du latin *malva*, est aussi devenu, en 1829 d'après *TLF* ou *Robert*, un adjectif qualificatif : une robe de la couleur de la mauve > *une robe mauve* ; le nom de dent *canine* est la substantivation de l'adjectif qualificatif *canin*.

« La dérivation est propre ou impropre selon qu'elle recourt ou non à des suffixes. »

A. Darmesteter, De la création actuelle de mots nouveaux dans la langue française,
Première partie, première section

« Nous appelons *dérivation impropre* le procédé par lequel on tire d'un mot existant un autre mot en lui attribuant simplement une fonction nouvelle, sans avoir recours aux moyens dont se sert ordinairement la dérivation […]. Grâce à la dérivation impropre, les différentes parties du discours peuvent fournir des substantifs, des adjectifs, des pronoms et des particules [prépositions et adverbes], et on voit ici mieux qu'ailleurs avec quelle facilité un mot passe d'une catégorie à une autre et combien sont factices, en beaucoup de cas, les limites établies par les grammairiens entre les différents groupes [classes] de mots. Comme la dérivation impropre ne change pas la forme des mots et qu'elle repose exclusivement sur la nouvelle fonction attribuée à un mot déjà existant, elle ressort peut-être plutôt de la sémantique. »

Kr. Nyrop, Grammaire historique de la langue française, t. III, livre septième

On parle aussi de *dérivation implicite*[1], ou, dans la perspective synchronique notamment, de *conversion* (cf. chap. 8, 2).

---

1. M. Grevisse, A. Goosse, *Le Bon Usage*, § 194.

Le passage d'une classe de mot lexical à une classe de mot grammatical est une forme de **grammaticalisation** (cf. chap. 1, I B 2). Par exemple :

– le mot *personne* est, par son étymologie, un substantif, issu du latin *persona* « personnage » ; le français en a fait un pronom indéfini, lié à des tournures négatives : *je n'ai vu personne* ;

– *sauf* est un adjectif qualificatif, issu du latin *salvus* « intact, en bon état » (cf. *sain et sauf*) dont le français a fait une préposition par le biais de constructions telles que : *sauf votre respect* = « votre respect (le respect qui vous est dû) étant sauf » ;

– les participes *excepté, durant* (*les jours fériés exceptés, sa vie durant*) deviennent des prépositions (*excepté les jours fériés, durant sa vie*).

La **dérivation régressive** (aussi appelée *dérivation inverse, rétroactive*, ou *rétroformation*) se fait par la suppression d'un suffixe : par exemple, le nom *somnolence* et l'adjectif *somnolent* sont des mots savants empruntés au XIVᵉ siècle au bas latin *somnolentia* et *somnolentus* ; le verbe *somnoler* en est dérivé au XIXᵉ siècle. Sur ce modèle, on peut citer encore : *indifférer* (1888, de *indifférent*, 1314, latin *indifferens*), *urger* (1891 selon *PR*, de *urgent*, 1340, latin *urgens*). De même, *agresser* a été tiré de *agression* (latin *adgressio*) et *agresseur* (latin *adgressor*) ; *embrancher* est postérieur à *embranchement* dérivé de *branche* ; *insupporter* (1864) vient de *insupportable* (XIVᵉ siècle, bas latin *insupportabilis*) ; *investiguer* (1954) est tiré de *investigation* (XIVᵉ siècle, latin *investigatio*) avec influence de l'anglais *to investigate* (*Petit Robert*).

Kr. Nyrop parle de « décomposition » pour cette forme de *dérivation régressive*, « où l'on dépouille un mot, regardé, à tort ou non, comme un dérivé (ou un composé), d'une syllabe initiale ou finale et où on lui crée de cette manière un primitif qui n'a aucune raison d'être étymologique. Ainsi le rapport historique entre *aristocrate* et *aristocratie* est tout à fait différent de celui qui existe entre *acrobate* et *acrobatie*. Tandis que *acrobatie* a été formé de *acrobate* [grec *akrobatos*] par l'addition du suffixe *-ie*, *aristocrate* procède de *aristocratie* [grec *aristokratia*] par la soustraction de *-ie*[1]. ».

On applique parfois cette notion à tous les cas où la dérivation se fait par la suppression d'une terminaison, en assimilant *suffixe* et *désinence* : par exemple, le masculin *médecin* est dérivé du féminin *médecine* (latin *medicina*) ; l'adjectif qualificatif *violet* vient du nom de fleur *violette*, diminutif de l'ancien français *viole*, du latin *viola*[2]. On voit que si la terminaison retirée est une désinence (marque grammaticale), la modification peut être liée à un changement de classe

---

1. Kr. Nyrop, *Grammaire historique de la langue française*, t. III, Livre quatrième, chap. 1.
2. Cf. M. Grevisse, A. Goosse, *Le Bon Usage*, 15ᵉ éd., 2011, § 174.

syntaxique, c'est-à-dire à une dérivation impropre : c'est le cas avec *violet*, où le retrait d'une terminaison féminine est lié au passage de nom féminin à adjectif variable en genre.

En particulier, dans le cas des noms dits **déverbaux** (ou *postverbaux* ; on dit aussi *substantifs verbaux*), c'est-à-dire dérivés de verbe sans affixe, comme *nage* de *nager* (latin *navigare*), le retrait de la désinence verbale accompagne le passage de verbe à nom. De même, le nom *gare* vient du verbe *garer* ; le nom *train* vient du verbe *traîner*. On trouve des noms déverbaux dans des expressions comme : *pierre de touche, à la renverse, pour ta gouverne* ; *il y a péril en la demeure* = « dans le fait de demeurer, de rester en l'état ».

> Il y a aussi quelques adjectifs déverbaux : *blême* vient de *blêmir*, verbe d'origine francique.
>
> Cet emploi du terme **déverbal** comporte une restriction de sens : en soi, il ne signifie que « dérivé de verbe », et peut aussi être employé en ce sens général.
>
> Cette dérivation est ancienne en français ; elle s'est restreinte aux verbes du premier groupe[1].
>
> A. Darmesteter déplore la perte de plusieurs de ces déverbaux au profit de suffixés en -*ation* notamment, avec « l'action perturbatrice de la formation savante qui restreint et étouffe la formation française » : on ne dit plus les anciens noms *consulte, dénonce, diffame, prononce* mais *consultation, dénonciation, diffamation, prononciation* ; « *purge* cède la place à *purgation* […]. C'est ainsi qu'un procédé de dérivation, qui avait donné à la langue tant de mots élégants, nets, courts et simples, se réduit devant les envahissements de la langue savante, et ne trouve pour dernier refuge que la langue du peuple ou la langue spéciale[2] ». Kr. Nyrop note la victoire des suffixés en -*erie* sur les anciens noms *moque, raille, triche, trompe*[3].

Ces dérivations de verbe à nom sans affixe sont donc classées tantôt comme régressives (Kr. Nyrop, M. Grevisse), tantôt comme impropres (A. Darmesteter). Dans tous les cas, les critères qui permettent d'établir les dérivations du point de vue diachronique sont l'étymologie et la datation[4].

---

1. Cf. R.-L. Wagner, « Les mots construits dérivés en français », *Revue de linguistique romane* XXV, 1961 (recueilli dans *Essais de linguistique générale*, Nathan, 1980.
2. A. Darmesteter, *De la création actuelle de mots nouveaux dans la langue française*, Première partie, Première section, p. 55.
3. Kr. Nyrop, *op. cit.*
4. Sur ces notions, voir F. Kerleroux, *La Coupure invisible. Études de syntaxe et de morphologie*, chap. 4, *Un cas de dérivation non affixale : les N d'action déverbaux*, chap. 5, *Analyse de la notion de dérivation impropre*, Presses universitaires du Septentrion, 1996.

C. DÉRIVATION PARASYNTHÉTIQUE

Les dérivés parasynthétiques ont été formés « synthétiquement, tout d'un jet, par l'union simultanée du préfixe et du suffixe au radical ». Ce sont des *parasynthétiques nominaux* (*vergue > envergure, mer > sous-marin*) et des *parasynthétiques verbaux* (*courage > encourager, hardi > enhardir*[1]). Le caractère simultané des deux affixations est marqué par l'absence du préfixé ou du suffixé correspondant (**encabler*, **cablure* ; **courager*, **encourage*), ou par le sens : *sous-marin* signifie « sous la mer » : il dérive de *mer* et non de *marin*. Dans le cas des *parasynthétiques verbaux*, qui dérivent de nom ou d'adjectif, c'est la désinence verbale qui fonctionne comme suffixe formateur de verbe ; on peut citer encore : *large > élargir, lourd > alourdir, poussière > dépoussiérer*.

Les adjectifs préfixés en *in-* et suffixés en *-ble* relèvent historiquement de la **parasynthèse**, quand ils ont été formés « immédiatement » (c'est-à-dire sans la médiation du non préfixé correspondant) sur un verbe : *résister > irrésistible* (**résistible*) ; *se dispenser (de) > indispensable* (**dispensable*). Le non préfixé correspondant est virtuellement disponible (cf. chap. 1, II C 3) et peut connaître quelques rares attestations : *battre > imbattable* (? *battable : c'est une équipe tout à fait battable*, phrase entendue), *détruire > indestructible* (? *destructible*), *user > inusable* (? *usable*). S'il est attesté sans être antérieur, cela interdit de toutes façons de passer par lui du point de vue diachronique.

« Il faut remarquer qu'à côté des combinaisons avec *in-* on ne trouve pas toujours une forme simple sans *in-*. Tandis que *incroyable* dérive de *croyable*, *inusable* ne dérive pas de *usable* : c'est une formation négative tirée directement du verbe *user*. »

Kr. Nyrop, Grammaire historique de la langue française, vol. III, p. 235

« [La particule *in-*] forme de *faux parasynthétiques* qui méritent d'être examinés. [...] Beaucoup d'adjectifs en *-able*, *-ible*, n'existent d'abord que sous la forme de composés négatifs : *inusable, indéracinable, inoubliable, inextirpable, indéniable, inextinguible, indestructible*, etc. À quoi tient ce fait ? C'est sans doute que l'affirmation d'une impossibilité est toujours plus catégorique, plus péremptoire que l'affirmation d'une possibilité. Pour dire qu'un feu peut s'éteindre, il n'est pas nécessaire de recourir à une forme spéciale : "ce feu est extinguible" ; la construction ordinaire suffit pour exprimer un fait ordinaire. Mais si l'on veut dire que le feu ne peut s'éteindre, que rien n'est capable de l'étouffer, on préférera à une périphrase qui étend et affaiblit l'idée une

---

1. Cf. A. Darmesteter, *De la création actuelle de mots nouveaux*, chap. 9, *Composition à l'aide de particules*, p. 129 ; *Traité de la formation des mots composés dans la langue française*, p. 97

expression synthétique qui la condense et lui donne une forme absolue : "ce feu est inextinguible".

Il résulte de ce fait que la langue, avec *in-*, tire directement des composés en *-able*, *-ible*, des verbes, sans passer par les adjectifs simples : *user* donnera immédiatement *inusable* ; *surmonter*, *insurmontable*. Ce sont là des parasynthétiques d'une nature particulière, différents de ceux qu'on rencontre dans *emplacement, embarquer*, etc. Ceux-ci sont des parasynthétiques de langage, ceux-là d'idées ; les uns sont régis par des lois philologiques, les autres par une loi intellectuelle. »

A. Darmesteter, *De la création actuelle de mots nouveaux dans la langue française*,

première partie, 3ᵉ section, chap. 9, p. 223-224

III. LA DÉMOTIVATION

A. MOTIVATION

La *motivation* s'oppose à l'**arbitrarité**. Le signe linguistique est *arbitraire* parce que la relation entre le signifiant et le signifié est *arbitraire*, ou **immotivée** (cf. chap. 2, I A). Pour les mots construits, Ferdinand de Saussure introduit la notion d'**arbitraire relatif** ou **motivation relative** : ils sont motivés par leur *relation* de forme et de sens avec d'autres mots de la langue, ceux dont ils dérivent ou avec lesquels ils sont composés.

« Le principe fondamental de l'arbitraire du signe n'empêche pas de distinguer dans chaque langue ce qui est radicalement arbitraire, c'est-à-dire immotivé, de ce qui ne l'est que relativement. Une partie seulement des signes est absolument arbitraire ; chez d'autres intervient un phénomène qui permet de reconnaître des degrés dans l'arbitraire sans le supprimer : le signe peut être relativement motivé. Ainsi *vingt* est immotivé, mais *dix-neuf* ne l'est pas au même degré, parce qu'il évoque les termes dont il se compose et d'autres qui lui sont associés, par exemple *dix-neuf, vingt-neuf, dix-huit, soixante-dix*, etc. ; pris séparément, *dix* et *neuf* sont sur le même pied que *vingt*, mais *dix-neuf* présente un cas de motivation relative. Il en est de même pour *poirier*, qui rappelle le mot simple *poire* et dont le suffixe *-ier* fait penser à *cerisier, pommier*, etc. ; pour *frêne*, *chêne*, etc., rien de semblable. Comparez encore *berger*, complètement immotivé, et *vacher*, relativement motivé ; de même les couples *geôle* et *cachot*, *hache* et *couperet*, *concierge* et *portier*, *jadis* et *autrefois*, *souvent* et *fréquemment*, *aveugle* et *boiteux*, *sourd* et *bossu*, *second* et *deuxième*, all. *Laub* et fr. *feuillage*, fr. *métier* et all. *Handwerk*. […]

Tout le système de la langue repose sur le principe irrationnel de l'arbitraire du signe qui, appliqué sans restriction, aboutirait à la complication suprême ; mais l'esprit réussit à introduire un principe d'ordre et de régularité dans certaines parties de la masse des signes, et c'est là le rôle du relativement motivé. »

F. de Saussure, *Cours de linguistique générale*, Deuxième partie, chap. 6, p. 180-182

B. DÉMOTIVATION

Beaucoup de mots historiquement construits ne sont plus perçus comme tels aujourd'hui, à cause des changements sémantiques et référentiels (cf. chap. 5, III). Ils ne sont plus analysés par la majorité des locuteurs ; leur interprétation ne passe plus par la reconnaissance de leur structure interne et de leurs relations avec les autres : ils sont *démotivés*.

Ainsi, les *chenets* (dans la cheminée) s'appelaient ainsi parce qu'ils étaient souvent ornés de têtes de *chiens* ; *barricade* est dérivé d'un verbe *barriquer* (« fermer un passage avec des barriques »), lui-même dérivé de *barrique* ; *rideau* vient de *rider* au sens « plisser ». *Déboire* est formé de *dé-* et de *boire* et a signifié d'abord « arrière-goût d'une boisson ».

Meurtre n'est plus le déverbal de *meurtrir*, qui a perdu le sens « tuer » par affaiblissement (cf. G Gougenhein, *Les mots français dans l'histoire et dans la vie*, Paris, Picard, 3ᵉ éd., 1968) ; *abîmer* ne signifie plus « jeter dans l'*abîme* » ; *couper*, qui a signifié « fendre d'un coup » (latin *culpare* dérivé de *colpus* « coup »), n'a plus de lien avec *coup*.

On ne reconnaît pas *plat* et *fond* dans *plafond* ; *embonpoint* (en bon point) ou *débonnaire* (de bonne aire = « de bonne race ») ne sont pas analysés.

Les trains roulent à l'électricité, mais toujours *à toute vapeur*.

La démotivation comporte des degrés : on ne songera pas à définir *fourchette* par « petite fourche », ou *déjeuner* par « ne plus jeûner, rompre le jeûne » ; on oublie qu'une *commode* (nom de meuble) est *commode* (Adj) ; mais la relation entre le dérivé et le primitif est facilement rappelée.

C. REMOTIVATION

Inversement, on peut rattacher un mot à un autre à cause d'une ressemblance de forme accidentelle, sans qu'ils soient en relation historique : on lui trouve une motivation qui n'est pas la vraie. On parle alors de *remotivation*, ou **fausse motivation**, ou encore **étymologie populaire**. Ainsi, *miniature* est compris en relation avec *mini-*, *minuscule*, alors qu'il est à rattacher à *minium* (poudre rouge) ; *verbiage* est sans relation étymologique avec *verbe* : il est dérivé de *verbier* « gazouiller », verbe de moyen français d'origine germanique, alors que *verbe* est emprunté au latin *verbum* « parole, mot » ; *échec* et *échouer*, *éloge* et *louer* ont des origines différentes ; on interprète souvent les jours *ouvrables* comme les jours où les magasins et les entreprises peuvent être ouverts, alors que ce sont les jours où l'on peut *ouvrer*, ou *œuvrer*, c'est-à-dire « travailler » : cf. *ouvrage*, *ouvrier*. (Cette réinterprétation de *ouvrable* sur *ouvrir* est favorisée par le fait que les adjectifs en -*able* aujourd'hui sont majoritairement dérivés de verbe transitif, avec un sens passif. On dit aussi : jours *ouvrés*.)

Ces fausses motivations suffiraient à montrer l'indépendance de la synchronie et de la diachronie : elles sont fausses du point de vue de l'histoire, vraies du point de vue du fonctionnement actuel de la langue (quand elles sont consacrées par l'usage) puisque c'est ainsi que le mot est interprété.

IV. EXERCICES

EXERCICE 9

Chercher les relations étymologiques entre ces mots, à l'aide des dictionnaires de langue généraux et des dictionnaires étymologiques et historiques[1] :

humain, humble, humecter, humer, humeur, humide, humidité, humilier, humilité, humour, humus, inhumer.

CORRIGÉ

a) *humeur, humide, humour*

Le mot français *humeur* (latin *humor* « liquide » et « liquide organique ») signifiait « liquide du corps » (comme le sang, la bile, etc.) ; la « médecine des humeurs » expliquait les maladies par l'excès de telle ou telle humeur et classait les « tempéraments » selon leurs proportions : sanguin, bilieux, lymphatique, etc. *Humeur* était alors apparenté à *humecter, humide, humidité*. On est passé de la disposition physique à la disposition morale avec le sens contemporain. *Humour* est la forme anglaise de *humeur* : c'est une sorte de disposition d'esprit.

b) *humain* ; *humble, humilier, humilité* ; *humus, inhumer*

Humus est un emprunt au latin ; le mot latin signifie « terre » ; il donne le radical de *inhumer* « mettre en terre ». *Homme* et son dérivé savant *humain* viennent des mots latins *homo* et *humanus*, qui sont probablement apparentés à *humus* : l'homme

---

1. O. Bloch et W. von Wartburg, *Dictionnaire étymologique de la langue française* ; Jacqueline Picoche, *Dictionnaire étymologique du français* ; A. Rey (dir.), *Dictionnaire historique de la langue française*, Le Robert.

est la créature de la terre[1]. *Humble* vient de *humilis* « humble, qui reste à terre ». *Humilité* et *humilier* viennent des dérivés latins de *humilis* (*humilitas, humiliare*) ; en français et en synchronie, *humilité* signifie « caractère humble » ; en revanche, du fait que *humilier* aujourd'hui ne signifie pas « rendre humble » mais « rabaisser, avilir », son lien avec *humble* se distend.

c) *humer* est une onomatopée de création française, qui imite le bruit que l'on fait en aspirant l'air.

EXERCICE 10

Chercher l'origine de ces dérivés démotivés à l'aide des dictionnaires de langue généraux et des dictionnaires étymologiques et historiques (cf. exercice 9) :

démanger, hommage, otage

CORRIGÉ

démanger : préfixé de *manger*, avec une valeur intensive de *dé-* (cf. exercice 18), signifiait « manger, ronger complètement », avec un sujet comme « vermine » ou « maladie » et un objet humain ou nom de partie du corps.

hommage : dérivé de *homme* ; dans le vocabulaire de la féodalité, il est employé dans des expressions verbales comme *donner, rendre hommage*, désignant l'acte par lequel le vassal se déclare l'*homme* (« vassal ») de son seigneur.

otage : forme ancienne *ostage*, dérivé de *oste*, graphie ancienne de *hôte* (lettre h étymologique, latin *hospes, hospitis*, ex. *hospitalité*) ; employé dans des expressions verbales comme *prendre, laisser en otage* avec le sens « logement » et « personne logée » : les *otages* étaient logés dans la maison du souverain auprès duquel ils avaient été envoyés comme garantie de l'exécution d'un traité.

On peut voir aussi les changements de sens de *timbre* et de *toilette* traités dans les exercices 7 et 8.

---

1. Cf. A. Ernout et A. Meillet, *Dictionnaire étymologique de la langue latine. Histoire des mots*, Klincksieck, retirage de la 4ᵉ éd., 1994.

CHAPITRE 7 |||||||||||||||||||||||||||||||||||||||||||||||||||||||||||||||||
L'ANALYSE DES MOTS EN SYNCHRONIE

I. L'ANALYSE DES MOTS EN ÉLÉMENTS
II. LES STRUCTURES MORPHOLOGIQUES
III. EXERCICES (11, 12, 13, 14)

L e fonctionnement synchronique de la langue est indépendant de son histoire. Cela tient à la nature de la langue, qui est « un système de pures valeurs que rien ne détermine en dehors de l'état momentané de ses termes » ; ce système consiste en « rapports entre choses coexistantes, d'où toute intervention du temps est exclue[1] ». D'autre part, seul le système en synchronie a une réalité psychologique : le « sujet parlant » est devant un *état de langue*.

« La première chose qui frappe quand on étudie les faits de langue, c'est que pour le sujet parlant leur succession dans le temps est inexistante : il est devant un état. Aussi le linguiste qui veut comprendre cet état doit-il faire table rase de tout ce qui l'a produit et ignorer la diachronie. Il ne peut entrer dans la conscience des sujets parlants qu'en supprimant le passé. L'intervention de l'histoire ne peut que fausser son jugement. »

F. de Saussure, Cours de linguistique générale, première partie, chap. 3, p. 117

La description synchronique des structures morphologiques du lexique doit donc se faire sans recours aux données diachroniques (datation, étymologie).

Cette description se fait selon deux directions principales. L'une cherche à segmenter les mots attestés pour établir la liste des **unités minimales de sens** (**morphèmes** ou **éléments**) qui sont à la base du lexique. L'autre cherche à dégager les types morphologiques généraux qui structurent le lexique. Dans un cas, l'unité

---

1. F. de Saussure, *Cours de linguistique générale*, première partie, chap. 3, p. 115.

d'analyse est l'élément ; dans l'autre, c'est le mot. On privilégie des aspects différents du savoir lexical : connaissance du stock des unités et de leur combinatoire, assimilation de relations et de modèles abstraits productifs.

> Le terme élément est traditionnellement employé de manière restreinte pour désigner les *éléments grecs et latins* de la composition savante, par opposition aux *affixes* et aux *radicaux*. En soi, il ne signifie que « plus petit composant » et c'est en ce sens générique qu'il est employé ici (à la suite de J. Rey-Debove, cf. *Le Robert Brio*, préface), évitant tout *a priori* sur la nature des différents éléments.

I. L'ANALYSE DES MOTS EN ÉLÉMENTS

A. IDENTIFICATION DES ÉLÉMENTS

Une *unité minimale significative* est « une tranche de sonorité qui est, à l'exclusion de ce qui précède et de ce qui suit, le signifiant d'un certain concept[1] » : une « tranche de sonorité », c'est-à-dire un segment de la « chaîne parlée » (la suite des sons prononcés : les langues sont d'abord orales) ; à l'écrit, un segment de la chaîne écrite (la suite des lettres).

C'est l'unité de **première articulation**, en référence au principe de la **double articulation**, qui caractérise le langage humain[2]. Les langues sont doublement articulées, c'est-à-dire qu'elles reposent sur deux types d'unités minimales correspondant à deux niveaux d'analyse : en première analyse, l'énoncé s'articule (s'analyse) en *unités minimales de sens* (*première articulation*), appelées *monèmes* par André Martinet (*morphèmes* dans la terminologie américaine qui s'est imposée) ; par exemple, *ces livrets* à l'écrit s'analyse ainsi : *ce* (démonstratif) – *s* (pluriel) – *livr* – (livre) – *et* (diminutif) – *s* (pluriel) (cf. exercice 11). Ces unités significatives s'articulent à leur tour en unités dépourvues de signification mais distinctives (elles distinguent entre elles les unités de première articulation), qui sont les *unités de deuxième articulation*, *phonèmes* (à l'oral) ou *graphèmes* (à l'écrit). Chaque langue a son articulation propre. Cette analyse descendante va de l'énoncé aux phonèmes sans passer par les « mots », unité non pertinente dans cette perspective[3].

> Chez A. Martinet, les *morphèmes* étaient une catégorie de *monèmes*, à savoir les *monèmes grammaticaux* (mots simples grammaticaux, désinences) ; ils s'opposaient aux *lexèmes*, ou *monèmes lexicaux*

---

1. *Ibid.*, deuxième partie, chap. 2, p. 146.
2. Cf. A. Martinet, *Éléments de linguistique générale*, I-8.
3. *Ibid.*, 4-15,16.

(mots simples lexicaux, radicaux, préfixes et suffixes). Mais cette opposition est reformulée dans la dernière édition des *Éléments de linguistique générale*[1] et le terme *lexème* n'est pas conservé.
B. Pottier oppose *lexèmes* et *grammèmes* ; les premiers constituent un ensemble non fini et ouvert, les seconds un ensemble fini et fermé (sauf transformation d'un lexème en grammème ou *grammémisation*[2]) (cf. *grammaticalisation*, *supra* chap. 1, 1.2. ; chap. 6, 2.2).

Les morphèmes sont identifiés par les *substitutions* ou *commutations paradigmatiques*, qui délimitent les unités significatives par comparaison. Par exemple, la segmentation de *somnambule* ou de *embarquement* se fait par les substitutions suivantes :

- *somnambule/noctambule* qui donne les éléments *noct-* « nuit » et *somn-* « sommeil » ;
- *somnambule/somnifère* qui donne les éléments *-ambule* « aller, se déplacer » et *-fère* « qui porte, apporte » (avec une variante *somni-* de l'élément *somn-* déjà identifié) ;

- *embarquement/débarquement* qui donne les éléments *em-* et *dé-* ;
- *embarquement/emprisonnement* qui donne les éléments *barqu(e)* et *prison(n)* ;
- *embarquement/embarquer* qui donne les éléments *-ement* et *-er*.

On distingue les éléments **libres** (ou *morphèmes libres*), qui existent comme mots simples (*prison*) et les éléments **liés** (ou *morphèmes liés* ; c'est-à-dire liés par la graphie), qui n'ont pas d'existence autonome, tels *somn-* et *dé-*.

Les éléments liés sont :
- des éléments affixaux (dont le sens est très abstrait), qui sont les préfixes, les suffixes et les désinences ;
- des éléments radicaux, fonctionnant comme radical avec un ou plusieurs affixes (*in-somn-ie*, *ambul-ant/-atoire*, *dé-ambul-er*) ou en composition (*somn-ambule*).

Le recensement des éléments liés lexicaux suit les principes suivants :
- chaque élément doit être employé plus d'une fois avec la même forme et le même sens ; par exemple, l'élément *noc(u)-* « nuire » se trouve dans *noc-if*

---

1. 4ᵉ éd., 1996, I-9, p. 16.
2. B. Pottier, *Linguistique générale. Théorie et description*, Paris, Klincksieck, 1974, p. 272.

(+ dérivé *nocivité*), *in-noc-ent* (+ dérivés *innocemment, innocence, innocenter*), *in-nocu-ité* ; l'élément *coerc-* « contraindre, retenir » est dans *coerc-ition, coerc-itif, in-coer-cible* ;

– la segmentation du mot doit se faire en totalité, il ne doit pas y avoir de « restes » non identifiés : c'est la conséquence de la méthode des commutations ; si *insolite* paraît bien comporter un élément *in-* à valeur négative, comme dans *inhabituel*, on ne peut pas interpréter *-solite* ; si l'on veut reconnaître dans *despote* l'élément *-pot-* « puissance, force » qui est aussi dans *potentat* et *impotent*, *des-* reste non élucidé.

> *Le Robert Brio, Analyse comparative des mots* (Le Robert, 2004), dictionnaire dirigé par J. Rey-Debove, traite dans ses entrées 1 862 éléments liés nécessaires à la description d'un lexique courant de près de 35 000 mots. Le recensement des morphèmes liés radicaux constitue la principale originalité de l'entreprise, les préfixes, les suffixes et les éléments de composition savante étant sporadiquement décrits dans d'autres ouvrages. La démarche est inspirée des linguistes américains décrivant les langues amérindiennes sans recours possible à l'étymologie[1] : elle ne requiert aucune connaissance de langue autre que celle que parle l'usager.

L'application stricte de ces principes ne va pas sans difficulté :

– L'identité formelle des éléments n'est pas absolue : on admet des variantes graphiques ou à la fois graphiques et phoniques. Les variantes conditionnées par le contexte (*variantes combinatoires*, opposé à *variantes libres*) sont des *allomorphes* (*allo-* « autre » + *-morphe* « forme ») ou *morphes*. Certaines sont régulières : par exemple, les terminaisons en *-i* et *-o* des éléments latins et grecs disparaissent devant voyelle : *somn(i), mis(o)* ; l'élément signifiant « couper » a la forme *sec-* devant *a* (*in-séc-able, séc-ateur*), *séqu-* devant *e* (*dis-séqu-er*), *seg-* devant consonne sonore (*seg-ment*). Les variations singulières (par exemple, *homéo-* « même » dans *homéo-pathie* et *homo-* dans *homosexuel*) peuvent poser des problèmes de reconnaissance.

– L'identité sémantique est parfois difficile à fixer ; par exemple, faut-il reconnaître dans *nation* l'élément *nat-* « naissance » de *nat-al, nat-if* ; dans *république* l'élément *ré-* « chose » qui est dans *ré-el* (cf. aussi *infra* B) ?

– Des commutations comme *dé-/em-barrass(er)* ou *ex-/in-/pro-hib(er)* laissent des segments *-barass-*, *-hib-*, auxquels il est difficile d'attribuer un sens.

---

1. Cf. E. Nida, *Morphology : The Descriptive Analysis of Words*, University of Michigan Press, 1956 ; cité dans la préface de J. Rey-Debove, *De l'étymologie à l'analyse méthodique des mots : vers une nouvelle pédagogie*.

Le Robert Brio choisit de recenser un élément *-hib-* « mettre » (étym. latin *-hib-* de *habere* « avoir, tenir » en composition, ex. *in + habere* donne *inhibere*) ; il est aussi dans *rédhibitoire*. *Débarrasser* et *embarrasser* ne sont pas segmentés.

C. Gruaz, dans le cadre d'une analyse distributionnelle et d'une terminologie systématiques distinguant les unités fonctionnelles et non fonctionnelles, oppose *morphons* (non fonctionnels) et *morphèmes* (fonctionnels). « Un morphon n'est porteur d'aucun sens en synchronie, tel le morphon radical *rid-* de *rideau* ou le morphon suffixal *-in* de *hominien* [qui se trouve entre le radical *hom-* et le suffixe *-ien*, qui sont des morphèmes].» Du point de vue diachronique, les morphons sont souvent « d'anciens morphèmes qui ont perdu leur fonction ou leur sens[1] ».

– Certains éléments grecs ou latins sont très peu employés ; ils ne se trouvent parfois que dans un seul mot : dans *étymologie*, l'élément *étymo-* signifie « vrai », parce que la science étymologique voulait trouver la « vérité » du mot dans son origine ; mais il n'est pas employé ailleurs que dans *étymon*, *étymologie* et ses dérivés. Dans *aristocratie*, *aristocrate*, l'élément d'origine grecque *-crat-*, signifiant « gouverner, dominer », est bien réemployé (*démocrate*, *phallocrate*, *technocrate*, etc.) ; mais le premier élément, *aristo-*, qui signifie « meilleur, excellent », est opaque pour la plupart des locuteurs, qui n'ont pas fait de grec, parce que c'est son seul emploi dans le lexique commun usuel.

Le Robert Brio recourt à un terme de spécialité pour trouver une récurrence : *aristoloche*, n. f., plante « réputée pour faciliter l'accouchement des femmes et régulariser leurs règles » (ex. *lochies* n. f. « écoulement utérin qui suit l'accouchement » ; d'où *loch-* « accouchement »). Le mot rare est convoqué pour permettre l'analyse du mot courant.

Force est de reconnaître le poids des connaissances étymologiques dans la compréhension du lexique français ; cette inégalité entre les locuteurs ne pourra être compensée que par un enseignement qui entraîne à l'analyse des mots pour en trouver les éléments.

B. FAMILLES DE MOTS

Les mots qui ont un élément radical commun appartiennent, selon une expression courante, à la même « famille de mots ». En synchronie, cette expression ne réfère pas à une filiation historique mais à une relation de forme et de sens ; par exemple :

---

1. C. Gruaz, *Aspects du mot français*, Paris, L'Harmattan, 2005, p. 59 ; p. 44-46.

ac-célér-er (et dérivé *accélération*), *célér-ité*, *dé-célér-ation* ont le même élément *(-)célér-* « rapide » ;

ambul-ance (et dérivé *ambulancier*), *ambul-ant*, *ambul-atoire*, *dé-ambul-er* (et dérivés *déambulateur*, *déambulation*), *fun-ambule*, *noct-ambule*, *somn-ambule* (et dérivés *somnambulique*, *somnambulisme*) ont le même élément *(-)ambul-* « aller ».

Ce sont des familles morpho-sémantiques synchroniques :

– (morpho)sémantiques : le sens de l'élément doit être constant ; ce point n'est pas toujours facile à trancher, parce que le sens n'a pas l'objectivité de la forme ; si *pud-eur*, *pud-ique*, *pud-ibond*, sont clairement liés, il y a dans *im-pud-ent* un élément de sens particulier, comme le montre la différence avec *im-pud-ique* : la « honte » signifiée par l'élément *-pud-* ne concerne plus le corps ou l'affect, mais le comportement social ; *innocent* est bien plus lié sémantiquement à *coupable* qu'à *nocif* pour la majorité des locuteurs ; *rupture* est plutôt en relation sémantique et syntaxique avec *rompre* qu'avec *éruption*, *irruption* ;

– synchroniques : un mot démotivé sort de sa famille ; *chen-et* ou *can-aille* ne sont plus en relation avec *chien*, à la différence de *chen-il* et *can-in* ; l'homonymie peut induire des remotivations consacrées par l'usage (cf. chap. 6, III C) : ainsi *orthopédie* s'analyse en *ortho-* « droit, correct » (comme dans *orthographe*) et *péd-* « enfant » (comme dans *péd-agogue*, *péd-iatre*) et signifie. 1 « art de prévenir et de corriger les difformités du corps chez les enfants », puis par extension. 2 « médecine du squelette » ; par rapprochement avec *péd-* « pied » (comme dans *péd-ale*, *péd-estre*, *pédi-cure*), le mot a pris le sens. 3 « orthopédie des membres inférieurs ».

Une famille de mots peut être aussi dérivationnelle et compositionnelle (*infra* II) : *laver*, *lavable*, *lavage*, *lavement*, *laverie*, *laveur*, *lavette*, *lavoir* ; *lave-glace*, *lave-linge*, *lave-mains*, *lave-vaisselle*.

Le *Disfa*, *Dictionnaire synchronique des familles dérivationnelles de mots français*, dirigé par C. Gruaz et R. Honvault, présente des regroupements de plus grande ampleur que ceux cités en exemples ici. Il rassemble des variantes et des formes synonymes : par exemple, l'entrée *peur* regroupe les « racines » *(-)peur(-)* (ex. *apeurer*), *-pouv-* (*épouvante*), *-pav-* (*impavide*), *(-)phob-* (ex. *phobique*, *xénophobe*) ; il inclut des relations sémantiques dépassant l'intuition commune, justifiées par les définitions de dictionnaires de référence, « le sens exprimé par cette définition devant contenir un lien avec l'entrée de la famille » (*Introduction*) : par exemple, *prison* est dans la famille *prendre*. Ce rapprochement a par ailleurs un fondement étymologique (*prison* remonte au latin *prehensio*, famille de *prehendere* « prendre », cf. doublet *préhension*) ; mais, comme dans *Le Robert Brio*, l'étymologie n'intervient en principe que pour écarter les étymologies populaires non consacrées par l'usage, dues aux homonymies entre éléments.

II. LES STRUCTURES MORPHOLOGIQUES

A. MODÈLES

Les mots simples et les éléments qui sont à la base du lexique alimentent un ensemble de modèles de dérivation et de composition qui font partie du savoir lexical des locuteurs, les rendant capables d'interpréter des mots inconnus conformes à ces schémas ou de construire des mots nouveaux interprétables. L'apparition d'un mot nouveau (néologisme) est un fait historique que l'on date ; mais la capacité de créer des mots est une propriété de la langue en synchronie.

Par exemple :
– un nom en -*age* dérivé d'un verbe, signifiant « action, fait de V », comme *arrosage, assemblage, bavardage*, etc. ;
– un nom en -*(i)té* dérivé d'un adjectif, signifiant « caractère Adj », comme *absurdité, docilité, fragilité*, etc. ;
– un adjectif en *in-* (*im-, il-, ir-*), signifiant le contraire de l'adjectif dont il dérive, comme *inactif, inapte, indocile*, etc. ;
– un nom composé d'un verbe et d'un nom, désignant un instrument ou dispositif, comme *brise-lames, casse-noix, démonte-pneu, porte-voix*, etc.

Tous les mots qui se rangent dans ces séries ouvertes peuvent être dits **construits**, au sens que D. Corbin a donné à ce terme[1] ; ils ont une structure interne correspondant à un schéma régulier de dérivation ou de composition et leur sens correspond à leur structure.

Un mot *non construit* est alors soit **simple** soit **complexe non construit** ; par exemple, *royaume* n'est pas simple, puisqu'il comprend *roi* ; mais la segmentation *roy-aume* laisse un segment -*aume* qui n'est pas un affixe du lexique ; il est *complexe non construit* : sa structure et son sens « ne sont que partiellement substituables » ; de même pour *pavillon* « petit bâtiment isolé » où le suffixe -*illon*, qui correspond au sens « petit », laisse un segment *pav-* qui n'est pas un radical du lexique[2].
C. Gruaz, dans une optique différente, donne une analyse de l'exemple *royaume* avec une transformation -*al* > -*au* (cf. *roi* > *royal* > *royauté*, même si le passage par *royal* est moins évident) avec la spécificité d'un *joncteur* (cf. chap. 8, I C) -*m*- et accorde à sa terminaison le statut d'élément suffixal à valeur « pays, État[3] ».

1. D. Corbin, *Morphologie dérivationnelle et structuration du lexique*, Lille, Presses universitaires du Septentrion, 1991, p. 6.
2. *Ibid.*, p. 188 et 459.
3. C. Gruaz, *Aspects du mot français, op. cit.*, p. 114-115.

Le terme **mot construit** est aussi opposé à **mot fléchi** (cf. chap. 1, I C 1) : il désigne alors les dérivés, dans le cadre d'un parallèle entre *dérivation* et *flexion, affixes* et *désinences* (cf. chap. 8, I A 1).

La *dérivation* s'oppose donc soit à la *composition* soit à la *flexion*. Pour éviter cette ambiguïté, D. Corbin a proposé de remplacer l'expression **morphologie dérivationnelle** (qui était le nom du domaine constitué par l'étude des mots construits *vs* fléchis) par **morphologie constructionnelle**[1].

Les modèles productifs ont en grande partie été décrits par la morphologie historique dans une perspective diachronique (cf. chap. 6) ; en synchronie, ils sont projetés de l'axe vertical des « successivités » sur celui, horizontal et synchronique, des « simultanéités[2] ». De ce point de vue, il n'y a pas de différence entre, par exemple, les différents noms en -*té* en relation avec un adjectif qualificatif, ou les différents noms en -*tion* en relation avec un verbe, qu'ils soient hérités du latin (ex. *fragilité*, latin *fragilitas* ; *déclaration*, latin *declaratio*) ou construits en français (ex. *agressivité* de *agressif*, *acclimatation* de *acclimater*). Ce changement de perspective est fondamental, et ne doit pas être masqué par la permanence des principaux mécanismes de base et la conservation de la terminologie historique traditionnelle.

Le terme **productivité** est utilisé de différentes manières :

– l'expression *productivité lexicale* renvoie de manière générale à l'ouverture du lexique, c'est-à-dire à sa capacité de se transformer et de s'accroître ; on dit aussi *créativité lexicale*[3] ;

– la productivité d'un modèle particulier (par exemple V + -*age* > N « action ») est :

a) soit la quantité de mots actuellement produits par lui (autrement dit sa production : on est alors sur le terrain du lexique attesté),

b) soit le fait qu'il produise toujours, par opposition aux modèles improductifs ou clos, qui ne produisent pas ou plus dans le système contemporain (D. Corbin parle de **disponibilité**[4]. Ainsi, l'ancien français a pu construire des adjectifs en -*age* sur des noms (*ombrage* Adj « obscur » de *ombre*[5]) ; le moyen français a pu construire des adjectifs déverbaux comme *blême* de *blêmir*, *gauche* de *gauchir*, *mince* d'un ancien verbe *mincier* « couper en petits morceaux », ex. *émincer*[6].

1. Cf. P. Corbin, « Introduction : Lexique 16, treize ans après Lexique 10 », *Lexique* 16, n. 3, p. 9.

2. F. de Saussure, *Cours de linguistique générale*, première partie, chap. 3, p. 115-116.

3. Cf. L. Guilbert, *La Créativité lexicale*, Paris, Larousse, coll. « Langue et langage », 1975 ; *La productivité lexicale*, Langue française 96, 1992 ; *La productivité morphologique en questions et en expérimentations*, Langue française 140, 2003.

4. D. Corbin, *Morphologie dérivationnelle et structuration du lexique*, Lille, Presses universitaires du Septentrion, 1991, I, p. 42, 177.

5. Cf. G. Zink, *L'Ancien français*, coll. « Que sais-je », 2e éd., 1990, p. 100.

6. Kr. Nyrop, *Grammaire historique du français*, t. III, p. 269.

B. SYSTÈME ET NORME

La morphologie lexicale est souvent présentée comme peu systématique et dominée au contraire par les caprices de l'usage et les décisions arbitraires de la norme. Cet aspect est surtout évoqué pour la dérivation suffixale, comparée à la flexion ; mais il peut concerner aussi la dérivation non affixale et la composition. Cependant, les irrégularités apparentes peuvent parfois masquer des régularités inaperçues.

1. LACUNES

Tous les adjectifs qualificatifs ne donnent pas un nom en -*(i)té* : une pièce est claire ou sombre, mais on peut parler de sa *clarté* et non de sa **sombreté* ; tous les adjectifs ne donnent pas un adverbe en -*ment* : *habilement* existe, mais non pas **fragilement*. Diverses raisons peuvent être trouvées à ces lacunes : l'existence de *obscurité*, l'existence d'affixes concurrents (*richesse* vs *pauvreté*), le fait que la notion de manière liée aux adverbes en -*ment* exclut les adjectifs dont le sens n'est pas compatible avec elle. Mais il est souvent difficile de faire la part des divers facteurs susceptibles de limiter la productivité d'une formation : contraintes linguistiques d'ordre sémantique, phonétique ou morphologique.

> Par exemple, il semble que la productivité des adverbes en -*ment* soit contrainte aussi par des blocages morphologiques : les adjectifs en -*ard* ou en -*ot* ne donnent pas (ou peu) d'adverbes en -*ment*[1].
>
> Beaucoup d'adjectifs n'ont pas de contraire en *in-* : c'est qu'ils ont un antonyme lexical (*long/court*, *vrai/faux*), ou que la formation est bloquée pour des raisons sémantiques à élucider. Par exemple, C. Gruaz émet l'hypothèse que les *V* + -*ble* qui n'ont pas le sens de possibilité (*admirable* = qui est admiré vs *abrogeable* = qui peut être abrogé) refusent cette préfixation (*inabrogeable* mais **inadmirable*[2]) (cf. aussi chap. 8, I A 2).

2. FORMES PARTICULIÈRES

On peut reprendre l'exemple des noms en -*té* formés sur adjectif qualificatif : aux adjectifs en -*e* épicènes (c'est-à-dire qui ne varient pas en genre), comme *étrange* ou *fragile*, correspondent des noms tantôt en -*eté* (*étrangeté*, *habileté*), tantôt en -*ité* (*absurdité*, *fragilité*) ; les adjectifs en -*ier* peuvent donner un nom en -*eté* construit sur le féminin (*grossièreté*) ou en -*arité* (*régularité*) ; les adjectifs en -*el* donnent des noms en -*alité* (*actualité*, *criminalité*) ou en -*ité* avec substitution à -*el* (*éternité*, *perpétuité*), etc.

---

1. Cf. Ch. Molinier, « Sur la productivité adverbiale des adjectifs », *Langue française* 96, 1992.
2. C. Gruaz, *Aspects du mot français, op. cit.*, p. 211.

Ces variations sont souvent liées à l'histoire : ainsi, dans les séries citées, les formes en -*ité* sont géné-ralement empruntées (latin *fragilitas*) alors que les formes en -*eté* comme *étrangeté* ou *grossièreté* ont été construites en français, ou sont savantes, construites sur des formes d'adjectifs latins (ex. *regularis* pour *régularité*).

Il y a aussi des formes singulières, comme *anxiété, méchanceté* ou *compacité*.

Compacité est peut-être euphonique. La forme attendue, *compactité, présente un groupe consonan-tique *ct* et une répétition de *t*.

Féminité au lieu de *féminin-ité résulte d'une **haplologie**, ou suppression d'un segment répété[1] ; ex. les composés *morphonologie* pour *morpho(-)phonologie, tragicomédie* (latin *tragicocomoedia* ou *tragico-moedia*), *tragi-comique* (*tragico-comique). On a cependant : *compétitivité*.

3. SENS ET EMPLOIS PARTICULIERS

Le sens d'un mot construit est plus ou moins déductible de sa structure : il tend à se particulariser. Ainsi, les noms en -*té* peuvent le plus souvent être glosés par « caractère Adj », et leur complément en *de* est « sujet » de l'adjectif : *la fragilité du verre = le caractère fragile du verre = le verre est fragile*. Ce n'est pas le cas avec *la nationalité de Paul, l'extrémité de la table*, qui ne correspondent pas à : Paul est national, la table est extrême.

On peut citer encore les exemples suivants :

– dans les verbes en -*iser*, on note une importante série correspondant au schéma Adj + -*is(er)* > V « rendre Adj » : *aiguiser, banaliser, fertiliser, fidéliser*, etc. ; mais toutes les formes de ce schéma n'ont pas ce sens : par exemple, *brutaliser* (qqn) ne signifie pas « rendre brutal », mais « être brutal avec (qqn) » ; *tyranniser* (qqn) ne signifie pas « rendre tyrannique » mais « être tyrannique avec » ;

– *indifférent* n'est pas le contraire de *différent* ;

– alors que les noms en -*oir* dérivés de verbe désignent des instruments (comme *arrosoir*) ou des lieux (comme *fumoir*), un *peignoir* n'est ni un peigne ni un salon de coiffure ;

– si les noms composés de forme V + N (comme *lave-linge*) ont vocation à être aussi des noms d'instruments et d'agents, ce n'est pas le cas de *coupe-gorge* (qui est un lieu).

Certains sens particuliers sont des sens figurés, et à ce titre rentrent dans des types généraux de figures. La figure concerne la base ou le dérivé. Par exemple, *lunettes* dérive de *lune* au sens métaphorique « forme ronde » : c'est la base qui est figurée[2]. Les mots construits, comme tous les mots, sont suscep-

1. Cf. D. Corbin, M. Plénat, « Note sur l'haplologie des mots construits », *Langue française* 96, 1992.
2. Cf. D. Corbin, G. Dal, A. Mélis-Puchulu, M. Temple, « D'où viennent les sens *a priori* figurés des mots construits ? Variations sur *lunette(s), ébéniste* et les adjectifs en -*esque* », *Verbum*, 1993, 1-2-3.

tibles d'ajouter des sens figurés à leur sens propre (par exemple, *pigeonnier* « petit appartement situé aux étages supérieurs ») ou d'être des *catachrèses* (cf. chap. 5, III) : c'est alors le dérivé qui est figuré[1].

On peut parler de *sens compositionnel* ou *non compositionnel* pour les dérivés comme pour les composés (cf. chap. 9, I C 2) : le sens se déduit ou non de la « composition » au sens « structure » du mot.

C. TYPES

Comme il a été dit *supra* A, on retrouvera ici pour l'essentiel les types et les questions de typologie hérités de la morphologie historique (cf. chap. 6), revus dans une perspective synchronique. Les changements dans la terminologie et les notions correspondent à une conceptualisation différente : il s'agit de décrire des relations systématiques qui font partie du savoir lexical des locuteurs, lesquels sont, selon les termes de Saussure, « devant un état ». On ne saurait donc recourir à des critères étymologiques et chronologiques ; les critères sont fonctionnels : morphologiques, sémantiques, syntaxiques.

Selon la présentation courante, les structures productives en synchronie s'organisent en catégories hiérarchisées, avec une série de dichotomies :

- la dérivation et la composition constituent la première alternative offerte dans l'arbre des choix ouverts par le système : *séchoir* ou *sèche-linge* ;
- la dérivation est affixale ou non affixale (conversion) : *charger* > *chargement* ou *charge* ;
- la dérivation affixale est préfixale ou suffixale (*appauvrir, paupériser*), ou les deux (parasynthèse) : *encolure* ;
- la composition est « populaire » ou « savante » : *porte-voix, téléphone*.

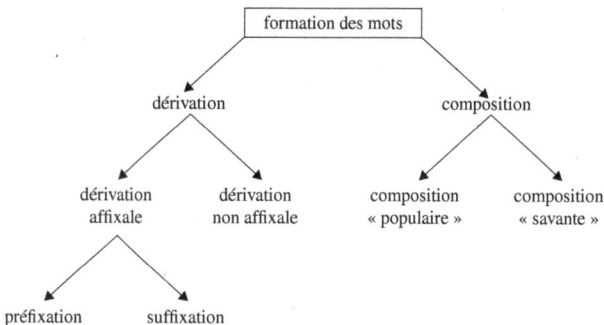

---

1. Cf. aussi M. Temple, *Pour une sémantique des mots construits*, Lille, Presses universitaires du Septentrion, 1996.

> J. Tournier parle de **matrices lexicogéniques,** en incluant sous ce terme les *changements de sens* ou *dérivations sémantiques*[1] traitées ici, chap. 5, III.

Certaines divergences interviennent cependant dans la typologie, selon les critères utilisés pour définir ces classes morphologiques. Elles concernent principalement le statut de la préfixation, de la composition savante et de la parasynthèse.

1. PRÉFIXATION OU COMPOSITION

Comme on l'a indiqué au chapitre précédent, certains préfixes sont dits *autonomes* ou *séparables* : ils ont par ailleurs une distribution libre, correspondant à :
– des prépositions : *après* (*après-midi*), *avant* (*avant-guerre*), *contre* (*contrecoup, contre-jour*), *entre* (*entre-deux, entrecôte, entrevoir*), *outre* (*outre-mer, outre-passer*), *sans* (*sans-faute, sans-abri*), *sous* (*sous-vêtement, souligner*), *sur* (*sur-vêtement, surcharger*) ; on peut ajouter *à* et *en* dans des verbes comme *atterrir, enterrer* (cf. *infra 3*) ;
– des adverbes : *bien* (*bienfait, bien-être*), *mal* (*maladroit, malhabile*), *non* (*non-sens*), *plus* (*plus-value*) ; *arrière* (*arrière-pays*) et *avant* dans le sens spatial (*avant-garde, avant-scène*) s'interprètent comme éléments des locutions adverbiales ou prépositionnelles *en arrière, à l'arrière (de)* et *en avant, à l'avant (de)* (mais *arrière* est un nom, et *avant* fonctionne aussi comme nom).

Aussi peut-on classer ces formations dans les composés. Il est légitime en effet de traiter des schémas tels que :
Prép + N (*contre-jour*) ;
Prép + Verbe (*surnager*) ;
Adv + Adj (*maladroit*),

comme des faits de composition, de la même façon que les schémas à mots « pleins » tels que :
V + N (*porte-monnaie*) ;
N + Adj (*coffre-fort*) ;
N + N (*poisson-chat*), etc.

Dans tous ces cas, on construit un mot avec deux autres mots, selon une procédure de composition lexicale qui n'obéit pas aux règles syntaxiques (par exemple, il n'y a pas de déterminant devant le nom : *contre-jour, porte-monnaie*).

---

1. J. Tournier, *Introduction descriptive à la lexicogénétique de l'anglais contemporain*, Paris, Slatkine, 2007 ; J. Tournier, N. Tournier, *Dictionnaire de lexicologie française*, Paris, Ellipses, 2009.

Sans, en revanche, conserve sa syntaxe de préposition : *être sans papiers, une per-sonne sans papiers > les sans(-)papiers* ; c'est le syntagme prépositionnel adjectival qui est lexicalisé comme nom, ce qui entre dans le cadre de la composition[1] (cf. chap. 9, II).

> K. Van Goethem décrit le passage de préposition à préfixe dans les emplois préverbaux de *sur, contre, entre* comme un processus de **grammaticalisation** qui se déploie par degrés en synchronie : par exemple, *sur* reste prépositionnel lorsqu'il porte sur un nom de la phrase (*surveiller les enfants* = veiller sur les enfants ; *survoler la ville* = voler au-dessus de la ville) et devient un vrai préfixe dans les emplois où il porte sur le verbe comme modifieur évaluatif ou aspectuel (*surestimer, surinfecter*).

Le rapprochement de la préfixation et de la composition peut être poursuivi avec les préfixes liés, si l'on considère que ceux-ci sont généralement des équivalents sémantiques et fonctionnels d'éléments adverbiaux ou prépositionnels : *prévoir* = « voir avant », *antichar* = « contre les chars » ; en particulier, les préfixes privatifs sont une expression lexicale de la négation, dont l'expression grammaticale (dans la phrase) est adverbiale : *déconseiller* = « ne pas conseiller », *injuste* = « pas juste ».

La préfixation apparaît ainsi comme la condensation lexicale d'un syntagme, de même que la composition ; par ce commun caractère syntagmatique, elles s'opposent ensemble à la dérivation, à caractère paradigmatique, qui « décline » une série de dérivés à partir d'une base commune (*laver, lavage, lavement, lavette, laveur, lavoir*), et qui est comparable en cela à la flexion (déclinaison, conjugaison).

> Il faut cependant nuancer cette opposition entre préfixation et suffixation en notant que l'opposition *paradigme/syntagme* traverse en fait la suffixation : les suffixations qui ne changent pas la catégorie grammaticale (suffixes diminutifs, péjoratifs, collectifs, formateurs de noms de métiers, de doctrine, de contenant ; cf. chap. 8, III) ont également un caractère syntagmatique, le suffixé étant l'équivalent d'un syntagme : *jardinet* = « petit jardin », *tapoter* = « taper légèrement », *feuillage* = « ensemble des feuilles ». Ces suffixes, dits « modificateurs[2] » se rapprochent fonctionnellement des préfixes.
> Selon A. Martinet, c'est une forme d'*expansion*, qui « ne modifie pas les rapports mutuels et la fonction des éléments préexistants » ; cette dérivation **endocentrique** s'oppose à la dérivation **exocentrique**, qui change la classe syntaxique (ex. V *laver* > N *lavage*). Cette opposition concerne aussi la composition, qui est *endocentrique* (*autoroute, jeune fille*) ou *exocentrique* (*vide-poche*[3]).

---

1. Sur ces questions, cf. D. Amiot, *L'Antériorité temporelle dans la préfixation en français*, Lille, Presses universitaires du Septentrion, 1997 ; « Préfixes ou prépositions ? Le cas de *sur*(-), *sans*(-), *contre*(-) et les autres », *Lexique* 16, 2004, p. 67-83.
2. J. Dubois, F. Dubois-Charlier, *La Dérivation suffixale en français*, Paris, Nathan Université, 1999, p. 9.
3. Cf. A. Martinet, *Éléments de linguistique générale*, 4e éd., 1996, 4-34, p. 131-133.

La préfixation se rapproche, au contraire, de la suffixation par l'existence de séries productives et par la tendance à la soudure graphique du préfixe.

Il y a des séries de mots en *avant-*, en *contre-*, en *mal-*, en *non-*, etc., qui sont ouvertes, tout comme il y a des séries de mots en *in-* ou en *-eur*. Ces prépositions et adverbes fonctionnent donc comme des affixes. Cela justifie de traiter différemment *malvoyant* (préfixé : ex. *malfaisant, malséant, malveillant*, etc. ; *malavisé, malinten-tionné* ; *maladroit, malhabile*, etc.) et *clairvoyant* (composé).

> On notera cependant la différence entre *mal* + Adj (*maladroit*) et *mal* + V participe (*malentendu, malen-tendant, mal portant, malvoyant*). On a plutôt là des dérivés d'expressions verbales (*entendre mal, mal se porter*) ; on retrouve le même schéma avec *mieux-disant* (*le mieux-disant culturel*) ; c'est le cas aussi de *clairvoyant*, ce qui le rapproche de *malvoyant*.

Les séries sont plus ou moins importantes : les mots en *outre-* ou en *plus-*, par exemple, sont moins nombreux. Ce critère montre donc des degrés, et l'existence de pôles plutôt qu'une opposition tranchée.

La soudure graphique, en liant les prépositions et les adverbes au mot qui suit, en fait des affixes. Elle s'accompagne même, dans le cas de *sous*, de la perte du *s* final (*souligner*). Elle est quasi constante pour *sur-, mal-* ; le trait d'union est la règle avec *avant, après, arrière*, mais non constant avec *sans* (*un sans-abri, les sans(-)papiers*). Là encore, il y a plutôt un continuum que deux catégories séparées.

> On peut rapprocher encore les préfixés en *para-* (*parapluie, parasol, paratonnerre*) et les composés en *pare-* (*pare-brise, pare-feu, pare-soleil*).

2. COMPOSITION SAVANTE OU DÉRIVATION

Un passage similaire s'observe de la composition « savante » à la dérivation.

Les éléments de composition « savante » ont un caractère hybride : ils sont liés comme les affixes, et se rapprochent des mots « lexicaux » ou « pleins » et des radi-caux par leur sens plein.

> Le fait qu'ils proviennent de mots grecs et latins est historique (cf. chap. 6) ; il a, en synchronie, une incidence normative : on doit dire *cancérogène* et non *cancérigène*, parce que la finale est en *-o* pour les formants grecs de première position, en *-i* pour les formants latins.

Ils se combinent entre eux, à la différence des affixes et des radicaux, qui sont interdépendants.

« On a là une situation linguistique particulière, qui ne s'identifie ni avec la composition proprement dite, ni, de façon générale, avec la dérivation, qui suppose la combinaison d'éléments de statut différent. On pourrait peut-être parler, dans le cas où l'on forme un nouveau **synthème** [mot construit ; cf. chap. 8, I A 1], de **recomposition** à partir d'éléments dégagés par analyse[1]. »

Ce terme est remplacé par celui de **confixation** dans la 4ᵉ éd., 1996, p. 135, « chacun des éléments d'un *synthème* comme *thermostat* étant désigné comme un *confixe* ».

On trouve aussi le terme *interfixation*[2].

Leur place dans le mot n'est pas fixe, à la différence des préfixes et des suffixes. Un même élément, comme *-anthrop-* « homme » ou *-phil-* « aimer », peut se trouver à gauche ou à droite : *anthropo-phage, mis-anthrope* ; *phil-anthrope, philo-sophe, biblio-phile, hydro-phile*.

Mais, à partir du moment où l'élément se trouve toujours à droite ou toujours à gauche, et se combine avec des mots français en formant des séries, il se rapproche d'un suffixe ou d'un préfixe.

Ainsi, on a de petites séries de formations en *auto-, macro-, néo-, omni-, -pseudo-, télé-* ; en *-cide, -fuge, -vore*, ou en *-crate, -phage, -phile, -phobe, -phone, -phore, -thèque*, etc., avec des formations mixtes, où l'autre composant est un mot français, comme dans *discothèque, omniprésent, télécharger* ou *insecticide, insectifuge, insectivore* , ou un mot français tronqué (cf. chap. 9, I A) : *ciné*(ma)-*phile, publi*(cité)-*phobe, euro*(pe)-*phile, télé*(vision)-*film*.

> On devrait donc distinguer :
> – *téléphone*, qui est un composé savant (de même *téléphérique*, augmenté d'un suffixe adjectival) ;
> – *télécharger, télévision, télésurveillance*, qui sont des préfixés (élément *télé-* « à distance, de loin »), parce que le deuxième formant est un mot français ;
> – *télécarte, télésiège, téléfilm*, qui sont des composés (non savants), où *télé-* est une troncation des précédents (respectivement *téléphone, téléphérique, télévision*) ; mais, à leur tour, ces troncations tendent à fonctionner comme préfixe récurrent : *téléachat, téléspectateur...* (où *télé* = télévision) ;
> – *téléphage*, qui mêle composition « populaire » et composition « savante », ou sont des suffixés en *-phage* (*cinéphage*).

---

1. A. Martinet, *Éléments de linguistique générale*, 1ʳᵉ éd., 1967, p. 135.
2. M. Arrivé, F. Gadet, M. Galmiche, *La Grammaire d'aujourd'hui, Guide alphabétique de linguistique française*, Flammarion, 1986.

D'autres éléments affixaux peuvent apparaître par le biais de la composition et de la troncation. Ainsi *bio-* dans *biocarburant, bioéthique*, est issu de la troncation de l'adjectif *biologique* : on passe de noms composés de forme N + Adj à une sorte de préfixé : *carburants biologiques > biocarburants* (cf. chap. 9, I A).

3. PARASYNTHÈSE, PRÉFIXATION, SUFFIXATION

Dans la dérivation affixale, où s'opposent préfixation et suffixation, la catégorie de la parasynthèse introduit un troisième terme.

Elle se définit couramment par l'adjonction simultanée d'un préfixe et d'un suffixe, comme dans *encablure*, dérivé de *câble*, ou *empiècement*, dérivé de *pièce* (cf. chap. 6, II C). On évoque un critère formel, selon lequel on ne peut enlever ni le préfixe seul, ni le suffixe seul, sans obtenir une forme non lexicale : il n'y a pas de mot *encable ou *encabler, ni *cablure ; ni *empièce(r), ni *piècement. *En-* + *-ure*, *em-* + *-ment* fonctionnent ici ensemble comme des *morphèmes discontinus* (cf. exercice 11).

> Il faut prendre garde qu'un mot peut la comporter un préfixe et un suffixe, sans pour autant être un parasynthétique : la préfixation et la suffixation ne sont pas simultanées, mais successives (quel que soit l'ordre). Ainsi *décomposable* résulte d'une préfixation (*composer > décomposer*) puis d'une suffixation (*décomposer > décomposable*) (cf. chap. 8, I A 3) : ce n'est donc pas un parasynthétique.

Cette notion est appliquée de manière variable ; elle tend à se résorber dans la préfixation ou la suffixation simples.

1) Les verbes préfixés en *a-, dé-, é-, en-*, ou *ra- (r(e) + a), ren- (r(e) + en)* à base nominale ou adjectivale sont traditionnellement rangés dans la catégorie des parasynthétiques ; par exemple :
   – *atterrir* (< *terre*), *ameuter, rameuter* (< *meute*), *attendrir* (< *tendre*), *rasséréner* (< *serein*) ;
   – *détrôner* (< *trône*) ; *déniaiser* (< *niais*) ;
   – *étriper* (< *tripe*), *émarger* (> *marge*), *éborgner* (< *borgne*) ;
   – *embarquer* (< *barque*), *empailler, rempailler* (< *paille*), *enlaidir* (< *laid*), *se rembrunir* (< *brun*).

La terminaison verbale *-er/-ir* est alors rangée au nombre des suffixes formateurs de verbes sur nom et adjectif (« suffixe verbal[1] »). Dans ces exemples, elle

---

1. Cf. A. Darmesteter, *De la création actuelle de mots nouveaux dans la langue française*, chap. 9 ; M. Grevisse, A. Goosse, *Le Bon Usage*, § 176.

se combine avec un préfixe. Cependant, il ne s'agit pas d'un suffixe comme les autres, mais de la désinence de l'infinitif, qui représente conventionnellement l'ensemble des désinences verbales. On peut donc dire qu'il n'y a pas de suffixation à proprement parler et ranger ces formations dans la préfixation[1]. C'est alors un type de préfixation particulier, qui change la catégorie grammaticale, ce qui est un trait de la suffixation.

> Certains verbes en *a-* et *en-*, dérivés de nom de lieu, peuvent être décrits comme dérivés de syntagmes prépositionnels : (mettre) *en terre* > *enterrer*, (arriver) *à terre* > *atterrir*[2] ; il s'agit donc d'une forme de dérivation, suffixale si l'on traite la désinence verbale comme un suffixe ou non affixale dans le cas contraire. Sur ce modèle, *alunir* et *amarsir* (d'où *amarsissage*) sont critiqués par les puristes : on ne dit pas « arriver * à la lune, à Mars », mais : sur la lune, sur Mars.

2) Les adjectifs comportant un préfixe et un suffixe sont traditionnellement traités comme des préfixés si le suffixé non préfixé correspondant existe (*antivenimeux, extraterritorial, international, postopératoire, préélectoral, sous-marin*), et comme parasynthétiques dans le cas contraire (*antitussif, souterrain* : *tussif, *terrain Adj), conformément au critère formel évoqué ci-dessus.

Du point de vue sémantique, il est plus juste de les considérer comme construits directement sur le nom : le sérum *antivenimeux* est « contre le venin », *extraterritorial* signifie « hors du territoire », etc., de même que *antitussif* signifie « contre la toux ». Citons encore : *antédiluvien* (de *déluge*, forme liée *diluv-*), *antidérapant* (de *déraper*), *contre-productif* (de *produire*), *transgénérationnel* (de *génération*), malgré l'usage ou la possibilité de *diluvien, dérapant, productif, générationnel*. (Sur les adjectifs en *anté-, avant-, pré-, pro-*, cf. Dany Amiot, *L'antériorité dans la préfixation en français*.)

Les adjectifs en *anti-* connaissent une forme concurrente non suffixée (mur *antibruit*, shampoing *antipoux*, crème *antirides*, produit *antirouille*) qui paraît productive (*une lessive antiredéposition, les manifestations antiguerre*) et qui peut doubler la forme suffixée : *antitoux* et *antitussif*. D. Corbin traite les deux types comme des préfixations avec changement de catégorie grammaticale ; le suffixe qui peut apparaître est une marque formelle d'adjectivation[3].

---

1. Cf. D. Corbin, *Morphologie dérivationnelle et structuration du lexique, op. cit.*, I, p. 124.
2. M. Grevisse, A. Goosse, *Le Bon Usage, op. cit.*, § 168.
3. D. Corbin, *Morphologie dérivationnelle et structuration du lexique*, II, p. 637-660 ; M. Temple, *Pour une sémantique des mots construits*, p. 303.

Pour M. Grevisse et A. Goosse, *souterrain*[1] est un dérivé suffixé du syntagme *sous terre*, comme *enterrer* de *en terre*.

3) Les adjectifs de forme *in-* + *V* + *-ble* sont tantôt décrits comme préfixés (si le non-préfixé correspondant est usité : *immangeable* < *mangeable*), tantôt comme parasynthétiques dans le cas contraire (*indéniable* : **déniable*, *irrésistible* : **résistible*). La structure est pourtant la même. On rencontre ici le problème de l'opposition entre système et usage, et du volume d'usage : le non préfixé peut être inusité mais possible : *imbattable* : ? *battable*, *incontournable* : ? *contournable* (cf. chap. 1, II C 3 ; chap. 6, II C). La rareté se distingue mal de l'absence d'attestation, d'ailleurs impossible à affirmer. On est donc ramené à la préfixation du point de vue formel. Du point de vue sémantique, en revanche, la définition recourt plutôt au verbe : *imbattable* = « qu'on ne peut pas battre ».

Si un verbe en *in-* correspondant existe, l'adjectif *in-* + *V* + *-ble* peut être un dérivé suffixé de ce verbe : d'où l'ambiguïté de *invalidable* = 1) « qu'on ne peut pas *valider* » (parasynthétique) ou « non *validable* » (préfixé) ; 2) « qu'on peut *invalider*[2] » (suffixé) ; de même *immobilisable* = 1) « qu'on peut *immobiliser* » (suffixé), prononciation [i] du préfixe ; 2) « qu'on ne peut pas *mobiliser* » (parasynthétique) ou « non *mobilisable* » (préfixé), avec une prononciation [R] du préfixe[3].

III. EXERCICES

EXERCICE 11

Analyse en éléments (1)

Segmenter les phrases suivantes en éléments (forme écrite) :

a) *Vous redécouvririez ce pays étonnant.*
b) *Les oisillons tombent du nid.*

---

1. M. Grevisse, A. Goosse, *Le Bon Usage, op. cit.*, § 168.
2. Cf. D. Corbin, « La formation des mots : structures et interprétations », *Lexique* 10, p. 15.
3. Cf. D. Apothéloz, *La Construction du lexique français*, Paris, Ophrys, 2002, p. 56-57.

CORRIGÉ

a) *Vous redécouvririez ce pays étonnant.*

vous + *-ez* « 2ᵉ personne du pluriel »

re- « de nouveau » (valeur itérative)

dé- valeur privative

couvr- « couvrir »

-ir- « futur »

-i- « passé »

ce « démonstratif »

pays « pays »

étonn- « étonner »

-ant formateur d'adjectif

Remarques :
– le sens des désinences est indiqué par leur appellation traditionnelle (personne, temps, nombre) ; celui des radicaux ou des mots non segmentables est indiqué conventionnellement par la forme lexicale entre guillemets (« pays », « couvrir » = sens du mot *pays*, du mot *couvrir*) ;
– *vous* + *-ez* est un **signifiant discontinu**[1] ; on dit aussi **morphème discontinu** (éditions précédentes), mais il s'agit du signifiant du morphème ;
– la forme verbale en *-rais*, dite « conditionnel » (du nom de sa valeur modale), combine un morphème de futur et un morphème d'imparfait (*je chant-er-ai-s*) : cette formation correspond à sa valeur temporelle, qui est « futur dans le passé » (*il avait dit que je chanterais*) ;
– l'analyse de *découvrir* en *dé-* privatif + couvrir concerne un sens « premier » de la forme : *découvrir* un enfant (qui est trop *couvert*), ou encore peut-être (moins nettement) *découvrir* un secret ; ici, le changement de sens induit une démotivation plus importante ;
– *étonn-* n'est pas analysé : la relation avec *tonner*, *tonnerre* restait sensible à l'époque classique (« être frappé comme par la foudre »), mais ce n'est pas le cas aujourd'hui.

b) *Les oisillons tombent du nid.*

le « article défini »

– *s*, *-s* « pluriel »

---

1. Cf. A. Martinet, *Éléments de linguistique générale*, *op.cit.*, 4ᵉ éd., 1996, p. 104.

ois- « oiseau »

-illon « petit »

tomb- « tomber »

-ent « 3ᵉ personne » + « pluriel »

du « de » + « le »

nid « nid »

Remarques :

– on peut voir en *-illon* le cumul de deux suffixes diminutifs (*coalescence*, cf. chap. 8, I A 3), *-ill-* (comme dans *flot-ill-e, mord-ill-er*) et *-on* (comme dans *chaîn-on, chat-on*) ; en opposant *flot-ill-e* et *port-ill-on*, on peut penser que *-on* fonctionne ici comme une marque de masculin ; *-illon* se substitue à *-eau* de *oiseau*, qui est étymologiquement un diminutif : *oiseau* vient de *avicellus*, diminutif de *avis* « oiseau » (ex. *éléphanteau, renardeau*) ; mais *oiseau* ne se segmente pas en synchronie ;

– l'analyse de *tombent* en *tomb-* + *-ent*, qu'autorise la comparaison avec *tomb-ai-ent* implique que le présent est un **morphème zéro** : il est signifié par l'absence de marque ; en comparant *tombaient* et *tombait*, on est conduit à attribuer le sens « pluriel » au segment *-en-* et le sens « 3ᵉ personne » au segment *-t* ; mais la comparaison *tombent/tombe* fournirait une analyse différente : ce serait *-nt* qui porterait l'information sur le nombre ;

– *du* contracte deux unités, *de* + *le* (la terminologie grammaticale traditionnelle parle d'« article défini contracté ») : c'est un **amalgame**, c'est-à-dire une forme (un signifiant) mêlant deux unités de sens (deux signifiés) sans qu'on puisse la segmenter[1] ; dans *les*, le genre est neutralisé, mais c'est bien la forme masculine *le* qui est la base du pluriel ; il est difficile de segmenter *le* (étant donné le caractère singulier de l'alternance *le/la*) qui amalgamerait ainsi les deux éléments sémantiques « article » et « masculin ».

EXERCICE 12

Analyse en éléments (2)

Segmenter les mots ci-après en éléments, en indiquant le sens des éléments :

mutisme, mutation, innocuité, inexorable, mégalithe, sarcophage, scaphandre, toponyme, holocauste, limitrophe.

---

1. A. Martinet, *Éléments de linguistique générale, op.cit.*, 4-2.

CORRIGÉ

Les mots *mutisme* et *mutation* présentent le cas de morphèmes homonymes. *Mutisme* est segmenté en *mut-* « muet » (*mut-ité*) et *-isme* « fait d'être [Adj] » (*parallélisme*). *Mutation* contient *mut-*(er) « changer » (*mutant, permuter, commuter*). Il y a deux éléments homonymes *mut-* en français, dont l'un correspond à l'adjectif *muet* et l'autre au verbe *muter*.

Les mots *innocuité* et *inexorable* comportent des éléments difficiles à reconnaître.

Innocuité est mis en relation avec *nocif* ; *Le Robert Brio* recense un élément *(-) noc(u)* signifiant « nuire », qui, s'il est facilement reconnu par un locuteur ayant des connaissances de latin, devra, pour un locuteur n'ayant pas cette compétence, être identifié à partir de sa récurrence (*innocuité, nocif, innocent*). Cependant, *innocent* ne signifie pas exactement « qui ne fait pas de mal » : cf. *supra* I B. Les éléments ne donnent qu'une présomption du sens, qui doit être précisé dans la définition du mot.

Inexorable est un exemple de mot dont tous les éléments ne sont pas identifiables par le « locuteur moyen » : si l'on segmente *in-* (on sent bien un sens négatif), *-able* (on reconnaît une structure in- + V + -able du type *insupportable*), *ex-* (?), il reste un élément radical *-or-* plus difficile à interpréter : est-ce celui de *oracle, oraison*, ou de *oral* ? Ou est-ce le même *-or-* dans tous ces mots ? Du point de vue étymologique, *oracle* et *oraison* sont, avec *adorer, orateur, pérorer*, et *inexorable*, d'une famille issue du latin *orare* « prononcer des paroles de caractère solennel ». *Inexorable* signifie : « qu'on ne peut pas fléchir par la prière ». *Oral*, avec *orifice, orée*, est issu du latin *os, oris* « bouche ». Le rapprochement de *oral* et *orateur* serait un fait d'étymologie populaire, déjà pratiqué par les Anciens, qui rapprochaient *os, oris* et *orare*[1].

Mégalithe et *toponyme* présentent les éléments *méga-* « grand », *lith(e) (o)* « pierre », *top(o)-* « lieu » et *-onyme* « nom » qui sont bien réemployés : *mégaphone, lithographie, topographie, patronyme*.

Dans *sarcophage* et *scaphandre*, l'un des éléments seulement est bien intégré dans le lexique français général : *-phag(e) (o)* « manger » comme dans *anthropophage*, *andr(e) (o)* « homme » comme dans *androgyne*. *Sarc(o)* « chair » est utilisé en médecine (*sarcome*) ; *scaph(e)* « bateau » se retrouve dans *bathyscaphe*, qui n'est pas courant ; de plus, les sens de ces composés sont éloignés des sens fournis par les éléments (leur sens n'est pas compositionnel), ce qui contribue à rendre plus difficile leur analyse.

---

1. Cf. J. Picoche, *Dictionnaire étymologique du français*, Paris, Le Robert, coll. « Les Usuels du Robert », 2008.

Les éléments qui composent *holocauste* sont également peu identifiables : *holo-* « tout » (comme dans *hologramme*) et *-cau(s)te* « brûler » comme dans *caust-ique* (soude caustique), *caut-ère*.

Limitrophe ne peut être analysé en éléments en synchronie ; étymologiquement, il s'analyse en *limi-* « frontière, seuil » (ex. *limin-* dans *liminaire, préliminaire, éliminer*) et *-trophe* « (se) nourrir » (*atrophie, hypertrophie*) et son sens est « relatif au territoire assigné pour leur subsistance aux soldats des frontières » ; en français, seul le sens « frontière » est resté.

EXERCICE 13

Types de mots construits (1)

Relever dans cette chanson de Boris Vian les noms d'instruments en les classant par type morphologique et modèle :

« Autrefois pour faire sa cour
On parlait d'amour
Pour mieux prouver son ardeur
On offrait son cœur
Maintenant c'est plus pareil
Ça change ça change
Pour mieux séduire le cher ange
On lui glisse à l'oreille
Ah Gudule viens m'embrasser
Et je te donnerai
Un frigidaire
Un joli scooter
Un atomixer
Et du Dunlopillo
Une cuisinière
Avec un four en verre
Des tas de couverts
Et des pelles à gâteau
Une tourniquette
Pour faire la vinaigrette
Un bel aérateur
Pour bouffer les odeurs
Des draps qui chauffent
Un pistolet à gaufres
Un avion pour deux
Et nous serons heureux

Autrefois s'il arrivait
Que l'on se querelle
L'air lugubre on s'en allait
En laissant la vaisselle
Maintenant que voulez-vous
La vie est si chère
On dit : « Rentre chez ta mère »
Et on se garde tout
Ah Gudule excuse-toi
Ou je reprends tout ça
Mon frigidaire
Mon armoire à cuillères
Mon évier en fer
Et mon poêle à mazout
Mon cire-godasses
Mon repasse-limace
Mon tabouret à glace
Et mon chasse-filou
La tourniquette
À faire la vinaigrette
Le ratatine-ordure
Et le coupe-friture
Et si la belle
Se montre encore rebelle
On la fiche dehors
Pour confier son sort
Au frigidaire
À l'efface-poussière
À la cuisinière
Au lit qu'est toujours fait
Au chauffe-savates
Au canon à patates
À l'éventre-tomates
À l'écorche-poulet
Mais très très vite
On reçoit la visite
D'une tendre petite
Qui vous offre son cœur
Alors on s'aide
Car il faut qu'on s'entraide
Et l'on vit comme ça
Jusqu'à la prochaine fois »

Boris Vian, « Complainte du progrès »,
Textes et Chansons, Christian Bourgois, 1975

CORRIGÉ

1) Dérivation

• Dérivation affixale (suffixation) :

cuisinière : N + -ier > N « métier » ou « instrument » (*jardinier, jardinière*) ;

tourniquette : V + -ette > N « instrument pour V » (*allumette, lorgnette*) ;

aérateur : V + -ateur > N « instrument pour V » (*aspirateur*).

• Dérivation non affixale :

couverts : participe passé substantivé ; par spécialisations successives :

a) tout ce qui couvre la table ;

b) les ustensiles ;

c) le couteau, la cuillère et la fourchette.

2) Composition

• V + N : *cire-godasses, repasse-limace* (*limace* = « chemise » en argot), *chasse-filou, ratatine-ordure, coupe-friture, efface-poussière, chauffe-savates, éventre-tomates, écorche-poulet.*

On peut hésiter sur le nombre du deuxième nom, qui dépend du sens ; on notera que le *ratatine-ordure* existe, mais il est dénommé par un dérivé, *compacteur*.

• N à N (cf. chap. 9, 1.3.et 2.1.) : *pelle à gâteau, pistolet à gaufres, poêle à mazout, armoire à cuillères, tabouret à glace* ; le *tabouret à glace* reste étrange, que *à* signifie « pour » (comme dans *pelle à gâteau*) ou « avec » (comme dans *poêle à mazout*).

3) *atomixer* est probablement un *mot-valise* (cf. chap. 9, I A 1) formé de *atom*(iseur) et *mixer*.

4) *frigidaire* est un nom de marque (cf. chap. 1, II C 1) formé d'un radical lié *frigid-* « froid » et d'un suffixe *-aire*.

EXERCICE 14

Types de mots construits (2)

Classer les mots construits de ce texte selon le type morphologique.

« Le journal *Elle* (véritable trésor mythologique) nous donne à peu près chaque semaine une belle photographie en couleurs d'un plat monté : perdreaux dorés piqués de cerises, chaud-froid de poulet rosâtre, timbale d'écrevisses ceinturée de carapaces rouges, charlotte crémeuse enjolivée de fruits confits, génoises multicolores, etc.

Dans cette cuisine, la catégorie substantielle qui domine, c'est le nappé : on s'ingénie visiblement à glacer les surfaces, à les arrondir, à enfouir l'aliment sous le sédiment lisse des sauces, des crèmes, des fondants et des gelées. »

Roland Barthes, « Cuisine ornementale », *Mythologies*, Le Seuil, 1957

CORRIGÉ

1) Dérivation

• Dérivation affixale :

– suffixation : *véritable* (de *vérité*), *mythologique* (de *mythologie*), *poulet* (de *poule*), *rosâtre* (de *rose*), *crémeux* (de *crème*), *substantielle* (de *substance*), *visiblement* (de *visible*) ;

– préfixation : *enjoliver* (de *joli*), *arrondir* (de *rond*) (classés comme parasynthétiques si la désinence verbale est traitée comme un suffixe).

• Dérivation non affixale :

– substantivation d'adjectif : un *plat*, une *génoise* ;

– substantivation de participe passé : le *nappé*, les *gelées* ;

– substantivation de participe présent : les *fondants* ;

– N > V : *ceinturer* (de *ceinture*) ; *glacer* (de *glace*)

2) Composition

– *chaud-froid* (Adj + Adj > N), *fruit confit* (N + Adj > N)

– composition savante : *photographie*, *multicolore*.

Remarques : *enfouir* est en relation avec *fouir*, mais la relation de sens est particulière (on ne peut pas vraiment définir le premier avec le second) ; même chose pour *surface* et *face* ; *journal* est la substantivation d'un ancien adjectif qualificatif remplacé par *quotidien*.

CHAPITRE 8 ||||||||||||||||||||||||||||||||||||||||||||||||||||||||||||||
LA DÉRIVATION

La dérivation est une relation de forme et de sens entre deux mots, orientée d'une base à un dérivé.

I. LA DÉRIVATION AFFIXALE

A. LES AFFIXES

1. AFFIXES ET DÉSINENCES

Affixes et *désinences* sont des *morphèmes liés* (cf. chap. 7, 1 A).

Les **désinences** sont les marques de la **flexion** (conjugaison, déclinaison, variation en nombre et en genre) : *fais-i-ons* est un **mot fléchi**, qui est une forme du verbe *faire* ; il comporte un radical *fais-*, une désinence *-ions* analysable en une désinence temporelle *-i-* et une désinence personnelle *-ons*. Les désinences s'organisent en paradigmes clos ; elles servent à adapter un mot à la syntaxe de la phrase et à la référence (fonction, temps, personne, nombre et genre).

Les **affixes** sont les préfixes et les suffixes, marques de la **dérivation** ; leur liste et leurs sens sont plus difficiles à établir, et leur emploi laisse une place à l'arbitraire de l'usage (cf. chap. 7, II B). Ils servent à former des mots différents : l'adjectif qualificatif *fais-able* est un **mot construit** dérivé du verbe *faire* ; il comporte le radical *fais-* et le suffixe *-able*.

On peut aussi utiliser le terme *affixe* comme terme générique, conformément à son sens étymologique : tout élément « fixé, attaché à » une base ; on distingue alors *affixes flexionnels* (les désinences) et *affixes dérivationnels*.

Les marques de genre et de nombre peuvent être considérées comme une troisième sorte de morphèmes liés plutôt que comptées au nombre des désinences.

Chez A. Martinet, les mots construits sont des *synthèmes*, ou groupements de *monèmes conjoints* correspondant à un choix unique : on sélectionne globalement *lavage* ou *lavable* selon le sens et la catégorie requise par la phrase ; les mots fléchis sont des *syntagmes*, où chaque élément fait l'objet d'un choix séparé : *lav-* (V) laisse ouvert le choix dans le paradigme des désinences temporelles puis personnelles[1].

Les désinences se placent après les affixes : dans *tapoter*, il y a le radical *tap-*, le suffixe *-ot-* et la désinence *-er* ; dans *chatons*, le radical *chat-* (qui est aussi un mot), le suffixe *-on* et la désinence *-s*.

Certaines langues ont, outre les préfixes et les suffixes, une troisième sorte d'affixes, appelés *infixes* : ils s'insèrent à l'intérieur du radical. Il n'y a pas d'infixe en français. Certains auteurs utilisent ce terme par extension pour désigner :

– un élément comme *-is-* dans *fertiliser*, parce qu'il n'est jamais en fin de mot (à la différence de *-ot-* dans *tapoter*, par exemple, qu'on trouve aussi dans *pâlot*) ; mais il s'agit d'un suffixe, placé après le radical ; comme ce suffixe forme des verbes à partir d'adjectifs qualificatifs, il est nécessairement suivi d'une désinence verbale : on parlera des suffixes *-iser*, *-oter*, etc. (« dérivation médiate[2] » opposée à « dérivation immédiate », ex. *blond > blondir*) ;

– les terminaisons *o* et *i* des premiers éléments de composés « savants » ou mixtes (*mis-o-gyne*, *carn-i-vore*, *insect-i-cide*) ou avec troncation (*franc-o-allemand*) ; des consonnes de liaison comme *t* dans *abri-t-er*, *piano-t-er* ; des segments récurrents comme *-at-* dans *admir-at-ion*, *admir-at-eur*, *admir-at-if* (cf. *infra* C) ; dans ces cas, il ne s'agit pas de morphème puisque ces segments n'ont pas de sens : la notion d'affixe est prise alors dans un sens purement formel et très général, pouvant désigner tout segment attaché à un radical.

L'opposition entre affixes (suffixes) et désinences est moins nette avec certaines terminaisons :

– dans les séries comme *éléphant, éléphant-e, éléphant-eau*, ou *chat, chat(t)-e, chat-on*, le féminin est marqué par *-e*, considéré comme une désinence, et le nom du « petit » est marqué par *-eau* ou *-on*, considérés comme suffixes ; désinence et affixe, rapprochés par la relation d'équivalence paradigmatique, ne

---

1. Cf. A. Martinet, *Éléments de linguistique générale*, op.cit., 4-35, 4-13, p. 133, 112.
2. Kr. Nyrop, *Grammaire historique de la langue française*, vol. III, livre deuxième, chap. 11 ; *Suffixes verbaux*.

paraissent pas être d'une nature fondamentalement différente ; le féminin est parfois marqué par un « suffixe » : *princ(e)-esse* ;

– une même terminaison d'adjectif qualificatif *-é* est une désinence de participe passé si l'adjectif est en relation avec un verbe, comme dans *doré, fatigué* (participes passés adjectivés), ou un suffixe si l'adjectif est en relation avec un nom, comme dans *accidenté, zélé* ; de même pour *-u* dans *abattu, résolu* ou dans *pointu, barbu*. Lorsque le verbe est lui-même dérivé d'un nom, comme dans le cas de *chocolater*, il paraît indifférent de dériver l'adjectif (*chocolaté*) du verbe ou du nom : le résultat formel et sémantique est le même ;

– les adjectifs verbaux en *-ant*, comme *amusant, brillant*, sont vus comme des conversions (dérivations impropres) de participes présents ; on peut se demander si c'est aussi le cas des noms (*dirigeant, fabricant, habitant*) ou s'il faut voir ici un suffixe *-ant* formateur de noms d'agent ;

– la désinence d'infinitif, qui représente l'ensemble des désinences verbales, est traitée comme suffixe par certains auteurs, quand elle permet de dériver un verbe d'un nom ou d'un adjectif (*fouine > fouiner, jaune > jaunir*) ; « les désinences verbales jouent le rôle de verbalisateurs[1] ».

Par ailleurs, plusieurs suffixes n'ont pas d'autre rôle que de marquer une classe syntaxique. Il en est ainsi de certains suffixes nominalisateurs de verbes et d'adjectifs : par exemple, ceux qui produisent un nom de procès à partir d'un verbe, comme *-age* (*assemblage*) ou *-tion* (*construction*) ; ceux qui produisent un nom de qualité à partir d'un adjectif qualificatif, comme *-(i)té* (*fragilité*) ou *-eur* (*lourdeur*). *Assembler* et *assemblage* (dans son sens de procès), *fragile* et *fragilité* ont le même contenu sémantique exprimé sous deux classes syntaxiques. Les suffixes cités sont comparables à des désinences catégorielles.

> Ils se distinguent de ceux qui ne sont pas seulement des marqueurs de classe syntaxique, mais qui apportent une signification lexicale supplémentaire (comme *-oir(e)*, qui produit des noms de lieu ou d'instrument sur des bases verbales), et de ceux qui ne transforment pas la classe syntaxique, comme les diminutifs, les péjoratifs, les collectifs, les formateurs de noms de métier, de contenant, de doctrine (cf. *infra* III ; cf. aussi chap. 7, C 1).

2. SENS DES AFFIXES

Les affixes, comme les mots, sont identifiés par une forme, un emploi et un sens ; le sens est très abstrait, comme pour les mots grammaticaux (cf. chap. 1, I A) ;

---

1. J. Dubois et F. Dubois-Charlier, *La Dérivation suffixale en français, op. cit.*, chap. 8.

on retrouve les phénomènes de synonymie (plusieurs formes, même sens), homonymie et polysémie (une forme, plusieurs sens).

– Synonymie :

La situation des affixes dits *concurrents* est une forme de synonymie : ils ont des formes différentes et s'appliquent aux mêmes classes de bases avec le même sens. Comme pour les mots, il n'y a sans doute pas de synonymie totale.

Par exemple, une *plaine* où il y a du vent est *ventée* ou *venteuse* ; dans cet emploi, avec nom de lieu, les affixes sont substituables et les dérivés synonymes. Mais ce n'est pas le cas avec un nom de période de temps : une *journée* est *venteuse*.

La plupart du temps, dans l'usage, les affixes concurrents ne sont pas substituables : pour prendre l'exemple des noms d'action dérivés de verbe, on dit *réparation* et *lavage* mais non **réparage* et **lavation* ; ou encore : on dit *enrichir* et *alourdir* et non l'inverse. Il est difficile de dire dans quelle mesure la distribution des affixes concurrents est aléatoire ou commandée par des contraintes phonétiques, morphologiques ou sémantiques.

> Il arrive souvent que deux mots construits sur une même base avec deux affixes concurrents se spécialisent arbitrairement dans des emplois différents : *blanchissage* (du linge) et *blanchiment* (de l'argent sale), *passation* (de pouvoir) et *passage* (de relais), *tendresse* (d'une personne) et *tendreté* (de la viande). Les dérivés ne sont pas synonymes.

Peuvent être également synonymes des affixes d'emploi différent, comme les préfixes négatifs *in-* et *dé-* : le premier s'applique à des adjectifs, le second à des verbes (sauf quelques exceptions).

– Homonymie :

Des affixes de même forme produisant des dérivés de sens différents sont homonymes.

Le cas le plus net est celui où ils opèrent sur des bases de classe syntaxique différente :

-eur 1 produit des noms de qualité sur adjectif qualificatif (*grandeur*) ;

-eur 2 produit des noms d'agent sur verbe (*coureur*) ;

-age 1 produit des noms d'action sur verbe (*dérapage*) ;

-age 2 produit des noms de sens collectif sur nom (*feuillage*) (cf. exercice 17) ;

S'ils opèrent sur une seule classe de base, le sens seul les différencie :

dé- 1 a un sens négatif : *débaptiser*, *défaire*, *désobéir* ;

dé- 2 a un sens positif, souvent à effet intensif : *délaisser, démontrer* (cf. exercice 18) ;

De là, dans les deux cas, des dérivés homonymes :
plumage 1 : « action de plumer » (base V *plumer*) ;
plumage 2 : « ensemble des plumes » (base N *plume*) ;
déposer 1 (la moquette, les rideaux) : base V *poser, dé-* négatif : « enlever » (ce qui a été posé) ;
déposer 2 (un paquet quelque part) : base V *poser, dé-* positif « poser et laisser » ;
desservir 1 (la table ou qqn) : base V *servir, dé-* négatif : « enlever les plats servis » ou « ne pas rendre service » ;
desservir 2 (un lieu, sujet moyen de transport) : base V *servir, dé-* positif : « servir ».

Des dérivés homonymes peuvent par ailleurs résulter de l'application d'un même affixe à des bases différentes (cf. l'exemple de *décoiffer, infra* B 1).

– Polysémie :
On pensera plutôt à un sémantisme commun se diversifiant selon les bases ou s'adaptant à des référents variés dans les exemples suivants :
-ette 1 produit des noms diminutifs sur nom féminin et sur quelques noms masculins (*maisonnette, camionnette*) ;
-ette 2 produit des noms de petits instruments sur verbe (*sonnette, calculette*).

Cette constance d'une valeur diminutive peut indiquer un mécanisme polysémique, la nature verbale de la base induisant une valeur instrumentale seconde ; à la valeur diminutive peut aussi être associée une valeur affective.

Ce suffixe a été abondamment analysé, généralement pour en proposer un traitement unifié[1].

-oir 1 forme des noms de lieu sur verbe comme *fumoir, dortoir* ;
-oir(e) 2 forme des noms d'instrument sur verbe comme *mouchoir, arrosoir, bouilloire*.

---

1. Cf. notamment C. Delhay, *Il était un « petit X ». Pour une approche nouvelle de la catégorie dite diminutive*, Larousse, 1996 ; G. Dal, *Grammaire du suffixe -et(te)*, Didier, 1997 ; B. Fradin, « La suffixation en -ET est-elle évaluative ? », *Silexicales* 2, 1999 ; B. Fradin, N. Hathout, F. Meunier, « La suffixation en -ET et la question de la productivité », *Langue française* 140, 2003.

L'identité formelle n'est pas complète, puisque seul -*oir* 2 a le féminin, essentiellement pour les instruments appartenant à la sphère domestique[1].

Le sens du verbe oriente le sens du dérivé, selon des considérations pragmatiques : on n'a pas coutume de se moucher dans un lieu spécial (dans ce monde) mais on le fait avec un instrument spécial. Un *fumoir*, en revanche, pourrait être un fume-cigarette : les deux sens sont possibles. Il s'agit d'ailleurs de lieux fonctionnels : un *isoloir*, par exemple, est à la fois un lieu et un dispositif matériel.

De même, pour le suffixe -*erie*, les sens « lieu » (*infirmerie*) et « collectif » (*paysannerie*) ont un lien : il forme des noms de lieux qui abritent des collections d'individus. Un même dérivé peut recevoir les deux interprétations par métonymie :

gendarmerie 1 est un collectif : *la gendarmerie est intervenue* ;
gendarmerie 2 est un lieu : *la poste est à côté de la gendarmerie.*

Le suffixe -*ier* forme des noms à base nominale correspondant à plusieurs types d'objet : arbres (*pommier*), métiers (*chapelier*), contenants (*beurrier*), instruments (*gaufrier*), etc. Mais il y a une constante dans le lien métonymique entre dérivé et base : arbre/fruit, métier/produit, contenant/contenu, etc.[2]

Les choix référentiels faits par l'usage paraissent souvent arbitraires :
légumier 1 signifie « plat à légumes » (France) ;
légumier 2 signifie « marchand de légumes » (Belgique) ;
fraisier 1 signifie « plante produisant des fraises » ;
fraisier 2 signifie « gâteau avec des fraises ».

De même, une catégorie sémantique très générale telle que « agent » laisse la porte ouverte à des spécifications référentielles arbitraires (*polyréférence*, cf. chap. 5, III E 3) : un *camionneur* conduit des camions, un *avionneur* fabrique des avions[3].

3. CUMUL D'AFFIXES, FORMES LIÉES

Plusieurs affixes dans un dérivé signalent plusieurs dérivations (sauf *parasynthèse*) ; dans le cas des suffixes, ils se placent selon l'ordre des opérations dérivationnelles, donné par le fonctionnement des affixes :

---

1. Cf. M. Roché, « Le masculin est-il plus productif que le féminin ? », *Langue française* 96, 1992.
2. Selon D. et P. Corbin, ce suffixe forme d'abord des adjectifs à base nominale (*lait > laitier*), qui, substantivés, nomment des objets (animés ou non animés) d'après une propriété qui les caractérise : *le laitier*. « Un traitement unifié du suffixe -ier(e) », *Lexique* 10, 1991.
3. Cf. D. Corbin, M. Temple, « Le monde des mots et des sens construits : catégories sémantiques, catégories référentielles », *Cahiers de lexicologie* 65, 1994.

redéploiement : *déployer* (séparé de *ployer* par le sens) > *redéployer* (*re-* est un suffixe de verbe > *redéploiement* (*-ment* construit des noms sur des verbes) ;
surendettement : *dette* > *endetter* > *surendetter* > *surendettement* ;
régionalisation : *région* > *régional* > *régionaliser* > *régionalisation*.

Cet ordre est systémique et non diachronique, théorique et non observé ; lorsqu'il y a à la fois préfixe(s) et suffixes(s), on peut parfois arriver au même résultat par plusieurs chemins : les dictionnaires, qui s'attachent à l'usage et à l'ordre chronologique, donnent *surendettement* comme dérivé de *endettement*, ou *redéploiement* de *déploiement* parce que c'est le nom qui est usuel ou parce qu'il a précédé le verbe dans l'usage ; mais le préfixe *re-* est verbal (cf. exercice 15).

Tous les cumuls ne sont pas possibles. Certaines suites de suffixes paraissent particulièrement fréquentes ; un suffixe en position liée, placé devant un autre, peut prendre une autre forme dans ce contexte (**allomorphe**) :

-ion + *-el/al*, *-aire*, *-isme/-iste* : *national, expéditionnaire, abolitionniste* ;
-eur, forme liée *-or-* + *-al-* : *éditorial* ;
-aire, forme liée *-ar-* + *-isme/-iste* : *parlementarisme* ;
-eux, forme liée *-os-* + *-ité* : *dangerosité* ;
-able/-ible, forme liée *-abil-/-ibil-* + *-ité* : *visibilité* ; + *-is(er)* : *crédibiliser* ;
-is(er) + *-ation* : *fidélisation* ;
-ibil- + *-is-* + *-ation* : *flexibilisation* ; *-or-* + *-al-* + *-iste* ; *éditorialiste*, etc.

Un phénomène de « coalescence d'affixes » se produit quand deux affixes se soudent pour former un nouvel affixe ; ainsi, *-er-* + *-aie* (où *-er-* est la forme liée de *-ier*, ex. *ceris-er-aie* dérivé de *ceris(e)-ier*) donne *-eraie* (*asperg-eraie* dérivé directement de *asperge*) ; *-ar-* + *-iat* (où *-ar-* est la forme liée de *-aire*, ex. *actionn-ar-iat* dérivé de *actionn-aire*) donne *-ariat* (*vedett-ariat* dérivé directement de *vedette*[1]) : « *-erie* s'est si bien substitué à *-ie* que ce dernier ne forme plus de nouveaux dérivés ; car dans les dérivés des mots en *-ier*, tels que *chemisier, chemiserie*, on ne décompose plus *-erie* en *-er* (forme affaiblie de *-ier*) et en *-ie* (*chemis-ier, chemis-er-ie*) mais on considère *-ier* et *-erie* comme deux suffixes différents d'un même thème (*chemis-ier, chemis-erie*[2]) ».

---

1. Cf. D. Apothéloz, *La Construction du lexique français, op.cit.,* p. 59-63 ; A. Darmesteter, *De la création actuelle de mots nouveaux dans la langue française, op.cit.,* p. 97.
2. Cf aussi M. Roché, « Un ou deux suffixes ? Une ou deux suffixations ? », *Aperçus de morphologie du français,* PUV, 2009.

B. LES RADICAUX

1. RADICAL ET BASE

Le *radical* d'un mot dérivé est le *segment* restant sans les affixes et éventuellement les désinences :

le radical de *toussoter* est *touss-* (on enlève le suffixe *-ot-* et la désinence *-er*) ;

le radical de *réception* est *récep-* (on enlève le suffixe *-tion*) ;

le radical de *actionnariat* est *actionn-* (on enlève les suffixes *-ari-* et *-at*).

La *base* est le *mot* d'où vient le dérivé. Ce mot peut être simple ou lui-même construit :

– le verbe *tousser* est la base du verbe *toussoter* ;

– le verbe *recevoir* est la base du nom *réception* ;

– le nom *actionnaire* est la base du nom *actionnariat*.

Une même forme de radical peut correspondre pour le sens à plusieurs mots (bases), appartenant à plusieurs classes syntaxiques ; de là certaines homonymies ou réinterprétations de dérivés :

décoiffer 1 (sens ancien) signifiait « enlever la coiffe », c'est-à-dire le couvre-chef : le radical *-coiff-* correspond au nom *coiffe* (ex. *dépoussiérer*) ;

décoiffer 2 (moderne) signifie « défaire la coiffure des cheveux », c'est-à-dire « défaire ce qu'a fait l'action de coiffer » : le radical correspond au verbe *coiffer* (ex. *débaptiser*) ;

démoraliser 1 (ancien) signifiait « rendre non moral, immoral ; corrompre » ; le radical *-moral-* correspond à l'adjectif *moral* (ex. *désensibiliser*). Ce sens est bien attesté au XIXᵉ siècle, dans des énoncés tels que : les romans démoralisent les femmes ;

démoraliser 2 (moderne) signifie « enlever le moral » ; la base est le nom *moral* (substantivation de l'adjectif) (ex. *dératiser*).

> Ce type d'homonymie entre dérivés doit être distingué de celui qui résulte d'une homonymie entre affixes à partir d'une même base[1] (cf. *supra* A.2).

Le mot d'où vient le dérivé peut avoir plusieurs emplois et acceptions ; dans ce cas, il est fréquent que le dérivé vienne de l'une des acceptions (par exemple, l'ad-

---

1. Cf. D. Corbin, « Homonymie structurelle et définition des mots construits. Vers un dictionnaire dérivationnel », *in* J. Chaurand, F. Mazière (éd.), *La Définition*, Larousse, 1990.

jectif qualificatif *humain* correspond à *homme* 1 « être humain » et non à *homme* 2 « être humain de sexe masculin ») ou que chaque emploi ait un ou plusieurs dérivés propres : la base du dérivé est donc l'**emploi** (cf. chap. 1, I A) et l'**acception** ; l'existence de dérivés propres est un critère de **dégroupement** des acceptions (cf. chap. 5, II A 2). Par exemple :

le jour *décline* > le *déclin* du jour ;

quelqu'un *décline* un nom en latin > une *déclinaison* ;

les pneus *adhèrent* à la route > *adhérence* ;

quelqu'un *adhère* à un parti politique > *adhésion*.

Base, radical, thème, racine

Le terme *base* peut s'utiliser aussi pour désigner un radical, notamment en morphologie flexionnelle, ainsi que le terme *thème*, pour les radicaux connaissant une forme allongée par une *voyelle thématique* (cf. *infra* C).

En morphologie lexicale historique, on utilisera également le terme *base* pour désigner les formes prises par un étymon et ses éventuels dérivés dans une famille étymologique, indépendamment de la flexion et de la dérivation ; par exemple, dans l'ensemble des mots se rattachant au latin *legere* « lire », on regroupera les mots à base *lect-* (*lecteur, élection*, etc.), les mots à base *leg-* (*légende, sacrilège*, etc.), les mots à base *lig-* (*intelligent, négliger*, etc.). Le latin *legere* fait lui-même partie de la famille d'une racine indo-européenne *leg-* « cueillir » « choisir » « rassembler[1] ». Le terme *racine* est, dans la tradition française, lié à la grammaire historique et comparée des langues indo-européennes, mais rien n'interdit de l'utiliser dans la description synchronique d'une langue, pour désigner notamment un radical dans sa forme minimale ou les radicaux d'une famille de mots, comme le fait par exemple le *Disfa*[2] (cf. chap. 7, I B).

En matière de dérivation, on a pu soutenir une autre idée de la base : ce serait une catégorie « présyntaxique », antérieure et indifférente aux classes de mots, ce qui détache le lexique de la syntaxe et supprime le problème des exceptions aux « règles » dérivationnelles (quand un affixe s'adjoint à un mot d'une autre classe que celle prévue par la « règle[3] »). Cette conception tend à revenir en grâce ; notamment, quand un affixe s'applique à plusieurs classes syntaxiques de base, on cherchera une caractérisation sémantique commune des bases[4].

---

1. Cf. J. Picoche, *Dictionnaire étymologique du français, op.cit.*
2. Cf. H. Huot, *Morphologie, Forme et sens des mots du français*, chap. 4 ; O. Bonami, G. Boyé, F. Kerleroux, « L'allomorphie radicale et la relation flexion-construction », *Aperçus de morphologie du français*, PUV, 2009 ; M. Roché, « Base, thème, radical », *Recherches linguistiques de Vincennes* 39, 2010.
3. Cf. G. Serbat, « La création lexicale : Actes de la Table Ronde tenue dans le cadre du 5e Colloque international de linguistique latine », *L'Information grammaticale* 42, 1989, p. 3-6.
4. Cf. par exemple D. Amiot, « La catégorisation de la base dans la préfixation en *dé* », *in* B. Fradin (éd.), *La raison morphologique*. Voir exercice 18.

2. RADICAUX LIÉS : ALLOMORPHIE ET SUPPLÉTISME

On distingue traditionnellement deux sortes de *radicaux liés* selon des critères formels et étymologiques.

– Radicaux **allomorphes**

Le radical *allomorphe* est une *variante combinatoire* (conditionnée par le contexte) du mot d'où vient le dérivé (cf. chap. 7, I A), qui modifie assez peu la forme de base : par exemple, dans *réception, récep-* = *recev(oir)* ; dans *vanité, van-* = *vain*.

Il y a des variations régulières, comme celle que l'on vient de citer : *v* devient *p* devant *-tion* (*décevoir* > *déception*) ; l'alternance *-ain/-an-* est récurrente (*sain/santé, nain/nanisme*, etc.)

D'autres sont singulières et non prévisibles : *éteindre* > *extinc-(tion)*, *croire* > *créd-(ible)*, *rompre* > *rupt-(ure)*.

La reconnaissance de la relation dérivationnelle sera d'autant plus problématique que la variation formelle est importante. Le locuteur rencontrant le nom *alacrité* ne le mettra peut-être pas en relation avec l'adjectif *allègre* (qui conserve sa forme dans *allégresse*).

> Du point de vue diachronique, les radicaux allomorphes sont le plus souvent des formes savantes du mot correspondant, c'est-à-dire qu'ils ont la forme de son étymon latin (cf. chap. 6, I).

– Radicaux **supplétifs**

Le radical lié peut avoir une forme totalement différente de celle du mot avec lequel le dérivé est en relation sémantique :

lud-ique = qui a trait au *jeu* ;
gastr-ique = qui concerne l'*estomac* ;
carcér-al = qui concerne la *prison* ; *in-carcér-er* = mettre en *prison*.

Il s'agit toujours d'une *variante combinatoire* (*allomorphie*). Mais dans ce cas, on parle de radical *supplétif*. Les *radicaux supplétifs* remplacent (cf. *suppléer*) le mot usuel de même sens, indisponible pour des raisons variées et d'ailleurs malaisées à déterminer, par un emprunt au grec ancien ou au latin. Il est sans doute difficile de former un adjectif sur *jeu* pour des raisons phonétiques ; sur *estomac*, il existe aussi *stomachique*, à radical allomorphe, mais avec le sens restreint « qui facilite la digestion dans l'estomac » ; *incarcérer* sert de terme officiel, *emprisonner* a d'autres emplois.

> Du point de vue diachronique, l'étymon des radicaux supplétifs est différent de celui du mot simple correspondant, ce qui explique la disparité formelle :

– *jeu* vient de *jocus* « plaisanterie » et *ludique* a été construit en français sur *ludus* « jeu » ;

– *estomac* vient de *stomachus*, du grec *stomachos* « orifice », « gorge », de *stoma* « bouche », et *gastrique* a été construit sur un autre mot grec, *gastros* « estomac » ;

– *prison* est la forme populaire correspondant à la forme savante *préhension* (latin classique *prehensio* « prise, acte de prendre »), alors que *carcéral* et *incarcérer* ont été construits sur *carcer* « prison ».

On pourra parler de *dérivé supplétif* quand c'est le dérivé qui est emprunté, déjà formé en latin :

– *cécité* vient du latin *caecitas*, dérivé de *caecus* « aveugle », alors que *aveugle* vient de *ab oculis* (*oculus* « œil »).

Le supplétisme est observé de manière privilégiée dans la flexion verbale : le verbe *aller* (latin *ambulare*) a des formes supplétives en *v-* (*vais, va, vont* : latin *vadere*) et en *i-* (*irai* : latin *ire*). L'identité sémantique des différentes formes est plus assurée dans un paradigme flexionnel (la conjugaison d'un verbe) que dans la relation dérivationnelle.

La relation de *carcéral* à *prison* n'est plus de forme et de sens mais seulement de sens (synonymie entre *prison* – ou certains emplois de *prison* – et *carcér-*). La notion de *supplétisme* pourrait alors être étendue aux relations comme celles entre *tomber* et *chute*, *frapper* et *coup*, *tuer* (+ objet humain) et *meurtre*, *dormir* et *sommeil*, où le verbe n'a pas de dérivé nominal morphologique usuel ; la lacune est comblée non par un dérivé « savant » (recourant à un mot latin ou grec), mais par un autre mot « populaire » (au sens historique) sans lien morphologique. La morphologie disparaît alors derrière la sémantique et la syntaxe.

J. Picoche parle de *dérivés sémantiques* pour ces « mots qui, sans être morphologiquement des dérivés, fonctionnent pourtant comme des dérivés : ex. si le nom d'action correspondant à *retomber* est *retombée*, le nom d'action correspondant à *tomber* est *chute* ; *Max gifle Jean* se transforme en *Max donne une gifle à Jean*, mais *Max frappe Jean* en *Max donne un coup [de poing] à Jean* ; *manger* peut être transformé en *faire un repas* ; *dormir* en *faire un somme* ; *se tromper* en *faire une erreur*[1] ». Ce terme a été repris dans le *Lexique actif du français* de I. Mel'čuk et A. Polguère (cf. chap. 1, II A).

En synchronie, sans le recours à l'étymologie, la question se pose du maintien de la notion de *supplétisme* distinguée de l'*allomorphie non supplétive*. Si l'on veut conserver cette distinction en synchronie, on peut la redéfinir comme celle entre variation unique et variation reproductible, sans considération de l'étymologie[2].

---

1. J. Picoche, *Didactique du vocabulaire français*, Paris, Nathan, 1993, 1.3., p. 26 ; édition revue : *Enseigner le vocabulaire, la théorie et la pratique*, Éditions Vigdor, 2009 (www.vigdor.com).
2. D. Corbin, *Morphologie dérivationnelle et structuration du lexique*, *op.cit.*, p. 293 ; D. Apothéloz, *La Construction du lexique français*, p. 29.

L'analyse en éléments de J. Rey-Debove laisse à la diachronie les notions d'allomorphie et de supplé-tisme, comme de dérivés et composés « savants ». Elle regroupe sous l'appellation *ligalexe* tous les mots analysables ne comportant que des éléments liés, comme *indubitable* ou *myriapode* (par oppo-sition aux *dérivés* comme *feuillage*, aux *composés* comme *chèvrefeuille*, aux *mots mixtes* – radical + mot – comme *biodiversité*, qui tous comportent au moins un mot libre). « Personne ne peut déduire *rupture* de *rompre* en français, si ce n'est par l'usage qui en est fait ; la différence formelle est presque aussi grande qu'entre *chute* et *tomber*. » Deux formes différentes de même sens sont synonymes, quel que soit le degré de différence[1]. *Cécité* et *compatible* ne sont pas des ligalexes parce qu'ils ne sont pas analysables : *céc-* et *compat-* n'ont pas d'autre emploi dans le lexique (cf. chap. 7, I).

C. DÉLIMITATION DU RADICAL ET DE L'AFFIXE

La frontière entre radical et suffixe pose parfois des problèmes de segmenta-tion : certains segments intermédiaires à statut incertain, supplémentaires par rapport aux formes minimales du radical et du suffixe, sont rattachés à l'un ou à l'autre, ou traités comme des éléments de transition : *monstr-u-eux, mystér-i-eux* (vs *colér-eux, paress-eux*) ; *solid-i-té* (vs *clar-té*) ; *solid-i-fi-er* (vs *statu-fi-er*) ; *admir-a-ble, nuis-i-ble, sol-u-ble* ; *admir-a-t-ion* (vs *réflex-ion, fin-i-t-ion*), *admir-a-t-eur* (vs *livr-eur, appar-i-t-eur*).

La morphologie historique segmente selon un critère étymologique ; par exemple :
  – le modèle latin des verbes en *-fier* (*solidifier*) est en *-ficare*, variante de *facere* « faire » : d'où la segmentation *solid-i-fi-er*, où *-i-* est rattaché au radical ;
  – dans les étymons latins *admiratio, admirator*, les suffixes *-io, -or* s'ajoutent à une forme de radical verbal (**thème**) allongé par une *voyelle thématique* (*a* : infinitif *admir-a-re*) et un *t* qui appartient à une forme nominale du verbe dite *supin* : *admir-a-t-io*.

En synchronie, le critère distributionnel de la commutation conduit plutôt à rat-tacher les segments intermédiaires aux suffixes : *mystèr(e) + -ieux* ; *solid(e) + -ifi (er)/+ -ité* ; *admir + -er/+ -able/+ -ation, nuis + -ez/+ -ance/+ -ible*.

D'où les suffixes allomorphes, par exemple, pour la forme minimale de suffixe *-ion* formateur de noms sur base verbale :
  -ion (*exécut-ion, persécut-ion, démiss-ion*) (V du 1er groupe en *-ter* ; V du 3e groupe) ;
  -tion (*expédi-tion, distribu-tion*) (V du 1er groupe en *-ier, -uer*) ;
  -ation (*admir-ation, prolifér-ation*) (V du 1er groupe) ;

---

1. J. Rey-Debove, *Le Robert Brio, Préface, De l'étymologie à l'analyse méthodique des mots : vers une nouvelle pédagogie*, p. VIII-X.

-ition (*fin-ition*, *appar-ition*, *perd-ition* ; *répét-ition*) (V du 2ᵉ et du 3ᵉ groupe, mais aussi certains V du 1ᵉʳ groupe : de même, *exige-ible* vs *mange-able*) ;
-ution (*par-ution*).

On peut appliquer en synchronie la notion de *voyelle thématique* aux voyelles *-a-*, *-i-*, *-u-* de *admir-a-tion*, *admir-a-ble*, *fin-i-tion*, *faill-i-ble*, *par-u-tion*, *résol-u-ble* qui se retrouvent dans la flexion verbale (*tu admir-a-s*, *il fin-i-t*, *il faill-i-t*, *il par-u-t*, *il résol-u-t*).

Le segment *-t-*, récurrent devant *-ion*, *-eur*, *-if*, est attaché à la voyelle ou se considère séparément du fait qu'il peut se présenter seul.

Ces segments sont à différencier des consonnes de liaison euphonique comme le *t* de *abri-t-er*, *chapeau-t-er*, *piano-t-er*, *texto-t-er*. Le *v* de *en-joli-v-er* est étymologique (forme ancienne de l'adjectif qualificatif *jolif, jolive*) ; mais il est senti en synchronie comme une consonne de liaison. Le *c* de *éclaircir* est également étymologique (latin populaire **exclaricire*) ; celui de *obscurcir* est analogique[1].

Les segments supplémentaires dépourvus de sens intervenant entre radical et suffixe (*interfixes*) dans *tart-el-ette* (vs *boul-ette*), *napp(e)-er-on* (vs *chaîn(e)-on*), *briqu(e)-et-ier* (vs *pot-ier*) auraient une fonction prosodique[2].

Dans un cadre distributionnel, C. Gruaz pose un schéma général des groupes suffixaux comme *-at-eur*, *-i-eux*, etc., en *joncteur* et *noyau* (forme minimale) ; les différentes formes de *joncteurs* se ramènent à quatre types : *-i-*, *-u-*, *-at-*, *it-* ; ce dernier segment, par exemple, se retrouve dans *facil-it-er* ou dans *fidél-it-é*, et sous la forme *-is-* dans *fidél-is-er*[3].

II. LA DÉRIVATION NON AFFIXALE

La *dérivation non affixale* est le procédé, appelé aussi *dérivation impropre* ou *conversion* (cf. chap. 6, II B), qui consiste à dériver un mot d'un autre mot sans affixation, par changement de classe syntaxique. On parle aussi de *recatégorisation* ou de *transcatégorisation*.

Cette notion est problématique : pour certains, elle relève de la diachronie et non de la synchronie ; d'autre part, c'est un fait de syntaxe et de sémantique plus que de morphologie, puisque ce n'est pas la forme du mot qui est affectée mais sa construction et son sens.

1. Kr. Nyrop, *Grammaire historique du français, op.cit.*, III, p. 197.
2. M. Plénat et M. Roché, « Entre morphologie et phonologie : la suffixation décalée », *Lexique* 16, 2004 ; M. Plénat, « Les contraintes de taille », M. Roché, « Un ou deux suffixes ? Une ou deux suffixations ? », *Aperçus de morphologie du français*, PUV, 2009.
3. Cf. C. Gruaz, *La Dérivation suffixale en français contemporain*, chap. 9 ; *Le mot français, cet inconnu*, Précis de *morphographémologie*, Publications de l'université de Rouen 138, 1987, p. 30.

A. DIACHRONIE ET SYNCHRONIE

Il est parfois difficile d'orienter la relation entre une base et son dérivé « impropre » en synchronie, du fait de l'absence d'affixe pour signaler le dérivé. Certains auteurs considèrent donc que la notion de dérivation est ici purement historique : la classe syntaxique primitive est celle de l'étymon et, si les attestations connues des deux emplois ne sont pas de même époque, celle dont la datation est antérieure (cf. chap. 6).

En synchronie, la relation peut cependant être orientée par un critère morphologique, syntaxique ou sémantique :

– le mot comporte une marque morphologique de son appartenance syntaxique première[1] : *portable* a un affixe d'adjectif, *déjeuner* a une désinence d'infinitif ; *un portable, un déjeuner* sont donc des nominalisations, respectivement d'adjectif et de verbe ;
– certaines nominalisations d'adjectif s'interprètent par ellipse d'un nom : *un* (ordinateur) *portable*, un (téléphone) *mobile*, *un* (fleuve) *rapide* (cf. *infra* III A 2) ;
– dans les paires N/V, un nom abstrait signifiant un procès dérive du verbe (*nager > nage*) ; si le nom réfère à un concret, il est au contraire la base du verbe : *drogue > droguer, beurre > beurrer* ; on utilisera le verbe *nager* pour définir le nom *nage* (le fait ou la manière de nager), et inversement, le nom *drogue* pour définir le verbe *droguer* (donner de la drogue).

M. Riegel appuie la notion de *conversion* sur « l'antériorité épistémologique de la notion-base sur la signification construite par conversion » : « Ainsi, pour concevoir le procès verbal *clouer*, il faut préalablement disposer de la notion nominale de *clou*. » Il relève le néologisme *déconsigne* (endroit d'un magasin où les clients peuvent se faire rembourser les bouteilles consignées), qui s'interprète comme une conversion du verbe *déconsigner*[2].

On peut aussi évoquer la disponibilité du processus.

1. L'EXEMPLE DES ADJECTIFS DE COULEUR DÉRIVÉS DE NOM

Les étymons latins de *mauve, rose, violette* – ancien français *viole* – (*malva, rosa, viola*) sont des noms de fleur : c'est donc l'adjectif qualificatif qui est historiquement dérivé du nom. (L'adjectif peut être ensuite substantivé comme nom de couleur : *le mauve, un joli mauve*.) De plus, l'emploi de *mauve* comme adjectif est

1. Cf. D. Apothéloz, « Marquage catégoriel de la base », *La Construction du lexique français, op.cit.*, p. 96.
2. M. Riegel, « À propos d'un néologisme, compositionnalité et catégorisation en morphologie lexicale », *Lexique, Syntaxe et Sémantique, Mélanges offerts à Gaston Gross*, BULAG, 2000, p. 107-122.

tardif : il est daté du xixᵉ siècle. Inversement, *fauve* vient d'un adjectif de couleur (bas latin *falvus*, d'origine germanique, signifiant « jaune roux ») : l'emploi comme nom (*un fauve*) est donc dérivé. (Cette substantivation s'accompagne à l'époque moderne d'une restriction du sens : un fauve est aujourd'hui un « grand félin », alors que l'expression *bêtes fauves* a pu s'appliquer à tous les animaux à pelage fauve, y compris les cerfs ou les lièvres.)

Mais, en synchronie, rien ne permet *a priori* d'orienter la relation dans ces paires N/Adj :
– du point de vue morphosyntaxique, noms et adjectifs sont des catégories proches, qui s'opposent ensemble à celle du verbe et entre lesquelles les échanges sont constants, dans les deux sens ;
– du point de vue sémantique, il y a, entre adjectifs de couleur et noms d'objets de cette couleur, une relation de type métonymique, qui est réversible ; comme on vient de le voir, on peut aussi bien appeler une couleur du nom d'un objet typiquement de cette couleur (*rose*), ou appeler un objet du nom de sa couleur, si elle est un de ses traits typiques (*fauve*). Aussi, l'étymologie populaire peut parfaitement inverser le sens de la relation. Le nom de la *violette*, par exemple, sera perçu comme la substantivation de l'adjectif qualificatif ; la fleur s'appellerait ainsi à cause de sa couleur, tout comme la *fauvette*. Dans l'autre sens, *fauve* Adj signifierait « de la couleur des fauves ». La description synchronique pourrait donc renvoyer l'adjectif et le nom l'un à l'autre dans une relation réciproque et non orientée.

Cependant, certains arguments militent en faveur de la notion d'adjectif de couleur dérivé de nom en synchronie :
– il s'agit d'un processus productif et disponible ;
– il est dans la « conscience linguistique » : l'origine nominale de *marron* et *orange* par exemple reste bien perçue ;
– dans certains cas, l'invariabilité en nombre et en genre conserve la trace de l'effacement produisant l'adjectivation : *des vêtements* (de la couleur de l') *orange* ou (du) *marron* ; c'est le cas pour tous les autres moins courants, tels que *amarante, émeraude, garance*, etc. ; cela marque des degrés d'adjectivation, de même que la possibilité de la dérivation en *-âtre* : *rosâtre* mais **orangeâtre*.

2. LE CAS DES NOMS DÉVERBAUX
Dans les paires V/N telles que *dériver/dérive, envoyer/envoi, jeter/jet, oublier/ oubli, rêver/rêve*, où le nom a la forme du radical ou d'une forme du verbe

(3e personne du présent de l'indicatif) et un sens d'action (sens processif) ou, par métonymie, de résultat (sens résultatif : *une critique*), plus rarement d'agent (*un critique, un pilote*), ou d'instrument (*un cache, une enveloppe*), ou de lieu (*une cache*), on trouve, du point de vue diachronique, trois situations :

– c'est le verbe qui est héréditaire et le nom a été dérivé, comme dans les exemples ci-dessus, ou encore *nager* (latin *navigare*) et *nage* : latin *navigare* > français *nager* (forme populaire) > français *nage* ; latin *inviare* > français *envoyer* > français *envoi* ;

– c'est le nom qui est héréditaire ou emprunté et le verbe a été dérivé : ainsi, *analyse* est le grec *analusis* « décomposition », et a donné *analyser* ; *charme* vient du latin *carmen* « chant magique », et a donné *charmer* ; *récolte* vient de l'italien *ricolta*, et a donné *récolter* ; *voyage* est issu du latin *viaticum*, et a donné *voyager* ;

– le verbe et le nom existent en latin : c'est le cas par exemple pour *chant* et *chanter* (*cantus* et *cantare*), *délire* et *délirer* (*delirium* et *delirare*).

C'est la première situation, quantitativement importante, qui constitue la dérivation dite « régressive » ou « impropre » (cf. chap. 6, II B).

Du point de vue synchronique, il n'y a pas de différence entre les trois cas. La notion synchronique d'une conversion de verbe à nom se détache donc de l'histoire : elle regroupe ces formes dans l'ensemble des noms dérivés de verbe, avec les suffixés en *-age*, *-ment*, *-ion*, etc., parce que la relation sémantique et syntaxique au verbe est fondamentalement la même. Elle peut être traitée comme une « suffixation zéro[1] ».

On note une certaine productivité contemporaine, qui apparaît surtout dans la langue familière : *la bouffe, la débrouille, la défonce, la déglingue, la drague, la fauche, la frime, la gagne, la glisse, la grogne, la triche* ; mais aussi : *les frappes aériennes, la traque des terroristes*. Ce sont essentiellement des noms féminins en relation avec un verbe du premier groupe.

> F. Kerleroux fait remarquer que dans les expressions familières : *c'est la galère, quelle galère !*, *galère* est le déverbal de *galérer* (« mener une vie de galérien, très pénible ») et non le substantif désignant une embarcation. On a donc : *galère* 1 « embarcation » > *galérer* (fig.) > *galère* 2 « fait de galérer (fig.) » ; de même : *fronde* 1 « arme de jet » > *fronder* (fig.) « critiquer, se révolter contre » : *fronder le pouvoir* > *fronde* 2 « révolte, insubordination[2] ».

---

1. J. Dubois, F. Dubois-Charlier, *La Dérivation suffixale en français*, p. 29.
2. Cf. F. Kerleroux, *La Coupure invisible. Études de syntaxe et de morphologie*, Lille, Presses universitaires du Septentrion, 1996, chap. 4, p. 219.

B. LEXIQUE ET SYNTAXE

La conversion est un fait d'emploi, c'est-à-dire de syntaxe. C'est aussi un fait de lexique dès lors qu'une unité lexicale est créée.

L'incidence lexicale est plus évidente dans les conversions entre nom et verbe, à cause de la différence formelle suscitée, malgré l'absence d'affixe, par la nécessité de marquer la nature verbale par une désinence : aussi tous les dictionnaires auront-ils deux entrées pour *nager* et *nage*, *oublier* et *oubli*, ou *beurre* et *beurrer*, *drogue* et *droguer*. L'opposition verbo-nominale est centrale dans le système des parties du discours.

En revanche, dans le cas des conversions entre nom et adjectif sans « marquage catégoriel », on parlera plus souvent de deux emplois d'un même mot que de deux mots différents : la plupart des dictionnaires ont une seule entrée pour *orange* N et *orange* Adj, *rapide* Adj et *rapide* N.

Il faudrait pourtant considérer dans tous les cas qu'il y a deux mots, conformément à l'idée que la classe syntaxique fait partie de l'identité d'un mot (cf. chap. 1, I A).

Les transferts d'emploi concernant les mots grammaticaux, qui vont de préposition à adverbe (*il court après le chat* > *il court après*), de déterminant à pronom (*deux enfants sont venus* > *deux sont venus* ; *tous les enfants seront punis* > *tous seront punis*) sont décrits en termes syntaxiques : il y a ellipse et anaphore. Certains mots grammaticaux peuvent être nominalisés : des adverbes (*le bien et le mal*), des pronoms (*le moi*), des prépositions (*peser le pour et le contre*) ; ces emplois constituent des cas particuliers.

Les principales conversions sont présentées *infra* III.

III. PRINCIPALES DÉRIVATIONS

On récapitulera ici les principaux types.

La liste des affixes indiqués pour chaque type n'est pas exhaustive : on laisse notamment de côté la plupart des préfixes séparables, ainsi que les suffixes familiers comme *-ingue* ou *-iche* (*sourdingue, fortiche*[1]).

Le classement est fait selon :

– la classe syntaxique du dérivé ;

– la classe syntaxique de la base ;

– le procédé (suffixation, préfixation et conversion) (cf. exercice 16).

---

1. Cf. D. Apothéloz, *La Construction du lexique français*, *op.cit.*, chap. 5, 5 ; *Les suffixes diastratiques*.

Comme il a été précisé au chapitre 7, les mots de même structure sont traités ensemble, sans considération de leur étymologie.

On classe comme préfixés les verbes de structure *a-/ dé-/ é-/ en-* + N ou Adj + *-er/ -ir* (ex. *allonger*) (cf. chap. 7, II C 3).

On range dans la conversion les substantivations et adjectivations de formes verbales (infinitifs, participes), ainsi que les verbes dérivés de nom ou adjectif par simple ajout de la désinence (*beurrer, grandir*).

A. NOMS

1. NOMS DÉRIVÉS DE VERBE
– Suffixation

•*Noms de procès*

Les principaux suffixes sont *-ion, -tion, -ation, -ition* (*exécution, manifestation, évolution, abolition, parution* ; sur la segmentation, cf. *supra* I, C) ; *-(e/i)ment* (*décollement, blanchiment*), *-age* (*blanchissage, forage*) ; il y a aussi : *-ade* (*baignade, promenade*), *-aison* (*pendaison, salaison*), *-ance* (*espérance, surveillance*), *-is* (*cliquetis, frottis*), *-at* (*plagiat*), *-erie* (*bouderie, flânerie*), *-(t)ure* (*blessure, fermeture*).

À partir du sens processif, différentes métonymies peuvent intervenir, notamment : résultat (*le coloriage du dessin* > *un coloriage*), instrument (*un aiguillage, une couverture*), lieu (*la promenade des Anglais* = l'endroit où ils se promènent).

•*Noms d'agent*

Suffixe *-eur, -teur, (a/i)teur* : *livreur, opérateur* (cf. les règles du féminin dans les grammaires).

Substantivation de participes présents, ou suffixation en *-ant* : *dirigeant, fabricant*.

•*Noms d'instrument*

Les appareils et machines, qui ont une action mécanique, peuvent être considérés comme des agents non animés ; les mêmes suffixes fonctionnent : *démarreur, tondeuse, générateur, calculatrice* ; *un voyant, une imprimante*. Les féminins peuvent s'expliquer par référence à *machine*, et le masculin par référence à *appareil* : une *imprimante* est une (machine) imprimante ; un *démarreur* est un (appareil) démarreur ; on aurait alors des converses d'adjectifs ; ou bien le masculin est non marqué (une sorte de neutre).

Les noms d'instrument sont plutôt en *-oir(e)* (*arrosoir, écumoire*), en *-ail* (*éventail, gouvernail*), en *-ette* (*allumette, calculette*) ; quelques instruments en *-on* : *bouchon, lorgnon, pilon*.

(Sur les études du suffixe *-et[te]* et sur le genre des dérivés, voir les références indiquées *supra* en I A 2)

•*Noms de lieu*

On retrouve le suffixe *-oir* : *parloir, dortoir*. Ce sont plutôt des lieux instrumentaux, destinés à un usage : un *isoloir*, endroit où l'on s'isole (pour voter), est aussi un dispositif spécialement conçu à cet effet (cf. *supra* I A 2).

Certains noms en *-erie* à base verbale désignent des lieux liés à une activité industrielle ou commerciale : *raffinerie, blanchisserie*.

– Conversion

•*Noms de procès*

Déverbaux : *nage, vol*.

Substantivation de formes de participes passés et d'infinitifs : *arrivée, sortie, battue, découverte, méprise* ; *devoir, repentir, rire*.

•*Noms d'agent*

un pilote, les cognes (ceux qui cognent, les agents de police).

•*Noms d'instrument*

un appeau (variante de *appel*), *un cache, une enveloppe*.

2. NOMS DÉRIVÉS D'ADJECTIF

– Suffixation

Elle donne des noms de propriété (qualités, sentiments, comportements, selon le sens de l'adjectif et son emploi) : *-eur* (*blondeur, froideur*), *-esse* (*faiblesse, hardiesse*), *-(er)ie* (*monotonie, bigoterie*), *-ise* (*bêtise, gourmandise*), *-(i)té* (*habileté, banalité*), *-(it)ude* (*inquiétude, amplitude*), *-ure* (*froidure, désinvolture*), *-ance/-ence*, en relation avec les adjectifs verbaux (*vaillance, négligence*) ; quelques formes en *-ion* (*abjection, discrétion, dévotion*, etc.) ; des noms de doctrine, d'attitude en *-isme* : *scepticisme, snobisme*. Les noms de propriété peuvent donner des sens concrets comptables par métonymie (*manger des douceurs, dire des banalités, une bizarrerie*).

– Conversion

Le nom a un sens abstrait ou un sens concret[1] :

– sens abstrait : *le beau, le froid, le vert* ; la substantivation transforme en notion, ou objet de pensée, la propriété exprimée par l'adjectif, en la dégageant par

---

1. Cf. D. Corbin et P. Corbin, « Un traitement unifié du suffixe *-ier(e)* », *Lexique* 10, p. 77.

abstraction des référents auxquels elle peut s'appliquer ; le nom de propriété abstrait peut là aussi (cf. ci-dessus) référer à une occurrence particulière et concrète de cette propriété (*un froid glacial, ce vert est trop vif*).

– sens concret : un objet est désigné par une propriété caractéristique ; il s'agit d'un animé : *un(e) jeune, malade, noir(e)* ; ou d'un non-animé : *une commode, un rapide, un bleu* (ecchymose ou vêtement), *du bleu* (fromage), *un complet, un carré.*

> Pour les animés, on peut penser que ces substantivations passent par l'ellipse d'un nom tel que *être(s) humain(s), homme, femme : les jeunes* = les (êtres humains) jeunes ; *une malade* = une (femme) malade ; *un malade* = un (être humain) malade (interprétation générique) ou un (homme) malade (interprétation spécifique). Pour les non-animés, il est parfois facile, et de plus nécessaire pour l'interprétation, de rétablir un nom : *un* (train, fleuve) *rapide, un* (ordinateur, téléphone) *portable, un* (vêtement) *bleu, un* (document) *faux, un* (médicament) *antalgique.* C'est ce nom sous-jacent qui est censé déterminer le genre, voire le nombre : *la* (élection) *présidentielle, les* (élections) *législatives, une* (machine) *imprimante, une* (voiture) *automobile.* Le nom dérivé de l'adjectif est hyponyme du nom effacé : un *rapide* est une sorte de *train* ou une sorte de *fleuve.* Dans d'autres exemples, il est difficile ou impossible d'en trouver un. Ainsi, les dictionnaires expliquent la substantivation féminine de *commode* par l'ellipse de *armoire* ; mais les deux noms sont aujourd'hui co-hyponymes de *meuble de rangement* et non en relation d'hyper/hyponymie. Si un *bleu* (de travail) est bien un vêtement bleu, on ne voit pas en revanche quel nom serait effacé pour obtenir le sens « ecchymose » de *bleu* N.
>
> Le masculin peut s'expliquer comme une neutralisation du genre, le français n'ayant pas de neutre pour les noms : d'où *le français* pour *la langue française, le nucléaire* pour *l'énergie nucléaire, le plastique* pour *la matière plastique*[1]. Il faut donc distinguer les substantivations qui passent par un effacement, avec héritage du genre, et celles qui forment un nom (abstrait ou concret) par attribution du seul genre masculin (à valeur neutre) à l'adjectif[2].

3. *NOMS DÉRIVÉS DE NOM*

– Suffixation

On trouve ici un grand nombre de suffixes et plusieurs classes sémantiques, qui ne se correspondent pas : plusieurs suffixes interviennent dans une classe sémantique donnée ; un même suffixe peut intervenir dans plusieurs classes sémantiques.

---

1. Cf. M. Roché, « Le masculin est-il plus productif que le féminin ? », *Langue française* 96, p. 114.
2. Cf. A. Winther, « Un point de morpho-syntaxe : la formation des adjectifs substantivés en français », *L'Information grammaticale* 68, 1996.

On indique quelques séries importantes :
- diminutifs en *-et(te)* (*coffret, facturette*), *-ot* (*îlot*), *-eau* (*tyranneau, éléphanteau*), *-elle* (*tourelle*), *-in(e)* (*tambourin, figurine*), *-ille* (*flotille*), *-(er)on* (*chaînon, ourson, napperon*), *-(ic)ule* (*veinule, monticule*) ;
- collectifs en *-age* (*feuillage*), *-ade* (*colonnade*), *-erie* (*paysannerie, tuyauterie*), *-aille* (*ferraille*), *-at* (*électorat, patronat*) ;
- lieux en *-erie* (*infirmerie*), *-ier* (*poulailler*), *-(er)aie* (*cerisaie, bambouseraie*) ;
- produits en *-age* (*lainage*), *-ade* (*citronnade*) ;
- métiers en *-ier* (*chapelier*), *-aire* (*disquaire*), *-iste* (*dentiste*), *-ien* (*chirurgien*), *-eron* (*vigneron*) ;
- contenants en *-ier* (*beurrier*), contenus en *-ée* (*cuillerée*) ;
- arbres en *-ier* (*amandier*).
Cf. *supra* I A 2.

– Préfixation

On trouve quelques contraires en *dé(s)-* et en *in-* : *désordre, insuccès*. La notion de « contraire » est à prendre dans un sens très extensif : la *dénatalité* est plutôt la diminution de la natalité. Il y a des contraires en *non-* qui se rapprochent des composés : *non-sens* ; quelques noms en *mé(s)-* : *mésalliance, mésaventure, mésentente, mévente*.

– Parasynthèse

encolure, envergure

B. VERBES

1. VERBES DÉRIVÉS DE NOM
– Suffixation

Suffixes *-is(er)* (*accessoiriser, caraméliser, scandaliser*) ; *-(i)fi(er)* (*vitrifier, codifier, personnifier, statufier*).

– Préfixation

Préfixes *a-* (*atterrir, annoter*), *é-* privatif (*ébrancher*) ou non privatif (*ébruiter*), *en-* (*enterrer, empoisonner*), *dé-* (*déterrer, détartrer*).

Ces mots sont aussi classés dans les parasynthétiques (cf. chap. 6, II C, chap. 7, C 3).

Les verbes de forme *en- + N + -er* peuvent signifier « mettre [le référent désigné par l'objet du verbe] en, dans N » (*enterrer un os*) ou « mettre N en, dans [le référent désigné par l'objet du verbe] » (*empoisonner un plat*), selon le sens du nom base et du nom objet ; voir aussi : *atterrir* (« arriver à terre ») et *annoter* (« mettre des notes à »).

– Conversion

L'interprétation dépend des relations entre le N base du verbe et le N objet du verbe (pour les transitifs), ou du caractère sémantique du N base (pour les intransitifs).

Meubler, coller, beurrer, c'est « mettre N [base] sur, dans N [objet du verbe] » ; *plumer* (un poulet), *écumer* (un bouillon), c'est « enlever N [base] partie de N [objet] » ; avec des N base noms d'instruments, le verbe signifie l'activité correspondante : *balayer, skier* ; *bouquiner, jardiner,* c'est faire ce qu'on fait habituellement avec un *bouquin* ou s'occuper d'un *jardin* ; les Québécois disent *magasiner* « faire les magasins » ou « faire des courses ».

Gommer 1 signifie « mettre de la *gomme* 1 [substance] » : *gommer les bords d'une enveloppe, papier gommé* ; *gommer* 2 signifie « effacer à l'aide d'une *gomme* 2 [objet] » : *gommer un dessin.*

On notera que le sens « mettre N dans, sur, avec » se trouve dans les trois types de formations : suffixation en *-is-* (*accessoiriser une tenue*), préfixation en *en-* (*empoissonner un lac*), conversion (*meubler une pièce*).

2. VERBES DÉRIVÉS D'ADJECTIF
– Suffixation

On retrouve ici les suffixes *-is(er)* (*immobiliser, précariser*) et *-ifi(er)* (*amplifier, solidifier*).

Les adjectifs en *-ique* sont tronqués : *automat(-ique)iser, diabol(-ique)iser, électr(-ique)ifier/iser.*

Le sens « rendre Adj », qui est celui des exemples donnés, est bien représenté, mais non constant : *localiser, subtiliser, sympathiser, bêtifier* n'ont pas ce sens (cf. *supra* I A 2).

– Préfixation

On retrouve les préfixes *a-* (*affaiblir*), *é-* non privatif (*éborgner*), *en-* (*enhardir*), *dé-* (*déniaiser*). Les trois premiers se combinent souvent à *r(e)-* : *ralentir (r(e)-a-lent-ir)*, *réchauffer*, *renforcer*, etc. *Rasséréner* est dérivé de *serein* : *r(e)-a-sérén* (= serein, cf. *sérénité*) *-er*.

– Conversion

grandir, rougir.

Ces préfixés et converses sont souvent transitifs (signifiant « rendre Adj ») et intransitifs (signifiant « devenir Adj ») ; l'objet du verbe transitif est alors le sujet du verbe intransitif : *ce vêtement grossit, enlaidit Paul, Paul grossit, enlaidit* ; *le soleil jaunit les rideaux, les rideaux jaunissent*. Ou bien, une répartition se fait : par exemple, *maigrir* est intransitif, *amaigrir* est transitif.

3. VERBES DÉRIVÉS DE VERBE
– Suffixation

Les suffixes *-et(er)*, *-ot(er)* (*voleter, tapoter*), *-ill(er)* (*mordiller*), *-in(er)* (*trottiner*), *-onn(er)* (*chantonner*) ont une valeur diminutive et itérative ; *-aill(er)* (*tirailler*), *-ass(er)* (*rêvasser*) sont de plus marqués par une péjoration ; *-och(er)* (*bavocher*), *-ouill(er)* (*mâchouiller*) sont marqués par un registre familier.

– Préfixation

Dé- privatif (*débaptiser, déplaire*) est plus productif que *dis-*, ou *dys-* (*disjoindre, dysfonctionner*) et que *mé(s)-* : *médire, mésestimer, méjuger* ; *dé-* intensif (*détremper*) est peu sensible dans le vocabulaire général courant, sans doute non disponible (cf. exercice 18).

Re- itératif (*redire, redistribuer*) est très disponible ; il est récursif : *re-relaver*. Un sous-ensemble a un volume d'usage suffisant pour être dans les dictionnaires (par exemple, *repeindre*).

La valeur itérative est à distinguer de la valeur spatiale ou temporelle (signifiant le retour à un état antérieur) que l'on trouve dans *rallumer* ou *redescendre* : le sens n'est pas « allumer [descendre] une deuxième fois ». P. Jalenques dérive ces deux valeurs d'une valeur centrale de « modification[1] ».

Lorsqu'il est combiné aux préfixes *en-*, *a-*, *é-*, avec une base adjectivale, sa valeur est d'autant plus faible que la forme sans *r(e)-* est moins utilisée : *ralentir, réchauffer, renforcer*.

---

1. P. Jalenques, « Étude sémantique du préfixe RE- en français contemporain », *Langue française* 133, 2002.

Le préfixe verbal *pré-* signifie l'antériorité (*préchauffer*) ou la supériorité (*prédominer*) ; aussi : *antéposer, postdater*[1].

Le préfixe *en-* a quelques emplois verbaux, difficiles à unifier : *encourir, endormir, enfermer.*

C. ADJECTIFS

1. ADJECTIFS DÉRIVÉS DE VERBE
– Suffixation

Suffixes *-eur* (*enchanteur, flatteur*), *-eux* (*boiteux, coûteux*), *(-at/-it)if* (*pensif, créatif*), *-able/-ible/-uble* (*admirable, convertible, résoluble*).

> Les formes en *-ble* sont le plus souvent construites sur des verbes transitifs et ont un sens passif ; quelques-unes dérivent de verbes intransitifs : *convenable, valable, viable, navigable.* Ce sont de véritables adjectifs qualificatifs quand elles sont compatibles avec les adverbes de degré des adjectifs (*un prix très abordable*) ; le sens peut s'éloigner de celui du verbe (*une personne aimable*). Elles restent des formes du verbe quand elles sont suivies d'un complément d'agent : *cet outil est utilisable par un singe*[2].

– Conversion

L'adjectivation de participes (*amusant, fatigué*) est marquée par :
– la variation en genre et en nombre pour les formes en *-ant* (adjectifs verbaux), et l'orthographe pour certains (ex. *fatigant* vs *fatiguant, communicant* vs *communiquant, négligent* vs *négligeant, excellent* vs *excellant*) ;
– l'absence de complément verbal : *des cheveux dorés* vs *du bois doré à l'or fin* ;
– la modification par adverbe de degré : *un esprit très ouvert* ;
– l'emploi comme attribut ;
– le sens : dans *bois doré, doré* n'a de la nature adjectivale que la fonction épithète et garde le sens du verbe, avec les valeurs d'accompli et de passif du participe passé de verbe transitif (*doré* « qui a été doré ») ; en revanche, *doré* dans *cheveux dorés* ne signifie pas « qui ont été dorés » mais « qui ont la couleur de l'or » ;
– la préfixation en *in-*, pour certains participes passés notamment : *inconnu, incompris.*

---

1. Cf. D. Amiot, *L'Antériorité temporelle dans la préfixation en français, op.cit.*
2. Cf. D. Leeman, « Deux classes d'adjectif en *-ble* ? », *Langue française* 96, 1992 ; J.-C. Anscombre, D. Leeman, « La dérivation des adjectifs en *-ble* : morphologie ou sémantique ? », *Langue française* 103, 1994.

On a ainsi beaucoup d'adjectifs de comportement ou de caractère : *raffiné, déterminé, décidé, éveillé* ; *entreprenant, fuyant.*

2. ADJECTIFS DÉRIVÉS DE NOM
– Suffixation

Elle présente un grand nombre de formes. On peut grouper les suffixes en deux ensembles, selon qu'ils forment plutôt des adjectifs qualificatifs, qui désignent une propriété, ou des adjectifs de relation équivalents d'une détermination :
– adjectifs qualificatifs : *-é* (*accidenté, zélé*), *-(i)eux* (*courageux, audacieux*), *-if* (*massif, sportif*), *-(at)oire* (*blasphématoire, méritoire,* en relation avec un nom en *-ation* : *discriminatoire, hallucinatoire, illusoire* – avec substitution de suffixe *-ion/-oire*), *-u* (*pointu, barbu*) ;
– adjectifs de relation : *-aire* (*bancaire*), *-al* (*national*), *-el* (*présidentiel*), *-esque* (*livresque*), *-ien* (*terrien*), *-ier* (*saisonnier*), *-ique* (*atomique*). On peut y rattacher les suffixes qui forment, sur les noms propres de pays, de régions et de villes, les adjectifs dits « ethniques », qui se convertissent en noms d'habitants ou de langues : *-ais* (*français*), *-ain* (*africain*), *-ard* (*savoyard*), *-ien* (*égyptien*), *-ois* (*lillois*).
Mais c'est une simplification ; un même suffixe peut aussi donner les deux types d'adjectifs : *laitier* (*vache laitière*) ou *saisonnier* (*métier saisonnier*) sont des adjectifs de relation, mais pas *rancunier*, qui est qualificatif ; on peut opposer de même *courageux* et *tendineux*, etc. Un même adjectif peut avoir les deux emplois : *théâtral* est adjectif de relation dans *la saison théâtrale* et adjectif qualificatif dans *un geste théâtral.*

Un nerf *dental* appartient à une *dent*, une roue *dentée* a des *dents*. Dans ce cas, la relation partie-tout qui s'établit entre le nom recteur et le nom base de l'adjectif s'inverse, selon le suffixe employé[1].

– Préfixation (ou parasynthèse)

Antireflet, antirides, antirouille ; *antivenimeux, préélectoral* (cf. chap. 7, II C 3).

– Conversion

Pour les adjectifs de couleur, cf. *supra* II A 1.

---

1. Cf. A. Mélis-Puchulu, « Les adjectifs dénominaux : des adjectifs de "relation" », *Lexique* 10, 1991. Sur les adjectifs en *-eux*, cf. B. Fradin (éd.), « Les adjectifs relationnels et la morphologie », in *La Raison morphologique.*

Autres cas : *clé* (*position clé, poste clé, mot(-)clé*), *bidon* (*promesse bidon*), *canon* (*fille canon*), *culte* (*film culte*), *éclair* (*visite éclair*), *miracle* (*remède miracle*), *monstre* (*travail monstre*), *surprise* (*grève(-)surprise, visite(-)surprise*), *type* (*contrat type, candidat type*), etc.

> Ces séquences sont diversement décrites : N + Adj, N + N en apposition, N + N épithète[1], nom composé N + N. En faveur de l'idée que le nom devient un adjectif, on peut avancer les critères suivants :
> – la variation en nombre (*des positions clés*) ; mais elle n'est pas systématique et il n'y a jamais de variation en genre ;
> – l'emploi comme attribut : *c'est bidon, elle est canon* ;
> – la modification par adverbe de degré : *complètement bidon, un remède vraiment miracle* ;
> – le fait qu'il peut s'appliquer à plusieurs noms, par opposition à *aiguille*, par exemple, qu'on ne trouve qu'avec *talon* : *talon aiguille* est un nom composé ;
> – le trait d'union, qui est marque de composition, est souvent absent[2] ;
> – l'existence d'un adjectif correspondant synonyme (même si l'adjectif peut prendre d'autres sens) : *miracle* = *miraculeux, monstre* = *monstrueux* (au sens « énorme »), *nature* = *naturel, type* = *typique*. Aucun ne répond à tous les critères : il y a un continuum.

3. ADJECTIFS DÉRIVÉS D'ADJECTIF

– Suffixation

Diminutifs en *-(el)et* (*pauvret, maigrelet*), *-ot* (*pâlot*), *-ichon* (fam.) (*pâlichon*), *-âtre* (*blanchâtre*).

Péjoratifs en *-ard* (*faiblard*), *-asse* (*blondasse*), *-aud* (*lourdaud*).

Les valeurs diminutive et péjorative sont très liées, dans *-âtre* et *-asse* en particulier ; le sens de la base est souvent déjà péjoratif.

– Préfixation

Contraires : le préfixe privatif le plus fréquent est *in-* (variantes *il-, im-, ir-*) (*impoli*) ; il y a aussi des contraires en *a-* (*amoral*), en *dé-* (*déloyal*), en *mal-* (*malhabile*), en *mé-* (*mécontent*).

> Tous les adjectifs préfixés en *in-* ne sont pas les contraires de l'adjectif simple : *indifférent* n'est pas le contraire de *différent*, *inoffensif* n'est pas le contraire de *offensif* (cf. chap. 7, II B 3).

---

1. Cf. M. Noailly, *Le Substantif épithète*, PUF, 1990.
2. Cf. M. Mathieu-Colas, *Les mots à trait d'union, problèmes de lexicologie informatique*, Paris, Didier, 1994, p. 234-236.

Beaucoup d'adjectifs n'ont pas de contraire en *in-* : c'est qu'ils ont un antonyme lexical (*long/court*, *vrai/faux*), ou que la formation est bloquée pour des raisons sémantiques à élucider (cf. chap. 7, II B 1).

Superlatifs : les préfixes du haut degré sont *extra-* (*extra-fin*), *hyper-* (*hyperactif*), *sur-* (*surexcité*), *ultra-* (*ultrasensible*).

D. ADVERBES DÉRIVÉS D'ADJECTIF

– Suffixation en *-ment*

Elle a lieu sur la forme féminine de l'adjectif (*naïvement*), sauf pour les adjectifs en *-ai, -é, -i, -u* (*vraiment, aisément, poliment, éperdument* ; *gaiment* ou *gaiement, vraiment, crûment*) et les adjectifs en *-ant* et *-ent*, qui donnent des adverbes en *-ammant* et *-emment* (*savamment, évidemment*).

Diachronie : l'origine de ce suffixe est le nom latin féminin *mens, mentis* « esprit, manière » à l'ablatif : *bona mente* « dans un bon esprit, de bonne façon », d'où *bonnement*. C'est un cas de *grammaticalisation* : un mot lexical donne un affixe (chap. 6, II A ; chap. 7, II C 1).
Beaucoup d'adjectifs ne donnent pas d'adverbe en *-ment*. Cela peut être lié à leur forme phonétique et morphologique : par exemple, il semble que les adjectifs en *-ard* donnent peu d'adverbes en *-ment*[1]. Mais la créativité de la langue, notamment familière, peut toujours s'exercer et créer de nouveaux adverbes. Des contraintes sémantiques peuvent aussi intervenir, qui restent à préciser (cf. chap. 7, II B 1).

– Conversion

Dans *voir clair, parler fort, chanter faux, coûter cher*, les adjectifs deviennent des adverbes : ils portent sur le verbe, sont invariables, signifient une manière (on parle couramment d'« adjectifs employés comme adverbes »). Cette conversion est limitée, mais n'est pas morte : ex. *grave* dans le « langage des jeunes » : *je commence à saturer grave*[2].

---

1. Ch. Molinier, « Sur la productivité adverbiale des adjectifs », *Langue française* 96, 1992.
2. Exemple de J.-P. Goudailler, *Comment tu tchatches ! Dictionnaire du français contemporain des cités*, Maisonneuve et Larose, 1997.

IV. EXERCICES

EXERCICE 15

**Plusieurs affixes : analyser ces dérivés,
en montrant les dérivations successives qui les construisent :**

*élargissement, désaccoutumance, impopularité, désorientation, flexibilisation,
décentralisation.*

CORRIGÉ

N.B. : Les crochets droits indiquent des étapes plus ou moins oubliées aujourd'hui
(démotivation).

élargissement : 1) *large* > *élargir* : *é-* + Adj > V, ex. *éclairer* ; 2) *élargir* > *élargissement* : V + *-ment* > N, ex. *accomplissement.*

désaccoutumance : 1) *coutume* > *accoutumer* : *a-* + N > V, ex. *apaiser* ; 2) *accoutumer* > *désaccoutumer* : *dé-* + V > V, ex. *défaire* ; 3) *désaccoutumer* > *désaccoutumance* : V + *-ance* > N, ex. *souffrance.*

impopularité : 1) *peuple* > *populaire* : N + *-aire* > Adj, ex. *insulaire* ; 2) *populaire* > *impopulaire* : *in-* + Adj > Adj, ex. *injuste* ; 3) *impopulaire* > *impopularité* : Adj + *-ité* > N, ex. *fragilité.*

désorientation : [1) *orient* > *orienter* : N > V, ex. *baliser*] ; 2) *orienter* > *désorienter* : *dé-* + V > V, ex. *défaire* ; 3) *désorienter* > *désorientation* : V + *-ation* > N, ex. *fabrication.*

flexibilisation : [1) *fléchir* > *flexible* : V + *-ible* > Adj, ex. *convertible*] ; 2) *flexible* > *flexibiliser* : Adj + *-is(er)* > V, ex. *fragiliser* ; 3) *flexibiliser* > *flexibilisation* : V + *-ation* > N, ex. *fabrication.*

décentralisation : 1) *centre* > *central* : N + *al* > Adj, ex. *national* ; 2) *central* > *centraliser* : Adj + *-is(er)* > V, ex. *fragiliser* ; 3) *centraliser* > *décentraliser* : *dé-* + V > V, ex. *défaire* ; 4) *décentraliser* > *décentralisation* : V + *-ation* > N, ex. *fabrication.*

Remarques : *popul(-aire)* et *insul(-aire)* sont des radicaux liés (diachronie : dérivés latins *popularis* de *populus* « peuple », *insularis* de *insula* « île ») ; de même *flex(-ible)* (latin *flexibilis*) ; quant au sens, *flexible* dans son sens figuré en économie s'éloigne de *fléchir* ; *orienter* est également démotivé (il a signifié « disposer vers l'orient » et signifie aujourd'hui « indiquer la direction » et non spécialement l'orient).

EXERCICE 16

Types de dérivés

Relever et classer les dérivés dans ce texte :

« Le Guide Bleu ne connaît guère le paysage que sous la forme du pittoresque. Est pittoresque tout ce qui est accidenté. On retrouve ici cette promotion bourgeoise de la montagne, ce vieux mythe alpestre (il date du XIXᵉ siècle) que Gide associait justement à la morale helvético-protestante et qui a toujours fonctionné comme un mixte bâtard de naturisme et de puritanisme (régénération par l'air pur, idées morales devant les sommets, l'ascension comme civisme, etc.). […] C'est donc, en définitive, fort logiquement et fort stupidement, l'ingratitude du paysage, son manque d'ampleur ou d'humanité, sa verticalité, si contraire au bonheur du voyage, qui rendent compte de son intérêt. À la limite, le Guide pourra écrire froidement : « La route devient très pittoresque [tunnels]. » De même que la montuosité est flattée au point d'anéantir les autres sortes d'horizons, de même l'humanité du pays disparaît au profit exclusif de ses monuments. Pour le Guide Bleu, les hommes n'existent que comme « types ». En Espagne, par exemple, le Basque est un marin aventureux, le Levantin un gai jardinier, le Catalan un habile commerçant et le Cantabre un montagnard sentimental. » Roland BARTHES, *Mythologies*, « Le Guide Bleu »

CORRIGÉ

1) Noms
a) Noms dérivés de verbe
Suffixation : *promotion* (de *promouvoir*), *régénération, commerçant.*
Conversion : *manque, profit, voyage.*
b) Noms dérivés d'adjectif
Suffixation : *puritanisme, civisme* (de *civique*), *ingratitude, ampleur, humanité, verticalité, montuosité* (de *montueux*).
Conversion : *le pittoresque, la morale, un mixte, un marin* ; *le Basque, le Levantin, le Catalan, le Cantabre.*
c) Noms dérivés de nom
Suffixation : *naturisme, jardinier, montagnard.*

2) Adjectifs
a) Adjectif dérivé de verbe
Suffixation : *exclusif* (de *exclure*).
b) Adjectifs dérivés de nom
Suffixation : *accidenté, alpestre, helvétique, aventureux, sentimental.*
Moral(e) est lié à *mœurs* (qui concerne les mœurs) ; ici, avec un sens particulier :
les bonnes mœurs, la bonne moralité ; *pittoresque* : suffixe *-esque*, radical non interprété en français en synchronie (italien *pittoresco*, de *pittore* « peintre »).

3) Verbes
a) Verbe dérivé de nom
Préfixation : *anéantir.*
b) Verbe dérivé de verbe
Préfixation : *disparaît.*

4) Adverbes dérivés d'adjectif
a) Suffixation : *justement, logiquement, stupidement, froidement.*
b) Conversion : *fort (fort logiquement et fort stupidement).*
Remarques :
paysage : cf. exercice 17 ;
bourgeois, e : adjectif dérivé du nom *bourg*, démotivé, cf. les dictionnaires ;
montagne : en relation avec *mont*, mais *-agne* n'est pas un suffixe ;
protestant, e : adjectif verbal et nom, relation historique à *protester* ;
ascension : pas de verbe correspondant.

EXERCICE 17

Étude d'une forme suffixale

Classer ces noms en *-age* selon la catégorie de la base et le sens du dérivé :

affichage, aiguillage, allumage, arrosage, assemblage, badinage, bandage, bavardage, branchage, bronzage, chômage, collage, coloriage, commérage, concubinage, copinage, coquillage, courage, cousinage, déballage, décalage, dérapage, élevage, enfantillage, équipage, feuillage, glaçage, grattage, grillage, herbage, hommage, jardinage, lainage, laitage, langage, lavage, libertinage, lignage, maquillage,
mirage, nettoyage, outillage, ouvrage, paquetage, pâturage, paysage, pelage, pèlerinage, plombage, plumage, ramage, rattrapage, rivage, sillage, tangage, tapage,
usage, vagabondage, veuvage, village, vitrage, visage, voilage, voisinage.

CORRIGÉ

1) Noms d'action à base verbale

V + *-age* = fait, action de V, processus consistant à V (selon le sens du verbe) :

affichage, aiguillage, allumage, arrosage, assemblage, badinage, bandage, bavardage, bronzage, chômage, collage, coloriage, commérage, déballage, décalage, dérapage, élevage, glaçage, grattage, jardinage, langage, lavage, maquillage, nettoyage, paquetage, pelage 1 (le pelage des fruits), plombage (le plombage d'une dent), rattrapage, tangage.

Remarques :

– métonymies :

par une métonymie fréquente, on peut passer de l'action à son résultat :

affichage, assemblage, bandage, bronzage, collage (un collage de Picasso), coloriage, élevage, glaçage, maquillage, plombage ;

on observe aussi les métonymies de l'instrument :

aiguillage, allumage (dans une voiture par exemple), bandage ;

du lieu :

élevage, pâturage (où les bêtes pâturent).

– démotivations :

mirage est détaché de *mirer* « regarder avec attention et étonnement », qui n'est pas usuel ; *usage* est en relation avec *user* au sens « utiliser » (*user de* : ex. *à l'usage, après usage*) ; *tapage* a un sens particulier qui le démotive (on tape pour faire du bruit).

2) Noms à base nominale

a) Collectifs ; le nom base désigne un objet qui se présente par ensembles (N + *-age* = « ensemble de N ») :

branchage, cousinage 1 (« ensemble des cousins »), feuillage, herbage, outillage, paquetage, pelage 2 (« ensemble des poils »), plumage, voisinage.

Remarques : *équipage* (l'équipage d'un navire) a un sens collectif, mais ne correspond pas à cette structure ; historiquement, il est dérivé du verbe *équiper*, qui a trois dérivés, un converse (*équipe*) et deux suffixés (*équipage*, *équipement*), dont les sens se sont spécialisés ; synchroniquement, on peut le percevoir comme un synonyme (cf. 2 d) de *équipe* (ex. *équipe de football*), qui a le sens collectif ; *lignage*, cf. 2 d ; *ramage*, démotivé, est un ancien adjectif en *-age* (cf. chap. 7, II A) signifiant « branchu » (ex. *rameau*) puis un nom collectif (« branchage ») (ex. *rideau à ramages*) ; au XVIᵉ siècle, l'adjectif a qualifié les oiseaux « qui chantent dans les arbres » d'où le *ramage* des oiseaux (*Dictionnaire étymologique du français*, article *rameau*).

b) Produits ; le nom base désigne un matériau :

lainage, laitage, grillage, vitrage, voilage ; les trois derniers comportent aussi un sens collectif.

c) Le nom base renvoie à un animé nom et adjectif, qui désigne une relation sociale ou un comportement, que la nominalisation en -age permet de présenter comme notion ou acte : concubinage, copinage, cousinage 2 (« parenté entre cousins »), veuvage ; enfantillage, libertinage ; pèlerinage, vagabondage.

Remarques : *copinage* et *vagabondage* ont un verbe correspondant (comme *badinage*, rangé sous 1 a) qui permet de les ranger aussi sous 1 a, mais non *pèlerinage* qui, pourtant, a aussi un sens d'action ; *voisinage* pourrait être placé dans la première sous-série, au sens « fait de voisiner, d'entretenir des relations entre voisins », et, inversement, *cousinage* peut fonctionner comme collectif (l'ensemble des cousins) ; *enfantillage* a comme base une ancienne forme d'adjectif ; l'*hommage*, dans la féodalité, était l'acte et l'état de soumission de l'*homme* (« serviteur ») à son seigneur (ex. *homme lige*) (cf. exercice 10) ; les *commérages* sont des propos de *commères*.

d) Il reste des mots qui ne forment pas une classe sémantique, mais qui ont en commun d'avoir des sens très proches de celui du nom base ou d'un nom de même radical :

coquillage, langage, lignage (synonyme de lignée), ouvrage (œuvre), paysage, rivage, sillage (sillon).

Pour *coquillage* et *langage*, on peut voir aussi une relation de type métonymique entre le dérivé et sa base (*coquille*, *langue* « partie du corps »), comme pour la série b. *Visage* est construit sur une ancienne forme nominale *vis*, qui reste dans *vis-à-vis*.

Cette dernière série est certainement close ; toutes les autres sont vraisemblablement disponibles, même si la première est plus productive en quantité.

EXERCICE 18

Étude d'une forme préfixale

Classer ces verbes en *dé-* selon le sens du préfixe et la catégorie de la base :

déballer, débaptiser, débarquer, déboiser, débourser, déboutonner, débroussailler, décamper, décapsuler, décarcasser (se), déchaîner, déchanter, déchiffrer, décoder, décoiffer, décompter, déconseiller, décontaminer, décontenancer, découler, découper, décourager, découvrir, décrasser, dédaigner, dédommager, dédoubler, dédramatiser, défaire, défavoriser, défigurer, défricher, défroisser, dégainer, dégriser, déjaunir, déjeuner, délaisser, délasser, délaver, délimiter, démanger, démasquer, démentir, démériter, démonter, démontrer, démoraliser, déniaiser, dénuder, déparasiter, déparer, dépeindre, dépendre, dépérir, déplier, déployer, déposer, dépoussiérer, dérouter, désamorcer, désensibiliser, désobéir, dessécher, déstaliniser, détenir, déterrer, détremper, détromper, détrôner, dévaler, dévergonder, dévisager.

CORRIGÉ

1) Le préfixe a un sens négatif
a) Base verbale
Le dérivé a le sens « ne pas V » :
déconseiller, décompter, défavoriser, désobéir ;
ou « défaire l'action nommée par V » :
débaptiser, déboutonner, décoiffer, décontaminer, découvrir « enlever ce qui couvre », défroisser, démonter, dépendre 1 (dépendre le jambon), déplier, détromper.

Remarques : *démentir* et *démériter* n'ont pas la même construction (transitive ou intransitive) que leur base ; *ployer* dans *déployer* est un doublet de *plier*, mais il a un autre sens employé seul ; *dédaigner* ne fonctionne plus comme négatif de *daigner* dans le système actuel.

b) Base nominale
– N est un objet, le verbe a le sens approximatif « enlever N » ; il y a souvent un
   verbe en *en-* correspondant :
débroussailler, décapsuler, déchaîner, décontenancer, décourager, décrasser, dédommager, déparasiter, dépoussiérer ;

Remarques : *défigurer* a un sens un peu particulier, encore rattachable à la structure cependant ; *dévisager* a un sens tout à fait différent de celui de la structure : *dé-* a une valeur spatiale (cf. *infra*) ; *dévergonder* a pour base *vergogne* « honte, pudeur », qui ne se trouve plus guère que dans *sans vergogne* ; *se décarcasser*[1] s'interprète bien dans cette série avec un sens figuré .

Si un verbe non préfixé correspondant existe :
déboiser, déchiffrer, décoder, décoller, démasquer – en laissant de côté les formes non courantes comme capsuler, chaîner –, on est ramené au cas a ; il n'y a pas de différence sémantique entre les deux structures, sauf dans le cas de *décoller* dont le sens correspond à la forme *dé- + V*, et non *dé- + N*. La double structure peut aussi induire deux interprétations : *décoiffer* 1 signifiait « enlever la coiffe » (base *coiffe*

1. Au Québec, on dit *se désâmer* ; cf. L. Depecker, *Les Mots de la francophonie*, Belin, coll. « Le français retrouvé », 1988.

« couvre-chef ») et *décoiffer* 2 signifie « déranger la coiffure, l'arrangement des cheveux » (base *coiffer* « arranger les cheveux ») ; cf. *supra* 1 a. On a classé en a les cas où n'existe que l'interprétation correspondant à une base verbale : *déboutonner* (qui ne signifie pas « enlever les boutons »), *déconseiller*.

    – N est un lieu, un contenant, et le verbe signifie « enlever de N » s'il est transitif, « partir de N » s'il est intransitif ; une valeur spatiale de *dé-*, étymologique, est ici sensible (cf. *infra*) : débarquer, débourser, décamper, dégainer, déballer (« balle, sac, ballot »), dérouter, déterrer, détrôner.

Remarque : la distinction entre objet et lieu ne s'impose pas toujours : une expression comme *mettre dans les chaînes*, par exemple, inciterait à considérer *chaîne* comme un *lieu*. On note là aussi une relation non systématique avec des verbes en *en-* (*embarquer, enchaîner, enterrer*).

    c) Base adjectivale

Le verbe a le sens « rendre non Adj » :

dégriser, déjaunir, dédramatiser, délasser, déniaiser, désensibiliser.

Un verbe non préfixé correspondant existe (sauf pour *déniaiser*), ce qui ramène là encore à la série a. Les formes en *-iser* montreraient le passage par le verbe non préfixé, puisqu'elles comportent une suffixation : *dramatique > dramat(ique)-is-er > dédramatiser.*

2) *Le préfixe n'a pas un sens négatif*

a) Base verbale

Ces verbes ne sont pas des contraires, mais des quasi-synonymes du simple correspondant, qui s'interprètent volontiers comme des intensifs :

découper (« couper complètement jusqu'à ce que les morceaux se séparent »), délaisser, délimiter, démontrer, détremper.

Cette valeur intensive peut se diversifier ou se dissoudre dans d'autres effets de sens : par exemple, *dépeindre*, c'est peindre (« représenter ») par les mots et non par la peinture ; *dépérir*, c'est s'affaiblir jusqu'à périr. On conserve cependant la relation de synonymie.

b) Base adjectivale

Si l'adjectif est la base d'un verbe simple converse correspondant dans *dessécher* (sec > sécher), on est alors ramené au cas précédent ; ce n'est pas le cas dans *dénuder*.

3) *La valeur spatiale : diachronie ou synchronie ?*

Un certain nombre d'exemples échappent à cette description, dans lesquels on perçoit bien une valeur héritée du *de(-)* latin, préposition et préfixe ; cet élément indique le départ d'une origine, avec un mouvement horizontal ou du haut vers le bas :

découler, dépendre 2 (de) (« être une conséquence »), déporter, dévaler.

Plusieurs verbes commençant par *dé-*, mais sans verbe simple correspondant, présentent cet élément de sens : *dégouliner, déprimer, descendre*. On voit comment l'idée de départ et de séparation peut induire dans *dédoubler, découper, délaisser, déposer* une valeur de type intensif ; de même, *démontrer*, c'est montrer exhaustivement de manière déductive, en parcourant le trajet qui part des prémisses pour aller aux conclusions. En revanche, l'effet dans *déplacer* est négatif.

Le cas de *délaver* montre bien comment ces valeurs opposées peuvent apparaître : ce verbe, qui signifie en peinture « enlever (de la couleur) en lavant » (cf. *lavis*), a dans son sens cet élément privatif qui en fait avec d'autres compléments un synonyme de *décolorer* ; mais on *délave* un jean en le lavant beaucoup : aussi pourra-t-il être interprété aujourd'hui comme un intensif. On voit que les valeurs privative et intensive sont des effets de sens liés au sens de la base et à l'objet ; dans *dénuder* (on enlève le vêtement), le préfixe redouble le sens de la base et n'ajoute rien : le dérivé n'est ni un contraire ni un intensif.

Selon Arsène Darmesteter, l'effet de sens « augmentatif » vient de ce que le sens privatif porte sur l'état antérieur à l'action qu'exprime le verbe : « *dé-* ajoute son effet négatif à celui qu'exprime le verbe, et c'est ainsi qu'on a pu y voir un augmentatif[1] ».

> Pour plus d'analyse, et une approche notamment orientée vers une étude sémantique des bases, cf. any Amiot, : « Les propriétés sémantiques du lexème-base [...] doivent être compatibles avec l'instruction sémantique dont le préfixe est porteur, *i.e.* le fait qu'un état, ou plutôt une situation stative, réversible puisse être présupposé.
>
> [...] *dé-* est un préfixe polycatégoriel, et il existe des cas d'ambiguïté dérivationnelle où il paraît difficile de trouver un argument qui permette de décider de façon définitive entre tel et tel mode de dérivation. Un tel constat relativise beaucoup l'importance de l'appartenance catégorielle de la base dans la dérivation au profit de l'aspect proprement sémantique[2]. »

---

1. A. Darmesteter, *De la création actuelle des mots nouveaux*, op. cit., p. 134.
2. D. Amiot, « La catégorisation de la base dans la préfixation en *dé-* », *in* B. Fradin (éd.), *La Raison morphologique*.

CHAPITRE 9 ||||||||||||||||||||||||||||||||||||||||||||||||||||||||||||||||
LA COMPOSITION

L a composition construit un mot en assemblant deux ou plusieurs mots.
La morphologie lexicale historique distingue *composition « populaire »* et *composition « savante »* (cf. chap. 6, II A).

La **composition populaire**, à laquelle renvoie le plus souvent le terme simple *composition*, assemble des mots français : *autoradio, aigre-doux, pomme de terre*.

La **composition savante**, ou *recomposition* (on trouve aussi : *confixation, interfixation, composition néoclassique*), emprunte des mots aux langues anciennes, grecque et latine : *misogyne* = verbe grec *misein* « haïr » + nom grec *gunè* « femme » ; *soliflore* « vase pour une seule fleur » = adjectif qualificatif latin *solus* « seul » + nom latin *flos, floris* « fleur ».

En synchronie, ces éléments sont en français des *éléments liés*, ce qui rapproche cette composition de la dérivation (cf. chap. 7, I et II C 2).

I. LE MOT COMPOSÉ

A. MARQUES GRAPHIQUES

1. SOUDURE
La soudure concerne trois types de formations :
– les composés savants, comme *misogyne, xénophobe* (cf. *infra* III) ;
– des composés anciens plus ou moins démotivés : *bonhomme, clairsemé, embonpoint, plafond, pourboire, vaurien, vinaigre* ;

– des composés récents caractérisés par le fait que l'un des composants au moins est un mot tronqué.

La **troncation** de la fin du mot est appelée **apocope** : *télé*(vision), *convoc*(ation), *info*(rmation), *métro*(politain), *restau*(rant) ou *resto* ; celle du début du mot est appelée **aphérèse** : (omni-)*bus*, (pro)*blème*.

La troncation des composants est déterminée ou non par une frontière morphologique ou un segment phonétique.

– La troncation est déterminée par une frontière morphologique lorsqu'un composé savant est réduit à son premier élément par apocope : *auto* (= automobile), *télé* (= télévision), *bio* (= biologie, -ique) ; d'où : *autoroute* « route pour les autos », *téléfilm* « film tourné pour la télé », *biocarburant* « carburant bio ». Ces composants tendent vers les préfixes s'ils sont récurrents : *autoradio, téléspectateur, biodiversité*, etc. (cf. chap. 7, II C 2). Cette troncation peut induire des ambiguïtés : *télé-* signifie « téléphone » dans *télécarte*, « téléphérique » dans *télésiège* ou *télécabine*, « télévision » dans *téléfilm* ; *auto-* signifie « automobile » dans *autoroute*, « autobiographie » dans *autofiction* ; dans *homophobe*, *homo-* est la troncation de *homosexuel* et non l'élément *homo-* « même ».

Sur le modèle des éléments grecs en *o*, des mots français sont tronqués après un *o* pour entrer dans une composition, comme *Europe* dans *eurodollar, eurovision* ; *pétrole* (étymologiquement *pétr-* « pierre » + *-ole* « huile ») dans *pétrochimie, pétrodollar*. C'est donc une coupe phonétique imitant une coupe morphologique.

– La troncation est phonétique pour les composants des **mots-valises** (ou **amalgames**) : ceux-ci sont formés de deux mots comportant un segment phonétique commun, sur le modèle anglais de *smog* (*smoke* « fumée » + *fog* « brouillard » : segment commun *o*) ou *motel* (*motor* (car) « voiture » + *hotel* « hôtel » : segment commun *ot*) : le composé est formé du début de l'un des composants et de la fin de l'autre. C'est le cas en français de *midinette* (*midi* + *dinette*), qui désignait les jeunes employées faisant un repas rapide à midi (le sens a évolué) ; et, plus récemment, *rurbain* (*rural* + *urbain*), qui désigne celui qui habite à la campagne et travaille dans une grande ville ; *rurbanisation* (*rural* + *urbanisation*) « urbanisation lâche des zones rurales à proximité de villes dont elles deviennent les banlieues » (*Petit Robert*) ; *adulescent* (*adulte* + *adolescent*) « jeune adulte qui continue à avoir un comportement comparable à celui qu'ont habituellement les adolescents » (*Petit Larousse illustré*) ; *rubalise* (*ruban + balise*) : servant de délimitation de zone, chantier, scène de crime, etc.

M. Grevisse parle de *téléscopage* (le Bon usage, § 178)
Le terme mot-valise est un calque de *portmanteau word*, créé par Lewis Carroll ; il fait allusion aux valises portemanteaux, sortes de malles-penderies avec des parties qui se replient. Les patrons sont assez variés[1]. Ces créations sont souvent éphémères ou plaisantes, voire purement ludiques ; on a parlé d'*alicament* (*aliment + médicament*) pour désigner les produits alimentaires qui prétendent améliorer la santé ; Alain Finkielkraut a composé un *Petit fictionnaire illustré*[2] où l'on trouve par exemple : *despotiche* « ancien monarque absolu réduit par les circonstances à un rôle de décoration » ; *discourbette* « parole servile ou flatteuse proférée pour s'attirer les bonnes grâces de son supérieur ».

– On étend généralement la notion de *mot-valise* à tous les cas de coupe non morphologique des composants, dès lors que le composé est constitué du début du premier composant et de la fin du second : on inclut donc le type *brunch* (*breakfast + lunch*), où la coupe n'est déterminée ni par la structure des composants, ni par un segment phonétique commun. Le français a, par exemple, *tapuscrit* (*taper + manuscrit* : texte dactylographié) mais surtout, il emprunte à l'anglais des mots de ce type : *reprographie* (anglais *reprography*) est formé de *repro*(duction) et de (photo)*graphie*, où *reproduction* est coupé après le *o* et non devant le suffixe *-tion* ; *héliport* = *héli*(coptère) + (aéro)*port*, « aéroport pour les hélicoptères » : cette troncation de *hélicoptère* ne correspond pas à sa structure morphologique, qui est : *hélico-ptère* (*ptère* = « aile », ex. *ptérodactyle*) ; elle a été reprise en français dans *hélitreuiller*. L'analyse peut en être perturbée par ces coupes : il faut reconnaître *conception* dans le segment *-ception* de *contraception*[3].

Le modèle représenté par *altermondialisation* (mondialisation alternative), *flexisécurité* (*flexibilité + sécurité*), où seul le premier composant est tronqué, paraît mieux accepté en français. Il rappelle la formation de préfixe par réduction de composés savants (*biocarburant*) évoqués ci-dessus ; *alter-* peut également être senti comme un préfixe signifiant « autre ».

---

1. Cf. A. Grésillon, *La Règle et le monstre : le mot-valise*, Niemeyer, 1984 ; B. Fradin, « Les mots-valises : une forme productive d'existants impossibles ? », *Silexicales* 1, 1997.
2. A. Finkielkraut, *Petit fictionnaire illustré*, Seuil, coll. « Points », 2006 (1981).
3. Cf. J. Rey-Debove, *La Linguistique du signe*, Paris, A. Colin, 1998, chap. 3, 4, « Effets des anglicismes lexicaux sur le système français ».

On trouve aussi *foultitude* (*foule* + *multitude* : *une foultitude de détails*), *beur-geois* (*beur* + *bourgeois*), où c'est le début du second composant qui est coupé ; mais c'est à la faveur d'une ressemblance phonétique avec le premier composant, ce qui rapproche ces exemples des mots-valises évoqués ci-dessus.

Le terme **amalgame** est utilisé par J. Tournier comme traduction de l'anglais *blending* (*to blend* « mélanger, mêler, fusionner ») pour tous les cas où les composants sont « télescopés », « plus ou moins emboîtés les uns dans les autres[1] ». L'auteur l'étend au type *telecast* (français « télédiffusion »). Tous ces mots ont en commun de comporter un ou deux **fracto-morphèmes**, c'est-à-dire un « fragment de lexie [unité lexicale, mot] qui la représente dans un mot construit »[2].

Voir aussi H. Cottez : « une unité lexicale complexe est représentée, dans une autre unité complexe, par une forme réduite qui joue le rôle de formant[3] » ; par exemple, *phosph-* représente *phosphore* dans *phosphate*, *al-* représente *alcool* dans *aldéhyde*.

Les **acronymes** (*acr(o)-* « sommet, extrémité » + *-onyme* « nom ») sont formés des débuts de deux ou plusieurs mots (aphérèses) : *sitcom* = *sit*(uation) + *com*(edy), emprunté à l'anglais ; *agit-prop* = *agit*(ation) + *prop*(agande), calque du russe qui a pris les composants au français. On trouve aujourd'hui : *fadette* « facture détaillée ». Ce terme est appliqué aussi aux **sigles** (suite d'initiales) oralisés comme *ONU* prononcé [ony], et aux suites de lettres et syllabes initiales comme en anglais *radar* (*ra*dio *d*etecting *a*nd *r*anging), *biopic* (*bio*graphical *pic*ture), que le français emprunte. En français, sigles et acronymes forment essentiellement des noms propres, qui dénomment un référent particulier (institution, mouvement politique, etc.) ; par exemple *BNF, SAMU*). Mais un sigle peut aussi former un nom commun destiné moins à abréger une dénomination complexe explicite qu'à l'éviter pour diverses raisons (euphémisme, création d'un « jargon » de spécialistes) : un *SDF* = une personne sans domicile fixe (cf. chap. 2, III ; chap. 11, I D 2).

2. TRAIT D'UNION

C'est par excellence la marque de la composition, traduisant dans la graphie à la fois l'autonomie de chacun des composants et le lien étroit qui les unit. La tendance traditionnelle est d'ailleurs de restreindre le terme *mot composé* aux mots à trait d'union et de parler plutôt de *locution* ou *expression* en l'absence de lien graphique (cf. *infra* C). Mais le trait d'union n'est vraiment systématique dans aucune structure, même dans celles où il est le plus constant, comme V + N (*abat-jour*). On observe des hésitations :

---

1. J. Tournier, *Introduction descriptive à la lexicogénétique de l'anglais contemporain*, p. 130 ; J. Tournier, N. Tournier, *Dictionnaire de lexicologie française*.
2. J. Tournier, *ibid.*, p. 86.
3. H. Cottez, *Dictionnaire des structures du vocabulaire savant*, Introduction théorique et pratique, p. XII.

– entre soudure et trait d'union : *portefeuille* et *porte-monnaie* ; *enjeu* et *en-cas* ; *malappris* et *mal-aimé* ; *téléachat* ou *télé-achat* ;
– entre trait d'union et absence de lien graphique : *petit-four* ou *petit four* ; *faux-bourdon* mais *faux pas* ; *arc-en-ciel*, *eau-de-vie* mais *pomme de terre*, *eau de rose* ; *mot-clé* mais *poste clé* ; *bébé(-)éprouvette*[1].

Le *rapport* du Conseil supérieur de la langue française sur les rectifications de l'orthographe (*Journal officiel* du 6 décembre 1990) recommande la soudure pour les mots courants en *porte-*, dont *porte-monnaie*.

B. MARQUES MORPHOSYNTAXIQUES

Un composé est un groupe de mots (ou syntagme), qui se décrit :
– par sa classe syntaxique (qui indique sa syntaxe externe, c'est-à-dire sa distribution dans la phrase) ;
– par la classe syntaxique de ses composants et les relations fonctionnelles entre eux (syntaxe interne).

Par exemple, *rouge-gorge* est un nom constitué d'un adjectif épithète et d'un nom ; *essuie-glace* est un nom constitué d'un verbe et d'un nom complément.

Le composé peut être distingué du syntagme non lexicalisé de même structure par des particularités morphosyntaxiques internes et/ou par sa distribution dans la phrase (syntaxe externe).

– Particularités morphosyntaxiques internes

Rouge-gorge comporte une antéposition de l'adjectif de couleur et un genre masculin, conforme à l'hyperonyme (*oiseau*) et non au composant nominal *gorge* (composé *exocentrique*, cf. *infra* II A 2). Dans *chaise longue*, la postposition de *longue* n'est pas conforme à la syntaxe habituelle de cet adjectif. Dans *arc-en-ciel*, la préposition et l'absence de déterminant devant *ciel* montrent une syntaxe archaïque.

– Marques morphosyntaxiques internes et distribution dans la phrase

Le fait qu'une séquence donnée V + N (comme *essuie-glace*) soit un mot composé est signalé (outre le trait d'union) par la syntaxe interne (absence de déterminant devant le nom, invariabilité de l'élément verbal) et externe de l'ensemble, qui s'intègre comme nom (et non comme groupe verbal) à la phrase.

---

1. Cf. M. Mathieu-Colas, *Les Mots à trait d'union, op. cit.*

– Distribution dans la phrase (syntaxe externe)

Dans les nominalisations et adjectivations de certains syntagmes (autres que syntagmes nominaux et adjectivaux), c'est la nominalisation ou l'adjectivation seule qui marque la composition, la forme du composé étant la même que celle des séquences libres homologues : par exemple, pour les noms, Prép + N (*un en-cas, des à-côtés, les sans-papiers*), groupe verbal (*un fait-tout, un touche-à-tout, un trompe-l'œil*), phrase (*un m'as-tu-vu*) ; pour les adjectifs, groupe nominal (*bon genre, fleur bleue*), groupe prépositionnel (*à la mode*). Ces cas pourraient être considérés comme des conversions.

C. ABSENCE DE MARQUE : SYNTAGMES FIGÉS

Les composés non marqués par la graphie et/ou par la syntaxe interne ou externe, comme *grand magasin, pomme de terre* ou *prendre la mouche* (« se mettre en colère »), sont homonymes de syntagmes libres. Ils sont inégalement reconnus par la tradition lexicologique, qui parle souvent ici d'*expressions* ou de *locutions*. Ils doivent être identifiés par un ensemble de critères linguistiques destinés à en évaluer la lexicalisation, c'est-à-dire le fait qu'ils fonctionnent comme un mot (une unité lexicale : un nom, un verbe, etc.), et non comme un groupe syntaxique libre (comme *beau magasin, prendre une abeille*).

En termes saussuriens, les syntagmes libres appartiennent à la parole et les « locutions toutes faites » à la langue : « Le propre de la parole, c'est la liberté des combinaisons. Il faut donc se demander si tous les syntagmes sont également libres. On rencontre un grand nombre d'expressions qui appartiennent à la langue ; ce sont les locutions toutes faites, auxquelles l'usage interdit de rien changer[1] [...]. »

À la suite de B. Pottier, on utilise souvent le terme **lexie complexe** pour désigner une « séquence en voie de lexicalisation à des degrés divers » ; la **lexie** est l'« unité lexicale mémorisée » ; elle est simple, composée ou complexe[2].

Un syntagme non libre est *figé*. La notion de **figement** a permis de dépasser largement le cadre de la composition proprement dite, souvent limitée aux cas cités *supra* A et B, et de mesurer l'importance du phénomène dans les langues[3].

---

1. F. de Saussure, *Cours de linguistique générale, op. cit*, p. 172.

2. B. Pottier, *Linguistique générale, op. cit.*, p. 265-266.

3. Cf. G. Gross, *Les Expressions figées en français : des noms composés aux locutions*, Paris, Ophrys, 1996 ; G. Gross, *Manuel d'analyse linguistique, op. cit.*, chap. 10, « Le figement » ; S. Mejri, *Le Figement lexical. Description linguistique et structuration sémantique*, Tunis, Publications de la Faculté des lettres de la Manouba, 1997.

On peut cependant conserver le terme *composition* dans un sens large, ou parler de **polylexicalité** : ce dernier terme permet de référer à l'ensemble des unités lexicales composées de plusieurs mots, quel que soit le type.

1. CRITÈRE RÉFÉRENTIEL

On fonde l'existence d'une unité lexicale sur celle d'un référent unique : c'est l'ensemble *pomme de terre* ou *chaise longue* qui désigne un objet déterminé, de la même façon que les mots simples comme *poireau* ou *fauteuil*.

« [...] *Pomme de terre, corps de garde, sergent de ville,* malgré les deux éléments significatifs qui composent chacun de ces mots, sont devenus pour l'esprit des mots simples, désignant chacun un objet propre. »

A. Darmesteter, *De la création actuelle des mots nouveaux dans la langue française,* p. 124

Ce critère s'exprime souvent en termes sémantiques de « signifié unique » parce qu'il s'applique le plus facilement aux noms d'objets (espèces, objets fabriqués, institutions, etc.), pour lesquels le sens s'exprime souvent comme une description du référent (cf. chap. 2). Il conduit à prendre en compte des groupes assez longs et de structures variées, comme *pays en voie de développement, station de sports d'hiver,* dès lors qu'ils s'appliquent constamment à un objet particulier ; ils sont nombreux dans les nomenclatures spécialisées, mais non absents de la langue commune. On peut étendre ce critère à d'autres classes de mots, en considérant que les objets du monde sont aussi des notions, ou objets de pensée : ainsi, des adjectifs qualificatifs comme *fleur bleue* (*un jeune homme très fleur bleue*) ou *plein aux as* (fam. *il est plein aux as*) évoquent une qualité unique : « romanesque », « très riche » ; un adverbe comme *à toute allure* renvoie uniquement à l'idée de vitesse.

En contrepartie, les composants n'ont pas de référence actuelle : dans la locution verbale *prendre une veste* (« être battu aux élections »), opposée au syntagme libre homonyme, « le substantif *veste* ne réfère à aucun vêtement[1] ».

2. CRITÈRE SÉMANTIQUE

La composition s'accompagne souvent de particularités sémantiques. On n'obtient pas (ou pas tout à fait) le sens du composé à partir du sens des composants : le sens du composé n'est pas *compositionnel.*

---

1. G. Gross, *Les Expressions figées en français, ibid.,* p. 14.

C'est évidemment le cas des expressions figurées plus ou moins obscures ou démotivées, comme *faire chou blanc* ou *tomber en quenouille* (qui se disait quand une succession tombait dans les mains d'une femme). Les archaïsmes conservés par les composés anciens vont également dans ce sens : dans *avoir maille à partir*, *partir* a le sens ancien « partager », et *maille* est un mot disparu désignant une pièce de monnaie de peu de valeur ; de même *férir* « frapper » (*sans coup férir*), *guingois* (*de guingois*), *laps* (*laps de temps*), *prou* (*peu ou prou*), *tournemain* (*en un tournemain*) n'ont pas d'emploi autonome (cf. chap. 1, I C 2). Dans *pomme de terre*, le composant *pomme* n'a pas le sens du mot *pomme* employé seul, mais le sens ancien « fruit », qui est celui de l'étymon latin *pomum* ; en d'autres termes, une *pomme de terre* n'est pas une *pomme*.

En revanche, dans *mauvaise herbe*, chacun des mots composants est reconnaissable et identifiable à son emploi autonome. Mais le sens du composé ne se réduit pas au sens des composants. Des éléments particuliers s'ajoutent en effet, de manière arbitraire, qui individualisent l'unité lexicale obtenue et la détachent de ses composants : la *mauvaise herbe* est *mauvaise* parce qu'elle n'est pas utile et nuit aux plantes voisines. Un *grand magasin* est bien un *magasin*, et il est *grand* ; mais ces deux composants ne donnent pas une description suffisante : c'est essentiellement un *magasin* qui vend toutes sortes de marchandises. Le sens de *beau quartier* n'est pas donné par le sens de *beau*. Une *chaise longue* n'est pas vraiment une sorte de *chaise*, mais une sorte de *siège*. En d'autres termes, *chaise longue* est co-hyponyme et non hyponyme de *chaise*. Un *sac à dos*, en revanche, n'est pas autre chose qu'un *sac* conçu pour être porté sur le *dos* (quoique la forme soit sans doute pertinente).

On voit que les critères sémantique et référentiel, s'ils sont proches, sont à distinguer. *Sac à dos* répond au critère référentiel, non au critère sémantique ; *pomme de terre* répond aux deux.

Pour les autres classes de mots que les noms, le caractère non compositionnel du sens du composé est surtout sensible lorsqu'il y a démotivation ou figure lexicalisée : *à toute vapeur*, *un nuage de* (lait, poudre), *fleur bleue* (Adj), *voir rouge*.

3. CRITÈRES SYNTAXIQUES

Le figement s'accompagne du blocage des opérations syntaxiques possibles dans les syntagmes libres, qui sont principalement de deux types : substitutions paradigmatiques et modifications syntagmatiques.

Le blocage des substitutions paradigmatiques s'observe :
– à l'intérieur d'une classe syntaxique, comme celle des déterminants : *prendre une/cette/chaque mouche* n'a pas le même sens que l'expression à déterminant

figé *prendre la mouche* (ou *mouche* ne réfère pas, cf. *supra* 1) : c'est une construction libre ;
– à l'intérieur d'une classe syntaxique et sémantique, comme celle des adjectifs de couleur : *point noir, mariage blanc, liste rouge, espace vert, zone bleue* vs *manteau noir/blanc/vert/bleu*, etc. ; entre co-hyponymes : *chaise longue*, *fauteuil long* ; entre antonymes : *chaise longue*, *chaise courte ; *faux pas*, *vrai pas ; *prendre froid*, *prendre chaud.

Le blocage des modifications syntagmatiques concerne notamment l'ajout d'un modifieur (adjectif ou adverbe) portant sur l'un des composants : **pomme énorme de terre*, **chaise très longue*, **dent cariée de sagesse*, **rendre complètement gorge*.
Selon les structures, d'autres modifications peuvent être utilisées : par exemple, pour les noms composés de forme N + Adj, la nominalisation de l'adjectif (*le manteau blanc* > *la blancheur du manteau*, mais le *mariage blanc* > **la blancheur du mariage*) ; pour les noms de forme N + Adj et N + Prép N, l'effacement du second composant (*pied noir* et *pied, chemin de fer* et *chemin*, ne sont pas substituables) ; pour les verbes à complément direct, la mise au passif (*Pierre a pris la mouche*, **la mouche a été prise par Pierre*).

Certains critères sont gradables. Ainsi, la substitution paradigmatique peut être non totalement bloquée mais restreinte à un petit nombre de termes : *feu rouge, feu vert* ; *machine à laver, machine à coudre* ; etc. Le nombre de substitutions possibles est lié aux référents. De plus, les expressions ne répondent pas forcément à tous les critères. Ainsi, certaines admettent un modifieur : *un très grand homme, une très jeune fille* ; *faire vraiment (toujours) diligence* ; *être en (très) (grande) forme*. D'autre part, l'expression est totalement ou partiellement figée. Ainsi, parmi les noms de forme N + Adj et N + Prép N, certains permettent l'effacement du second composant et d'autres non : un *fauteuil à bascule* est un *fauteuil* mais le *chemin de fer* n'est pas un chemin ; un *espace vert* est un *espace* mais un *cordon-bleu* n'est pas un cordon. Il y a des **degrés de figement**[1].

On peut hésiter parfois sur les frontières du syntagme figé, c'est-à-dire sur la **délimitation de l'unité lexicale** : par exemple, y a-t-il un nom *patte de velours* ou un verbe *faire patte de velours* ? Les adverbes comme *à gorge déployée, à tombeau ouvert* ou *à bras-le-corps* ne s'emploient pas en dehors des expressions verbales *rire* (et syno-

---

1. Cf. G. Gross, « Degrés de figement des noms composés », *Langages* 90, Larousse, 1988 ; G. Gross, *Manuel d'analyse linguistique, op. cit.*, p. 201.

nymes) *à gorge déployée, rouler (conduire) à tombeau ouvert, prendre (saisir) à bras-le-corps* ; il s'agirait plutôt alors de *collocations* (cf. chap. 4, II A 2). Pour se tenir au plus près des phénomènes, la description devra admettre des recouvrements partiels entre unités. La notion de *figement* relie ainsi la *composition* à la **phraséologie**, qui est l'ensemble des expressions propres à une langue, ou *idiomatiques*[1].

> Il faut distinguer *unité phraséologique* et *cliché*, souvent mêlés dans les exemples des dictionnaires : *être sur la paille* (au sens figuré « être très pauvre, n'avoir plus d'argent ») est une unité de langue, mais non *la paille humide des cachots*, qui est un cliché de discours. Mais les clichés répétés sont au bord de la lexicalisation : *caracoler en tête des sondages, jouer dans la cour des grands*[2] (sens fig.).

II. CLASSES DE COMPOSÉS

On prend ici le terme *composé* au sens le plus large, incluant toute forme de *polylexicalité*, de manière à faire apparaître l'ensemble du phénomène et ses différentes manifestations, selon les classes de mots. Pour les classes de mots lexicaux, on indique les structures de base qui paraissent les mieux représentées dans le lexique (cf. exercices 19 et 20).

A. NOMS

On peut distinguer deux grands types, selon que la structure du composé est différente de celle des syntagmes libres (composition proprement dite), ou est homologue à celle d'un syntagme libre (figement).

1. COMPOSITION

– V + N : *pique-assiette, perce-neige, abat-jour*. Le nom est complément, sauf exception (*réveille-matin, pense-bête*) ; cette structure convient particulièrement à des noms d'instrument ou d'agent. Elle peut fonctionner comme adjectif qualificatif : *un (objet) porte-bonheur*.

– N + N : on distingue généralement deux cas : les deux noms sont juxtaposés (*porte-fenêtre, moissonneuse-batteuse, poisson-chat*), ou l'un, généralement le second, est subordonné à l'autre (*autoradio, code-barres, impôt sécheresse, micro-trottoir, timbre-poste*). Cette opposition schématise des relations très diverses. La pure juxtaposition n'existe guère : une *porte-fenêtre* est une porte

---

1. Cf. A. Rey, S. Chantreau, *Dictionnaire des expressions et locutions figurées*, Paris, Le Robert, « Les Usuels du Robert », 1979.
2. Cf. R. Amossy, A. Herschberg-Pierrot, *Stéréotypes et Clichés*, Nathan Université, coll. « 128 », 1997.

plutôt qu'une fenêtre ; quand le second nom est un comparant (*poisson-chat, homme-grenouille*), il est plutôt subordonné et déterminant. On ne sait trop où classer certains exemples : un *sac-poubelle* est-il un sac qui est aussi une poubelle, ou un sac pour la poubelle ?

Pour les noms comme *clef, type,* en deuxième position, cf. chap. 8, III C 2.

2. LEXICALISATION DE SYNTAGME

Syntagmes nominalisés :

– Prép + N (ou Pronom) : *à-côté, enjeu, sans-papiers* ; *chez-soi.* À la différence du type *contrepoids, sous-vêtement* (préfixés), ces composés ont la même forme que les syntagmes prépositionnels employés comme attributs : *être à côté, être sans papiers.*

– Déterminant + N : *deux-roues* = (véhicule à) deux roues, *quatre-heures* = (repas pris à) 4 heures.

– Groupe verbal : *touche-à-tout, va-nu-pieds, lève-tôt.*

– Phrase : *sauve-qui-peut, qu'en-dira-t-on, suivez-moi-jeune-homme* (rubans de chapeau de femme).

– Divers : Adj + Adj (*un clair-obscur*), Adj à Inf (*un bon à tirer*) ; Inf (modal) + Inf (*le savoir-faire*), Adv + Inf (*le franc-parler*). Ce sont des formes composées de conversion : nominalisations d'adjectif et d'infinitif.

Syntagmes nominaux figés :

– N + Adj ou Adj + N (ou N + Participe passé adjectivé) : ces noms correspondent à deux types de dénomination : l'une consiste à spécifier un générique, et l'adjectif est effaçable (*grand magasin, beau quartier, mauvaise herbe*) ; l'autre consiste à nommer l'objet par sa propriété saillante, ce qui est une forme de métonymie ou synecdoque (*grande surface, poids lourd, rouge-gorge*), ou par une métaphore (*poule mouillée*[1]). L'adjectif n'est pas effaçable. Les métonymies passent par un effacement du nom générique : (magasin à) *grande surface,* comme (véhicule à) *deux roues.*

Les composés du premier type sont dits *endocentriques* : ils ont la même distribution que leur premier composant, dont ils pourraient être une sorte d'*expansion,* et nomment un objet de même catégorie ; ceux du second type sont dits *exocentriques* : ils ont une distribution différente de celle de leur premier composant et nomment un objet d'une autre sorte : « le rapprochement des deux éléments aboutit à

---

1. Cf. A. Darmesteter, « Juxtaposés avec synecdoque », *Traité de la formation des mots composés dans la langue française, op. cit.,* p. 50 sq.

créer de nouveaux rapports avec ce qui est extérieur au composé[1] ». Rappelons que chez cet auteur, les composés exocentriques sont aussi ceux du type *lave-linge*, par exemple, et que cette opposition s'applique aussi à la dérivation (*maisonnette* vs *lavage*) (cf. chap. 7, II C 1).

– N + Prép N (ou Prép Inf) : *pomme de terre, dent de sagesse, mode d'emploi, salle à manger, mise en plis.* Cette structure sert à former des hyponymes à partir d'un hyperonyme : *brosse à dents, brosse à habits, brosse à cheveux* (cf. chap. 4, I A 3).

C'est à propos de cette structure particulièrement productive qu'E. Benveniste a proposé le terme *synapsie*, consistant en un « groupe entier de lexèmes, reliés par divers procédés, et formant une désignation constante et spécifique », constituant une « unité fixe » (par opposition au syntagme) par d'autres moyens que ceux de la composition classique[2].

Ces structures sont susceptibles d'expansions : *produit national brut, moteur à refroidissement par air*[3].

B. ADJECTIFS

1. COMPOSITION

– Adj + Adj : *aigre-doux, sourd-muet* ; *bleu vert* (adjectifs de couleur) ; troncation du premier adjectif en -o : *franco-anglais.*
– Adj + N (adjectifs de couleur) : *bleu roi.*

2. SYNTAGMES ADJECTIVÉS

Ils sont employés comme attribut et épithète, et sont modifiables par un adverbe de degré s'ils signifient une propriété gradable : *cette robe est (très) à la mode, une robe à la mode.* Ce sont surtout des groupes prépositionnels : *à cran, de bonne humeur, en forme.* On trouve aussi des groupes nominaux variés, comme *fleur bleue, bon marché, tête en l'air,* et des structures diverses : *mal en point, tout ouïe, comme il faut.*

C. VERBES

Le terme usuel de *locution verbale* rassemble des séquences diverses, dont l'étude et la typologie restent largement à faire, et qui n'ont pas toujours le caractère figé des exemples suivants.

---

1. A. Martinet, *Éléments de linguistique générale, op. cit.,* p. 131-133.
2. E. Benveniste, *Problèmes de linguistique générale,* II, 11, « Fondements syntaxiques de la composition nominale », Paris, Gallimard, 1974, p. 172.
3. Cf. *ibid.,* p. 174-175 ; M. Mathieu-Colas, « Essai de typologie des noms composés en français », *Cahiers de lexicologie* 69, 1996.

– V + N sans déterminant : *avoir lieu, avoir/prendre froid, faire diligence, prendre congé, rendre gorge.*

– V + Dét + N : *prendre la mouche, jeter son dévolu (sur)* ; dans ce cas, l'invariabilité du déterminant, l'impossibilité de la mise au passif et le sens non compositionnel constituent des critères de figement.

– V + Adj employé comme Adv, ou V + Adv : *voir rouge, tenir bon, tomber bien/mal.*

– Nombre d'expressions verbales imagées, constituées d'un verbe et de ses compléments, comme *tirer le diable par la queue, mettre le feu aux poudres,* sont plutôt à considérer comme des phrases figées, où seul le sujet varie lexicalement.

D. ADVERBES

Pour les adverbes, les prépositions et les conjonctions, la terminologie grammaticale usuelle oppose formes simples, formes composées (liées par soudure ou trait d'union) et locutions (composés non liés).

– Composés liés : Adv + Adv (*bientôt*), Dét + N (*quelquefois*), Adj + N (*longtemps*), Prép + Prép (*dessous*), Prép + Pronom (*pourquoi, surtout*), Prép + N (*au-dessous, sur-le-champ*), etc. ;

– Locutions adverbiales : ce sont le plus souvent des groupes prépositionnels comme *en revanche, de travers, par hasard, de gré ou de force, de temps en temps, au hasard, du coup, d'autre part.* Il y a des structures bien représentées, comme *à la N*, où N est un déverbal (*à la dérobée*) ou non (*à la diable*). Les expressions plus ou moins imagées comme *à armes égales, de haute lutte* sont très liées à un ou deux verbes (cf. *supra* I C 3). D'autres formes existent, qui sont variées : *au demeurant, mine de rien, de vous à moi* (adverbe de phrase), *au petit bonheur la chance.*

Les adverbes de liaison ou *connecteurs* (*en effet, par conséquent, du coup, par ailleurs, en fin de compte*) peuvent être rapprochés des conjonctions de coordination.

E. PRÉPOSITIONS ET CONJONCTIONS

– Composés liés :

Prépositions : Prép + Adv (*depuis, par-delà*), Adv + Participe passé (*hormis*).

Conjonctions : Adv + Conjonction *que* (*puisque*), Pronom + *que* (*quoique*), Prép + Pronom + *que* (*parce que*), Prép + N + *que* (*afin que*).

– Locutions :

Locutions prépositionnelles (ou prépositives) : elles sont composées avec des adverbes (*au-dessus de, à même*) ou avec des noms (*grâce à, faute de, en faveur de*).

Locutions conjonctives (subordination) : Adv + *que* (*bien que, alors que*), Prép + *que* (*pour que*) ; Prép + N + *que* (*de/en sorte que, à seule fin que*) ; mais aussi : *quand bien même*.

Une locution conjonctive de subordination comme *ainsi que* fonctionne aussi comme conjonction de coordination.

On trouvera une liste des principales locutions prépositives et conjonctives dans M. Grevisse, A. Goosse, *Le Bon Usage*[1].

F. DÉTERMINANTS ET PRONOMS

Beaucoup de déterminants ont une forme complexe : l'article partitif *de la, de l'*, certains numéraux cardinaux (*dix-huit, deux cents, vingt et un*) ; certains indéfinis, composés avec un adverbe (*beaucoup de*), un adjectif (*plein de*), ou un nom : *un nuage de* (lait), *une foule de* (problèmes), *une grêle de* (coups), *un luxe de* (précautions), *pléthore de* (candidats). Ces derniers sont très nombreux. Les déterminants démonstratifs composés sont discontinus : *ce* (N)-*ci, -là*.

Il en va de même pour les pronoms : pronoms personnels en -*même* (*moi-même*) ; pronoms possessifs (*le mien*) ; pronoms démonstratifs (*celui-ci*) ; certains indéfinis (*quelqu'un, n'importe qui, qui de droit, tout un chacun*). La forme sujet non animé du pronom interrogatif est toujours composée (*qu'est-ce qui*) ; les autres formes composées, comme *qui est-ce qui*, sont en concurrence avec les formes simples (*qui*). Le relatif ou interrogatif *lequel*, les démonstratifs *ceci* et *cela* sont soudés.

G. PHRASES

Les phrases qui appartiennent au lexique sont de deux sortes : les phrases proverbiales, tout à fait invariables, que les dictionnaires répertorient (« *À bon chat, bon rat* » ; « *Rira bien qui rira le dernier* ») ; les phrases figées, constituées par l'ensemble formé par le verbe et ses actants, qui peuvent varier au moins par les marques énonciatives (temps, personne, modalités de phrase), et peuvent admettre d'autres variations ; par exemple :

- sujet libre (*mettre le feu aux poudres*), sujet humain (*tirer le diable par la queue*) : on peut aussi traiter ces groupes comme des verbes intransitifs ;
- sujet et modalité assertive figés, temps verbal et personne variables (*mon/son sang n'a fait/ne fit qu'un tour*) ;

---

1. M. Grevisse, A. Goosse, *Le Bon Usage*, De Boeck-Duculot, 15e éd., 2011, § 1037 et 1076.

– sujet humain, temps verbal et négation figés, personne variable : *il* (je) *ne ferait* (ferais) *pas de mal à une mouche* ;

– sujet humain, négation figée, temps verbal variable : *n'être pas à prendre avec des pincettes.*

Certaines phrases toutes faites sont proches des proverbes, mais se disent à propos d'une situation : *c'est l'étincelle qui a mis le feu aux poudres* ; *c'est la goutte d'eau qui fait déborder le vase* ; *la nature reprend ses droits* ; *point trop n'en faut* ; *vous m'en direz tant !* ; *un ange passe.* Ce sont des phrases idiomatiques « épisodiques[1] » ou « situationnelles[2] », propres à s'insérer dans un « dictionnaire de la conversation ».

La **parémiologie** est l'étude des phrases proverbiales (proverbes, adages, aphorismes, dictons, maximes, sentences, etc.), ou **parémies**, du grec *paroimia* (*para-* « à côté, le long de » + *-oimè* « récit, poème ») : remarque qui accompagne le propos principal et l'éclaire, comme la moralité des fables[3].

III. LA COMPOSITION SAVANTE

Les composés savants sont des noms et des adjectifs. Comme il a été rappelé au début de ce chapitre, les composants sont étymologiquement des noms, verbes, adjectifs, adverbes, prépositions grecs et latins (cf. aussi chap. 6, II A). Il en reste trace dans leur sens en français en synchronie ; on observe des structures analogues à celles de la composition « populaire », même si la classe syntaxique des composants est parfois problématique : l'élément *graph(e)* « écrire, écriture » apparaît comme verbal dans *biographe* (« vie » + « écrire », « celui qui écrit la vie », N + V) et nominal dans *orthographe* (« correcte » + « écriture », Adj + N) ; *mane* « aimer, être dominé par (ce que désigne la base nominale) » (*héroïnomane*) peut être perçu comme verbal ou adjectival, alors qu'il est étymologiquement nominal (grec *mania* « folie ») (cf. exercice 21).

A. V + N OU N + V

L'ordre V + N (*phil* « aimer » + *anthrope* « homme, humanité ») est celui des composés comme *porte-monnaie* ; l'ordre N + V (*hydro* « eau » + *phile* « aimer »), qui est un ordre déterminant + déterminé, est dominant dans la composition savante. (On le trouve aussi dans les composés mixtes, comme *hydravion*, et à premier

1. Cf. G. Kleiber, *Nominales. Essais de sémantique référentielle*, A. Colin, 1994, p. 219.
2. Cf. J.-C. Anscombre, « Parole proverbiale et structure métrique », *Langages* 139, 2000, p. 10.
3. Cf. P. Chantraine, *Dictionnaire étymologique de la langue grecque. Histoire des mots*, Klincksieck, 1999 (1968-1980).

élément tronqué, comme *auto-école, pétrodollar*.) Certains éléments verbaux sont toujours à gauche (*mis[o]-*), d'autres toujours à droite (le synonyme *-phobe*, par ailleurs radical dans *phobie, phobique*), d'autres enfin à droite et à gauche, comme *phil(o)/(e)* : *philanthrope, bibliophile* ; *phon(e)/(o)* : *xylophone, phonographe*. Ceux qui sont constamment ou souvent à droite fonctionnent comme des suffixes et se joignent à des mots français : *insecticide, francophile* (cf. chap. 7, II C 2).

En principe, le mot français prend une terminaison ou subit une troncation en *-o* si le second élément est grec, et en *-i* s'il est latin ; la forme *bureaucrate* joue sur une finale en *o* phonétique.

Ces composés sont des adjectifs ou des noms, signifiant « qui V », « celui qui V » ; certains ne fonctionnent que comme adjectifs (*hydrophile*), d'autres comme adjectifs et noms (*misanthrope*). Les noms dans ce cas peuvent être considérés comme des substantivations de l'adjectif. Cette structure produit aussi des noms abstraits en *-ie* (*misogynie*), dont quelques-uns sont sans adjectif correspondant : *philatélie, thalassothérapie*.

B. ADJ + N

On retrouve ici les deux types de dénomination fournis par les composés non savants de même structure :

– un nom générique spécifié par l'adjectif, comme dans *petite cuillère* ou *faux col* : *mégalithe = méga* « grosse » + *lithe* « pierre » ; *microcosme = micro* « petit » + *cosme* « monde » ; *pseudonyme = pseud(o)* « faux » + *onyme* « nom » ;

– une propriété saillante, comme dans *rouge-gorge* ou *grande surface* : *brachycéphale = brachy* « large » + *céphale* « tête », « à la tête large ». Cependant, les composés savants sont plutôt des noms dans le premier cas (mais Adj *orthodoxe = ortho* « correct » + *doxe* « opinion »), et plutôt des adjectifs dans le second ; d'autre part, le second type paraît fonctionner surtout dans les vocabulaires de spécialité.

Les adjectifs fréquents, comme *pseudo* ou *micro*, s'assimilent à des préfixes et se joignent à des mots français (cf. chap. 7, II C 2).

C. N + N

On peut, là aussi, retrouver les deux types de relation entre les noms composants que sont la juxtaposition (*androgyne = andro* « homme » + *gyne* « femme ») et la subordination (*toponyme = top(o)* « lieu » + *onyme* « nom » ; *anthropomorphe = anthropo* « homme » + *morphe* « forme »). Cette structure est surtout productive dans les terminologies scientifiques et techniques.

D. ADV + V, ADV OU PRÉP + N

Par exemple : *télépathe/ie* = *télé* « loin » + *pathe/ie* « ressentir » ; *paradoxe* = *para* « à côté » + *doxe* « opinion ». On peut les comparer aux formations françaises comme *sous-développement, sous-bois*. Certains éléments adverbiaux et/ou prépositionnels s'intègrent comme préfixes : *télévision, hypotension, paralittérature* (cf. chap. 7, II C 2). D'autres, comme *eu-* « bien » (*euphémisme, euphorie, euthanasie*) ou *dia-* « à travers » (*diachronie, diaphane*) sont plus employés dans les vocabulaires de spécialité.

IV. EXERCICES

EXERCICE 19

Le mot composé (1)

Chercher, à l'aide des dictionnaires de langue, les unités polylexicales qui comportent le mot **mot** en les classant par classe syntaxique.

CORRIGÉ

1) Noms

a) N + N : *mot-clé, mot-valise*.

b) N + Adj, Adj + N : *mots croisés* ; *gros mot, grands mots*.

c) N de N : *jeu de mots, mot d'enfant* ; Adj + N de N : *le fin mot de l'affaire*.

2) Adverbes

Au bas mot, en un mot, mot à mot, mot pour mot, sans mot dire.

3) Verbes

a) *Avoir des mots* (avec qqn), *en toucher un mot* (à qqn), *prendre* (qqn) *au mot.*

b) *Avoir le dernier mot,* (ne pas) *avoir son mot à dire, avoir un mot sur le bout de la langue, chercher ses mots, se payer de mots, ne pas souffler mot.*

4) Phrases

C'est (était, etc.) *le mot de la fin, c'est mon* (ton, etc.) *dernier mot, je* (il, etc.) *n'ai* (a, etc.) *pas dit mon* (son, etc.) *dernier mot.*

Remarque : certains problèmes de délimitation se posent (*supra* I C 3) ; on peut prendre en compte comme noms *mot de la fin, dernier mot.*

EXERCICE 20

Le mot composé (2)

Faire le même exercice avec le mot **sang**.

CORRIGÉ

1) Noms
a) N + Adj, Adj + N : *sang-froid, sang-mêlé, sang bleu* ; *pur-sang.*
b) N de N : *coup de sang, liens du sang, prince du sang.*
2) Adjectifs
de chair et de sang, en sang.
3) Verbes
a) *avoir* (qqn, qqch) *dans le sang*, *mettre* (un lieu) *à feu et à sang*, se *faire du mauvais sang*, *se faire un sang d'encre*, *se ronger les sangs* (à propos de qqn, qqch), *suer sang et eau* (pour faire qqch).
b) *avoir du sang de navet, avoir le sang chaud.*
4) Phrases
a) *Mon* (son, etc.) *sang n'a fait* (ne fit) *qu'un tour.*
b) Proverbe : *« Bon sang ne peut mentir. »*
5) Interjection
Bon sang !

EXERCICE 21

Identifier les éléments et indiquer la structure de ces composés savants :

anthropopithèque, épitaphe, héliotrope, hémicycle, isotherme, mélancolie, métronome, métropole, pétrole, pithécanthrope, tératogène, xylophage.

CORRIGÉ

1) N + V > N et/ou Adj
héliotrope : *hélio* « soleil » + *trope* « se tourner » (N) ;
métronome : *métro* 1 « mesure » + *nome* « loi/régler » (N) ;
xylophage : *xylo* « bois » + *phage* « manger » (N et Adj) ;
tératogène : *térato* « monstre » + *gène* « engendrer » (Adj).

2) N + N > N

pithécanthrope : *pithéc* « singe » + *anthrope* « homme » ;

anthropopithèque : *anthropo* « homme » + *pithèque* « singe » ;

métropole : *métro* 2 « mère » + *pole* 1 « ville » ;

pétrole : *pétr* « pierre » + *ole* « huile ».

3) Adj + N > Adj ou N

isotherme : *iso* « égal » + *therme* « température » (Adj) ;

mélancolie : *mélan* « noir » + *colie* « bile » (N) ;

monopole : *mono* « seul, unique » + *pole* 2 « vente, marché » (N).

4) Prép + N > N

épitaphe : *épi* « sur » + *taphe* « tombeau ».

5) Adv + N > N

hémicycle : *hémi* « demi, à moitié » + *cycle* « cercle ».

Voir aussi exercice 12 sur la reconnaissance des éléments.

ANNEXE AUX PREMIÈRE ET DEUXIÈME PARTIES.
ÉTUDES DE MOTS DANS UN TEXTE

Ce type d'exercice est demandé dans les concours de recrutement des professeurs de français pour le second degré. On se reportera aux rapports des jurys pour des directives plus précises, notamment sur la présentation, qui peuvent varier. Il est présent aussi dans des épreuves universitaires. Il met en œuvre l'ensemble des notions de sémantique et de morphologie lexicales exposées dans cet ouvrage.

Sens

On indique le sens du mot dans le texte (en formulant une *définition* convenable, en indiquant des *synonymes*, en donnant les *traits sémantiques* pertinents) ; il faut signaler les *marques* éventuelles (registre, domaine, caractère archaïque ou néologique, péjoration, etc.), la *figure* s'il y a lieu ; on peut signaler les éléments du contexte immédiat qui appuient l'interprétation, et spécialement la construction syntaxique associée s'il s'agit par exemple d'un verbe qui a plusieurs *emplois*. Pour tout *polysème*, il convient généralement d'évoquer les autres *acceptions* et les relations qu'elles entretiennent avec l'acception représentée dans le texte, surtout si celle-ci n'est pas la plus courante ou est obsolète ; on retrouve ici la question des sens figurés ; il faut penser aussi au rôle de la *syntaxe* dans la sélection des sens.

Forme

Un mot complexe (non simple) doit être segmenté en *éléments*. S'il s'agit d'un *mot construit*, on décrit sa structure (*dérivation*, *composition*) et on met en relation le sens et la forme ; on montre une éventuelle *démotivation*.

Contexte

On indique, s'il y a lieu, les mots du texte qui sont en *relation sémantique* avec le mot étudié (*synonymes*, *antonymes*, *hyper/hyponymes*, *holonymes* et *méronymes*), ou en *relation morphologique* (même famille). On peut être amené ainsi à dégager brièvement les axes sémantiques du texte et ses récurrences.

Le point de vue est *synchronique* ; cependant, des éléments historiques et étymologiques peuvent être bienvenus : par exemple, si l'emploi dans le texte rappelle le sens étymologique, ou s'il s'agit d'un sens de français classique (XVIIe et XVIIIe siècles).

1. TEXTE 1

« Cette longue solitude, cette austère retraite, avaient jeté sur moi un vernis de **pruderie** qui effrayait nos plus **agréables** : ils se tenaient à l'écart, et me laissaient livrée à une foule d'ennuyeux, qui tous prétendaient à ma main. L'embarras n'était pas de les refuser ; mais plusieurs de ces refus déplaisaient à ma famille, et je passais dans ces tracasseries intérieures le temps dont je m'étais promis un si charmant usage. Je fus donc obligée, pour rappeler les uns et éloigner les autres, d'afficher quelques inconséquences, et d'employer à nuire à ma réputation le soin que je comptais mettre à la conserver. Je réussis facilement, comme vous pouvez croire. Mais n'étant emportée par aucune passion, je ne fis que ce que je jugeai nécessaire, et mesurai avec prudence les doses de mon étourderie.

Dès que j'eus touché le but que je voulais atteindre, je revins sur mes pas et fis honneur de mon amendement à quelques-unes de ces femmes, qui, dans l'impuissance d'avoir des **prétentions** à l'agrément, se rejettent sur celles du mérite et de la vertu. Ce fut un coup de partie qui me valut plus que je n'avais espéré. Ces reconnaissantes duègnes s'établirent mes apologistes ; et leur zèle aveugle pour ce qu'elles appelaient leur ouvrage, fut porté au point qu'au moindre propos qu'on se permettait sur moi, tout le parti prude criait au scandale et à l'injure. Le même moyen me valut encore le suffrage de nos femmes à **prétentions**, qui, persuadées que je renonçais à courir la même carrière qu'elles, me choisirent pour l'objet de leurs éloges, toutes les fois qu'elles voulaient prouver qu'elles ne médisaient pas de tout le monde.

Cependant, ma conduite précédente avait ramené les amants ; et pour me ménager entre eux et mes fidèles protectrices, je me montrai comme une femme **sensible**, mais difficile, à qui l'excès de sa délicatesse fournissait des armes contre l'amour.

Alors je commençai à déployer sur le grand théâtre les talents que je m'étais donnés. »

P. Choderlos de Laclos, Les Liaisons dangereuses, Lettre 81

CORRIGÉ

– pruderie

Forme et sens : nom dérivé de l'adjectif féminin *prude* par la suffixation en -*erie*, qui forme des noms de propriété sur base adjectivale (ex. *étourderie, mesquinerie*) : « caractère, comportement prude » (cf. *le parti prude*).

Sens de la base : « très vertueuse » (cf. *mérite, vertu*).

Diachronie : c'est une forme féminine de *preux* « courageux », dont l'étymon latin *prode* est en relation avec *prodesse* « être utile » ; ex. *prud'homme*. Cette forme a pu subir l'influence de *prudent*, qui a une autre origine (*providens* « prévoyant ») : ce serait une sorte de remotivation. Le point intéressant est l'évolution sémantique et la spécialisation féminine, qui est la même que pour *vertu* : la qualité virile est le courage, la qualité féminine est la chasteté.

Marque : la péjoration, qui existe dès l'époque classique, liée à la féminisation, renvoie à l'opposition entre l'être et le paraître ; elle est suggérée (et non explicitée) dans le texte :

– par le contexte immédiat (*vernis*, qui évoque la superficialité ; *effrayait*, cf. une expression comme *dragon de vertu* ; l'opposition à *agréables*) ;

– par le contexte éloigné (*le parti prude, les duègnes* : il s'agit de pouvoir social plutôt que de morale) ;

– plus généralement, par le thème du *théâtre* du monde (*le grand théâtre*), où chacun joue un rôle et n'est occupé que de sa *réputation*.

– agréables

Forme et sens : adjectif qualificatif en *-able*, dérivé du verbe *agréer*, adjectif employé ici comme nom (déterminant *nos*) tout en gardant l'adverbe de degré adjectival (*plus* : *nos plus agréables*) ; le sens morphologique est « qui peut *agréer* », c'est-à-dire « qui peut plaire, être au *gré* de » (sens actif), ou « qui peut *être agréé* » (sens passif), c'est-à-dire « être trouvé à son *gré*, être bien accueilli », selon que l'on prend pour base l'emploi du type *qqch agrée à qqn* ou du type inversé comme *qqn agrée une demande*. Les adjectifs de forme *V + -ble* sont le plus souvent construits sur des verbes transitifs directs et ont une interprétation passive (ex. *mangeable*), mais il y a des contre-exemples (ex. *vivable, cas pendable*).

Le nom *gré* (latin *gratum* « chose qui fait plaisir »), base de *agréer*, ne se trouve que dans des unités composées (adverbes : *à mon* (ton, etc.) *gré, bon gré mal gré, de mon* (ton, etc.) *plein gré, de gré à gré* ; préposition : *au gré de* ; verbe : *savoir gré*).

Substantivation (*nos plus agréables*) : l'univers évoqué, la reprise par *ils* et le déterminant *nos* indiquent qu'il s'agit des hommes les plus agréables du « cercle » social. La substantivation d'adjectif peut dénommer des catégories de personnes d'après une propriété : *les jeunes, les malades*, etc. ; elle sert ici à désigner les rôles dans le cercle et sur le *grand théâtre* de la société. Les *agréables* sont ceux qui non seulement sont plaisants, mais aussi se rangent dans le camp de la galanterie, avec les *amants*, avec ceux qui ont des *prétentions à l'agrément* (c'est-à-dire à être *agréables*), avec les *femmes à prétentions* et les *femmes sensibles*, en opposition aux *ennuyeux*, aux *duègnes* ou au *parti prude*.

– prétentions

Forme, sens et construction : nom en relation avec le verbe *prétendre* ; la locution verbale *avoir des prétentions à* équivaut à *prétendre à* « revendiquer »,

« poursuivre (ce que l'on réclame comme un droit) » ou, en atténuant l'aspect revendicatif, « avoir la ferme intention d'obtenir (avec la conscience d'en avoir le droit, le pouvoir) » (définitions du *PR*) : *prétendre aux plus hautes destinées, prétendre à un poste* ; même sens avec les constructions *prétendre à Inf* et *prétendre que P (subjonctif)* dans l'état de langue classique : *je prétends que vous m'obéissiez*. Il s'agit donc d'un verbe de volonté, qui comporte la notion que cette volonté est légitime. (Noter dans le texte *prétendre à la main de quelqu'un*, cas particulier de cette situation, la demande en mariage ; synecdoque lexicalisée de la main pour la personne ; dérivé *prétendant*).

Les femmes qui sont *dans l'impuissance d'avoir des prétentions à l'agrément* sont celles qui n'ont aucun titre à plaire, parce qu'elles ne sont pas agréables (elles sont laides) ; les *femmes à prétentions* cherchent à plaire (c'est la *carrière* qu'elles *courent*) et en ont le pouvoir.

Langue contemporaine : cet emploi de *prétendre à* est surtout conservé aujourd'hui dans la tournure négative *ne pas pouvoir prétendre à* ; la construction usuelle est : *prétendre que P (indicatif)* « affirmer, revendiquer la vérité de (ce qui n'est pas vrai ou douteux du point de vue du destinataire) » : c'est donc un verbe de parole, qui comporte la notion que le destinateur clame sa bonne foi et son bon droit (c'est le point commun avec les emplois précédents) contre le destinataire qui met ses propos en doute. Les dérivés *prétention* et *prétentieux* sont caractérisés par une péjoration qui passe par le doute et la critique des *prétentions* au sens ci-dessus (but légitime) : la malveillance reproche à celui qui *prétend à* de hautes destinées de viser trop haut ; d'où : *je n'aurai pas la prétention de Inf*.

(On doit prendre garde que ce n'est pas le sens du texte : les *femmes à prétentions* ne se surestiment pas ; leurs *prétentions* à être agréables sont fondées. Mais le texte renvoie dos à dos « duègnes » et « coquettes » dans une critique sociale qui n'épargne personne.)

– sensible

Forme et sens : adjectif en *-ble* dérivable en synchronie du verbe *sentir* ou du nom *sens* (latin *sensibilis*) ; avec un nom animé (ou un nom de partie du corps), il a un sens actif : « qui peut sentir », et particulièrement, « capable de ressentir vivement les émotions, d'avoir des *sensations* et des *sentiments* » ; avec un nom non animé, il a un sens passif : « qui peut être senti, accessible aux sens », comme dans l'expression *monde sensible*, c'est-à-dire le monde tel qu'il est senti, perçu par les *sens*.

Femme sensible : les dénominations composées de forme N + Adj, comme les substantivations d'adjectif évoquées ci-dessus, servent à catégoriser. L'adjectif se spécialise : les *femmes sensibles*, ici, sont celles qui sont accessibles, capables de ressentir l'amour (sans la restriction au sentiment et la péjoration qui s'attache à *sentimental*, anglicisme récent à l'époque du texte).

2. TEXTE 2

« Dans le brouillard qui entoure les arbres, les feuilles leur sont **dérobées** ; qui, déjà, **décontenancées** par une lente oxydation, et **mortifiées** par le retrait de la sève au profit des fleurs et des fruits, depuis les grosses chaleurs d'août tenaient moins à eux.

Dans l'écorce des rigoles verticales se creusent par où l'humidité jusqu'au sol est conduite à se désintéresser des parties vives du tronc.

Les fleurs sont dispersées, les fruits sont déposés. Depuis le plus jeune âge, la **résignation** de leurs qualités vives et des parties de leur corps est devenue pour les arbres un exercice familier. »

Francis Ponge, *Le Parti pris des choses*, Gallimard, 1966

CORRIGÉ

– dérobées

Forme et sens : historiquement, c'est le préfixé de l'ancien français *rober* « voler », d'origine germanique (cf. anglais *to rob*), où *dé-* a sa valeur étymologique, signifiant le point de départ d'un mouvement et la séparation (cf. chap. 8, exercice 18) ; aujourd'hui, sans connaître la base, on interprétera le préfixe comme un privatif, à cause du sens du préfixé. Au sens de « voler », *dérober* est un synonyme soutenu de *voler* ; le sens « cacher » se trouve dans des contextes particuliers : *dérober aux regards, un escalier dérobé, à la dérobée*.

Contexte : le brouillard *dérobe* au regard, et les arbres sont dépouillés de leurs feuilles.

Les feuilles entourent l'arbre comme un vêtement (*robe*, sens étymologique « butin », d'où « vêtements volés ») et une enveloppe (*enrober*). Le terme attendu dans la description de la chute des feuilles en automne est *dépouillé* ; *dépouilles*, déverbal de *dépouiller* (latin *despoliare*, ex. *spolier*), a aussi le sens « butin, peau, vêtement laissé ».

Le thème de la dépossession par force et le domaine du droit de la propriété se retrouvent avec *résignation, sont déposés* (comme un bilan, une couronne ou les armes), *sont dispersés* (comme des biens formant un ensemble dans une vente aux enchères), *désintéresser* (un créancier ; dérivé *désintéressement*) ; on peut penser aussi à *retrait* et *profit*.

Le paradigme de la structure en *dé-* se projette dans le fil du texte : *défont, décontenancées, désintéresser, déposés*, à quoi on peut ajouter *dispersées*, qui comporte un préfixe *dis-*.

– décontenancées

Forme et sens : ce participe passé adjectivé est une forme du verbe *décontenancer* à base nominale (*contenance*), selon le schéma *dé- + N > V* « enlever N, faire perdre N ». Le sens usuel du verbe « faire perdre contenance » dérive de l'un des sens du nom, appliqué à un animé : « manière de se tenir » (*une contenance modeste*) ; *être décontenancé* signifie « ne pas savoir comment se tenir, avoir perdu contenance ».

Contexte : appliqué aux feuilles, cet emploi joue sur l'autre sens de *contenance* (« ce qui est contenu ») et sur la relation au verbe *tenir* :

- l'oxydation, peut-être, fait perdre de la substance (*contenance* « ce qui est contenu ») et conduit vers la disparition ;
- les feuilles *tiennent à* l'arbre (*depuis les grosses chaleurs d'août tenaient moins à eux*). Elles sont aussi des parties du corps de l'arbre (*la résignation de leurs qualités vives et des parties de leur corps*), et la *contenance*, au sens précédent, est une attitude du corps.

La syllepse, jeu sur les doubles sens, physique et moral, non animé et animé, concerne aussi *tenir à, mortifiées, résignation*. Elle est soutenue par l'humanisation des arbres (*depuis le plus jeune âge, parties de leur corps*).

– mortifiées

Forme et sens : le verbe *mortifier* peut être analysé en Adj + *-ifi-(er)*, comme *acidifier, solidifier* ; le sens correspondant serait « rendre mort ». Dans le domaine religieux, *mortifier* (sa chair, son corps, ses sens) signifie « faire souffrir » (pour racheter ses péchés ou pour résister à la tentation) (latin ecclésiastique *mortificare*). Il s'agit de « rendre mort » au péché : on sauve l'âme en tuant le corps.

Dans le vocabulaire général courant, seul est usité le participe passé adjectivé *mortifié*, dans le sens « blessé, humilié, vexé » (souffrance morale d'amour-propre).

Contexte : le sens morphologique est restitué par l'opposition à *vives* (*parties vives, qualités vives*), qui signifie « vivantes », l'évocation de la lente *oxydation* (qui est une mort), et la présence en filigrane de l'expression *feuilles mortes*. Un processus de putréfaction est évoqué, qui fonde aussi un emploi culinaire du verbe : *mortifier de la viande*, c'est-à-dire « faisander ». La superposition du sens courant, moral, place ce mot dans la série des doubles sens, avec *décontenancées, tenir à, résignation*.

– résignation

Forme, sens et syntaxe : le sens « abandon (d'un droit, d'une possession légitime) » correspond à la construction *résignation de (qqch)*, qui nominalise l'emploi transitif non pronominal de *résigner* avec un objet du type *charge, emploi, fonction* : *il a résigné ses fonctions au gouvernement*. L'emploi courant du verbe est pronominal : *se résigner (à)* « renoncer » ; il donne l'emploi absolu de *résignation*, dans le sens moral « attitude d'acceptation, de renoncement ».

Contexte : les arbres *résignent* (abandonnent, renoncent à) leurs *qualités vives* et *des parties de leur corps* (première acception ; ex. *dérobées*) ; la *résignation* (deuxième acception) vient s'ajouter à la mortification et au désintérêt (*se désintéresser de* ; ex. *décontenancées, mortifiées*).

TROISIÈME PARTIE
ÉLÉMENTS
DE LEXICOGRAPHIE

Introduction
Lexicographie, métalexicographie, dictionnairique

Le terme **lexicographie** a couramment deux acceptions : il désigne :

1) la confection des dictionnaires : choix des unités lexicales à traiter, méthode de leur description, techniques de présentation, en vue de la publication ; c'est l'art du *lexicographe*, lequel est l'auteur d'un dictionnaire : *Pierre Larousse, Émile Littré sont de grands lexicographes français du XIXe siècle* ; (par métonymie, ce terme pourra désigner les produits et les auteurs de ce travail : par exemple, *la lexicographie de langue française*) ;

2) l'étude des dictionnaires, comme discipline scientifique : définition des types d'ouvrages, analyse des méthodes, description du texte ; en ce sens, elle est différenciée de la *lexicologie*, qui étudie le lexique comme partie du système de la langue, indépendamment de sa représentation dans les dictionnaires, ou qui s'attache à l'analyse de mots particuliers en langue et dans les textes.

Pour éviter cette ambiguïté, on a créé le terme **métalexicographie** pour la deuxième acception.

Une troisième acception se dégage de la terminologie proposée par Bernard Quemada, qui sépare la *lexicographie* de la *dictionnairique*[1].

---

1. B. Quemada, « Notes sur *lexicographie* et *dictionnairique* », *Cahiers de lexicologie* 51, 1987, p. 229-242.

La **lexicographie** est alors « le recensement et l'analyse des formes et des significations des unités lexicales », recueillies notamment par leurs occurrences dans les textes. Le recensement, d'abord manuel, a connu un développement considérable avec l'avènement de l'informatique. Il a fourni le matériau d'un travail proprement linguistique de description et de structuration des faits observés sous forme de *bases de données* ; ce travail est certes utile à la fabrication de dictionnaires, mais il se situe en amont de celle-ci et il est indépendant de cette fin.

La **dictionnairique** est « le domaine qui a pour objet et finalité le *genre dictionnaire* et inclut toutes les problématiques dont relève, en tout ou partie, chaque réalisation particulière[1] ». Ce domaine se scinde, à son tour, en deux : la *dictionnairique théorique* pour le *dictionnaire-objet d'étude* (c'est ce qui est appelé aussi *métalexicographie*) et la *dictionnairique pratique* pour le *dictionnaire-réalisation*, qui fait appel à des notions d'ordre technique et commercial. La *dictionnairique pratique* « tire parti des données de la *lexicographie* mais doit les sélectionner, les traiter et les aménager en fonction du *programme dictionnairique retenu* ».

L'auteur prévenait contre la réduction de la *dictionnairique* à la *dictionnairique pratique* :

> « Il est important de ne pas limiter l'usage du terme [dictionnairique] aux seuls aspects techniques, matériels, économiques trop justement associés à l'empirisme et au mercantilisme, ce qui a entraîné quelques durables équivoques[2]. » « Il est essentiel que les deux aspects, théorique et pratique, de la *dictionnairique*, qui sont complémentaires, deviennent inséparables dans la formation de tous les spécialistes[3]. »

Cette réduction a pu être facilitée par le fait que le mot *dictionnairique* fonctionne aussi comme adjectif équivalent de *lexicographique* dérivé du sens 1 de *lexicographie*. On parlera de l'exemple *dictionnairique* ou *lexicographique*, de ressources ou corpus *dictionnairiques* ou *lexicographiques*, etc. Le terme *métalexicographie* permettait également cette réduction, en se substituant à *dictionnairique théorique*.

Dans l'usage le plus courant aujourd'hui, on conserve par commodité le terme *lexicographie* avec ses sens usuels 1 et 2, le contexte levant l'ambiguïté le plus souvent. Les deux aspects, pratique et théorique, sont complémentaires et étroitement liés.

---

1. *Ibid.*, p. 236.
2. *Ibid.*, p. 237.
3. *Ibid.*, p. 238.

CHAPITRE 10 ||||||||||||||||||||||||||||||||||||||||||||||||||||||||||||||||||
LES TYPES
DE DICTIONNAIRES

I. DICTIONNAIRE MONOLINGUE ET DICTIONNAIRE BILINGUE
II. DICTIONNAIRE DE LANGUE ET DICTIONNAIRE ENCYCLOPÉDIQUE
III. DICTIONNAIRE GÉNÉRAL ET DICTIONNAIRE SPÉCIALISÉ

La typologie des dictionnaires s'appuie sur trois oppositions principales, qui concernent le contenu : dictionnaires monolingues *vs* bilingues, de langue *vs* encyclopédiques, généraux *vs* spécialisés ; d'autres catégories concernent le support (dictionnaires électroniques) et le public (dictionnaires d'apprentissage).

I. DICTIONNAIRE MONOLINGUE ET DICTIONNAIRE BILINGUE

Le dictionnaire monolingue fait suivre les entrées d'une langue de leur description dans cette langue, principalement par une définition et des exemples.

Le dictionnaire bilingue fait suivre les entrées d'une langue source par les équivalents d'une langue cible : par exemple, un dictionnaire français-anglais fait suivre des entrées en français de leur(s) équivalent(s) en anglais.

> Il est multilingue s'il met en relation une langue avec deux autres ou plus (par exemple, un trilingue arabe-français-anglais ; un dictionnaire quadrilingue des termes de marine).

Le dictionnaire bilingue ne se réduit pas à une double nomenclature, parce que les langues ne se correspondent pas mot à mot ; son efficacité dépend d'une description juste de l'entrée dans un article répondant aux mêmes exigences que celles du dictionnaire monolingue : traitement de la polysémie, indication des emplois, collocations, expressions.

Le dictionnaire monolingue inclut une forme de dictionnaire bilingue, dans le cas de la *définition synonymique* d'un terme marqué, « traduit » par un équivalent non marqué (cf. *infra* III A 1 ; chap. 12, III B 4).

> B. Quemada rassemble sous l'étiquette **plurilingues** (opposé à **monolingues**) les *dictionnaires hété-roglosses* (les *bilingues* et *multilingues*) et les *dictionnaires homoglosses* (dictionnaires de dialectes, de l'ancienne langue, c'est-à-dire ceux qui relèvent de la variation dans une même langue), d'après *glossè*, en grec ancien « langue » (cf. *glose, glossaire, diglossie, isoglosse* ; forme *-glotte* dans *polyglotte*). On rassemble ainsi, en les opposant ensemble aux *monolingues*, les *plurilingues hétéroglosses* (les *bilingues*) et les *plurilingues homoglosses*, tout en les distinguant[1].
>
> L'ouvrage considéré comme le premier dictionnaire de la lexicographie française est un bilingue français-latin : le *Dictionnaire français-latin* de Robert Estienne, de 1539. Il résulte de l'inversion du *Thesaurus latin-français* du même auteur, de 1531. Le français passe en entrée : c'est la première liste alphabétique de mots français, même si elle est biaisée par sa fonction initiale de traduction du latin. L'équivalent latin sert à indiquer le sens autant qu'à traduire du français au latin. Dans les dictionnaires postérieurs, la place du latin comme indication du sens se réduira au profit de la définition en français, pour finalement disparaître[2].

II. DICTIONNAIRE DE LANGUE ET DICTIONNAIRE ENCYCLOPÉDIQUE

A. DICTIONNAIRE DE LANGUE, ENCYCLOPÉDIE, DICTIONNAIRE ENCYCLOPÉDIQUE

Le **dictionnaire de langue** (appelé aussi *dictionnaire de mots*) traite des **signes** de la langue. L'entrée donne accès à des informations linguistiques complètes et détaillées, telles que : prononciation, graphie, classe grammaticale, contextes, sens, expressions, synonymes, etc.

Une **encyclopédie** traite des **référents** du monde. Les entrées donnent accès à des informations encyclopédiques telles que : histoire, géographie et/ou sociologie de la chose nommée, description détaillée, illustration, explications diverses, etc. (selon le type de référent). Ce sont majoritairement des noms : noms propres, qui renvoient à des référents individuels (personnes, lieux,

---

1. B. Quemada, *Les Dictionnaires du français moderne, op. cit.*, p. 38.
2. Cf. F. Gaudin, L. Guespin, *Initiation à la lexicologie française. De la néologie aux dictionnaires*, Bruxelles, Duclot, 2000, chap. 1, « La lexicographie française : présentation historique » ; J. Pruvost, *Les Dictionnaires de langue française*, chap. 2.

institutions, événements, etc.) ; noms communs et adjectifs qualificatifs susceptibles de conduire à des savoirs ou à des croyances sur le monde (notions, domaines, sciences et techniques, objets, etc.).

> On trouvera par exemple dans l'*Encyclopædia Universalis* (outre les noms propres) au début de la lettre A : *abaque* (terme d'architecture), *abbaye, abbé, abcès, abdomen, abeille, aberration astronomique, ablatif, abolitionnisme, aborigènes d'Australie, abri-sous-roche* (terme de préhistoire), *absinthe, absolu,* etc.
>
> L'*Encyclopédie. Dictionnaire raisonné des sciences, des arts et des métiers* (1751-1772), dite *Encyclopédie* de Diderot et d'Alembert, mettait en entrée des mots du vocabulaire commun de toutes classes pour leurs acceptions spécialisées : par exemple, *abaisser* comme terme d'algèbre, de géométrie, d'arboriculture, de fauconnerie, de pâtisserie ; *lentement* comme terme de musique : « répond à l'italien *adagio*, et marque un mouvement lent et posé ».

Une encyclopédie est censée faire le tour (*cyclo-*) des connaissances (*-péd-*, cf. *propédeutique, pédant,* du grec *paideuein* « enseigner » apparenté à *pais, paidos* « enfant », cf. *pédagogie*).

Le **dictionnaire encyclopédique** (appelé aussi *dictionnaire de choses*) participe des deux modèles :
– comme l'encyclopédie, il accueille les noms propres, des illustrations, et présente des développements encyclopédiques pour les entrées concernées ;
– comme le dictionnaire de langue, il a une nomenclature générale, qui inclut les mots grammaticaux, ou des mots lexicaux peu susceptibles de conduire à des savoirs sur le monde (comme *agréable, désespérément*). Il sera souvent plus accueillant aux terminologies, et sa description linguistique (morphologique, sémantique, syntaxique) ne sera pas aussi détaillée que celle du dictionnaire de langue, se bornant souvent à l'indication de la classe grammaticale et à une définition.

> Le *Petit Larousse illustré* est un dictionnaire encyclopédique : il comporte des illustrations ; les noms propres sont présents, rassemblés dans une deuxième partie ; dans la première partie (noms communs et autres classes de mots), l'article comporte une *partie encyclopédique* signalée comme telle lorsque l'entrée s'y prête (par exemple *abstrait* [en art], *absurde* [en philosophie], *acier,* etc.). Il donne aussi certaines des informations du dictionnaire de langue : classe grammaticale, étymologie, prononciation s'il y a une difficulté, définition. Il en va de même dans les ouvrages comparables, qui, eux, interclassent les noms propres : le *Dictionnaire Hachette*, le *Dixel* (Le Robert).
>
> Un dictionnaire de noms propres, comme le *Petit Robert 2*, est un dictionnaire encyclopédique spécialisé. Celui-ci s'ajoute au *Petit Robert*, qui est un dictionnaire de langue.

B. LA LANGUE ET LE MONDE

On oppose la langue et le monde auquel elle renvoie, qui est l'univers de référence. Le discours sur le monde relève de l'encyclopédie. Mais la frontière entre ce qui appartient à la langue et ce qui appartient au monde n'est pas absolue : langue et encyclopédie s'interpénètrent, à des degrés divers selon les ouvrages.

La langue dans l'encyclopédie

L'encyclopédie est écrite dans une langue, dont elle est tributaire : les entrées sont bien les noms des référents dans cette langue. En cela, elle reste un ouvrage de langue. Cette observation vaut *a fortiori* pour le dictionnaire encyclopédique, puisqu'il intègre un dictionnaire de langue, même si c'est de façon minimale.

L'encyclopédie dans le dictionnaire de langue

Le dictionnaire de langue est perméable à l'encyclopédie :

– par la présence à la nomenclature de termes techniques, de noms d'espèce, de noms de notions, de dérivés de noms propres, etc. (cf. chap. 11, I C) ;

– par des définitions longues, admettant des traits non nécessaires (*définitions encyclopédiques*, cf. *supra* chap. 3, I B ; chap. 12, III B 1) ;

– par des exemples et citations, qui peuvent apporter des informations, des croyances et des opinions sur le monde (cf. chap. 12, IV C 3).

> Le *Dictionnaire culturel*, dirigé par A. Rey (Le Robert, 2005, 4 volumes), est un dictionnaire de langue, dans la lignée des *Petit* et *Grand Robert*, qui présente en outre des développements encyclopédiques signés, sous forme d'encadrés de dimensions variables (allant du paragraphe de quelques lignes, comparable à une partie d'article, à l'exposé de plusieurs pages) sur les aspects culturels engagés par une sélection d'entrées : noms de domaines et de notions comme *alchimie, anarchie, anthropologie, antisémitisme, aviation*, etc. ; adjectifs qualificatifs comme *absolu, abstrait, absurde, avare* ; noms d'objets (concrets ou abstraits) supports d'une symbolique, comme *abeille, abîme, agneau, arbre, arc-en-ciel, argent, auberge, automne*, etc.
>
> Le *Grand Larousse de la langue française* (1971-1978, 7 volumes) est un dictionnaire de langue qui comporte une encyclopédie de grammaire et de linguistique, sous forme de développements détachés et signalés par la mention *Grammaire et linguistique* à la place alphabétique des entrées qui sont des termes de ces disciplines (*accent, actualisation, adjectif, adverbe*, etc.). Ces exposés sont signés du linguiste Henri Bonnard.

III. DICTIONNAIRE GÉNÉRAL ET DICTIONNAIRE SPÉCIALISÉ

Un *dictionnaire général* présente toutes les unités lexicales de la langue qu'il décrit, ou du moins tend vers l'exhaustivité, dans des limites imposées par les dimensions pratiques de l'ouvrage. Il en donne une description générale.

Un *dictionnaire spécialisé* opère une sélection des entrées selon le critère retenu, ou traite particulièrement un aspect spécifique de la description.

Les *dictionnaires encyclopédiques spécialisés* (ou *dictionnaires terminologiques*) présentent la nomenclature d'un domaine : dictionnaire de rhétorique, du jardinage, etc.

Les *dictionnaires de langue spécialisés* présentent une nomenclature spéciale sélectionnée par un trait linguistique, ou un traitement particulier des entrées, portant sur l'un des éléments de la description lexicographique.

Dictionnaire extensif et dictionnaire restrictif

On ne confondra pas l'opposition entre *dictionnaire général* et *dictionnaire spécialisé* avec celle entre *dictionnaire extensif* et *dictionnaire restrictif*. La première est d'ordre *qualitatif* : elle concerne la nature des entrées et éventuellement leur traitement. La seconde est d'ordre *quantitatif* : elle concerne le nombre de mots traités[1]. Un *dictionnaire extensif* cherche à recueillir le plus grand nombre de mots ; un *dictionnaire restrictif* limite la nomenclature à une certaine quantité, généralement sur des critères de fréquence et d'usage, ou par exclusion de tout mot marqué.

Un exemple de *dictionnaire de langue général restrictif* est donné par le *Dictionnaire du français contemporain*, dirigé par J. Dubois (Larousse, 1971 [1966]), qui visait à présenter « le français le plus habituel » dans son état actuel.

A. NOMENCLATURE SPÉCIALE

1. ENTRÉES MARQUÉES

La sélection des entrées se fait selon un facteur de *variation intralinguistique* (cf. chap. 1, II B 2) :
- *variation diatopique* : dictionnaires de régionalismes, de « francophonismes » (comme les québécismes, les belgicismes, etc.) ;
- *variation diastratique et diaphasique* : dictionnaires d'argot, de la « langue des cités », etc.

Le *Dictionnaire des régionalismes de France. Géographie et histoire d'un patrimoine linguistique*[2] donne une description détaillée de 1 100 entrées : aire géographique, définition, équivalent standard, citations, etc. On trouvera un exemple d'article sur www.atilf.fr (publications).

---

1. Cf. B. Quemada, *Les Dictionnaires du français moderne, op. cit.*, p. 157-158.
2. P. Rézeau, *Dictionnaire des régionalismes de France. Géographie et histoire d'un patrimoine linguistique*, INaLF, De Boeck-Duculot, 2001.

> Le *Dictionnaire du français non conventionnel*[1] accueille environ 6 000 mots et emplois très familiers généralement absents des dictionnaires « conventionnels », ayant plusieurs occurrences dans un corpus de plus de 300 œuvres entre 1880 et 1980 ; ils sont accompagnés de citations.

La *variation diachronique* conduit aux dictionnaires d'états de langue anciens (dictionnaires d'ancien français, de moyen français, de français classique) et aux dictionnaires de néologismes. Les dictionnaires d'états de langue anciens se rapprochent des bilingues, donnant l'équivalent moderne du mot ancien disparu ou qui a changé de sens. Les dictionnaires de néologismes sont datés, le mot nouveau à un moment donné étant appelé à passer dans l'usage ou à disparaître.

2. NATURE DES ENTRÉES
La sélection des entrées se fait selon un trait de l'unité lexicale :
– son origine : dictionnaire des anglicismes, des mots d'origine arabe, etc. ;
– sa valeur : dictionnaire des injures ;
– sa classe : dictionnaire des onomatopées, des verbes, etc. ;
– sa délimitation : dictionnaire d'expressions, dictionnaire d'éléments (suffixes, éléments grecs et latins).

> Le *Dictionnaire des onomatopées* de P. Enckell et P. Rézeau (PUF, 2003) rassemble des milliers d'onomatopées absentes des grands ouvrages lexicographiques, présentes au moins deux fois dans un corpus étendu d'œuvres littéraires et de journaux, et leur donne un traitement complet (graphies, valeurs, citations, dérivés).
>
> Le *Dictionnaire des structures du vocabulaire savant* de H. Cottez (Les Usuels du Robert, 1986, disponible en PDF) est un dictionnaire d'éléments.

B. TRAITEMENT PARTICULIER

Il peut concerner la forme (dictionnaires de prononciation, d'orthographe, de rimes), l'emploi (dictionnaires des difficultés du français), le sens (dictionnaires de synonymes et antonymes, dictionnaires analogiques : cf. chap. 11, II B) ou l'étymologie (dictionnaires étymologiques) ; de là une grande diversité des contenus.

> Le *Robert oral-écrit. L'orthographe par la phonétique* (Le Robert, 1989) est un dictionnaire d'orthographe qui reproduit le questionnement ordinaire : comment s'écrit tel mot dont on connaît la prononciation ? Il place en entrée non pas les mots graphiques mais leur prononciation transcrite par l'API : la

---

1. J. Cellard, A. Rey, *Dictionnaire du français non conventionnel*, Hachette, 1980.

nomenclature range les mots selon leurs sons (se suivent par exemple les mots *armistice, harmonie, armoire, armure, harnais*, etc.) ; les homophones sont regroupés ; on accède ensuite à la graphie.

Le *Dictionnaire historique de l'orthographe française*, dirigé par N. Catach (Larousse, 1995), donne, pour un vocabulaire tiré de la 1re édition du *Dictionnaire de l'Académie*, les graphies présentes dans les principaux dictionnaires entre 1549 à 1932, et retrace les évolutions de l'orthographe française dans des synthèses indexées sous 2 000 « mots de base », typiques des changements observés.

Le *Robert Brio. Analyse des mots et régularités du lexique*, dirigé par J. Rey-Debove (Le Robert, 2004), est un dictionnaire de morphologie lexicale, qui analyse les mots en éléments et traite ces éléments en entrée à leur place alphabétique, avec un système de renvois entre mots et éléments (cf. chap. 7, I A). Il présente à la fois une nomenclature spéciale et une description morphologique spécifique des entrées.

Le *Dictionnaire historique de la langue française*, dirigé par A. Rey (Le Robert, 2006 [1992]), retrace l'histoire des mots en expliquant les changements de sens survenus « sur le ton de la narration », pour une présentation naturelle et accessible.

Dictionnaire prescriptif et dictionnaire descriptif

Les dictionnaires des difficultés du français et d'orthographe sont généralement *prescriptifs* : ils indiquent la norme et visent principalement à éviter les fautes de grammaire et d'orthographe. Le *Dictionnaire historique de l'orthographe française* (évoqué *supra*) est *descriptif* : il enregistre des graphies successives ; mais il part de la forme donnée comme correcte par la dernière édition complète du *Dictionnaire de l'Académie*. Les dictionnaires de langue généraux sont descriptifs, mais, en reflétant l'usage, lui donnent force de loi ; inversement, ils peuvent influencer l'usage par leurs choix : par exemple, en reprenant la « nouvelle orthographe » (celle des rectifications de 1990), la féminisation des noms de métier, ou en acceptant une expression familière. C'est une dialectique plutôt qu'une opposition exclusive.

∗∗∗

DICTIONNAIRES D'APPRENTISSAGE

Les *dictionnaires d'apprentissage* sont des dictionnaires généraux qui se distinguent par leur destination : ils s'adressent à un public qui apprend la langue décrite comme langue maternelle ou comme langue étrangère, et se présentent souvent par niveaux. Ils accompagnent l'acquisition du vocabulaire dans tous ses aspects : sémantique, syntaxique, morphologique.

DICTIONNAIRES ÉLECTRONIQUES

Cette catégorie est neutre quant aux oppositions précédentes ; elle concerne le support et non le contenu.

L'appellation regroupe communément deux types de réalisations : la numérisation de dictionnaires traditionnels et la constitution de bases de données lexicales.

Dictionnaires sur CD-ROM et en ligne

Les dictionnaires traditionnels dits « papier » peuvent être numérisés : ils sont alors accessibles sur CD-ROM ou par Internet avec abonnement (pour les dictionnaires de langue, le *Grand Robert*, le *Petit Robert*). Le site de l'ATILF (www.atilf. fr) fournit en libre accès le *Trésor de la langue française*, ainsi que plusieurs dictionnaires anciens, six éditions du *Dictionnaire de l'Académie*, dont la dernière achevée, qui est la 8e (1932-1935), et l'actuelle 9e édition, en cours ; on y trouve aussi l'*Encyclopédie* de Diderot et d'Alembert. Le contenu est celui du dictionnaire « papier » correspondant, mais le support numérique démultiplie les possibilités d'explorer la mine d'informations qu'il contient, en donnant automatiquement la réponse à une grande variété d'interrogations (plus ou moins selon les logiciels) : recherche d'expressions, de mots commençant ou se terminant par tel affixe, ou ayant un radical commun, définitions comportant tel définisseur, mots postérieurs à telle date, avec ou sans tri par classe de mots ou par domaine, etc.

On trouve par ailleurs sur Internet divers dictionnaires et encyclopédies non édités, de fiabilité et d'intérêt inégaux.

Les encyclopédies dites *collaboratives* (Larousse) ou *libres* (Wikipedia) sont écrites par les utilisateurs eux-mêmes, qui signent ou non. Le grand nombre de participants et le contrôle de chacun par tous sont censés contrôler l'information. Celle-ci reste toutefois tributaire des intervenants.

Lexiques électroniques

La recherche en lexicologie, notamment dans le cadre du TAL (Traitement automatique du langage), constitue des bases de données lexicales, parfois appelées « dictionnaires virtuels », dont le support doit rester numérique. Ces bases sont structurées selon les choix théoriques des chercheurs concernant la nature de l'unité lexicale et les paramètres de sa description et selon les programmes mis au point par les informaticiens. Elles peuvent connaître des éditions partielles ou être rendues accessibles comme *ressources*.

***

Dictionnaire, glossaire, vocabulaire ; lexique, index, concordance

La forme en -*aire* s'interprète ici comme le nom d'une collection d'éléments désignés par la base nominale (ex. aussi *abécédaire, argumentaire, bestiaire, questionnaire*, etc.).

Le *dictionnaire* (latin *dictionarius* dérivé de *dictio*, lui-même dérivé de *dicere* « dire ») est un recueil de « dictions » au sens « façon de dire, moyen de l'expression » (les mots et leurs emplois).

Un *glossaire* est une liste de *gloses*, c'est-à-dire de définitions et d'explications de mots rares, anciens, dialectaux ou techniques dans un texte (de langue étrangère ou de la même langue que celle des gloses) ; par extension, en passant d'un texte à la langue, le terme peut être appliqué à un dictionnaire spécialisé.

Un *vocabulaire* est une liste de *vocables*, à savoir des mots utilisés dans un texte, liste dégagée de leurs occurrences dans ce texte (en opposition à *lexique* comme ensemble des mots de la langue) ; mais *vocable* peut être aussi utilisé comme synonyme de *mot* (*unité lexicale*), et *vocabulaire* peut aussi référer aux mots spécifiques d'un domaine (*le vocabulaire de la psychanalyse*) et à un dictionnaire de spécialité (*Vocabulaire de la psychanalyse*).

Le terme *lexique* est souvent utilisé aussi pour de petits dictionnaires bilingues : *un lexique français-latin*.

Un *index* est une liste de mots d'un texte non définis mais référencés par la page ou la section du texte où ils se trouvent ; il est exhaustif ou sélectif (par exemple, *index des notions*).

Une *concordance* est un index exhaustif où les mots d'un texte sont cités avec leur contexte ; les mots peuvent être classés par ordre alphabétique ou par ordre de fréquence.

CHAPITRE 11
LA MACROSTRUCTURE

I. CHOIX DES ENTRÉES
II. ORDRE DES ENTRÉES

La **macrostructure** est la structure de la nomenclature (ou ensemble des entrées), constituée et délimitée par les critères du choix des entrées.

« On appellera *macrostructure* l'ensemble des entrées ordonnées, toujours soumise à une lecture verticale partielle lors du repérage de l'objet du message » [c'est-à-dire, lors du repérage de l'entrée recherchée, objet du texte de l'article].

« L'ensemble à décrire peut être donné exhaustivement, comme défini en extension (corpus clos qui sert à établir un index). La plupart du temps, il est donné en compréhension par l'intention de l'auteur. Il est alors difficile de décider quels éléments appartiennent à cet ensemble, et lesquels choisir puisqu'on ne les donne pas tous. Dans ce cas, le choix confère à la nomenclature une structure : c'est pourquoi nous l'avons appelée *macrostructure.* »

J. Rey-Debove, *Étude linguistique et sémiotique des dictionnaires français contemporains*,
La Hague, Mouton, 1971, p. 21 et 26

I. CHOIX DES ENTRÉES

Aucun dictionnaire de langue ne peut ni ne doit recueillir tous les mots observables dans les discours.

Les nomenclatures sont nécessairement limitées par les dimensions physiques des dictionnaires, même les plus grands.

Les plus grands dictionnaires de langue contiennent entre 60 000 et 100 000 entrées.

Le *Trésor de la langue française* (1971-1994, 16 volumes) annonce, dans le livret d'accompagnement de sa version CD-ROM, 54 280 articles, donnant accès à 92 997 entrées (incluant les sous-entrées). Le *Grand Larousse de la langue française* (1971-1978, 7 volumes) contient 74 000 entrées selon sa préface. Le *Grand Robert de la langue française* (2ᵉ édition, 2001, 6 volumes) présente une nomenclature de plus de 75 000 entrées (Préface par A. Rey, p. XXVI) ; la publicité de ses versions numériques (CD-ROM et Internet) annonce 100 000 mots. Le *Dictionnaire de l'Académie française* présentait 31 834 entrées dans sa 8ᵉ édition ; la 9ᵉ édition en cours devrait comporter 50 100 entrées[1].

Les dictionnaires en un volume comme le *Petit Robert* et le *Lexis* annoncent respectivement 60 000 et 74 000 mots. Le *Petit Larousse* annonce 90 000 articles, en incluant les noms propres. Le *Dictionnaire Hachette* (édition 2013) annonce 58 000 mots de la langue et plus de 25 000 noms propres.

On prendra garde que la taille du dictionnaire n'est pas seulement liée à la taille de la nomenclature, mais aussi à la longueur des articles.

Les mots observés sont de plus dépendants des corpus pris en compte, qui sont en perpétuelle évolution. Le dictionnaire de *langue* ne saurait être un index de la *parole*, qui est « la somme de ce que les gens disent[2] ».

« En séparant la langue de la parole, on sépare du même coup :
1° ce qui est social de ce qui est individuel ;
2° ce qui est essentiel de ce qui est accessoire et plus ou moins accidentel[3]. »

La sélection ne s'impose pas toujours avec évidence. Chaque dictionnaire procède donc à des choix, qui peuvent varier.

A. PRINCIPE DE FRÉQUENCE

On trouve dans tous les dictionnaires les mots les plus courants, connus de la grande majorité des locuteurs. Ils constituent un noyau commun de mots dits « fréquents » ou « usuels », autour duquel s'étagent des couches de lexique de fréquence moyenne et basse. Il s'agit de fréquence intuitive, basée sur une connaissance moyenne[4] (cf. *supra* chap. 1, II B 3), ou éventuellement mesurée sur de grands corpus. Le *principe de fréquence* veut que :

---

1. Cf. C. Jacquet-Pfau, « Les emprunts lexicaux dans la neuvième édition du *Dictionnaire de l'Académie française* », *ELA* 163, 2011.
2. F. de Saussure, *Cours de linguistique générale, op. cit.*, Introduction, chap. 4.
3. *Ibid.*, chap. 3.
4. Cf. J. Rey-Debove, *Étude linguistique et sémiotique des dictionnaires français contemporains*, p. 80.

« Tout dictionnaire doit comporter dans sa nomenclature *les termes qui sont d'une fréquence d'usage ou de familiarité supérieure aux termes les moins fréquents qu'il inclut dans ses entrées[1]*. »

Ce principe entraîne une règle théorique d'inclusion, selon laquelle une nomenclature de plus grande étendue inclut la nomenclature plus petite[2]. Ainsi, celle d'un dictionnaire restrictif comme le *Dictionnaire du français contemporain*, d'environ 25 000 mots, serait incluse dans une nomenclature de 50 000 à 60 000 mots (taille approximative des autres « petits » dictionnaires), et celle-ci dans celles des « grands » dictionnaires de 100 000 mots. Deux nomenclatures de même taille devraient être identiques.

En réalité, ce n'est pas le cas, et « aucune nomenclature n'en contient une autre », comme le montre l'étude menée par J. Rey-Debove en 1971 sur celles (par ordre décroissant de taille) du *Petit Larousse* 1966, du *Petit Robert* 1967 et du *Dictionnaire du français contemporain* 1967 : « elles ont toutes des entrées propres quelle que soit leur taille[3] ». Ces entrées propres ne proviennent pas seulement de la masse des mots peu usuels, dont la fréquence est indifférenciée et variable selon les corpus : elles peuvent concerner des mots relativement courants.

Ces divergences sont principalement liées au traitement de la variation intralinguistique et des termes de spécialité, ainsi qu'à la définition de l'unité lexicale.

B. VARIATION INTRALINGUISTIQUE

1. VARIATION DIACHRONIQUE

Un dictionnaire de langue est réputé refléter, sauf programme explicitement contraire, le lexique de son temps, soit celui d'une « synchronie pratique » que l'on peut estimer à environ soixante ans, pour tenir compte de la coexistence des générations[4]. Les mots sortis de l'usage avant la date initiale de la période concernée et néanmoins présents à la nomenclature le sont, dans le meilleur des cas (c'est-à-dire quand ils ne sont pas simplement reconduits d'une édition antérieure), en vertu d'un projet didactique et culturel : il s'agira notamment de donner accès à l'histoire et aux grands textes littéraires.

---

1. J. Dubois, C. Dubois, *Introduction à la lexicographie : le dictionnaire*, Paris, Larousse, p. 59.
2. *Ibid.*, p. 60.
3. J. Rey-Debove, *Étude linguistique et sémiotique…*, *op. cit.*, p. 79-80.
4. *Ibid.*, p. 95.

Le *Trésor de la langue française* est sous-titré *Dictionnaire de la langue du XIXᵉ et XXᵉ siècles*. Sa nomenclature et ses citations sont d'abord issues d'un vaste corpus de textes à dominante littéraire publiés entre 1789 et 1960, dates choisies pour être « deux pôles importants de l'évolution de la société nationale et humaine telle qu'elle se reflète dans le langage[1] ».

Le *Dictionnaire du français contemporain*, dirigé par J. Dubois (Larousse, 1966), a donné l'exemple d'un dictionnaire strictement synchronique, en présentant « un état actuel du lexique usuel », avec environ 25 000 mots du « vocabulaire commun du français contemporain » (Avant-propos, p. III). C'est un élément de son caractère *restrictif* (cf. *supra* chap. 10, III).

L'intégration de mots récents est une démarche souvent valorisée dans la communication des dictionnaires commerciaux à parution annuelle : le temps n'est plus à la prudence excessive en la matière. Le lexicographe sélectionne néanmoins les néologismes qu'il juge suffisamment lexicalisés : on trouvera par exemple *zénitude* dans le *Petit Robert* mais pas dans le *Petit Larousse,* et c'est l'inverse pour *adulescent* (éditions 2013). Les grands ouvrages, dont la fabrication occupe plusieurs années et dont les éditions sont espacées (plus de trente ans entre les deux éditions du *Grand Robert*, de 1950-1964 à 1984-2001) ou qui connaissent une édition unique (*Grand Larousse de la langue française*, 1971-1978 ; *Trésor de la langue française*, 1971-1994), n'ont pas cette fonction. Chacun offre un enregistrement daté : leur rôle est conservateur.

La numérisation peut changer cette situation. La présentation de la mise à jour 2011 de la version électronique du *Grand Robert* annonce 1 500 mots et sens nouveaux : par exemple *altermondialisation, exoplanète, SMS*.

Le *Petit Robert* 2013 livre aux abonnés à la version numérique quelques-unes de ses nouvelles entrées classées par thème : actualité (*indignés* N, *rétrocommission*, etc.), alimentation (*blender, cupcake*, etc.), nouvelles technologies (*audiodescription, cyberdépendance, réseautique*, etc.), médecine et biologie (*biomarqueur, paraphilie*, etc.), sciences et environnement (*anthropisation, marée verte*, etc.), nucléaire (*liquidateur, mox*, etc.), spectacle (*biopic, oscariser*, etc.), vocabulaire familier (*marrade, pipeauter* ou *pipoter, psychoter*, etc.).

Un logiciel comme celui du *Petit Robert* permet de rechercher les entrées par datation, ce qui donne une image du renouvellement (en prenant garde que la datation n'est pas la date d'entrée dans le dictionnaire, souvent plus tardive, et que la diffusion dans l'usage est plus ou moins rapide) : on trouve ainsi dans l'édition 2013, pour la datation 2010 : *cougar* n. f. (anglicisme, de *couguar* « puma ») « femme quadragénaire ou quinquagénaire qui recherche et séduit des hommes beaucoup plus jeunes qu'elle » ; 2009 : *autoentreprise, tweet, vuvuzela* ; entre 2008 et 2000, 89 entrées, dont par exemple : *autoentrepreneur, autoentreprise* ; *écopastille, écoparticipation, écoquartier, écogeste* ; *cranberry, métrosexuel*

---

1. *L'Œuvre et ses ouvriers*, Préface du tome I du *TLF* par P. IMBS.

n. m., *mediagraphie, pipolisation, smoothie, zénitude* ; *microblog, post* n. m. (Internet), *wiki* ; etc. Certains ne sont pas dans le *Grand Robert* : *autoentrepreneur, autoentreprise, cranberry, métrosexuel, écogeste, smoothie, tweet*. On trouve *autoentrepreneur* dans *PLI* et *Hachette* 2013, mais pas *autoentreprise* dans *PLI* (sans doute parce qu'il se comprend suffisamment à partir de *autoentrepreneur* : un principe d'économie intervient). On n'y trouve pas non plus *cranberry, mediagraphie, vuvuzela* (malgré le caractère encyclopédique de ces deux dictionnaires). Inversement, l'adjectif *prudentiel* (*des règles prudentielles*) est dans le seul *Dictionnaire Hachette*. Aucun des mots donnés en exemple dans ce paragraphe et antérieurs à 2009 n'est à la nomenclature du *Lexis* 2009, qui n'a pas non plus des mots plus anciens, comme *impacter* « avoir un impact » par exemple (daté 1992 par les *Robert*) ou *déstresser* (daté 1990).

Le *Dictionnaire Hachette* présente au début de l'ouvrage, avant la nomenclature proprement dite, une liste intitulée « Les mots nouveaux du français vivant », d'environ 300 entrées en 2013, avec définitions et exemples très courts. « Certains seront vite lexicalisés, c'est-à-dire intégrés dans notre dictionnaire à leur ordre alphabétique. D'autres ne le seront pas : leur passage dans la langue aura été éphémère. » Parmi les *mots nouveaux* de l'édition 2012, *écoresponsable, smoothie, tweet* par exemple passent dans la nomenclature 2013, mais pas *beurgeois* (mot-valise de *beur* et *bourgeois*), *storytelling, ultragauche*.

2. VARIATION DIATOPIQUE

Les préfaces des dictionnaires revendiquent volontiers l'intégration à la nomenclature de régionalismes français et de francophonismes, conformément au souci actuel de résister à une centralisation linguistique excessive, qui se ferait au détriment des variantes géographiques, et pour donner accès à la littérature régionale et francophone. Il s'agit aussi de favoriser la diffusion des ouvrages dans les pays francophones. Ces entrées sont nécessairement sélectionnées dans un lexique abondant, et les choix à faire, certes guidés par les dépouillements et les informateurs locaux, restent soumis à la décision du lexicographe.

Quelques exemples d'après le *Petit Robert*, le *Lexis*, le *Petit Larousse illustré*, le *Dictionnaire Hachette* (éditions 2013, définitions du *Petit Robert*) :
– des xénismes à fonction encyclopédique sont représentés dans les quatre dictionnaires : *achigan* « perche noire » (Canada, mot algonquin), *bouscueil* n. m. « mouvement des glaces sous l'action du vent, de la marée et du courant » ; mais *DH* ignore l'*armailli* (« homme qui, dans les alpages, est chargé de soigner les troupeaux et de confectionner le fromage ») et le *bricelet* suisses (« gaufre très mince et croustillante »), *Lexis* n'a pas la *bugne* lyonnaise (qui est un beignet) ; aucun des deux n'a le *babelutte* picard et belge (qui est un sucre d'orge) ;
– on trouve dans *PR, PLI, DH*, mais pas dans *Lexis* : *achaler, achalant* « déranger, importuner, qui dérange, qui importune » (Canada), *avant-midi, avant-plan* « premier plan » (Belgique), *bader* intr. « faire le badaud » et tr. « regarder de manière insistante, admirative » (Sud de la France), *blinquer* « reluire, étinceler » (Belgique), *brol* « désordre, fouillis » (Belgique) ;

– *PR* seul inclut *alphabète* n. et adj. « personne qui sait lire et écrire » (Maroc, Afrique noire), *baboune* « lèvre inférieure », *faire la baboune* « être de mauvaise humeur, bouder » (Canada), *bébelle* ou *bebelle* « jouet », « chose insignifiante » (Canada, Louisiane).

Les mots en question peuvent être aussi familiers, comme c'est le cas pour les deux derniers exemples, et être ainsi doublement marqués.

3. VARIATION DIASTRATIQUE ET DIAPHASIQUE

L'accueil des mots familiers courants (comme *arnaquer*, *bagnole*, *baffe*, *beauf*, *bousiller*, *clope*, *flic*, *mec*, etc.) fait l'unanimité ; il en va de même pour les mots originaires de dialectes sociaux passés dans le lexique commun (comme *polar*[d] adj. et n. issu de l'argot scolaire, *beur* issu du verlan des « cités »). Le vocabulaire « soutenu » est également présent dans toutes les nomenclatures : par exemple *abhorrer*, *blandice* n. f. « ce qui flatte, séduit », *bourrèlement* n. m. « douleur physique cruelle » ou « torture morale », *cautèle* n. f. « prudence rusée », *clabauder* « crier sans motif (sur, contre), protester sans sujet et de manière malveillante », *derechef* adv., *nasarde* « coup sur le nez », *tancer* « réprimander », etc., qui ont la marque *littéraire* (*PR*, *PLI*, *DH*, *Lexis* ; cf. chap. 12, II A 3) ou une marque *diachronique* : *vieux*, *vieilli* (*cautèle* dans *PLI*, *nasarde* dans *PLI* et *DH*) ; *classique* pour *blandices* dans *Lexis*. Des divergences interviennent principalement selon le paramètre diachronique (familier vieilli ou récent) ou le degré de marquage (très familier, dialecte social spécifique).

Le *Petit Larousse illustré* semble renoncer à certains mots familiers vieillis, comme *bénard* « pantalon » ou *bignole* « concierge » (ce dernier également absent de *Lexis*).

On trouve dans le seul *Petit Robert* des mots très familiers récents comme *blème* (aphérèse de *problème*) et *chtarbé(e)* « fou ».

Le verlan. *PR* donne *barjo*, *beur*, *chichon*, *à donf*, *feuj*, *keuf*, *keum*, *meuf*, *ouf* « fou », *rebeu*, *relou*, *ripou*, *teuf*, *vénère*, *zarbi* ; en sous-entrée : *caillera* sous *racaille*, *laisse béton* sous *tomber*. *Lexis*, *PLI* et *DH* s'accordent sur *beur*, *keuf*, *meuf* ; *PLI* et *DH* ont *barjo*, *keum*, *ripou*, *teuf* ; *DH* admet *à donf*, *ouf*, *rebeu* ; *PLI* a *relou*, *vénère*.

Le *Petit Robert* traite systématiquement en sous-entrée les *variantes familières* (comme *calcif* sous *caleçon*, *chomedu* sous *chômage*, *crobard* sous *croquis*, *fromegi*, *frometon* sous *fromage*, *gratos* sous *gratis*, *soutif* sous *soutien-gorge*, *téloche* sous *télévision* ; mais *sauciflard* par exemple est en entrée) et les *abréviations familières* (comme *anar* sous *anarchiste*, *appart* sous *appartement*, *assoce* – qui était dans les *mots nouveaux du français vivant* de *DH* 2012 [cf. *supra* 1] mais n'a pas accédé à la nomenclature 2013 – sous *association*, *bourge* sous *bourgeois*). La couverture de ces formes est plus aléatoire dans les autres nomenclatures : on trouve par exemple en entrée *anar*, *bourge*, *calcif*, *crobard* dans *PLI* et *DH*, *fromegi*, *frometon* dans *Lexis* et *PLI*, *soutif* et *téloche*, ainsi que *gratos* en sous-entrée, dans *DH* ; *sauciflard* est en entrée dans *DH*, en sous-entrée dans *Lexis*, absent de *PLI*.

C. DOMAINES

Les termes spécialisés sont largement présents dans les dictionnaires de langue, qui ne s'en tiennent pas à ceux qui se diffusent dans un lexique commun cultivé (comme *nosocomial*, *pandémie*, pour prendre l'exemple du vocabulaire médical). Cette partie de la nomenclature remplit une fonction encyclopédique toujours plus ou moins demandée à tout dictionnaire, et plus ou moins développée selon les ouvrages.

Le *Dictionnaire du français contemporain* s'est voulu dictionnaire de langue « pur » : « On a écarté les termes qui sont restreints à des milieux professionnels étroitement spécialisés ou qui appartiennent à une terminologie proprement scientifique, mais on a retenu les mots techniques vulgarisés, communs dans la presse et les conversations » (Avant-propos, p. III).

Le *Lexis*, au contraire, revendique particulièrement la part spécialisée de sa nomenclature : on a « fait une large place aux vocabulaires des sciences et des techniques, et souvent à des termes d'un haut degré de technicité, dans tous les domaines qui occupent une place essentielle dans la civilisation contemporaine : économie politique, informatique, écologie, électronique, industrie du pétrole, sciences humaines, biologie et médecine ». Il veut « répondre aux besoins du public toujours plus vaste des techniciens, des ingénieurs, des scientifiques, pour lesquels la connaissance de la langue et du vocabulaire est aussi un moyen de promotion intellectuelle et sociale » ; « un dictionnaire de langue s'adresse aussi au public très vaste de tous ceux qui [...] au détour d'un texte, d'un rapport, d'une conversation, rencontrent une expression technique ou scientifique dont le sens est inconnu ou mal connu » (Préface, p. VI).

C'est dans *PR* et *Lexis*, et non dans *PLI* et *DH*, que l'on trouvera par exemple : *abasie* « impossibilité de marcher sans qu'il y ait trouble musculaire », *acroparesthésie* « trouble de la sensibilité des extrémités » (termes de médecine), *abiogenèse* « apparition de la vie à partir de matière inanimée » (terme de biologie) ; dans *PR*, *Lexis* et *DH* : *abandonnataire* « personne à qui est fait un abandon de bien » (terme de droit) ; dans *PR* seul : *ablastine* « anticorps empêchant la reproduction de certains parasites responsables d'infections » (terme de biochimie) ; dans *PLI* et *DH* : *abiétacée* « pinacée » (terme de botanique) ; dans *PLI* seul : *abbasside* « relatif aux Abbassides » (qui renvoie aux noms propres).

D. DÉLIMITATION DE L'UNITÉ LEXICALE

Les entrées sont généralement des mots graphiques (dont font partie les composés liés par trait d'union et apostrophe, comme *m'as-tu-vu* ou *sans-papiers*). Les nomenclatures lexicographiques font deux types d'exception à ce principe, lorsqu'elles présentent des éléments de mots graphiques ou des unités polylexicales.

1. ÉLÉMENTS

Ces entrées sont destinées à permettre une compréhension analytique des mots complexes de la nomenclature et à ouvrir celle-ci à des mots hors nomenclature, attestés ou possibles. La liste en est variable en théorie et *a fortiori* dans les pratiques lexicographiques.

> On trouve à la nomenclature du *Petit Robert* plus de quarante éléments à la lettre A : préfixes comme *a-* de *amener*, *adoucir* et *a-* privatif de *apolitique*, *ambi-*, *ana-*, *anté-* et *anti-*, *après-* ; suffixes comme *-able*, *-ard* ou *-acée(s)*, *-ase* ; éléments savants comme *acro-*, *anémo-*, *-anthrope* et *anthropo-* ; troncations en *-o* comme *afro-*, *-américano-*. La plupart sont aussi des entrées du *Lexis* et du *DH*, avec quelques différences. Ces deux dictionnaires ignorent par exemple le préfixe *a-* non privatif et les troncations ; *Lexis* présente certains suffixes, comme *-aie*, *-ain*, *-aire*, *-ais*, qui, dans *PR*, sont dans une annexe, *Petit dictionnaire des suffixes du français*.
>
> La nomenclature du *Trésor de la langue française* comporte beaucoup d'« éléments formateurs », sous lesquels sont regroupés un grand nombre de mots construits[1] (cf *infra* II A).
>
> Seul le *Robert Brio. Analyse des mots et régularités du lexique* présente une nomenclature d'éléments complète (incluant les radicaux), assortie d'une microstructure développée (cf. chap. 7, I A ; chap. 10, III B).

2. UNITÉS POLYLEXICALES

Il est impossible aux dictionnaires traditionnels de toujours placer les unités polylexicales en entrée, pour des raisons de taille de l'ouvrage. Ces unités, quand elles sont traitées, figurent plus souvent à l'intérieur de l'article, signalées comme locution sous l'entrée du mot graphique principal : par exemple, l'adverbe *par conséquent* sous l'adjectif *conséquent, e* ; l'adverbe *sans cesse* sous le nom *cesse* ; la préposition *le long de* sous *long* adjectif et nom ; l'adjectif et adverbe *à point* sous le nom *point* ; le nom *chambre forte* sous le nom *chambre* ; la locution verbale *battre la chamade* sous le nom *chamade*. Elles peuvent aussi se trouver dans les exemples : *muet comme une carpe* sous *carpe* et sous *muet, muette* (cf. chap. 12, III D). Un traitement intermédiaire consiste en une entrée sans article et avec renvoi, comme c'est le cas par exemple de l'entrée *bon marché* (adj.) dans le *Petit Robert*, qui renvoie à *marché*. Ou encore, une entrée simple est directement suivie de l'unité polylexicale qu'elle sert à introduire :

---

1. Pour toutes, *L'Œuvre et ses ouvriers*, p. 115 dans le livret de présentation du CD-ROM, CNRS Éditions, 2004.

repris de justice suit immédiatement l'entrée *repris* n. m. dans *Lexis* et *PLI*, alors que *PR* et *DH* ont une entrée *repris de justice* ;

au fur et à mesure suit une entrée *fur* n. m. dans *Lexis* et *DH* (elle est remotivée dans *PR* par l'indication de l'acception « taux » (vx) du mot *fur* et d'une expression ancienne *au fur*), alors que la locution est en entrée dans *PLI* lettre F.

Seules les expressions ne comportant aucun mot graphique simple sous lequel les ranger ne peuvent être confiées à la microstructure :

– elles sont empruntées aux langues étrangères anciennes et modernes, comme les adverbes et adjectifs *a posteriori, a priori, ad hoc, al dente, et cætera, ex aequo, ex nihilo, in extremis*, etc. ; les noms comme *alter ego, irish coffee, nec plus ultra*, etc. ;

– les mots simples dont elles sont formées n'ont pas ou plus d'existence autonome, comme pour l'adverbe *de bric et de broc*, présenté à la place alphabétique *bric et de broc (de)*.

On peut y ajouter quelques expressions fortement figées, dont le sens n'est sans doute pas jugé suffisamment compositionnel pour qu'elles soient rapportées à leurs composants, comme l'adjectif *bon enfant*, qui a son entrée et son article propres dans *PR, PLI, DH*.

Les divergences ont les causes évoquées ci-dessus en 2, qu'il s'agisse ou non d'emprunts : on ne trouvera pas toujours les plus spécialisées (notamment dans le vocabulaire du droit), les plus récentes ou les plus familières : par exemple (éditions 2013), l'adjectif terme de droit *ab intestat* est dans *PR, Lexis, PLI, DH*, mais *ab irato* (*acte, testament ab irato*) dans *PR* seul ; le nom *has been*, l'interjection *flic flac* dans *PR, PLI, DH* mais pas *Lexis* ; l'interjection *inch Allah* dans *PR* et *DH* ; l'interjection *cot cot* dans le *PR* seul, pour indiquer qu'elle peut fonctionner comme nom invariable (*les cot cot de la poule*).

Les sigles. Ils sont issus d'unités polylexicales : on trouvera par exemple *B.A.* n. f. (*bonne action*), *H.L.M.* n. m. ou (plus correct) n. f. (*habitation à loyer modéré*), *ovni* n. m., *pacs* n. m. (*PActe Civil de Solidarité*) ou *O.K.* adv. et adj. dans les entrées des quatre dictionnaires comparés ; *B.C.B.G.* adj. (*bon chic bon genre*), *FAQ* ou *Faq* n. f. (*frequently asked questions*, ou, selon la recommandation officielle, foire aux questions), *RTT* n. f. (*réduction du temps de travail*) ou *S.D.F.* n. (*sans domicile fixe*) dans *PR, PLI, DH* (*S.D.F.* est sous *domicile* dans *PR*) ; *amap* (*association pour le maintien d'une agriculture paysanne*) « formule de vente directe de paniers de produits issus de l'agriculture biologique […] », définition de *DH*, est dans *DH* et *PLI* ; *NAC* n. m. (*nouveaux animaux de compagnie*) dans le *PR* seul. Si le sigle est épelé, la graphie peut varier, avec ou sans points (*SDF* ou *S.D.F.* ; mais *B.A.* pour éviter la lecture [ba]).

II. ORDRE DES ENTRÉES : REGROUPEMENTS

Le *regroupement* consiste à rassembler plusieurs entrées dans un même article : une *entrée principale*, ou *vedette*, est suivie de *sous-entrées*. Cette disposition s'oppose à l'ordre alphabétique linéaire, dans lequel chaque entrée est à sa place alphabétique.

> Un *dictionnaire étymologique* peut ainsi présenter des familles étymologiques regroupées, comme le fait le *Dictionnaire étymologique du français* de Jacqueline Picoche, qui choisit pour vedette « le mot de formation populaire le plus simple de toute la famille étudiée », qui est souvent aussi le plus ancien (Introduction, p. V). Un index alphabétique en fin d'ouvrage permet de retrouver chaque mot traité.

A. REGROUPEMENTS MORPHOLOGIQUES

Le regroupement des dérivés et composés réguliers sous leur base est pratiqué systématiquement par certains dictionnaires de langue généraux pour montrer les relations morpho-sémantiques qui structurent le lexique ; c'est le cas du *Lexis* qui reprend en cela le *Dictionnaire du français contemporain*. Ces dictionnaires ont une *double macrostructure*, constituée des deux niveaux d'entrées[1].

« Les possibilités qu'offrent les systèmes de suffixation et de préfixation pour passer d'une construction de phrase à une autre construction, d'un verbe à un substantif, d'un substantif à un adjectif, etc., ont été mises en évidence dans cet ouvrage par des regroupements autour des termes de base […]. Les regroupements ne sont pas artificiels : ils n'intègrent pas les formes apparentées par la seule étymologie, et ils n'admettent que celles qui demeurent liées les unes aux autres par des rapports à la fois morphologiques et sémantiques. »

Dictionnaire du français contemporain, Avant-propos, p. III

« On a regroupé autour d'un terme vedette placé en entrée les dérivés et les composés qui, par leur sens, se rattachent étroitement à lui. »

Lexis, Préface, p. VIII

On trouvera par exemple *abdication* sous *abdiquer* (ou *s.v. abdiquer*, c'est-à-dire « sous la vedette » *abdiquer*). Pour les suffixés, comme dans cet exemple, la place alphabétique est peu éloignée ; pour les préfixés (par ex. *inabordable* sous *aborder*), l'éloignement est généralement compensé par une entrée à la place alphabétique suivie de renvoi à la base.

---

1. J. Rey-Debove, *Étude linguistique et sémiotique des dictionnaires français contemporains*, op. cit., p. 130.

Choix de la vedette. La question du choix de la vedette peut se poser dans certains cas, comme celui de la dérivation non affixale, ou conversion. Dans *DFC* et *Lexis*, on trouve *voler* sous *vol*, *oublier* sous *oubli*, mais *nage* sous *nager*, *rêve* sous *rêver*. Le *Robert méthodique* (qui a précédé le *Brio* en 1982 et pratiquait le regroupement des suffixés à la base) rangeait plutôt le déverbal sous le verbe (*oubli* sous *oublier*, *nage* sous *nager*) ou dégroupait (entrées distinctes pour *vol* et *voler*, *rêve* et *rêver*), tout en indiquant le verbe comme base du nom. En cas de dérivation affixale, il peut arriver que l'usage prenne le pas sur la dérivation : dans *Lexis*, on trouvera le nom *cautèle* sous l'adjectif *cauteleux* et non l'inverse, parce que le nom est rare et vieilli.

Regroupement et dégroupement. Différents dérivés d'une même base morphologique peuvent être liés à des sens et emplois différents de cette base, qu'ils contribueront alors à **dégrouper** sous des entrées distinctes : par exemple, *adhérence* de .1 *adhérer (à)* « être fixé, sujet nom de chose » et *adhésion* de .2 *adhérer à* « entrer comme membre, souscrire, sujet nom de personne ». En cela, regroupements et dégroupements sont liés (cf. chap. 5, II A : traitement homonymique de la polysémie).

La plupart des dictionnaires de langue réservent le regroupement de dérivés à la base au cas des dérivés peu employés et de sens totalement prédictible, pour des raisons pratiques d'économie d'espace : le dérivé est simplement mentionné en fin d'article sans être défini ni *a fortiori* illustré par un exemple.

« On observe, par exemple, qu'un mot comme *glaciologie* a pour dérivés *glaciologue* et *glaciologique*, et que pour toutes les sciences, le français possède ce système (*cardiologie, cardiologue, cardiologique*, etc.). Le sens de ces mots dérivés va de soi, et seules des indications de forme et de catégorie grammaticale sont alors nécessaires. La préférence donnée aux mots dont le sens mérite une explication nous a conduits à signaler de nombreux **dérivés** dans l'article du **mot-base**, le plus souvent à la fin. Il ne faut voir aucune intention théorique dans ces regroupements qui ont été pratiqués à la condition que l'ordre alphabétique n'en soit pas perturbé. »

J. Rey-Debove et A. Rey, *Nouveau Petit Robert*, Préface, 1993

Cette pratique est répandue mais non constante, d'un dictionnaire à l'autre ou à l'intérieur d'un même dictionnaire.

On trouve ainsi *calomniateur* sous *calomnier*, *calomnieusement* sous *calomnieux* dans *GR, PR, TLF, DH* ; mais l'adverbe a une entrée distincte dans *GLLF*, avec une citation d'André Gide.

Dans *PR* sont par exemple en sous-entrée *adéquatement, affablement, cérémonieusement, convulsivement*, mais en entrée *abominablement, adorablement, circulairement, colossalement*, bien que la définition soit conforme au sens prédictible « de manière Adj ». Il s'agit généralement de donner un exemple d'emploi typique, comme : *Abominablement laid* ; « *Vous êtes adorablement mise* », Balzac ; *Particules qui se déplacent circulairement* ; *Il est colossalement riche*.

Le regroupement n'a pas lieu dès que les formes et les sens tendent à s'écarter si peu que ce soit de la régularité totale. Dans *PR*, on aura *ophtalmologique* sous *ophtalmologie*, mais *ophtalmologue* a une entrée propre pour indiquer les variantes *ophtalmo* et *ophtalmologiste* ; *étymologique* ne signifie pas seulement « relatif à l'étymologie », mais aussi « conforme à l'étymologie » dans *sens étymologique* ; on dit *étymologiste* et non **étymologue*.

Le *Trésor de la langue française* place un grand nombre de mots construits dans les articles consacrés aux « éléments formateurs », ce qui « permet d'alléger la nomenclature d'un excès de mots débutant ou se terminant par le même élément formateur et pour lesquels la vitalité d'emploi ou la diversité des exemples disponibles nous paraissent insuffisantes[1] ». On trouve par exemple *agoraphobe* et *agoraphobie* sous *-phobe, -phobie* mais *xénophobe* est en entrée (avec *xénophobie* en sous-entrée) ; *claustrophobe* et *claustrophobie* ont chacun une entrée ; *mini-golf* est sous *mini-*, mais *mini-short* est sous *short* ; *buissonnaie* « lieu couvert de buissons » est sous l'entrée *-aie* suffixe, *platanaie* est sous *-aie* et sous *platane*, *hêtraie*, *fougeraie* sont sous *-aie* et ont aussi une entrée propre.

Le regroupement concerne aussi les *unités polylexicales* lorsqu'elles font l'objet de sous-entrées (cf. *supra* I D 2).

Des *variantes* peuvent être également indiquées en fin d'article : par exemple dans *PR*, une remarque à la fin de l'article *cauchemardesque* indique : « On trouve parfois *cauchemardeux* » (cf. aussi le traitement des *variantes* et *abréviations familières*, *supra* I B 3).

Il faut rappeler que la numérisation permet l'accès direct à toutes les formes et expressions, quels que soient leur place et leur statut dans le texte.

Entrées cachées. Certains auteurs parlent d'*entrées cachées* à propos notamment des dérivés réguliers placés en fin d'article et non définis, ou plus généralement des mots construits, expressions ou variantes mentionnés à l'intérieur des articles, ayant ou non le statut de sous-entrée, ne donnant pas lieu à entrée. Cette expression reprend un terme utilisé par B. Quemada qui, décrivant les dictionnaires anciens, a appelé *mots cachés* des mots présents dans la microstructure, notamment comme synonymes de l'entrée, mais absents de la nomenclature. « Une pratique fréquente dans les dictionnaires du XVIIe siècle consiste à rapprocher deux termes synonymes dans un même article sans qu'une adresse renvoi permette de retrouver le second terme cité. Dans *Furetière* 1690, par exemple, *armatomène*, *canette*, *balestrille* figurent respectivement sous *brigantin*, *bidon* et *arbaleste*, dont ils représentent des équivalents. Aucune autre filière ne permet de les retrouver, leur présentation en italique n'est pas différente de celle d'autres termes comme *agrier* et *champart* qui, cités sous *terrage*, possèdent par ailleurs une définition propre à leur place alphabétique[2]. »

1. *L'Œuvre et ses ouvriers*, *op. cit.*, p. 115 dans le livret de présentation du CD-ROM, CNRS Éditions, 2004.
2. B. Quemada, *Les Dictionnaires du français moderne*, p. 286.

La première édition du *Dictionnaire de l'Académie française* (1694) pratiquait le regroupement en familles morphologiques. Les éditions suivantes présentent un ordre alphabétique des entrées, jugé plus « commode » bien que moins « instructif » (2ᵉ édition, 1718[1]).

B. REGROUPEMENTS SÉMANTIQUES

Les *dictionnaires analogiques* font des regroupements sémantiques et thématiques, qui vont également à l'encontre de l'ordre alphabétique : c'est pourquoi on les oppose aux *dictionnaires alphabétiques*. Leur perspective est onomasiologique ; ils sont généralement dépourvus de microstructure.

Le *Dictionnaire analogique de la langue française, Répertoire des mots par les idées et des idées par les mots*, de Jean-Baptiste Boissière (1862), est le premier du genre[2].

Le *Dictionnaire des idées par les mots*, de D. Delas et D. Delas-Demon (Le Robert, 1979, disponible en PDF), présente une nomenclature organisée autour d'un millier de *mots-centres* (*abandon, abattre, abondance, abréger*, etc.) qui donnent accès à des *mots associés*, lesquels figurent par ailleurs à leur place alphabétique avec renvoi au mot-centre : *abaissement, abaisser* renvoie à *avilir, bas* ; *abajoue* renvoie à *singe* ; *anthropophage* renvoie à *homme, manger*. On trouve par exemple sous *abondance* les rubriques « être en grande quantité » (*abonder, déborder, foisonner, être copieux*, etc.), « état de prospérité » (*aisance, avoir à discrétion*, etc.), « richesse d'expression » (*parler d'abondance*, être *prolixe*, etc.). La part faite aux unités phraséologiques (par ailleurs introuvables par l'ordre alphabétique), telles que *avoir à gogo, être en pagaille, vivre à l'âge d'or/au pays de cocagne*, montre la fonction d'aide à l'expression que sont censés remplir ces répertoires.

Le *Dictionnaire des analogies*, dirigé par D. Péchoin (Larousse, 2009 ; 1ʳᵉ éd. *Thésaurus*, 1992), présente 873 mots-clefs (ou *Thèmes et notions*, dont la liste est donnée en début d'ouvrage : *abondance, absence, abus, accident*, etc.) et un index de 125 000 entrées. Chaque article est divisé en paragraphes qui regroupent les mots et expressions par famille de sens et par catégorie grammaticale. Un mot se trouvant sous plusieurs entrées peut comporter un renvoi : par exemple, sous *abondance, prodiguer* renvoie à l'article *prodigalité*, où il renvoie à l'article *dépense* (où il est sans renvoi). Certains articles remplissent une fonction encyclopédique en énumérant et classant les noms des objets de l'ensemble concerné : sous *arbre* ou *champignon*, les espèces classées par région du monde ou par caractères ; sous *astronomie*, les noms de planètes, étoiles, satellites, constellations.

---

1. Cf. O. Leclerc, « D'un dictionnaire de l'Académie à l'autre (1694-1718) : deux traitements des mots dérivés », *ELA* 163, 2011.
2. Cf. B. Quemada, *Les Dictionnaires du français moderne, op. cit.*, p. 321, 374 sq. ; F. Gaudin, L. Guespin, *Initiation à la lexicologie française, op. cit.*, p. 71-74.

L'ouvrage de J. Picoche et J.-Cl. Rolland, intitulé *Dictionnaire du français usuel*[1] est de nature différente : il pratique des regroupements fondés sur les relations entre les mots dans la langue, qui sont sémantiques, morphologiques et syntaxiques. Il en va de même pour le *Lexique actif du français* de I. Mel'čuk et A. Polguère (De Boeck, 2007), centré sur les *dérivations sémantiques* et les *collocations* (cf. *supra* chap. 1, II A 2 ; chap. 4, II A 2 ; chap. 8, I B 2).

Le *Grand Robert* et le *Petit Robert* sont intitulés *Dictionnaire alphabétique et analogique de la langue française* en raison de l'importance accordée dans l'article à l'indication des relations de sens par renvois (cf. chap. 12, V B).

---

1. J. Picoche et J.-Cl. Rolland, intitulé *Dictionnaire du français usuel*, De Boeck-Duculot, 2002.

CHAPITRE 12
LA MICROSTRUCTURE

L a microstructure est le texte de l'article dont la structure est programmée.

On appellera *microstructure* « l'ensemble des informations ordonnées de chaque article, réalisant un programme d'informations constant pour tous les articles, et qui se lisent horizontalement à la suite de l'entrée ».

J. Rey-Debove, *Étude linguistique et sémiotique des dictionnaires français contemporains*, p. 21

Ces informations, de types variés, constituent des rubriques distinctes mais chaque dictionnaire, en fonction de son programme, ne remplit pas toutes les rubriques. Certaines sont obligatoires (catégorie grammaticale, définition), d'autres facultatives (étymologie). C'est dire que d'un ouvrage à l'autre, on ne saurait trouver les mêmes informations.

I. LE BLOC-ENTRÉE

Le bloc-entrée est composé de l'entrée et des informations placées généralement immédiatement après celle-ci, soit la prononciation, la classe syntaxique, l'étymologie. L'entrée, mise en valeur par les caractères gras, appartient à la macrostructure et à la microstructure : elle est le sujet de l'article.

A. LA GRAPHIE

La première information donnée sur l'entrée est sa **graphie**. Cette information est essentielle ; la recherche ou la vérification de l'orthographe est une des raisons majeures de la consultation du dictionnaire de langue, le dictionnaire faisant auto-rité en la matière. Mais certains mots admettent différentes graphies (**variantes graphiques**). Citons à titre d'exemples : *abatis/abattis, gaieté/gaîté, kleptomane/ cleptomane, pagaille/pagaye/pagaïe, pot-pourri/pot pourri, shampoing/sham-pooing*. La plupart des dictionnaires de langue rendent compte de ces graphies multiples ; les procédés sont différents et les choix de la vedette peuvent être dis-semblables.

La question est devenue plus vive depuis le rapport sur les *Rectifications de l'or-thographe*, publié dans le *Journal officiel* du 6 décembre 1990, avec la caution de l'Académie française. Les dictionnaires adoptent des attitudes différentes.

Le *Dictionnaire de l'Académie française* (9ᵉ édition en cours, 3 vol. parus en 1992, 2000, 2011) est resté très prudent ; seules les graphies traditionnelles (par ex. *flûte, haut-parleur*) figurent en entrées, elles sont suivies d'un losange renvoyant aux nouvelles graphies (*flute, hautparleur*) qui apparaissent dans les annexes, restant « soumises à l'épreuve du temps ». Il appartient donc aux dictionnaires d'usage *PLI, Dictionnaire du français Hachette* (*DH*) et *PR* de diffuser la nouvelle orthographe. On examinera brièvement comment ceux-ci procèdent[1].

L'introduction des graphies rectifiées se fait à des périodes et à des rythmes dif-férents : à partir de l'édition 2002 pour le *DH* et en grande quantité – sans doute par souci de se distinguer des ouvrages concurrents en raison de son implantation récente sur le secteur du marché des dictionnaires usuels en un volume – ; de façon plus cir-conspecte, pour le *PR* qui accueille progressivement certaines nouvelles graphies et qui, à partir de l'édition 2009, s'ouvre plus largement à la nouvelle orthographe ; à partir de l'édition 2012, pour le *PLI* (dans le millésime 2009, elles figurent dans les annexes).

Le traitement des graphies rectifiées dans les trois dictionnaires (édition 2013) diffère sur deux points principaux :

– Présentation formelle

Dans le cas d'une double entrée (*PLI, PR*), les nouvelles graphies sont, le plus souvent, en deuxième position. Dans le *DH*, elles sont présentées en fin d'article (rubrique *Var.*)

---

1. Pour un examen détaillé incluant les éditions 2011 du *PLI, DH* et *PR*, cf. C. Martinez, « La personnalité orthogra-phique de trois dictionnaires millésimés (*Petit Larousse, Petit Robert, Dictionnaire Hachette*) » et Ch Jacquet-Pfau, « Vingt ans après, le destin des Rectifications de 1990 dans les dictionnaires. L'exemple du *Dictionnaire Hachette*, du *Petit Larousse Illustré*, du *Petit Robert* », *Cahiers de Lexicologie*, 97, 2010-2, p. 13-30 et p. 31-54.

PLI **imbécillité ▲ imbécilité**

PR **imbécillité** ou **imbécilité** [...] – La graphie *imbécilité* avec un seul *l*, d'après *imbécile*, est admise.

DH **imbécillité** [...] var. **imbécilité**

PLI **dentellier, ère ▲ dentelier, ère**

PR **dentellier, ière** ou **dentelier, ière** [...] – La graphie *dentelier, ière* avec un seul *l*, en accord avec la prononciation, est admise.

DH **dentellier, ère** [...] var. **dentelier, ère**

Le lexicographe peut choisir de promouvoir certaines graphies rectifiées, en les plaçant en tête. Exemples : *révolver* et *autostop* dans le *DH* et le *PR*, *plateforme* dans le *PLI* et le *PR* (on note que, dans le *PR*, certaines variantes peuvent figurer dans l'article signalées par la remarque « On écrit aussi »).

DH **révolver** [...] var. **revolver**

PR **révolver** ou **revolver**

PLI **revolver ▲ révolve**r

DH **autostop** [...] var. **auto-stop**

PR **autostop** ou **auto-stop**

PLI **auto-stop ▲ autostop**

DH **plate-forme** [...] **plateforme**

PR **plateforme** [...] On écrit aussi une *plate-forme*, des *plates-formes*.

PLI **plateforme** ou **plate-forme**

– Présence de commentaires explicatifs

Le *PR* ajoute parfois, à la fin de l'article, des remarques linguistiques justifiant les graphies rectifiées : conformité avec la prononciation (cf. *dentelier*), avec la famille de mots (cf. *imbécilité*), avec l'étymologie (par ex. « La graphie *charriot* avec 2 *r*, d'après le latin *carrus* et par analogie avec les autres mots de la série, est admise »). Un texte de A. Rey, intitulé *L'Orthographe : mise au point* (placé après la *Postface* et complétant les passages de la *Préface* de 1993 consacrés à la question), expose les principes suivis dans le traitement de l'orthographe réformée dans l'édition 2009. A. Rey y écrit notamment : « Chaque fois qu'une modification a paru excessive ou perturbante, elle n'a pas été retenue [...], les accents circonflexes qui donnent leur personnalité à certains mots écrits ont été maintenus » (p. XXV).

De là, l'absence, dans le *PR*, de la variante *ilot* par exemple (contrairement au *DH* et au *PLI*).

DH îlot […] var. **ilot**
PLI îlot ▲ **ilot**
PR îlot

B. LA PRONONCIATION

L'indication de la prononciation des mots n'est pas une donnée constante. Le dictionnaire de langue la signale systématiquement, le *PLI*, le *Dictionnaire Hachette* et le *Dictionnaire de l'Académie* la donnent pour les mots pouvant présenter une difficulté de prononciation (par ex. *aster* ou *gageure*). La transcription phonétique des entrées, placée généralement après l'entrée (dans le *TLF* et dans le *DH*, elle se trouve en fin d'article), figure entre crochets et en alphabet phonétique international (API) ; ex. [ʃamo]. La parenthèse indique que le phonème n'est pas toujours prononcé ; ex. [ɑ̃v(ə)lɔp]. Le *Dictionnaire de l'Académie* n'utilise pas l'API : ex. *aster* : (*r* se prononce).

Le code linguistique de l'API reste peu connu du public. Alain Rey cite cette anecdote :

« Un consulteur assidu du *Petit Robert*, à qui je demandais son opinion sur la notation phonétique, ne l'avait simplement pas vue. Bon, dit-il, ces espèces de caractères grecs que vous mettez après les mots… »

A. Rey, *De l'artisanat des dictionnaires à une science du mot*, p. 94

L'introduction dans le *PR* électronique de l'enregistrement sonore de certains mots dont la prononciation présente une difficulté, tels que *angiocholite*, *aster*, *asthme*, *gageure* (il y en a 16 000 dans la version en ligne du *PR* 2013), représente un réel progrès.

D'une manière générale, la transcription unique est de règle ; elle correspond, pour les locuteurs français, à la prononciation du locuteur de l'Ile-de-France (urbain et cultivé), à laquelle le lecteur doit se conformer. On trouve cependant, dans le *PR*, en cours d'article, des exemples de prononciations relevant de l'usage familier ; par ex. le syntagme : *ma pauvre dame* [mapovdam]. Les variantes phonétiques sont proposées dans le cas des mots, principalement les emprunts, admettant plusieurs prononciations. Par exemple, dans le *PR* pour *xérès* [gzeʀɛs ; keʀɛs ; kseʀɛs].

C. LA CATÉGORIE, LE GENRE ET LE NOMBRE

Tous les dictionnaires de langue présentent la catégorie grammaticale du mot-entrée ; cette information fonde le statut **autonymique** de l'entrée (cf. chap. 2, I B) puisqu'elle porte explicitement sur le signe : c'est en tant que mot que *chameau* est un nom.

À la mention de la catégorie s'ajoutent d'autres renseignements : pour les verbes, le renvoi à un tableau de conjugaison correspondant, situé dans les annexes de l'ouvrage ; pour les noms et les adjectifs, le genre et éventuellement l'indication du pluriel.

La variation du genre des noms et des adjectifs est toujours présentée dans les entrées (par ex., *époux, ouse* ; *blond, e*). Les marques du pluriel sont données pour les pluriels jugés irréguliers ou problématiques (pluriel en *-aux*, pluriel des mots composés, des emprunts). Les présentations en sont variées. Le pluriel apparaît dans la vedette (par ex. *journal, aux* dans le *PR*, le *TLF*, le *DFC* ; *œil*, plur. *yeux* dans le *PR*, le *TLF*, le *DFC*, le *PLI*) ; ou après l'entrée (par ex. *journal* n. m. [pl. *journaux*] dans le *PLI*) ; ou en fin d'article dans le *DH* et le *GLLF* ; l'exemple peut également être exploité à cette fin (cf. *infra*, IV C 1).

La *féminisation des noms de titres, de métiers et de fonctions* a entraîné de nombreuses modifications dans les dictionnaires d'usage à partir des années 2000 : ajout de la marque du féminin dans l'entrée (par ex. *consul, e* n. à la place de *consul* n. m. ; *brigadier, ière* n. à la place de *brigadier* n. m.) ou changement portant sur le genre (par ex. *juge* n. à la place de *juge* n. m., *ministre* n. à la place de *ministre* n. m.). On peut relever des différences entre les dictionnaires ; par ex. le *PR* (2009) féminise *éboueur* (*éboueur, euse*) et *commissaire-priseur* (*commissaire-priseur, euse*) qui restent au masculin dans le *DH* et le *PLI*.

D. L'ÉTYMOLOGIE

L'information étymologique (origine, datation) est variable selon les dictionnaires. Elle est naturellement absente des dictionnaires synchroniques comme le *DFC*, l'étymologie n'ayant pas de valeur fonctionnelle (le fait de connaître l'origine du mot ne renseigne pas sur son fonctionnement). Présente pour toutes les entrées du *PR*, mots et éléments, elle n'est indiquée que pour certaines entrées et, de façon succincte, dans le *DH* et le *PLI* (cf. *chameau*, Annexes). La rubrique étymologique est plus étoffée dans le *PR*, le *Lexis* ou dans les grands dictionnaires de langue (*GLLF*, *GR*, *Acad.*, *TLF*). Placée le plus souvent après l'entrée, elle peut figurer en fin d'article (*TLF*, par ex.).

La rubrique étymologique du *PR* présente une brève histoire du mot. Dans l'article *chameau* (cf. Annexes) elle comporte plusieurs éléments :

cameil 1080 ◊ latin *camelus*, grec *kamêlos* ;

cameil est la forme ancienne du mot ;

1080 la date de la première apparition connue du mot ;

camelus est l'étymon latin, lui-même emprunté au grec *kamêlos*.

Lorsque la forme ou le sens diffère de la forme et du sens actuels, l'un et/ou l'autre sont signalés ; par ex. : *féliciter* – 1460 « rendre heureux » ◊ bas latin *felicitare* ; *kimono* 1899 ; *kimona* 1796 ; *gimon* 1603 ◊ mot japonais « vêtement, robe ».

Cette rubrique donne également la formation historique des mots construits français : les dérivés sont rapportés à leur base : *nage*, de *nager* ; *voyager*, de *voyage* ; on y trouve le mot base sorti de l'usage : *rembourser*, de *re-* et *embourser* « mettre dans une bourse » ; et l'explication des démotivés : *rideau*, de *rider* « plisser », le *rideau* faisant des plis ; les composés renvoient à leurs formants : *abat-jour*, de *abattre* I 3 et *jour* « clarté » ; *misandre*, de *mis(o)-* et *-andre*, sur le modèle de *misanthrope* et d'après *misogyne*.

II. LES MARQUES

Les marques précèdent la définition dont elles se distinguent par une typographie appropriée ; elles ont pour fonction de donner les conditions d'emploi des mots, sens et locutions. Chaque dictionnaire présente, en début d'ouvrage, la liste des abréviations utilisées à cette fin.

A. LES MARQUES D'USAGE

1. *LES MARQUES DIACHRONIQUES*

Les marques diachroniques (*class.*, *vx.*, *vieilli*, *arch.*, *mod.*, *néol.*) situent la variation par rapport au temps.

Le marqueur *vieilli* qualifie un mot ou un sens qui tend à sortir de l'usage mais qui est encore compris (ex. *PR* le mot *hymen* : « mariage », l'acception 2 de *flirt* « personne avec laquelle on flirte ») ; le marqueur *vx.* s'applique à un mot ou à une acception qui ne s'utilise plus (ex. *PR feu* I, 6 « supplice du bûcher »). En revanche, la marque *anciennement* notée *anciennt.* signale un référent aujourd'hui disparu (ex. *PR toilette* I, 1 *marchande, revendeuse à la toilette*). Quant à la marque *néol.*, dont l'utilisation est délicate, – à partir de quel moment un néologisme n'est-il plus perçu en tant que tel ? –, elle ne figure plus ni dans le *PR* 2013, ni dans le *PLI* 2013. Dans le *PR*, l'indication de la date d'apparition suffit ; exemples : *tablette* (*numérique, tactile*) 1990, *portail* (acception en informatique) 1998, *blog* 2002, *blogosphère* 2003. En revanche, *néol.* est utilisé dans d'autres ouvrages comme le *GLLF*, le *TLF*, le *Lexis*, le *Dictionnaire de l'Académie.*

2. *LES MARQUES DIATOPIQUES*

Les marques diatopiques (*région.* pour *régionalisme*) situent la variation par rapport à l'espace.

Les dictionnaires précisent l'aire géographique d'emploi : pays francophones ou régions de France. Exemples : *PLI* 2013 *char* 2 Québec *fam.* « Automobile » ; *DH* 2013 *votation* : *vx.* ou *région.* (Suisse, Canada) « consultation populaire » ; *PR* 2013 *abreuvoir* 2 *région.* Canada « fontaine à eau » ; *brosse* 3 *région.* Belgique « balai » ; *bistouille* : ♦ *région.* (Nord) « café mêlé d'alcool ; rasade d'eau-de-vie versée dans le café ».

3. *LES MARQUES DIASTRATIQUES ET DIAPHASIQUES*

Les marques diastratiques et diaphasiques forment un ensemble flou (cf. chap. 1, II B 2). Plus fréquentes que les autres marques d'usage, elles transmettent des jugements de valeur ; elles sont sujettes à de nombreuses fluctuations d'un ouvrage à l'autre. En l'absence de critères opératoires et d'un appareil théorique suffisant, la caractérisation lexicographique des marques de ce type ne peut échapper à un certain empirisme[1].

On notera les faits suivants :
– La régression de la marque *populaire* au profit de la marque *familier* dans la plupart des dictionnaires actuels.
A. Rey critique l'utilisation de la marque *pop.* en ces termes :

« La marque "populaire" signifiant "unité employée par les locuteurs appartenant au peuple" devrait engendrer les marques "bourgeois", "paysan", "intellectuel", "ouvrier", etc., inutilisées et probablement inutilisables. Or, elle est trop souvent utilisée comme intensif de "familier" qui devrait vouloir dire : "unité convenant à un type de communication non officielle, quotidienne, sans contrainte, quelle que soit l'appartenance sociale des communicants". »

« Norme et dictionnaires (domaine du français) » *in La Norme linguistique*, Gouvernement du Québec, Conseil de la langue française et Paris, Le Robert, collection « L'ordre des mots », 1983, p. 564.

---

1. Cf. P. Corbin, « Les marques stylistiques/diastratiques dans le dictionnaire monolingue », *Encyclopédie internationale de lexicographie*, t. I, p. 673-680.

De là, le remplacement de la marque *pop.* par *fam.* ou *très fam.* perceptible dans la 2ᵉ édition du *GR* (1985) et dans la refonte du *PR* (1993), dans lequel de nombreux mots et acceptions étiquetés à l'origine *pop.* se voient attribuer la marque *fam.* (ex. *falzar*, *rupin*). Cette pratique de marquage s'est étendue à d'autres dictionnaires[1].

– L'incidence du référent dans l'utilisation de la marque *vulg.* (cf. aussi *bas*, *triv.*).

Le *PR* définit de la façon suivante l'emploi qu'il fait de la marque *vulgaire* : « mot, sens ou emploi choquant, le plus souvent lié à la sexualité et à la violence, qu'on ne peut employer dans un discours soucieux de courtoisie, quelle que soit l'origine sociale[2] ». La marque *vulg.* porte donc à la fois sur le mot (dont l'usage est proscrit) et la chose (objet de tabou) ; exemples : *pute*, *foutre (n.)*, *pipe*, *tante*. Admis dans certains dictionnaires, ces mots n'en sont pas moins stigmatisés.

Le *Dictionnaire de l'Académie* (9ᵉ édit.) utilise la marque *vulg.* pour des mots, acceptions et locutions qui, dans d'autres dictionnaires, sont jugés familiers.

Exemples : s.v. III. *flotte* : *Vulg. Eau. Boire de la flotte* ;

s.v. *draguer* 3 Absolt. *Fig.* et *vulg.* Errer dans un lieu public à la recherche d'une aventure amoureuse, facile et passagère. *Il a passé la soirée à draguer* […] ;

s.v. *chou* 1 : *Vulg. Ils lui sont rentrés dans le chou*, ils s'en sont pris à lui, l'ont molesté.

L'*Avertissement* de 1992, signé par M. Druon, explicite la position de l'Académie : « Il nous est également apparu que nos notations habituelles : familier, populaire, vulgaire, argotique, trivial, avaient de moins en moins d'effet dissuasif, comme si, même assortis de ces mentions, le fait que des mots grossiers soient mentionnés "dans le dictionnaire" autorisait leur emploi sans discernement ni retenue. Que nous ayons dû en faire état, parce qu'ils sont d'un usage parlé, hélas fréquent, ne saurait constituer un encouragement à s'en servir en aucune occasion qui commande, oralement ou dans l'écrit, un langage correct. […] Fidèles à nous-mêmes, nous poursuivons notre chemin entre les deux haies épineuses du purisme et du laxisme » (p. VI).

– Le nombre élevé de marques conjointes : diastratiques, diachroniques, diatopiques, normatives, pragmatiques, sémantiques (ex. *fig.*, cf. *infra*, C).

---

1. Cf. P. Corbin et N. Gasiglia, « Éléments pour un état de la description de la variété des usages lexicaux dans les dictionnaires français monolingues (1980-2008) », *La Marque en lexicographie*, p. 22-23 ; A. Podhorná-Polická, « L'expressivité et la marque lexicographique : étude comparative franco-tchèque d'un corpus du lexique non-standard ». Les marques *fam.*, *pop.*, *arg.* vs *expressivité* en lexicographies française et tchèque, p. 209-225.
2. *Tableau des termes, signes conventionnels et abréviations*, p. XXXVI.

Exemples : *PR* 2013

vx. ou *littér.* (s.v. *accord, orte* 2 « gracieux et vif »).

vx. ou *poét.* (s.v. *arène* 1 « sable »).

péj. et *vulg.* (s.v. *putain* 1 « prostituée »).

péj. et *insultant* (s.v. *boniche* « bonne »).

vieilli, fam. et *injurieux* (s.v. *Boche* « Allemand »).

pop. et *emploi critiqué* (s.v. *à* II, 1 *aller au notaire*).

rare ou *région.* (s.v. *achalandé* « qui attire de nombreux clients »).

rare et *littér.* (s.v. *ciel* I, 3 « l'espace où se meuvent les astres »).

didact. littér. (s.v. *cénacle* 2 « réunion d'un petit nombre d'hommes de lettres, d'artistes […] »).

région. et *fam.* (s.v. *bec* II « baiser »).

fam. et *vieilli* (s.v. *timbre* I, 1 *avoir le timbre un peu fêlé*, « être un peu fou »).

fig. et *fam.* (s.v. *asperge* 2 « personne grande et maigre », s.v. *bordel* 2 « grand désordre »).

Les marques *littér.* (*littéraire*) et *poét.* (*poétique*) sont utilisées comme celles de registre soutenu. Mais la marque *littér.* est ambiguë car elle peut être également celle de domaine (cf. *infra*, B) ; par exemple : *PR madrigal* : *littér.* « courte pièce de vers […] ». Le *TLF* distingue *littér.*, marque d'usage, (ex. *azur*) et *litt.* (littérature), marque de domaine, (ex : *blason* « pièce de vers à rimes plates en vogue surtout au XVIᵉ siècle […] »). Le *Lexis* pratique la même distinction, en inversant les abréviations *littér.* (littérature, histoire littéraire), *litt.* (marque de registre).

Les marques pragmatiques comme *péj.*, *injurieux*, *terme d'insulte par euphémisme, par plaisanterie*, etc. peuvent être considérées comme diaphasiques : elles concernent des situations et des relations entre locuteurs. Comme dans le cas de *vulg.* ci-dessus, la péjoration s'attache souvent autant au référent qu'au signe (ex. *boniche* : *péj.* et *insultant*).

Les marques normatives (*emploi critiqué, recommandation officielle*) et, parfois, les marques de fréquence (*rare*) signalent des mots, emplois ou expressions souvent aussi marqués en registre (ex. *aller au notaire, ciel, achalandé*).

La marque *didact.* signifie que les mots et acceptions concernés (par ex. *cénacle* ou *aqueux, arborescence, aviaire*) ne relèvent pas du lexique général. Elle peut être envisagée comme une marque diaphasique puisque l'emploi de ces unités caractérise un type de discours savant.

B. LES MARQUES DE DOMAINE

Les marques de domaine portent sur les mots, acceptions et syntagmes qui font partie des lexiques de spécialité. Elles spécifient à la fois le domaine du savoir et le secteur d'activité auquel ils se rattachent et l'usage linguistique de ces unités, propre à certains milieux socioprofessionnels ; par exemple, la marque *mar.* (acception 4, *chameau*, *PR*) pour le domaine de la marine, la marque *ling.* (ex. *aspect*) pour le domaine de la linguistique. L'évaluation du degré de diffusion des mots techniques et scientifiques dans la langue générale peut rendre l'attribution de la marque de domaine problématique. Ainsi comment traiter les mots du vocabulaire médical dont l'usage est largement répandu ? Un mot tel que *anorexie* (*méd.*) est-il toujours un mot marqué ?

Les marques d'usage et de domaine concernent les mots-entrées et les acceptions. Pour la macrostructure cf. chap. 11, I B et C.

C. LES MARQUES SÉMANTIQUES

Les *marques sémantiques* (également appelées *marqueurs* ou *indicateurs sémantiques*) décrivent les liens qui unissent le sens propre des mots aux sens dérivés obtenus par figure (cf. chap. 5, III). L'utilisation de ces marques pour classer les différents sens à partir du sens propre, supposé initial, est inscrite dans la tradition lexicographique privilégiant une description philologique et historique de la langue ; en outre, elle permet de décrire et d'ordonner l'enchaînement des acceptions dans l'article (cf. *plan « logique » infra*, III C 2). Aussi est-elle plus répandue dans les dictionnaires de langue (*TLF, GR, GLLF, PR*) que dans les dictionnaires encyclopédiques comme le *PLI* (cf. par ex., l'absence de la marque *fig.* pour l'acception de *chameau* « personne désagréable »). L'usage de ces marques est rare dans le *DFC* qui, optant pour le traitement homonymique, rompt les liens entre les acceptions.

La métalangue reprend la terminologie des tropes. La correspondance s'établit *grosso modo* comme suit :
- les marques *fig., par anal., par métaph.* indiquent la relation métaphorique, *par anal.* étant réservé à la relation concret > concret, *fig.* s'appliquant à la relation concret > abstrait ;
- les marques *par méton., par ext., par restr.* (ou *spécialt.*) décrivent ce qui relève de la métonymie et de la synecdoque ;
- les marques *par ext., spécialt.* peuvent exprimer le passage du lexique général aux lexiques de spécialité et inversement.

Voici quelques exemples tirés du *PR* 2013 :

avalanche : 1 Masse de neige […] ♦ *Par métaph.* Tas croulant « Des avalanches de légumes » Flaubert. 2 *Fig.* Grande quantité (de choses désagréables qui arrivent) […].

big-bang : *Didact.* Théorie cosmologique […] – *Par métaph.* « ce big-bang politique auquel j'aspire » M. Rocard.

bouche : I (Chez l'homme et les animaux) A. Chez l'homme 1 Cavité située à la partie inférieure du visage de l'homme bordée par les lèvres […]. 2 *Spécialt.* Les lèvres et leur expression. *Une belle bouche* […]. 3 La bouche. Siège du goût […]. 4 *Par ext.* Une bouche. Personne qui mange. *Une fine bouche* […].

balle : 1 Petite sphère élastique […]. 2 *Loc. fig. Prendre, saisir la balle au bond* : saisir avec à-propos une occasion favorable […].

Les marques sémantiques caractérisent une acception (cf. *bouche* acceptions 2 et 4), une locution (cf. *balle*) ou un emploi illustré par un exemple (cf. *big-bang*). La marque *fig.* exprime la relation métaphorique concret > abstrait (cf. *avalanche* 2 « grande quantité »), la marque *par ext.* exprime la relation métonymique (cf. *bouche* 4 « personne qui mange »), la marque *spécialt.* exprime la relation par synecdoque (cf. *bouche* 2 « les lèvres et leur expression »). D'un ouvrage à l'autre, la caractérisation rhétorique des passages sémantiques varie considérablement.

Ainsi le *PR* et le *GR* font un usage spécifique de la marque *par métaph.* qui est définie « comme une comparaison implicite intermédiaire entre le propre et le figuré mais distincte du sens figuré en ce qu'elle implique un sémantisme de même niveau […] pour plusieurs mots de l'énoncé[1] ». On voit que *par métaph.* porte davantage sur des faits de discours que sur des acceptions lexicalisées ; de là, son emploi fréquent pour les citations et exemples (cf. *big-bang*).

Mais l'utilisation des marques sémantiques n'est pas systématique dans les dictionnaires. La plupart des ouvrages, en effet, ne signalent pas les métonymies régulières dans le cas, par exemple, des noms de contenants. L'analyse du sens est confiée à la seule définition (ex. *verre* « contenu d'un verre »).

D. LES MARQUES SYNTAXIQUES

Les *marques syntaxiques* (appelées également *marqueurs* ou *indicateurs syntaxiques*) présentent les emplois des mots en relation avec leurs sens. S'ajoutant à l'information de la classe syntaxique, elles décrivent la distribution des unités (cf. chap. 4, II A 2 et chap. 5, II A).

---

1. *Tableau des signes conventionnels, conventions et abréviations*, GR, 2ᵉ édit., 1985.

La description explicite des conditions syntaxiques d'emploi favorise l'encodage des mots.

En voici quelques illustrations (on a souligné dans les articles les marques syntaxiques) :

DFC (1971)
Trancher est séparé en trois homonymes (dégroupement des entrées) :
1 *trancher* : v. tr. Couper en séparant d'un seul coup [...] ;
2 *trancher* : v. tr. *Trancher une question, une difficulté*, les résoudre en prenant rapidement une décision ♦ v. intr. ou tr. ind. 1 (sujet nom de personne) *Trancher de, sur quelque chose*, en décider de manière catégorique. 2 *Trancher dans le vif* [...] ;
3 *trancher* : v. tr. et intr. (sujet nom de chose) *Trancher sur, avec quelque chose*, former un contraste, une vive opposition [...].

PR (2013)
Pauvre :
I adj. A. (après le nom) Qui a des ressources insuffisantes. 1 (Personnes) Qui manque du nécessaire [...]. 2 (Choses) Qui annonce la pauvreté [...]. 3 (fin XIIᵉ) *Littér.* Pauvre de [...] ♦ (1671) *Mod.* Pauvre en [...]. 4 Qui est insuffisant, offre ou produit trop peu. B. (avant le nom) Qui fait pitié. 1 (XVᵉ) Qui inspire de la pitié [...]. 2 (fin XVᵉ) Méprisable [...].
II n. Un pauvre, les pauvres [...].

Dictionnaire du français (J. Rey-Debove [dir.], *Le Robert*, Clé international, 1999)
solliciter : verbe 1 Solliciter qqch. (de qqn.) : demander avec déférence [...]. 2 Solliciter qqn., faire appel à lui de façon pressante pour obtenir (une faveur) [...].

– Dans les cas cités, les critères syntaxiques (catégorie grammaticale et indications distributionnelles) commandent l'organisation de l'article (cf. *plan syntaxique, infra*, III C 2) ou justifient la division en homonymes. Les différences distributionnelles mises en évidence sont en corrélation avec les différences sémantiques. Les traits de sous-catégorisation sont formulés dans une métalangue accessible *personnes* (ou *qqn.*)/*choses* (ou *qqch.*), *concret/abstrait*. D'autres sous-catégories apparaissent lorsqu'elles s'avèrent nécessaires (ex. *nom désignant un bateau* dans l'article *sombrer* du *Lexis* cité plus loin).

Les indications distributionnelles peuvent également apparaître dans le cadre de la définition, par exemple, *PR traîner* : I v. tr. 1 « Tirer après soi » (<u>un véhicule ou un objet quelconque</u>) ou être montrées dans l'exemple (cf. *infra*, IV C 1).

– L'analyse de la polysémie de certaines unités peut être conduite en termes syntaxiques ou en termes sémantiques. On peut comparer de ce point de vue le traitement du verbe *sombrer* dans le *Lexis* et dans le *PR* :

Lexis (1979) v. intr. 1 (1654) (<u>sujet nom désignant un bateau</u>) Être englouti dans l'eau […]. 2 (v. 1800) (<u>sujet nom de personne ou de chose</u>) S'enfoncer profondément jusqu'à se perdre […].

PR (2013) v. intr. 1 Cesser de flotter, s'enfoncer dans l'eau <u>en parlant d'un bateau</u> […]. 2 *Fig.* (xixᵉ) Disparaître, s'anéantir ou se perdre […].

Le *PR* distingue la deuxième acception à l'aide de la marque sémantique *fig.*

III. LA DÉFINITION

La définition est, selon l'auteur du *Dictionnaire amoureux des dictionnaires*, Alain Rey, « l'épine dorsale de tout dictionnaire[1] ». Mais la tâche du lexicographe est complexe car la définition a une double visée :

– linguistique, puisqu'il s'agit de proposer à l'utilisateur du dictionnaire, confronté à une unité lexicale qu'il ne connaît pas ou qu'il connaît mal, une équivalence apte à restituer le signifié du mot-entrée et à décrire les propriétés pertinentes du référent ;

– cognitive, puisque la définition doit permettre au locuteur d'en construire l'élaboration conceptuelle.

A. TRAITS GÉNÉRAUX

– La définition lexicographique n'est pas une phrase complète ; elle a la forme d'une périphrase dont les éléments sont appelés les *définissants* (ou *définisseurs*), l'entrée étant le *défini*. La définition idéale devrait exprimer le défini et rien que le défini.

– Toute définition, à l'exception des définitions métalinguistiques (cf. *infra*, B 5), est **substituable au mot-entrée** en raison de l'identité de la classe grammaticale du mot défini et du syntagme définitionnel (nom défini par un syntagme nominal, verbe par un syntagme verbal, etc.).

---

1. A. Rey, article « Définition », *Dictionnaire amoureux des dictionnaires*, p. 297.

– La définition doit recourir à une métalangue claire et compréhensible ; faite pour expliciter le sens de mots supposés inconnus, elle devrait se plier au principe pédagogique qui veut que les définissants soient plus connus que le défini. De fait, ce principe ne peut être véritablement appliqué. On relève, par exemple, – mais les cas sont légion – que l'analyse de *blaireau* dans de nombreux dictionnaires comporte comme trait différenciateur *plantigrade*, terme moins courant que le mot vedette *blaireau*.

Les définitions dites *encyclopédiques* (cf. chap. 3, I B) mentionnent, en règle générale, l'hyperonyme spécialisé ; par exemple, dans le *PR*, le terme *pinnipède* (définition de *phoque*), le terme *camélidé* (définition de *chameau*). La *clôture* du texte lexicographique, impliquant que tout mot utilisé dans une définition soit lui-même défini, n'est pas toujours respectée (le terme *camélidé* est absent de la nomenclature du *PR*).

– La définition, comme l'exemple, transmet des contenus culturels, des stéréotypes sociaux des représentations de la société (cf. chap. 3, III C 2).

Dans sa première édition (1906), le *PLI* définit le mot *femme* de la façon suivante : « Compagne de l'homme ; épouse. Celle qui est ou a été mariée. » Cette définition marquée par l'idéologie pouvait, sans doute, être en accord avec les valeurs de son temps. Mais elle est restée inchangée dans le *PLI* jusqu'en 1958. Ce n'est qu'en 1971, c'est-à-dire avec un retard considérable par rapport à l'évolution de la société, que *femme* est défini dans le *PLI* comme « être humain de sexe féminin ».

D'une époque à l'autre, les définitions doivent donc être sans cesse ajustées, en fonction des changements de la société.

On prendra l'exemple de *mariage* dans deux éditions récentes du *PR*, dictionnaire particulièrement attentif à la prise en compte de l'univers culturel.

1977 I 1 Union légitime d'un homme et d'une femme […]. *Mariage civil*, contracté devant l'autorité civile. *Mariage religieux*, qui, en France, suit le mariage civil des personnes ayant une religion […].

1993 I Union légitime de deux personnes dans les conditions prévues par la loi […]. *Mariage civil*, contracté devant l'autorité civile, seul valable juridiquement en France. *Mariage religieux. Liens du mariage* […].

La reformulation de la définition, à l'occasion de la refonte de 1993, « union légitime d'un homme et d'une femme » devenant « union légitime de deux personnes », reflète les nouvelles législations, quitte à les anticiper quelque peu en ce qui concerne la situation législative en France. Parallèlement sont modifiées, de façon significative, les définitions des syntagmes *mariage civil* et *mariage religieux* ; en 1977, *mariage civil* et *mariage religieux* étaient traités sur un pied d'égalité, en 1993, seul *mariage civil* est défini.

B. TYPES DE DÉFINITIONS

On présentera ici les principaux types de définitions, en suivant, pour l'essentiel, la classification établie par J. Rey-Debove[1].

1. LA DÉFINITION PAR INCLUSION

La définition *par inclusion* (dite aussi *hyperonymique* ou *logique*) présente l'analyse du contenu dénotatif des unités lexicales ; elle a été traitée dans le cadre de la sémantique lexicale (cf. chap. 3, I et exercice 1).

La définition de *chameau* (cf. Annexes) illustre ce type ; elle est composée de l'incluant désignant le genre dont relève l'objet à définir (« grand mammifère » dans le *PR*) et des traits spécifiques qui le distinguent des autres espèces du même genre : /ongulé/, /à une ou deux bosses dorsales/, /à pelage laineux/. Dans le *PLI*, la définition de *chameau* présente un ensemble de propriétés plus riche : /d'Asie centrale/, /à deux bosses graisseuses sur le dos/, /adapté à la vie dans les régions arides/, /où il sert de monture/, et /d'animal de trait/. Cette définition hyperspécifique est en rapport avec la visée encyclopédique du *PLI* que confirme la présence de l'illustration.

2. LA DÉFINITION MÉTONYMIQUE

R. Martin[2] groupe, sous le terme de définitions métonymiques, les définitions des mots exprimant la relation partie/tout (cf. chap. 4, I B) et les définitions des termes collectifs. En voici quelques exemples (*PR* 2013).

Relation partie/tout :
abside : partie arrondie en hémicycle de certaines églises, derrière le chevet.
nuque : partie postérieure du cou, au-dessous de l'occiput.
adagio : morceau ou pièce musicale à exécuter dans un tempo lent.

---

1. J. Rey-Debove, *Étude linguistique et sémiotique des dictionnaires français contemporains*, p. 218-255.
2. R. Martin, *Pour une logique du sens*, p. 57-58.

Termes collectifs :

chambrée : l'ensemble des personnes qui couchent dans une même chambre.

chevelure : ensemble des cheveux.

barbe : poils du menton, des joues et de la lèvre supérieure.

Les méronymes sont définis par les mots tels que *partie, morceau, pièce,* les collectifs par *ensemble* ou l'indication du pluriel. Ces définitions ne sont pas des définitions par inclusion ; les définissants utilisés sont, selon l'analyse de J. Rey-Debove, de « faux-incluants » qui ne représentent pas la classe du référent (la nuque n'est pas une partie, la chevelure n'est pas un ensemble). Cependant la définition dans son ensemble est vraie[1].

F. Gaudin et L. Guespin utilisent le terme *définition partitive* pour la relation partie/tout[2].

3. LA DÉFINITION MORPHOSÉMANTIQUE

La définition morphosémantique est réservée aux mots construits réguliers dont le sens est prédictible (cf. Deuxième partie, Morphologie lexicale). Elle ne définit que l'affixe ou le lien de composition (en introduisant parfois un apport nouveau). En voici quelques illustrations tirées du *PR* 2013.

Mots dérivés :

bavardage : action de bavarder.

futilité : caractère futile.

comiquement : d'une manière comique (4°), risible.

bancaire : relatif aux banques, aux opérations de banque.

Mots composés :

porte-drapeau : [soldat] qui porte le drapeau d'un régiment.

phytophage : Zool. qui se nourrit de matières végétales.

Le procédé est économique puisque la définition renvoie aux composants ou au mot de base. Lorsque celui-ci est polysémique (*comique*), il peut être nécessaire de signaler l'acception adéquate (*comique* 4 « qui provoque le rire ») mais cela n'est pas toujours réalisé. Dans le cas des composés savants (*phytophage*),

---

1. J. Rey-Debove, *Étude linguistique…, op. cit.,* p. 238.
2. F. Gaudin, L. Guespin, *Initiation à la lexicologie française. De la néologie aux dictionnaires,* p. 149-150.

la définition donne les équivalents des éléments savants (en ce sens, elle pourrait être également rapprochée de la définition synonymique cf. *infra*). Bien qu'il soit toujours possible de proposer une autre forme de définition pour les mots construits, la définition morphosémantique est, en raison de sa simplicité, très fréquente dans tous les dictionnaires. (Les auteurs du *DFC* et du *Lexis* ont jugé, pour leur part, inutile de définir nombre de dérivés réguliers, cf. chap. 11, II A).

Sur le plan pédagogique, la définition morphosémantique est d'un faible apport. Elle est relativement abstraite (cf. *caractère, action*) et peu explicite puisqu'elle diffère l'analyse du sens. De là, la présence dans les dictionnaires de *définitions multiples*, qui joignent à la définition morphosémantique une définition par inclusion (ex., *PR* 2013 *conservation* : action de conserver, de maintenir intact, dans le même état) ou une définition par synonymes (ex., *PLI* 2013 *franchise* : qualité de ce qui est franc ; sincérité).

4. LA DÉFINITION SYNONYMIQUE ET ANTONYMIQUE

Ces définitions présentent une équivalence de contenu en tirant parti des relations de synonymie ou d'antonymie entre les unités lexicales.

Le recours à la définition synonymique est constant pour les termes marqués. Le lexicographe leur applique un traitement pseudo-bilingue, traduisant le terme marqué par un équivalent non marqué (cf. chap. 10, I). Parfois, la définition juxtapose deux synonymes (définition multiple).

Les exemples suivants sont empruntés au *PR* 2013 :

falzar : *Fam.* pantalon.

flapi : *Fam.* épuisé, éreinté.

grailler (3) : *Fam.* manger.

hymen : *Littér.* et *vieilli* mariage.

Le procédé sert à assurer la norme, les termes non marqués (*pantalon, épuisé, manger, mariage*) faisant l'objet d'une définition par inclusion.

Cependant, l'élucidation du sens peut être compromise lorsque la **circularité** est **trop courte**, c'est-à-dire lorsque les définitions renvoient l'une à l'autre, comme le montrent ces extraits du *PLI* 2013 :

moquer : *Litt.* tourner en ridicule ; railler.

railler : tourner en ridicule ; se moquer de.

ridicule : *tourner qqch, qqn en ridicule*, se moquer d'eux en les présentant sous des aspects qui prêtent à rire.

La circularité des définitions s'observe également dans les définitions par inclusion (cf. les définitions de *tirer*, *traîner*, *tracer* dans le *GLLF*, *GR*, *TLF*, *Lexis*[1]).

La définition par antonymes est couramment utilisée pour définir les dérivés négatifs (noms et adjectifs) :

Antonyme morphologique :

PR 2013

impolitesse : manque de politesse.

malhabile : qui manque d'habileté, de savoir-faire.

impoli : qui manque à la politesse.

inintelligent : qui n'est pas intelligent.

Ces définitions sont des définitions morphosémantiques d'opposition : elles renvoient au mot de base qui est l'antonyme morphologique et définissent l'affixe par des mots privatifs ou par la négation syntaxique.

Antonyme lexical :

sec : qui n'a pas ou peu d'humidité (*Lexis*).

lâcheté : manque de courage ; couardise (*PLI*).

La définition antonymique peut s'associer à d'autres types définitionnels (ex. *malhabile*, *lâcheté*).

5. LA DÉFINITION MÉTALINGUISTIQUE

Contrairement aux définitions précédentes, les définitions métalinguistiques parlent exclusivement du signe. Elles sont caractérisées :

– soit par la présence dans la définition d'une copule explicite (autre que *être*) :

maniaque adj. et n. : <u>se dit de</u> quelqu'un qui a une idée fixe, bizarre ou perverse (*DFC*, *Lexis*).

sacré, e adj. : (avant le nom) *Fam.* <u>sert à</u> renforcer un terme injurieux (*DFC*, *Lexis*).

– soit par l'apparition d'un incluant métalinguistique :

zzzz interj. : <u>onomatopée</u> notant un bruit continu [...] (*PR* 2013).

zazou n. : <u>surnom</u> donné, v. 1945, aux jeunes gens qui se distinguaient par leur passion du jazz et leur allure excentrique (*DH* 2013).

cuillerée : *Loc. Une cuillerée pour papa, une cuillerée pour maman*, <u>formule</u> d'encouragement à manger, adressée aux jeunes enfants (*PR* 2013).

---

1. E. Pauly, *La Polysémie. Réflexion théorique, méthodologique et application à la lexicographie*, p. 176-179.

Ces définitions ne sont jamais substituables au défini comme le montre le test suivant : *Cet homme était un zazou.*Cet homme était un surnom donné aux jeunes gens... Surnom* ne classe pas le référent mais le signe *zazou*.

Le lexicographe utilise obligatoirement la définition métalinguistique lorsqu'il traite des mots grammaticaux qui ne peuvent être analysés en termes d'inclusion sémantique (cf. chap. 3, I D). En revanche, la définition métalinguistique ne s'impose pas dans un certain nombre de cas. Dans la définition de *maniaque*, citée *supra*, « se dit de quelqu'un » pourrait être supprimé.

Remarque : dans les dictionnaires d'apprentissage apparaissent deux procédures destinées à contourner les difficultés de la définition traditionnelle :
- la *définition phrastique*, en forme de phrase complète, inaugurée dans le dictionnaire anglais, le *Collins Cobuild*[1] et que l'on retrouve, de façon sporadique, dans le *Petit Robert des enfants*[2]. Exemple : *provoquer* v. : 1 *Provoquer quelque chose*, c'est en être la cause [...]. 2 *Provoquer quelqu'un*, c'est le pousser à réagir avec dureté et violence.
- l'*exemple glosé* qui aboutit à la *suppression de la définition*, innovation introduite dans le *Dictionnaire du français vivant*[3]. Exemple : *compter* I, v. tr., 1 *le berger compta ses moutons* = en détermina le nombre. Cette pratique subsiste dans de nombreux dictionnaires pour enfants. Le *Dictionnaire du français usuel* de J. Picoche et J.-C. Rolland présente également le mot-vedette dans une phrase, suivie ou non d'une courte définition.

C. ORDRE DES ACCEPTIONS

Lorsqu'il décrit les unités polysémiques, le lexicographe doit résoudre différents problèmes : traitement homonymique ou traitement unitaire, qui relèvent de la macrostructure (cf. chap. 5, II et chap. 12, II A), découpage du sens et ordre des acceptions qui relèvent de la microstructure. Si le découpage du contenu sémantique peut donner lieu à un nombre différent d'acceptions, il n'en reste pas moins que les dictionnaires présentent globalement des résultats convergents dans la description des principaux emplois. En revanche, ils divergent dans la hiérarchisation et l'ordre des acceptions. Ces choix ont une finalité pratique : l'organisation visuelle de l'articulation des sens doit permettre au lecteur de trouver plus rapidement l'acception qu'il recherche.

1. J. Sinclair, *English language Dictionary*, Londres, 1987.
2. J. Rey-Debove (dir.), *Petit Robert des enfants*, Paris, Le Robert, 1988.
3. M. Daveau, M. Cohen, M. Lallemand, *Dictionnaire du français vivant*, Bordas, 1972, conçu en 1939.

1. STRUCTURE ARBORESCENTE OU LINÉAIRE

La structure **arborescente** (« en arbre ») présente les acceptions en établissant une hiérarchie, matérialisée par l'emploi de chiffres romains pour le premier niveau de subdivision, de chiffres arabes ou de lettres pour le deuxième niveau, etc., chaque opposition étant subordonnée à la précédente.

La structure **linéaire** est une énumération des acceptions, le plus souvent numérotées à l'aide de chiffres arabes. Les articles consacrés à *toilette* dans le *PR* et le *DFC* illustrent ces deux structures :

– Structure arborescente (portée en gras) de l'article *toilette* du *PR* 2013 :
I Petite toile 1 *Vx.* Petite pièce de toile. **2** *Techn.* Emballage [...]. **3** *Bouch.* Membrane [...].
II Ce qui a rapport à la parure 1 (1661) *Vx.* Objets de parure ♦ 1749 *Mod.* Meuble [...]. **2** (xviiᵉ-xviiiᵉ) Action de se préparer [...]. **3** Fait de s'habiller [...]. **4** (fin xviiiᵉ) L'habillement [...].
III Ce qui concerne l'hygiène, la propreté 1 (xixᵉ) Ensemble des soins de propreté du corps. **2** *Les toilettes.* **3** Le fait de nettoyer [...] ♦ *toilette d'un texte.*

– Structure linéaire de l'article *toilette* du *DFC :*
1 Ensemble des soins de propreté du corps [...]. **2** L'habillement et la parure, en parlant d'une femme [...]. **3** Costume féminin [...].

La classification arborescente des sens apparaît pour la première fois dans le *Dictionnaire général* de Hatzfeld, Darmesteter et Thomas (1900), remplaçant la succession linéaire des sens en vigueur dans les dictionnaires précédents. Les grands dictionnaires de langue actuels (*TLF, GR, PR, GLLF, Dictionnaire de l'Académie*) ont, depuis, adopté le classement hiérarchisé des acceptions. L'arborescence peut y être plus ou moins complexe ; dans le cas du *PR*, elle peut atteindre jusqu'à cinq niveaux de hiérarchie[1].

La classification arborescente convient particulièrement aux mots fortement polysémiques, qui font l'objet d'articles longs, car elle met clairement en évidence la structuration sémantique. Le *PR* a ajouté, depuis 2007, dans près de 600 articles, des intertitres ; par exemple, dans l'article *toilette* I « Petite toile », II « Ce qui a rapport à la parure ». Ceux-ci renforcent l'efficacité du dispositif et servent de repères pour orienter le lecteur dans sa recherche.

1. A. Rey, *De l'artisanat des dictionnaires à une science du mot,* p. 130.

La disposition linéaire convient à nombre de dictionnaires qui, dans des articles de taille plus modeste, présentent une analyse plus sommaire de la polysémie. Le *PR* l'emploie pour les mots dont la polysémie est réduite (cf. Annexes : *chameau*).

Le *DH* recourt au classement hiérarchique pour des divisions syntaxiques, le *PLI*, ayant adopté en 1989 la numérotation des sens et la structure hiérarchisée, abandonne celle-ci dans l'édition 2012.

2. TYPES DE PLANS

Il existe plusieurs possibilités de classements des sens. Elles dépendent en partie des orientations méthodologiques des dictionnaires.

Le **plan historique** présente les acceptions dans l'ordre de leur date d'apparition (ou, plus exactement, de leur date d'attestation). Il s'appuie sur les données philologiques et ne peut donc apparaître que dans les dictionnaires ayant une dimension diachronique (*TLF, GR, PR, GLLF, Lexis*). Dans le *GR*, le *PR* et le *Lexis*, la datation historique des acceptions est intégrée aux définitions. En revanche, dans le *TLF* et le *GLLF*, les dates d'apparition des acceptions figurent dans une rubrique à part.

Les articles du *PR* fournissent de nombreux exemples de plan historique ; le plan historique peut également être indiqué par le biais des marques diachroniques (*Vieilli* s'opposant à *Mod.*)

Le **plan logique** ordonne les acceptions selon la nature logique du lien qui unit le sens propre aux sens dérivés. Partant du sens supposé initial jusqu'aux sens les plus éloignés de celui-ci, il retrace, à l'aide des marques sémantiques, les enchaînements sémantiques entre les acceptions. Exemples : les articles *avalanche*, *bouche* dans le *PR* (cités en II C). Le plan logique se mêle souvent au plan historique ; on le trouve *grosso modo* dans les mêmes dictionnaires (*TLF, GR, PR, GLLF*). Exemples : les articles *timbre* du *PR*, *toilette* du *GR* (cités chap. 5, exercices 7 et 8). Le plan logique est également pratiqué dans le *Dictionnaire de l'Académie*.

Le **plan fréquentiel** classe les acceptions selon la fréquence, l'acception la plus fréquente est placée en tête, l'acception la moins fréquente en fin d'article. Ce plan est utilisé dans les dictionnaires d'apprentissage et les dictionnaires encyclopédiques (*PLI, DH*) mais est rare dans un dictionnaire comme le *PR*. Les articles *toilette*, dont les plans sont présentés ci-dessus, montrent les différences entre plan fréquentiel (*DFC*) et plan historique (*PR*), l'acception 1 du *DFC* figurant en III dans l'article du *PR*.

Le **plan syntaxique** ordonne les acceptions selon les types d'emplois, signalés par la catégorie et la marque syntaxique (cf. les articles *trancher DFC, pauvre PR* cités en II D). Il est fréquent dans le *DFC* ou le *Lexis* qui, dans de nombreux cas, structurent les articles en fonction des emplois : les constructions des verbes, sous la forme de syntagmes neutralisés (cf. *infra*, IV B), y précèdent les définitions.

Il ne s'agit là que de tendances générales. En fonction des mots traités, les lexicographes choisissent tel ou tel classement, qu'ils adaptent et aménagent au cas par cas, et selon leur intuition, de telle sorte que de nombreux plans d'articles mêlent plusieurs procédures, la classification en arbre permettant de combiner les points de vue.

On précisera trois points :
- La majorité des dictionnaires rendent compte des critères fonctionnels, qu'ils soient limités aux catégories grammaticales (ex : l'article *bas* dans l'*Académie* subdivisé en trois parties I Adj., II Adv., III N.) ou complétés par les marques syntaxiques (ex : l'article *adhérer* du *PR* organisé en 1 Choses, 2 Personnes).
- Le plan historique peut coïncider avec le plan logique (ex. l'article *cachet* du *PR*) mais il est des cas où les deux classements s'opposent (cf. chap. 5, III E 2). Les *Préfaces* du *PR* (2e édition, 1977) et du *GR* (2e édition, 1985) sont, à cet égard, explicites. Critiquant le plan logique qui peut parfois rétablir, de manière artificielle, les lois générales des évolutions sémantiques, A. Rey affirme sa préférence pour le plan historique.
- L'insertion des acceptions spécialisées se fait de différentes façons. La procédure la plus répandue consiste à traiter les emplois techniques en fin d'article (ex. *PR*, 4e acception de *chameau*), en adoptant l'ordre qui va du général au particulier, ordre qui recoupe, en partie, l'ordre fréquentiel. Les autres solutions consistent à intégrer les acceptions spécialisées dans les différents plans : logique (par l'intermédiaire des marques *par anal., p. ext., spécialt.*), historique ou plan mixte. Bien que les problèmes soient d'une autre nature, on observe le même flottement pour l'emplacement et le traitement des locutions.

D. TRAITEMENT DES UNITÉS PHRASÉOLOGIQUES

Les unités phraséologiques – expressions, locutions, mots composés, énoncés figés – sont des unités lexicales à part entière, et comme telles, elles sont suivies, dans les dictionnaires, d'une définition ou d'une glose. Mais leur traitement lexicographique est problématique. D'une part, parce qu'elles doivent être distinguées des syntagmes non lexicalisés (or, il y a un continuum entre syntagmes figés et non figés), d'autre part, parce qu'elles s'accordent mal à la forme de la nomenclature qui présente rarement, en entrées, des unités supérieures au mot graphique (cf. chap. 11, I D 2). Elles figurent donc au sein de l'article, mais comment les repérer ?

Dans la majorité des dictionnaires, elles apparaissent en italique comme les exemples libres, précédées par l'indicateur *Loc.* et/ou par une marque d'usage qui signale leur statut phraséologique.

Le *PLI* et le *DH* les différencient typographiquement par des minuscules en gras. Le *PR* et le *GR* utilisent épisodiquement les petites capitales en gras pour mettre en valeur certaines d'entre elles. Elles constituent alors des sous-entrées (cf. *PR poil de chameau* s.v. *chameau* 1).

Mais le problème essentiel qui se pose au lexicographe est de résoudre ces deux questions : où traiter dans l'article les unités phraséologiques et sous quelle entrée ?

1. L'EMPLACEMENT DANS L'ARTICLE

Le lexicographe a le choix entre deux solutions : regrouper l'ensemble de ces unités ou les répartir dans le cours de l'article.

Le regroupement des unités phraséologiques à la fin de l'article, classées selon l'ordre alphabétique, facilite la consultation. Il est adopté par le *PLI* (depuis 2012), le *DH*, le *DFC*, le *Lexis* (ex., sous l'entrée *poil* sont listées toutes les unités figées dont le composé *poil à gratter*). Ces deux derniers dictionnaires procèdent ainsi parce qu'ils privilégient la syntaxe (au détriment de la définition) et considèrent que les locutions ont une certaine autonomie par rapport aux phrases libres et n'ont même, parfois, aucun lien direct avec elles[1].

La répartition des unités phraséologiques dans l'article, effectuée selon des critères sémantiques, ne facilite pas la consultation : les emplois phraséologiques sont reliés aux différentes acceptions. Pour qui n'en connaît pas le sens, il est donc difficile de prévoir où se situe dans le dictionnaire la définition de la locution recherchée. Cette procédure est pratiquée dans les dictionnaires de langue privilégiant l'approche sémantique (*PR, GR, TLF, GLLF, Acad.*).

Exemples *PR* 2013 :

– le composé *poil à gratter* est rattaché à l'acception III de *poil*, relative aux plantes ;

– la locution *être trempé comme une soupe* est motivée diachroniquement :

s.v. *soupe* : 1 *Vx.* Tranche de pain que l'on arrose de bouillon, de lait. – *Mod. Loc. Être trempé comme une soupe*, complètement trempé (par la pluie).

---

1. J. Dubois, F. Dubois-Charlier, « Incomparabilité des dictionnaires », *Langue française* 87, *Dictionnaires électroniques du français*, 1990, p. 9.

Mais dans la mesure où de nombreuses expressions sont démotivées, il appartient à chaque lexicographe de décider à quel endroit il lui semble préférable de les traiter.

2. LE CHOIX DE LA VEDETTE

Il est d'usage de traiter le syntagme figé au mot pivot, afin d'en rendre l'accès plus facile (ex. *espace vert* sous l'entrée *espace, manger de la vache enragée* sous l'entrée *vache*). Mais le choix du mot pivot est parfois délicat (par ex. dans la locution *hausser les épaules*) et les stratégies des dictionnaires diffèrent quelque peu.

On s'en tiendra à la comparaison entre le *Lexis* et le *PR*. Soit la locution : *casser sa pipe*. Elle est traitée dans le *Lexis* sous l'entrée *casser* et figure dans le *PR* sous les deux entrées : définie sous l'entrée *pipe* et mentionnée sous l'entrée *casser* (sous la forme *casser sa pipe**, l'astérisque signalant le mot où la locution est traitée). Le *Lexis* a tendance à choisir comme vedette le premier mot lexical du syntagme : premier substantif ou, à défaut, premier adjectif ou verbe, ici *casser*[1]. Dans le *PR*, en revanche, les unités phraséologiques apparaissent, souvent, sous chacun des éléments lexicaux (ici *casser* et *pipe*) et sont traitées au mot dont le contenu est le plus riche. J. Rey-Debove s'en explique en ces termes : « ce contenu riche évoque mieux celui du syntagme (noyau sémique) et [...] un mot de contenu riche donne généralement matière à un article court (polysémie restreinte) »[2]. Le syntagme est alors plus facilement retrouvé dans un article court.

Quelles que soient les solutions lexicographiques retenues, tout utilisateur de dictionnaire papier en a fait l'expérience : la recherche d'une unité phraséologique dans le dictionnaire peut s'avérer souvent laborieuse. La consultation électronique est, de ce point de vue, irremplaçable ; le logiciel du *PR*, en 2009, permettait de trouver une expression, en tapant les premières lettres de n'importe lequel des mots qui la composent.

IV. L'EXEMPLE

Dans le dictionnaire de langue, l'exemple est, au même titre que la définition, une partie essentielle du programme de la microstructure – ce programme n'est cependant pas réalisé pour toutes les entrées d'un même dictionnaire.

Deux traits le caractérisent : c'est un énoncé qui contient le mot-entrée ; il se distingue typographiquement de la définition. Dans les dictionnaires modernes, il est mis en italique qui est la marque typographique de l'**autonymie**.

---

1. « Cette observation vaut pour l'édition 1979 du *Lexis* mais non pas pour l'édition 2009 ».
2. J. Rey-Debove, *Étude linguistique et sémiotique des dictionnaires français contemporains, op. cit.*, p. 116.

L'exemple est, en effet, selon les termes de l'analyse sémiotique de J. Rey-Debove, un énoncé mentionné (autonyme) où se trouve le mot-entrée en usage[1]. En tant que séquence autonyme, l'exemple renvoie au signe linguistique et non pas au monde. Soit l'exemple *ne lisez pas ce livre* ! Cette phrase ne s'adresse pas au lecteur. Le lexicographe qui produit cet exemple pour *lire* tient le discours suivant : ce mot peut s'employer, notamment, dans la phrase *ne lisez pas ce livre*. Autrement dit, l'exemple « montre » l'entrée. Mais l'exemple se prête à une autre lecture. Lu isolément, l'exemple peut être considéré comme un énoncé ordinaire, qui parle du monde au lecteur (cf. *infra*, C 3). Cette analyse vaut pour tout exemple, qu'il soit forgé ou cité.

A. EXEMPLE FORGÉ/EXEMPLE CITÉ

Il y a principalement deux catégories d'exemples : les *exemples forgés* (ou *construits*) et les *exemples cités* (ou *signés*). Les premiers sont fabriqués par le lexicographe, les seconds, choisis par le lexicographe, sont tirés de sources diverses, littéraires ou non.

L'opposition entre exemples forgés et exemples cités s'est mise en place dès la fin du XVIIe siècle au sein des premiers dictionnaires monolingues du français. Alors que Richelet et Furetière recourent à la citation d'auteurs, le *Dictionnaire de l'Académie française*, parce qu'il réunit les écrivains les plus célèbres de son époque, prend le parti de ne pas citer. Cette division marque encore la lexicographie actuelle.

Les dictionnaires qui ne présentent que des exemples forgés sont les suivants : le *DFC*, le *Brio*, les dictionnaires d'apprentissage (par ex. le *Dictionnaire du français*, dictionnaire de français langue étrangère, le *Dictionnaire du français usuel*), les dictionnaires destinés à la jeunesse (dans leur grande majorité), les dictionnaires encyclopédiques tels le *PLI*, le *Dictionnaire Hachette* et l'*Académie*, fidèle à sa tradition (néanmoins, la dernière édition cite des titres d'œuvres littéraires).

Les principaux dictionnaires qui mêlent exemples signés et exemples non signés sont le *TLF*, le *GR*, le *PR*, le *GLLF*, le *Lexis*.

L'exemple signé littéraire jouit d'un prestige social et sa présence dominante dans la lexicographie de langue caractérise, en particulier, la tradition dictionnairique occidentale[2]. Mais d'autres corpus sont exploités : écrits scientifiques et techniques,

---

1. *Ibid.*, p. 259-264.
2. A. Rey, « Le statut du discours littéraire en lexicographie », *Lexique* 12/13, 1995, p. 17-32.

articles de presse, et depuis une vingtaine d'années, dans le *GR* et le *PR* en particulier, dialogues de films, chansons.

La distinction entre exemples construits et exemples signés masque toutefois l'existence d'une autre catégorie d'exemples : les *exemples observés non signés* qui s'opposent aux exemples construits. Issus de différents corpus, ils apparaissent sans que soit mentionnée leur origine.

La procédure n'est pas nouvelle, lorsqu'elle s'observe dans une lignée de dictionnaires ; de nombreux exemples du *Micro Robert* (ouvrage qui ne comporte pas de citations) procèdent d'exemples littéraires du *Petit Robert*[1].

Mais l'avènement de l'informatique a transformé ces données. Ainsi, dans le *TLF*, tous les syntagmes proviennent du corpus informatisé, il n'y a aucun exemple qui ne soit pas attesté (cf. *infra* C 2). Les lexicographes se divisent entre ceux qui ne présentent que des occurrences observées, partageant le point de vue de l'auteur du *Cobuild*, J. Sinclair, selon lequel « *Usage cannot be invented ; it can only be recorded*[2] » et ceux qui, tout en exploitant les corpus électroniques, créent leurs propres exemples. Le lecteur, de son côté, ne fait guère la différence entre exemples forgés et exemples attestés non signés.

Il y a donc un continuum exemples forgés/exemples observés non signés/ exemples signés.

B. FORMES

L'exemple signé est, en règle générale, plus long que l'exemple forgé ; c'est une phrase (ou dans les grands dictionnaires, une suite de phrases) ou, plus rarement, un syntagme. Le *PR* présente cependant un grand nombre de syntagmes cités de nature littéraire : syntagmes obtenus par réduction des citations du *GR*[3] et titres d'œuvres[4].

L'exemple non signé (forgé ou observé) offre une variété plus grande. Voici un court échantillon d'exemples forgés.

• *Phrases* :

---

1. Cf. P. Corbin, « Le monde étrange des dictionnaires (8). Du *Petit Robert* (1967) au *Micro Robert* (1971) : le recyclage des citations », *Lexique* 12/13, p. 125-145.
2. J. Sinclair, *English Language Dictionary*, « Introduction », XV.
3. Cf. A. Lehmann, « Du *Grand Robert* au *Petit Robert* : les manipulations de la citation littéraire », *Lexique* 12/13, p. 105-124.
4. Cf. F. Martin-Berthet, « Les titres d'œuvres dans le *Petit Robert* (1977) », *Lexique* 12/13, p. 171-193.

– libres :
DFC s.v. *foudroyer* 1 *Le chasseur tira : un perdreau, foudroyé, tomba comme une pierre.*
– plus ou moins codées (collocations) :
Dictionnaire du français (dir. par J. Rey-Debove, 1999) s.v. *fidèle* 5 *Le témoin a fait un récit fidèle des événements.*
– codées (allusion culturelle caractéristique du *PR*) :
PR s.v. *fleuve* 1 *La vie est (n'est pas) un long fleuve tranquille.*

• *Syntagmes* :
– libres :
GLLF s.v. *œil* A, I, 2 *De grands yeux. Des yeux saillants. De beaux yeux. Des yeux expressifs.*
– plus ou moins codés (collocations, constructions) :
GLLF s.v. *œil* A, I, 2 *Des yeux bridés. Des yeux en amande.*
PR s.v. *œil* I, 1 *Yeux globuleux. Rouler des yeux furibonds. Ciller les yeux.*
– codés :
PR s.v. *eau* I, 3 *Être comme un poisson dans l'eau.*
Au sens strict, l'exemplification n'inclut pas les unités phraséologiques mais dans la pratique dictionnairique, ces unités peuvent être présentées comme des exemples.

S'y ajoutent les syntagmes obtenus par traitement métalinguistique, à savoir les syntagmes neutralisés et les syntagmes présentant un cumul.

Les **syntagmes neutralisés** représentent un « modèle de phrase grâce auquel on peut générer une quantité de phrases particulières » ; ce sont des « exemples matriciels[1] ». De là, le choix du verbe à l'infinitif et l'indication de la classe sémantique des compléments sous sa forme la plus générale.

Exemple : *GLLF* s.v. *œil* A, I, 3 *Jeter un coup d'œil sur quelque chose.*

Il y a différents degrés de neutralisation de l'exemple (par ex. *offrir un cadeau à quelqu'un pour son anniversaire* présente un degré intermédiaire de neutralisation).

Le **cumul** consiste à projeter sur l'axe syntagmatique des éléments d'un même paradigme. À la différence de la neutralisation, il est contraire aux lois du discours. Ce procédé est exploité pour les syntagmes, plus rarement pour les phrases.

Exemple : *PR* s.v. *œil* I, 1 ♦ *Œil terne, fixe. Des yeux durs, froids. De grands, de petits yeux.*

1. Cf. J. Rey-Debove, *Étude de linguistique et sémiotique des dictionnaires français contemporains*, p. 304 ; *La linguistique du signe. Une approche sémiotique du langage*, p. 249.

Neutralisation et cumul se trouvent souvent réunis sur un même segment (ex. *PR* s.v. *œil* I, 1 *lever, baisser les yeux*). Seul l'exemple forgé se prête à ces traitements métalinguistiques ; le dictionnaire de langue ne peut s'en dispenser.

C. FONCTIONS

R. Martin répartit les fonctions de l'exemple en trois grandes catégories : fonctions linguistiques, fonctions philologiques et fonctions qui se situent « au-delà de la langue » et que l'on nommera fonctions extralinguistiques[1].

Ces fonctions se recoupent car l'exemple lexicographique est susceptible d'« **une double lecture** » : il peut être lu comme un énoncé autonyme et comme un énoncé en usage informant sur le monde[2]. Cette ambiguïté fonctionnelle est exploitée par le lexicographe et par le lecteur. Ainsi, l'exemple du *PR* 2013 : *Elle est chercheuse* (s.v. *chercheur*) donne simultanément une information linguistique (emploi du nom au féminin) et une information extralinguistique (statut professionnel des femmes). On choisira ici, à dessein, des exemples qui illustrent une fonction dominante.

1. FONCTIONS LINGUISTIQUES

Les informations linguistiques sont de nature diverse.

a) Informations morphologiques et syntaxiques

Les exemples ont pour fonction principale de présenter les marques flexionnelles et l'entourage syntagmatique du mot-entrée (collocations usuelles, constructions syntaxiques fréquentes). Exemples :

PR s.v. *chameau* 3 *Ce qu'il (elle) est chameau !*
PR s.v. *pèse-lettre* : *Des pèse-lettres.*
DH s.v. *ciel* A, 3 *Les ciels de ce peintre sont toujours sombres.*
Lexis s.v. *fracturer* 1 *Elle s'est fracturé le poignet.*
Dictionnaire du français s.v. *prendre* I, 10 *Prendrez-vous de la viande ou du poisson ?*

L'exemple forgé est particulièrement apte à remplir ce rôle. Les rares exemples du *PLI* et du *DH* ont une fonction syntagmatique et morphologique.

Il arrive souvent que plusieurs informations se greffent sur une même séquence, comme le montre l'exemple du *Dictionnaire du français* illustrant le verbe *prendre*,

---

1. R. Martin, « L'exemple lexicographique dans le dictionnaire monolingue », *Encyclopédie internationale de lexicographie*, t. I, p. 601-606.
2. J. Rey-Debove, *Étude linguistique et sémiotique des dictionnaires français contemporains*, p. 263.

qui apporte une information flexionnelle (forme du futur), syntaxique (construction *prendre de*), sémantique (sens du verbe en relation avec la construction), référentielle (évocation des habitudes alimentaires) et pragmatique (situation de communication).

b) Informations de nature sémantique

Les exemples ont également pour objet d'aider à la compréhension du sens du mot-entrée. On distinguera plusieurs cas.

- *Fonction paradigmatique* : les exemples présentent des synonymes ou des antonymes du mot-entrée ou incluent des mots, relevant du même champ associatif que le mot-entrée.
  - Synonymie *PR* s.v. *modèle* 1 « *Les hommes tiennent à se proposer des exemples et des modèles qu'ils appellent héros* » Camus.
  - Antonymie *PR* s.v. *pauvre* II, 3 « *Quand les riches se font la guerre, ce sont les pauvres qui meurent* » Sartre.
  - Champ associatif *GLLF* s.v. *vaporeux* 2 « *Tout est si léger, presque vaporeux du côté de la rivière dont les berges se perdent et se retrouvent sous une brume mince et ondoyante* » Cayrol.

Le lexicographe choisit de préférence, à cette fin, les exemples signés, dont le contexte plus riche en cooccurrences contribue à l'élucidation du sens grâce à la **redondance** (répétition du contenu de l'information).

- *Fonction définitionnelle* (ou *définitoire*) : les exemples présentent, de diverses façons, des éléments portant sur le signifié et/ou le référent qui complètent la définition du mot-entrée.
  - L'exemple peut décrire la situation caractérisée par le mot-entrée (exemple proche de la monstration).

  GLLF s.v. *gêne* II, 4 Pénurie d'argent : « *Et cette pensée lui rappela qu'elle-même était dans la gêne : son mari ne lui avait pas remis d'argent depuis deux mois et elle ne savait plus comment faire face aux dépenses de la maison* » Martin du Gard.
  - Il peut comporter des traits qui pourraient faire partie de la définition (cf. aussi *exemple encyclopédique, infra*).

  DFC s.v. *rail* 1 bande d'acier servant à supporter et à guider les roues des trains. *Les rails sont posés et fixés sur des traverses.*
  - L'exemple peut être une définition. L'**exemple définitionnel** restitue le sens du mot-entrée en d'autres termes que la définition proposée par le lexicographe. C'est le plus souvent un exemple signé tiré d'un écrit didactique ou littéraire. La citation didactique cautionne, en général, la définition donnée par le lexicographe, la citation littéraire exprime un contenu original et subjectif.

PR (2013) s.v. *inconscient* II « *L'inconscient est le chapitre de mon histoire qui est marqué par un blanc ou occupé par un mensonge : c'est le chapitre censuré* » Lacan.

PR (2013) s.v. *fatalité*, 2 « *La fatalité, c'est l'excuse des âmes sans volonté* » R. Rolland.

- *Connotations* : l'exemple peut également servir à présenter les *traits connotatifs* du mot-entrée.

TLF s.v. *passion* C 2 « *Est-ce une passion ? Est-ce l'amour ?* [...] *La duchesse était donc sous le joug d'une passion ; aussi en éprouva-t-elle les dévorantes agitations, les involontaires calculs, les desséchants désirs, enfin tout ce qu'exprime le mot passion : elle souffrit* » Balzac.

- *Fonction rhétorique* : l'exemple se charge d'illustrer certaines acceptions dérivées, métaphoriques et métonymiques. Car, comme le note R. Martin, certains usages figurés se prêtent mal à la définition[1]. Ainsi le *PR* ne définit pas l'emploi figuré de *gangue* ; l'exemplification suffit.

PR (2013) s.v. *gangue* 2 Fig. *Dégager des idées de leur gangue.* « *Briser sa gangue, sortir de soi* », Leiris.

C'est par le biais des citations littéraires que le lexicographe peut montrer les tropes d'invention (figures non lexicalisées).

PR (2013*)* s.v. *coiffer* I, 2 *par anal.* : « *La neige coiffait les collines* » Martin du Gard.

PR (2013) s.v. *disque* II, 3 *par métaph.* : « *Toute une vie qu'il croyait privée était en réalité en fiches. Gravée dans le disque dur de la société* » P. Assouline.

TLF s.v. *ténèbres* I, A *par métaph.* : « *Sa robe* [...] *d'un ton clair et rose tranche vivement sur les ténèbres de sa peau* » Baudelaire.

- *Fonction pragmatique* : l'exemple montre la situation dans laquelle une locution est utilisée.

PR s.v. *danger Loc. Un danger public* : personne qui met autrui en danger par maladresse ou insouciance. *Au volant, c'est un danger public !*

2. FONCTION PHILOLOGIQUE

L'exemple a valeur d'*attestation* des faits de langue. Et, selon la tradition philologique persistante dans le dictionnaire, ce sont les attestations d'écrivains qui garantissent, mieux que tout autre texte, la pertinence d'un usage. La citation – du latin

---

1. R. Martin, « L'exemple lexicographique dans le dictionnaire monolingue », p. 602.

citatio : « ce qui est invoqué, appelé » – a une fonction d'« autorité » dans la constitution de la norme linguistique[1].

L'exemple signé, à valeur philologique de témoignage, apparaît dans les principaux cas de figure suivants :
– pour les usages relevant d'un autre état de langue :
PR (2013) s.v. *neveu* 1 *Vx.* petit fils ; descendant « *Mon époux a des fils, il aura des neveux* » Corneille.
– pour les constructions syntaxiques, en particulier à chaque fois que le lexicographe doute de la grammaticalité d'un usage :
PR (2013) s.v. *étager :* Pron. « *une foule énorme s'étageait, s'écrasait sur les gradins brûlés du vieil amphithéâtre* » Daudet.
– pour l'attestation des néologismes :
PR (2013) s.v. 3 *pile* 2 Loc. fam. *Pile-poil* : exactement, précisément. *Votre coup de téléphone* « *calculé pile-poil ! Minuté comme à la guerre* » Pennac.
PR (2013) s.v. *gouvernance* 3 Manière de gouverner, exercice du pouvoir pour gérer les affaires nationales « *la fin d'un système, la fin d'une gouvernance, la fin d'une façon de gérer les préoccupations des Français* » L'Express, 2002.

On perçoit, *a contrario*, qu'un usage fréquent n'a pas besoin d'attestation. L'utilisation d'une citation pour illustrer un contenu banal présente un caractère saugrenu, comme le montre cet exemple du *PR* (1977) : « *Eh bien, dis-je, quoi de neuf ?* » Baudelaire (s.v. 2 *neuf* I, 6).

« Le caractère sacré qu'on attache à la production littéraire empêche qu'on cite Rousseau, par ex., pour dire "Joyeux Noël !" »

J. Rey-Debove, op. cit., p. 259

3. FONCTIONS EXTRALINGUISTIQUES

Lorsqu'il est lu comme un énoncé en usage, l'exemple change de fonction (cf. le phénomène de « la double lecture », évoqué *supra* C). Tenant un discours sur le monde, il a une fonction extralinguistique.

Contenu encyclopédique

L'**exemple encyclopédique** s'inscrit dans une visée didactique ; il transmet des connaissances qui concernent la description du référent. Dans les dictionnaires

---

1. Cf. A. Rey, « Du discours au discours par l'usage : pour une problématique de l'exemple », *Langue française*, 106, p. 96-101.

contemporains, c'est le plus souvent un exemple construit (une phrase). Il confère au mot-entrée illustré (de catégorie nominale) une valeur générale et présente un contenu qui a une valeur de vérité dans le système socioculturel décrit[1].

Certaines assertions relèvent de l'encyclopédie pure.

PR (2013) s.v. *céramique* II *Bernard Palissy fut l'un des créateurs de la céramique en France.*

PR (2013) s.v. *fourmi : On compte environ 2 000 espèces de fourmis.*

D'autres mentionnent des traits descriptifs utiles à l'appréhension du référent.

Dictionnaire du français s.v. *esturgeon : Les œufs d'esturgeon sont un mets très apprécié.*

PR (2013) s.v. *chameau* 1 *On distingue le chameau à deux bosses ou chameau d'Asie et le chameau à une bosse ou chameau d'Arabie. La sobriété, l'endurance du chameau. Transport à dos de chameau.*

Par ce moyen, le dictionnaire de langue intègre des informations qui relèvent du programme de la microstructure d'un dictionnaire encyclopédique. On l'observe dans le traitement de *chameau* dans le *PLI* et le *PR* (cf. Annexes). Les exemples du *PR* correspondent aux traits de la définition hyperspécifique du *PLI* (par ex. *transport à dos de chameau* est l'équivalent de /sert de monture/). On notera que le syntagme *la sobriété, l'endurance du chameau* met en évidence le trait du **stéréotype** associé à *chameau*, trait qui motive l'expression *sobre comme un chameau* (cf. chap. 3, II C 2).

Les exemples encyclopédiques ne sont donc pas seulement destinés à satisfaire la curiosité du lecteur mais certains d'entre eux ont un intérêt linguistique. La frontière entre langue et encyclopédie est poreuse.

Contenu idéologique

Les contenus idéologiques peuvent apparaître dans les exemples, sous n'importe quelle entrée, de façon explicite ou, lorsqu'ils se mêlent à l'information linguistique, de façon implicite.

Les exemples forgés présentent les **lieux communs**, les clichés culturels de la société dont le lexicographe décrit la langue. On en trouve, en grand nombre, dans les répertoires anciens.

---

1. J. Rey-Debove, *Étude linguistique et sémiotique des dictionnaires français contemporains, op. cit.*, p. 276-285.

PLI 1906 s.v. *gaiement : marcher gaiement à la mort*[1].
PLI 1906 s.v. *on : On devient patiente quand on est maman !*
PLI 1906 s.v. *verroterie : Les nègres affectionnent particulièrement la verroterie.*

Ces exemples, qui prêtent aujourd'hui à sourire, illustrent des valeurs communes et partagées de la société du début du xxᵉ siècle (valeurs guerrières, familialisme, racisme). Ils disparaissent du dictionnaire en 1959.

De même, les dictionnaires actuels reflètent le système de valeurs de leur temps. À la dimension culturelle de l'exemple s'ajoute la dimension linguistique (fréquence discursive, présence des termes cooccurrents).

PR (2013) s.v. *pervertir* 2 *L'argent pervertit le sport.*
PR (2013) s.v. *esclavage* 3 *L'esclavage de la drogue.*

Chaque dictionnaire a cependant sa personnalité. R. Martin souligne que de nombreux exemples du *DFC* trahissent des préoccupations sociopolitiques et idéologiques[2].

Les clichés culturels concernent les représentations idéologiques inscrites dans la langue, comme le montre le *traitement du masculin et du féminin*. La dissymétrie sémantique des mots *femme* et *homme*, reflet d'une culture dominée par les hommes, se manifeste dans les exemples du dictionnaire ; ainsi ceux qui illustrent les mots *femme* ou *féminin* véhiculent des traits physiques et psychiques liés à une représentation traditionnelle du rôle et du comportement de la femme (par ex. *féminin* est exemplifié, dans tous les dictionnaires, par *charme* ou *grâce*, *intuition* ou *imagination* ; *viril* par *force* ou *courage*). De même, le verbe *papoter*, péjoratif, est souvent exemplifié au féminin : *Les deux vieilles dames papotaient dans un coin du salon (DFC) ; elle papote avec sa voisine (Dictionnaire du français) ; papoter entre copines (PR 2013)* ; on peut citer encore cet exemple du *DFC* pour *entièrement* (s.v. *entier*) : *une femme entièrement insensible à un argument logique.*

Le lexicographe est, d'une certaine façon, tenu de décrire les contenus idéologiques dont la langue est porteuse. Par le biais de remarques, il peut toutefois marquer sa distance par rapport aux énoncés cités, comme le fait le *GR* (1985), en mettant en garde le lecteur contre « l'image sociale aujourd'hui contestée » (s.v.

---

1. Relevé par J. et C. Dubois, *Introduction à la lexicographie : le dictionnaire*, p. 54.
2. R. Martin, « L'exemple lexicographique… », p. 605.

femme I, A, 1). Il peut aussi, au fil des éditions successives, adapter son discours à l'évolution des mentalités et en atténuer la teneur idéologique. Le *PR* rectifie et retouche les exemples sous l'entrée *femme* (I, 6) :

PR 1967 : *Une jolie femme fraîche, jeune et bien faite.*
PR 1997 : *Une jolie femme jeune et bien faite.*
PR 2007 : *Une femme jeune et bien faite.*

Mais aussi sous des entrées qui risquent fort de passer inaperçues : s.v. *vison* (2) :

PR 1967 : *Elle s'est fait offrir un vison.*
PR 1993 : *Elle s'est offert un vison.*

Contrairement à l'exemple forgé, les exemples signés peuvent fournir des contrepoints à l'idéologie dominante. Selon les auteurs cités, le contenu idéologique sera plus ou moins marqué, conservateur ou précurseur.

« La citation signée, surtout la littéraire, est un discours personnel qui se moque des valeurs de vérité, qui repousse les lieux communs et qui affectionne les collocations imprévisibles. C'est l'irruption de la liberté de l'individu qui fait à la fois un usage optimal de la langue [le style] et déstabilise les lieux communs [le contenu]. Il constitue forcément un facteur d'évolution de la langue et de l'idéologie. »

J. Rey-Debove, *La linguistique du signe. Une approche sémiotique du langage*, p. 250

Deux citations tirées du *PR* permettent d'en prendre la mesure :

s.v. *femme* I, 1 « *Quand sera brisé l'infini servage de la femme, quand elle vivra pour elle et par elle [...], elle sera poète, elle aussi* » Rimbaud.
s.v. *homme* II, B, 2 « *Qu'est-ce que c'est "être un homme" ? Si c'est être courageux, je le suis. Viril aussi. Égoïste, aussi* » Sagan.

Valeur littéraire

L'exemple littéraire peut être cité pour lui-même, en tant qu'énoncé rare et singulier, qui illustre le fait littéraire. Il est représentatif du style d'un écrivain, d'un procédé stylistique ou est le fragment témoin d'une œuvre célèbre.

PR s.v. *ciel* I « *Le ciel, on le voit d'un bord à l'autre de la terre, il est une laque bleue percée de brillances* » Duras.
PR s.v. *siffler* I, 1 « *Pour qui sont ces serpents qui sifflent sur vos têtes ?* » Racine.

PR s.v. *rêve* I, 1 « *Je fais souvent ce rêve étrange et pénétrant* » Verlaine.

Le rapport entre l'entrée exemplifiée et l'exemple s'efface, certaines citations pouvant figurer sous d'autres entrées. Par ce type d'exemples et par la présence des titres d'œuvres, le dictionnaire est proche d'une anthologie.

L'exemple sert de caractérisant typologique au dictionnaire. L'usage exclusif de l'exemple forgé définit le dictionnaire d'apprentissage par son aptitude à répondre aux exigences linguistiques. L'utilisation de la citation définit le dictionnaire de langue plus ambitieux dans sa description des usages. De fait, il y a une complémentarité entre l'exemple forgé et la citation. On rappellera, pour mémoire, afin d'en restituer les termes exacts, la citation célèbre de Voltaire à propos du premier *Dictionnaire de l'Académie française* (1694) : « Il me semble aussi qu'on s'était fait une loi de ne point citer ; mais un dictionnaire sans citation est un squelette. »

V. LES RELATIONS LEXICALES

Dans le dictionnaire, les relations lexicales entre les unités apparaissent dans la microstructure sous la forme de **renvois**. Ces renvois qui relient l'entrée aux mots-entrées du dictionnaire ayant un rapport formel ou sémantique avec elle – le terme *renvoi* désigne à la fois le procédé et l'entrée à laquelle on renvoie – permettent de corriger l'isolement des messages dû au fait que chaque mot est l'objet d'un article autonome. Les renvois à partir de la microstructure dépendent du programme d'information sur l'entrée ; ils sont nombreux dans le *TLF*, le *GR* et le *PR*, rares dans le *PLI* et le *DH*. Les dictionnaires d'apprentissage y ont également recours.

A. LES RELATIONS FORMELLES

Les relations formelles (paronymie et homonymie) sont inégalement traitées dans les dictionnaires.

Les **paronymes** – mots qui présentent une ressemblance formelle telle qu'ils sont susceptibles d'être confondus comme *conjecture* et *conjoncture*, ou *gradation* et *graduation* – sont rarement signalés dans un dictionnaire de langue. Leur présentation relève d'un dictionnaire des difficultés.

Les **homonymes**, en revanche, source d'ambiguïté, ont leur place dans les dictionnaires de langue. Mais leur traitement diffère selon les types d'homonymes (cf. chap. 5, I B 1). Les homonymes homographes, par exemple *car* (conjonction) et *car* (« véhicule »), sont contigus à la nomenclature. Il n'est donc pas nécessaire de leur consacrer une rubrique. Au contraire, **les homonymes homophones** (ou homophones non homographes), par exemple *car, carre, quart*, se succèdent rarement à l'ordre alphabétique ; ils ne peuvent être trouvés par un lecteur ignorant leur graphie. La présentation des homophones du mot permet alors au lecteur d'y accéder et de résoudre l'ambiguïté phonique. Cette rubrique, qui complète l'information relative à la prononciation, est présente dans les ouvrages tels le *Dictionnaire du français*, le *PR*, le *GR*, le *TLF* où elle se trouve à la fin de l'article.

En voici quelques exemples tirés du *PR* 2013 :
s.v. *cher* : ■ Hom. *chair, chaire, cheire, chère* ;
s.v. *plaire :* ■ Hom. *plu : plu (pleuvoir)* ;
s.v. *brin* : ■ Hom. poss. *brun.*

Le recensement des homonymes dans le *PR* tient compte de l'identité phonique de certaines formes fléchies (ex. *plu [plaire]/plu [pleuvoir]*) et de l'évolution actuelle de la prononciation (*brin/brun*). La difficulté pour le lexicographe réside, en effet, dans le choix et le nombre des homophones car il y a de nombreux homophones ne donnant jamais lieu à aucune ambiguïté, qui ne méritent pas d'être mentionnés.

B. LES RELATIONS SÉMANTIQUES

Les relations de synonymie et d'antonymie entre les unités lexicales sont signalées, de manière explicite, dans un grand nombre de dictionnaires de langue. Dans les dictionnaires de langue *Robert*, les relations sémantiques sont traitées dans le cadre des **relations analogiques** qui incluent, outre les synonymes, les hyponymes et les méronymes ainsi que certains dérivés et composés.

On notera que les relations sémantiques (synonymie, antonymie, hyponymie, hyperonymie, méronymie) apparaissent, de manière implicite, dans les définitions du dictionnaire (cf. *supra* III B), voire dans certains exemples (cf. *supra* IV C 1).

Les renvois se détachent du texte de la microstructure par une typographie spécifique ; ils sont précédés d'une indication métalinguistique (ex. *syn.*) ou, pour les renvois analogiques, d'un signe V. (*voir*) converti en une flèche, dans les éditions plus récentes du *PR*. Dans les renvois analogiques, la nature de la relation sémantique n'est pas explicitée.

L'analogie est une notion relativement confuse.

Dans le dictionnaire, « l'analogie est une relation de ressemblance et le mot est employé dans son sens vulgaire ; ce serait une relation entre deux (ou plusieurs mots) ayant une communauté de sens telle que l'un fait penser ou peut faire penser à l'autre ».

J. Rey-Debove, « Le traitement analogique dans le dictionnaire monolingue »,
Encyclopédie internationale de lexicographie, Berlin, New York, De Gruyter, 1989, t. I, 1989, p. 635.

L'analogie permet au lecteur de trouver à partir du sens le mot inconnu : le dictionnaire **analogique** a une fonction **onomasiologique**.

P. Boissière est l'auteur du premier dictionnaire analogique du français (1862) ; l'ouvrage intitulé *Dictionnaire analogique de la langue française. Répertoire complet des mots par les idées et des idées par les mots* regroupe les mots selon leurs rapports de sens, c'est-à-dire de façon non alphabétique (cf. chap. 11, II B). Un siècle plus tard, P. Robert conçoit le *Dictionnaire alphabétique et analogique de la langue française* qui, comme son titre l'indique, traite les rapports analogiques dans le cadre alphabétique. La conciliation de l'ordre formel et de l'ordre sémantique satisfait les exigences des lecteurs.

1. SYNONYMIE ET ANTONYMIE

Indiquer les synonymes et les antonymes du mot-entrée dans le dictionnaire répond à un double objectif : linguistique (synonymes et antonymes servent à préciser et à limiter le sens et l'emploi du mot-entrée), pédagogique (ils permettent au lecteur d'accroître son stock lexical). Mais leur traitement varie sensiblement d'un dictionnaire à l'autre. Le *GR* et le *PR*, par exemple, traitent les synonymes dans le cadre des renvois analogiques mais en excluent les antonymes ; ceux-ci sont placés en fin d'article et rangés selon l'ordre des acceptions.

Soit l'exemple de *cher* « d'un prix élevé » (emploi adjectival et adverbial) dans le *DFC* et le *PR* (2013).

DFC 2 cher, chère adj. 1 D'un prix élevé : *Un tissu cher. Ce livre est trop cher pour ma bourse. Un chauffage plus cher que le charbon* (syn. : COÛTEUX, ONÉREUX, DISPENDIEUX ; RUINEUX, HORS DE PRIX ; contr. : BON MARCHÉ, ÉCONOMIQUE, AVANTAGEUX). 2 Qui vend, qui fournit à des prix élevés : *Un crémier cher. Un restaurant pas cher. Le tailleur le plus cher du marché.* ♦ adv. 1 À un prix élevé, moyennant une somme importante […]. 2 *Payer cher*, acquérir, gagner par de lourds sacrifices […].

PR cher II, 1 Qui est d'un prix élevé → **coûteux, onéreux**. *Ces vêtements sont chers, trop chers* → **inabordable, ruineux** ; *Fam.* **chérot** (cf. Hors de prix*) […]. *Ce n'est pas cher* (cf. Bon marché*) […]. 2 Qui exige de grandes dépenses → **dispendieux**. *L'entretien du parc est trop cher. La vie devient chère* (→ **enchérir**). *Lutter contre la vie chère* (→ **cherté**). 3 Qui fait payer un prix élevé. *Ce marchand est cher. Ce médecin est trop cher. Ces restaurants sont chers* (cf. C'est le coup de bambou*, de barre*, de fusil*). 4 adv. À haut prix → **chèrement**. *Vendre cher* (cf. *fam.* Saler* le client). *Coûter cher.* → *fam.* **chiffrer** […].
Contr. gratuit ; marché (bon marché).

Dans le *DFC*, les synonymes et les antonymes (en capitales) sont systématiquement indiqués après l'exemple ; ce traitement met en évidence le fait que les mots proposés sont substituables au mot défini dans le même contexte : *un chauffage plus cher/plus coûteux/plus économique que le charbon*. Les nuances sémantiques entre les synonymes sont signalées par des flèches : flèche dirigée vers le haut (valeur intensive, ici *ruineux*) ou vers le bas (valeur diminutive).

Dans le *PR*, les synonymes sont placés soit après la définition (*coûteux, onéreux, dispendieux*), soit après l'exemple (*inabordable, ruineux, chérot*). Les renvois contiennent les termes marqués (fam. *chérot*) et un grand nombre de locutions introduites par *cf.* (acception 1 *hors de prix*, acception 3 *c'est le coup de bambou, de barre, de fusil*). Ils manifestent une conception de la synonymie élargie aux relations synonymiques entre unités libres et unités polylexicales.

La caractéristique du réseau analogique des synonymes du *PR* (et du *GR*) est sa richesse. Lors de la refonte du *PR* en 2007, de nombreux renvois ont été ajoutés. L'accent a été porté sur :
– l'intégration de nombreuses locutions familières :

s.v. *facile* 1 *C'est facile, très facile* → *fam.* **fastoche** (cf. *C'est l'enfance* de l'art ; c'est un jeu d'enfant* ; fam. c'est du billard* ; c'est du gâteau* ; c'est du tout cuit ; c'est dans la poche ; c'est du nanan, du nougat*) (les quatre dernières locutions ont été ajoutées dans l'édition de 2013) ;
– l'inclusion de synonymes ne relevant pas du registre standard. Il peut s'agir de mots familiers, de régionalismes, de néologismes :
s.v. *ennuyeux* 1 → […] *Fam.* **chiant, emmerdant, enquiquinant, gonflant, soûlant, tannant** ;
s.v. *ennuyeux* 1 → […] *Région.* **ennuyant** ;
s.v. *impeccable* 3 → […] **super, tip-top**.

Mentionner à partir de l'unité standard les mots de ce type, c'est contribuer à desserrer la norme lexicale.

2. *L'EXEMPLE-RENVOI ONOMASIOLOGIQUE*

Le *GR* et le *PR* utilisent un procédé original. C'est l'exemple (et non plus un seul mot) qui exprime l'idée menant au mot inconnu : c'est, selon la terminologie de J. Rey-Debove, un « exemple-renvoi onomasiologique[1] ».

En voici deux illustrations :
PR s.v. *biche* : *Le petit de la biche* → **faon** ;
PR s.v. *cheval* I, 1 : *Cri du cheval* → **hennissement**.

L'exemple est suivi d'un renvoi (*faon*) dont l'exemple entier est synonyme (*le petit de la biche* a pour synonyme *faon*). Mais l'ensemble constitué par l'exemple et le renvoi suscite également une autre lecture correspondant à une dénomination : *le petit de la biche* s'appelle *faon*. Dans ces cas, l'exemple est utilisé comme « définition inversée » et l'information onomasiologique est totale[2].

3. *HYPONYMIE ET MÉRONYMIE*

Les hyponymes et les méronymes sont signalés dans les renvois analogiques du *PR* et du *GR*.

Les renvois comportant les co-hyponymes sont placés après la définition ; la liste des co-hyponymes présente un champ lexical de nature onomasiologique (cf. chap. 3, II A 2).

PR 2013 s.v. *deux-roues* : *Adm*. Véhicule à deux roues → **bicyclette, cyclomoteur, moto, scooter, vélomoteur**.
PR 2013 s.v. *discours* I, 2 *Cour*. Développement oratoire fait devant une réunion de personnes → **allocution, causerie, conférence, exposé, harangue, improvisation, proclamation, speech** ; *Fam*. **laïus, topo**.

On notera que certains co-hyponymes peuvent figurer comme synonymes dans d'autres dictionnaires. (Ex. *TLF* s.v. *discours* B, 1 quasi-syn. : *allocution, conférence*).

Les renvois recensant les méronymes sont introduits à partir des exemples exprimant cette relation « *Parties de...* ».

---

1. J. Rey-Debove, *Étude linguistique et sémiotique des dictionnaires français contemporains*, p. 308.
2. *Ibid.*, p. 309.

PR 2013 s.v. *discours* II, 1 *Rhét. Les six parties traditionnelles du discours* →
exorde, proposition ; narration, preuve, réfutation ; péroraison.
PR 2013 s.v. *fleur* I, A, 1 *Parties de la fleur* → **périanthe. 2 étamine, pistil.**

Ces renvois analogiques sont de type encyclopédique. Ils montrent une relation
d'appartenance de choses, la séquence exemple et renvoi se prêtant à la lecture suivante : *les parties de la fleur sont le périanthe, les étamines, le pistil* ; *la bicyclette,
le cyclomoteur, la moto, le scooter, le vélomoteur sont des deux-roues.*

Les relations analogiques présentent d'autres relations. On y trouve des dérivés :
ex. cité *supra* s.v. *cher* II, 2 *La vie devient chère* (→ **enchérir**). *Lutter contre la vie
chère* (→ **cherté**). On y trouve également des relations associatives diverses liées
à un thème. Ex. *GR* 2001 s.v. *fumée* I, 2 *Fumée qui monte des flancs du cheval* →
haleine, transpiration. Dans la pratique dictionnairique, l'analogie a des contours
flous. Paul Robert, dans sa préface à la première édition du *PR* (1967), parle « des
fils multiples que la simple logique tresse entre les mots ».

Le nombre et la variété des renvois analogiques montrent le maillage serré dans
lequel chaque mot est pris, permettant au lecteur d'enrichir ses moyens d'expression ; de ce point de vue, les dictionnaires de langue *Robert* rendent de plus grands
services que les dictionnaires spécialisés de synonymes ou les dictionnaires analogiques non alphabétiques.

VI. ANNEXES

Les articles *chameau* dans le *PR* et dans le *PLI.*

Petit Robert (2013)   *Petit Larousse Illustré* (2013)

CHAMEAU [ʃamo] n. m. - *comeil* 1080 ♦ latin *camelus*, grec *kamêlos* ♦ **1** cour. Grand mammifère ongulé *(camélidés)* à une
ou deux bosses dorsales, à pelage laineux. *On distingue le
chameau à deux bosses ou chameau d'Asie et le chameau à une
bosse ou chameau d'Arabie* (> **dromadaire, méhari**). *La sobriété,
l'endurance du chameau* (cf. Le vaisseau" du désert). *Transport
à dos de chameau. Caravane de chameaux. Le chameau blatère.*
— **POIL DE CHAMEAU :** tissu en poil de chameau. *Manteau en
poil de chameau.* — PROV. « *il est plus aisé pour un chameau
d'entrer par le trou d'une aiguille que pour un riche d'entrer
dans le royaume de Dieu* » (ÉVANGILE. saint Matthieu). ♦ **2** ZOOL.
Chameau à deux bosses (opposé à *dromadaire*). ♦ **3** (1828 insulte
envers une femme) FIG. et FAM. Personne méchante, désagréable
(> **cochon, vache**). — *Ah ! le chameau ! Qu'est-ce qui lui prend
à cette enragée-là !* = ZOOL. POP. *La chameau !* — adj. *Ce qu'il
(elle) est chameau !* ♦ **4** (1722) MAR. Combinaison de caissons à
air aidant à soulever un navire pour lui faire franchir des
hauts-fonds.

CHAMEAU n.m. (lat. *camelus*, du gr.). **1.** Mammifère
ruminant d'Asie centrale, à deux bosses graisseuses sur le dos, adapté à la vie dans les régions
arides, où il sert de monture et d'animal de trait.
◇ Cri ; le chameau blatère ; famille des camélidés.
2. Cour. (Abusif en zoologie). Dromadaire. **3.** Fam.
Personne méchante ou désagréable : *Quel chameau, cette fille !*

▲ chameau

BIBLIOGRAPHIE

SÉMANTIQUE ET MORPHOLOGIE

OUVRAGES

AMIOT D., *L'Antériorité temporelle dans la préfixation en français*, Lille, Presses universitaires du Septentrion, 1997.

ANSCOMBRE J.-C., MEJRI S. (éd.), *Le Figement linguistique : la parole entravée*, Paris, Champion, 2011.

APOTHÉLOZ D., *La Construction du lexique français*, Paris, Ophrys, 2002.

BENVENISTE É., *Problèmes de linguistique générale*, Paris, Gallimard, 1974, t. II.

BONHOMME M., *Linguistique de la métonymie*, Berne, Peter Lang, 1987.

BRÉAL M., *Essai de sémantique*, Brionne, Monfort, 1982 [1897].

CHAURAND J., MAZIÈRE F. (éd.), *La Définition*, Paris, Larousse, 1990.

CORBIN D., *Morphologie dérivationnelle et Structuration du lexique*, Lille, Presses universitaires du Septentrion, 1991 [Max Niemeyer, 1987].

CUSIMANO Ch., *La polysémie, essai de sémantique générale*, Paris, L'Harmattan, 2008.

DARMESTETER A., *De la création actuelle des mots nouveaux dans la langue française et des lois qui la régissent*, Paris, Slatkine Reprints, 1972 [1877].

—, *La Vie des mots étudiée dans leurs significations*, Paris, Champ Libre, 1979 [1887].

—, *Traité de la formation des mots composés de la langue française comparée aux autres langues romanes et au latin*, Paris, Champion, 1967 [1893].

DUBOIS J., DUBOIS-CHARLIER F., *La Dérivation suffixale en français*, Paris, Nathan Université, 1999.

DUMARSAIS, *Des tropes ou des différents sens*, Paris, Flammarion, 1988 [1730].

FONTANIER P., *Les Figures du discours*, Paris, Flammarion, 1968 [1830].

FRADIN B., *Nouvelles Approches en morphologie*, Paris, PUF, 2003.

—, *La Raison morphologique. Hommage à la mémoire de Danielle Corbin*, John Benjamins Publishing Company, Amsterdam, 2008.

FRADIN B., KERLEROUX F., PLÉNAT M. (éd.), *Aperçus de morphologie du français*, Paris, Presses universitaires de Vincennes, 2009.

GARDES TAMINE J., *Au cœur du langage. La métaphore*, Paris, Honoré Champion, 2011.

GOUGENHEIM S., *Les Mots français dans l'histoire et dans la vie*, 3ᵉ éd, Paris, Picard, 1968.

GREIMAS A.-J., *Sémantique structurale*, Paris, Larousse, 1966.

GREZKA A., *La Polysémie des verbes de perception*, Paris, L'Harmattan, 2009.

GROSS G., *Les Expressions figées en français : des noms composés aux locutions*, Paris, Ophrys, 1996.

—, *Manuel d'analyse linguistique. Approche sémantico-syntaxique du lexique*, Lille, Presses universitaires du Septentrion, 2012.

GRUAZ C., *La Dérivation suffixale en français contemporain*, Publications de l'université de Rouen, 1988.

—, *Aspects du mot français*, Paris, L'Harmattan, 2005.

GUILBERT L., « De la formation des unités lexicales », *Grand Larousse de la langue française*, Paris, Larousse, 1971, t. I, p. IX-LXXXI.

—, *La Créativité lexicale*, Paris, Larousse, coll. « Langue et langage », 1975.

KERLEROUX F., *La Coupure invisible. Études de syntaxe et de morphologie*, Lille, Presses universitaires du Septentrion, 1996.

KLEIBER G., *La Sémantique du prototype. Catégories et sens lexical*, Paris, PUF, 1990.

—, *Problèmes de sémantique. La polysémie en questions*, Lille, Presses universitaires du Septentrion, 1999.

LAKOFF G., JOHNSON M., *Les Métaphores dans la vie quotidienne*, Paris, Minuit, 1985 [*Metaphors We Live By*, Chicago and London, The University of Chicago Press, 1980].

LAMIROY B. (coord.), *Les Expressions verbales figées de la francophonie. Belgique, France, Québec et Suisse*, Ophrys, 2009.

LARRIVÉE P., *Une histoire du sens : panorama de la sémantique linguistique depuis Bréal*, Bruxelles, PIE-Peter Lang, 2008.

LE GUERN M., *Sémantique de la métaphore et de la métonymie*, Paris, Larousse, 1973.

LYONS J., *Éléments de sémantique*, Paris, Larousse, 1978.

MARTIN R., *Inférence, antonymie et paraphrase*, Paris, Klincksieck, 1976.

—, *Pour une logique du sens*, Paris, PUF, 1992 [1983].

—, *Sémantique et Automate*, Paris, PUF, 2001.

MARTINET A., *Éléments de linguistique générale*, Paris, A. Colin, 1996 [1967].

MATHIEU-COLAS M., *Les Mots à trait d'union, problèmes de lexicologie informatique*, Paris, Didier, 1994.

MEILLET A., *Linguistique historique et Linguistique générale*, Genève-Paris, Slatkine-Champion, 1982 [1975].

MEJRI S., *Le Figement lexical. Description linguistique et structuration sémantique*, Tunis, Publications de la Faculté des lettres de la Manouba, 1997.

MEYER B., *Synecdoques. Étude d'une figure de rhétorique*, Paris, L'Harmattan, 1993.

MITTERAND H., *Les Mots français*, Paris, PUF, coll. « Que sais-je ? », n° 270, 2000 [1963].

NYCKEES V., *La Sémantique*, Paris, Belin, 1998.

NYROP K., *Grammaire historique de la langue française*, vol. III, *Formation des mots*, Paris, Slatkine Reprints, 2011 [1914-1960].

PETIT G., *La dénomination, approches lexicologique et terminologique*, Louvain, Bibliothèque de l'information grammaticale, 2009.

PICOCHE J., *Structures sémantiques du lexique français*, Paris, Nathan, 1995 [1986].

—, *Didactique du vocabulaire français*, Paris, Nathan, 1993 ; édition revue : *Enseigner le vocabulaire, la théorie et la pratique*, Éditions Vigdor, 2009, www. vigdor.com

POTTIER B., *Linguistique générale. Théorie et description*, Paris, Klincksieck, 1974.

PRUVOST J., SABLAYROLLES J.-F., *Les Néologismes*, Paris, PUF, coll. « Que sais-je ? », n° 3674, 2003.

RASTIER F., *Sémantique interprétative*, Paris, PUF, 1987.

REY-DEBOVE J., *La Linguistique du signe*, Paris, A. Colin, 1998.

SABLAYROLLES J.-F., *La Néologie en français contemporain*, Paris, Champion, 2000.

SAUSSURE F. DE, *Cours de linguistique générale*, Paris, Payot, 1972 [1916].

—, *Écrits de linguistique générale*, Paris, Gallimard, 2002.

SOUTET O. (dir.), *La Polysémie*, Paris-Sorbonne, Presses de l'Université, 2005.

TEMPLE M., *Pour une sémantique des mots construits*, Lille, Presses universitaires du Septentrion, 1996.

TOURATIER Ch., *La Sémantique*, Paris, A. Colin, coll. « Cursus », 2010 [2000].

—, *Morphologie et Morphématique. Analyse en morphèmes*, Publications de l'Université de Provence, coll. « Langues et langage », 8, 2002.

TOURNIER J., *Introduction descriptive à la lexicogénétique de l'anglais contemporain*, Paris, Slatkine, 2007 [1985].

—, *Précis de lexicologie anglaise*, Nathan Université, 1993 [1987].

TOURNIER J., TOUNIER N., *Dictionnaire de lexicologie française*, Paris, Ellipses, 2009.

ULLMANN S., *Précis de sémantique française*, Berne, Francke, 1952.

VAN GOETHEM K., *L'Emploi préverbal des prépositions en français. Typologie et grammaticalisation*, Bruxelles, De Boeck-Duculot, 2009.

VICTORRI B. et FUCHS C., *La Polysémie. Construction dynamique du sens*, Paris, Hermès, 1996.

REVUES

Revues de lexicologie

Cahiers de lexicologie, dir. G. Gross, J. Pruvost, Revue internationale de lexicologie et lexicographie, Éditions Garnier.

Lexique, dir. P. Corbin, A.-M. Berthonneau, Presses Universitaires du Septentrion.

Neologica, LDI, Université Paris XIII – CNRS, dir. J. Humbley, J.-F. Sablayrolles, Éditions Garnier.

Silexicales, SILEX, Université de Lille III.

Numéros de revue : sémantique

Aux sources de la polysémie nominale, dir. P. Cadiot, B. Habert, *Langue française* 113, Larousse, mars 1997.

Collocations, corpus, dictionnaires, dir. P. Blumenthal, F.-J. Hausmann, *Langue française* 150, Larousse, juin 2006.

Empirie, Théorie, Exploitation : le travail de Jean Dubois sur les verbes français, dir. D. Leeman, P. Sabatier, Langages 179-180, Larousse, septembre-décembre 2010.

L'hyponymie et l'hyperonymie, dir. M-F. Mortureux, *Langue française* 98, Larousse, juin 1990.

La relation d'appartenance, Faits de langue 7, Ophrys, 1996.

La relation partie-tout, Verbum, 1997 (T. XIX, N° 3), Presses Universitaires de Nancy.

La synonymie, dir. A. Balibar-Mrabti, *Langages* 128, Larousse, décembre 1997.

La synonymie en questions, Échanges entre les époques, dir. F. Berlan, D. Bouverot, *Le français moderne* 1, CILF, 2007.

Le classement syntactico-sémantique des verbes français, dir. J. François, D. Le Pesant, D. Leeman, *Langue française* 153, mars 2007.

Le lexique, entre identité et variation, dir. J.-J. Franckel, *Langue française* 133, Larousse, février 2002.

Les classes d'objets, dir. D. Le Pesant, M. Mathieu-Colas, *Langages* 131, septembre 1998.

Les figures de rhétorique et leur actualité en linguistique, dir. R. Landheer, *Langue française* 101, Larousse, février 1994.

Les figures entre langue et discours, dir. Ch. Marque-Pucheu, *Langue française* 129, Larousse, février 2001.

Les primitifs sémantiques, dir. B. Peeters, *Langue française* 98, Larousse, mai 1993.

Nouvelles approches de la métaphore, dir. A. Balibar-Mrabti, M. Conenna, *Langue française* 134, Larousse, mai 2002.

Représentations du sens lexical, dir. P. Larrivée, *Langages* 172, Paris, Larousse, 2008.

Sélection et sémantique, dir. J. Giry-Schneider, *Langages* 115, Larousse, septembre 1994.

Sémantique lexicale et grammaticale, dir. Y. Y. Mathieu, *Langages* 136, décembre 1999.

Verbes et classes sémantiques, dir. A. Grezka, F. Martin-Berthet, *Verbum* 2007 (1-2), Presses Universitaires de Nancy.

Numéros de revue : morphologie

Composition syntaxique et figement lexical, dir. J. François, S. Mejri, Bibliothèque de Syntaxe & Sémantique, Presses Universitaires de Caen, 2006.

La formation des mots : horizons actuels, dir. D. Corbin, P. Corbin, M. Temple, *Lexique* 16, Presses Universitaires du Septentrion, 2004.

La formation des mots, structures et interprétations, dir. D. Corbin, *Lexique* 10, Presses Universitaires de Lille, 1991.

La morphologie des dérivés évaluatifs, D. Corbin, G. Dal, B. Fradin, B. Habert, F. Kerleroux, M. Plénat, M. Roché, *Silexicales* 2, SILEX, Université de Lille III, 1999.

La productivité lexicale, dir. A. Dugas, Ch. Molinier, *Langue française* 96, Larousse, décembre 1992.

La productivité morphologique en questions et en expérimentations, dir. G. Dal, *Langue française* 140, Larousse, décembre 2003.

Les expressions figées, dir. L. Danlos, *Langages* 90, Larousse, juin 1988.

Les unités morphologiques, B. Fradin, G. Dal, N. Hathout, F. Kerleroux, M. Plénat, M. Roché, *Silexicales* 3, SILEX, Université de Lille III, 2003.

Mots possibles et mots existants, D. Corbin, B. Fradin, B. Habert, F. Kerleroux, M. Plénat,

Silexicales 1, SILEX, Université de Lille III, 1997.

Nominalisations : nouveaux aspects, dir. R. Marin, F. Villoing, *Lexique* 20, Presses Universitaires du Septentrion, 2012.

Quoi de neuf en morphologie ?, dir. B. Fradin, F. Kerleroux, *Langages* 152, Larousse, décembre 2003.

   Numéros de revue : sémantique et morphologie
La néologie lexicale, dir. L. Guilbert, *Langages* 36, Didier-Larousse, 1974.
La problématique du mot, dir. S. Mejri, *Le français moderne* 1, Paris, CILF, 2009.
Le statut d'unité lexicale, dir. G. Petit, *LINX* 40, Université Paris X- Nanterre, 1999.
Les mots, leur sens, leur forme, leur création et leur reconnaissance, D. Limame, I. Skouratov, I. Thomas éds., *BULAG* 27, Presses Universitaires Franc-comtoises, 2002.
Néologie, dir. S. Mejri, J.-F. Sablayrolles, *Langages* 183, 2011.
Polysémie et polylexicalité, dir. S. Mejri, Bibliothèque de Syntaxe & Sémantique, Presses Universitaires de Caen, 2003.

LEXICOGRAPHIE

OUVRAGES

BÉJOINT Henri, THOIRON Philippe, dir., *Les dictionnaires bilingues*, Louvain-la-Neuve, De Boeck-Duculot, 1996.

COLLIGNON L. GLATIGNY M., *Les dictionnaires, Initiation à la lexicographie*, paris, CEDIC, 1978.

DUBOIS J., DUBOIS C., *Introduction à la lexicographie : le dictionnaire*, Paris, Larousse, 1971.

GAUDIN F., GUESPIN L., *Initiation à la lexicologie française, De la néologie aux dictionnaires*, Bruxelles, Duculot, 2000.

HAUSMANN F.J., REICHMANN O., WIEGAND H.E., ZGUSTA L. éds., *Wörterbücher/ Dictionaries / Dictionnaires. Ein internationales Handbuch zur Lexikographie /An International Encyclopedia of Lexicography / Encyclopédie internationale de lexicographie*, 3 vol., Berlin / New York, Walter de Gruyter, 1989-1991.

HEINZ M. éd., *L'exemple lexicographique dans les dictionnaires français contemporains*, Tübingen, Niemeyer, Lexicographica Series Maior, 2005.

La marque en lexicographie, dir. BAIDER F., LAMPROU E, MONVILLE-BURSTON M. éds., Limoges, Lambert-Lucas, 2011.

Le Dictionnaire de l'Académie française et la lexicographie institutionnelle européenne, B. QUEMADA et J. PRUVOST éds., Paris, Champion, 1998.

Les dictionnaires Larousse. Genèse et évolution, dir. M. CORMIER, A. FRANCOEUR, Les Presses de l'Université de Montréal, 2005.

Les dictionnaires Le Robert. Genèse et évolution, dir. M. CORMIER, A. FRANCOEUR, J-C. BOULANGER, Les Presses de l'Université de Montréal, 2003.

MARTINEZ C., *L'Orthographe dans les dictionnaires français, La construction de la norme graphique par les lexicographes*, Paris, Champion, 2012.

MESCHONNIC H., *Des mots et des mondes. Dictionnaires, encyclopédies, grammaires, nomenclatures*, Paris, Hatier, 1991.

PAULY É., *La polysémie, Réflexion théorique, méthodologique et application à la lexicographie. L'exemple des verbes aller*, partir *et tirer en français contemporain*, Paris, L'Harmattan, 2010.

Pierre Larousse. Du Grand Dictionnaire au Petit Larousse, dir. J. PRUVOST, M. GUILPAIN-GIRAUD, J. DE BLOIS, Paris, Champion, 2002.

PRUVOST J., *Les dictionnaires de langue française*, Paris, PUF, Que sais-je ?, 2002.

PRUVOST J., Les dictionnaires français outils d'une langue et d'une culture, Paris, Ophrys, 2006

QUEMADA B., *Les dictionnaires du français moderne, 1539-1863*, Paris, Didier, 1968.

REY A., *De l'artisanat des dictionnaires à une science du mot*, Paris, Armand Colin, 2008 [*Le lexique : images et modèles. Du dictionnaire à la lexicologie*, 1977].

REY A., *Dictionnaire amoureux des dictionnaires*, Paris, Plon, 2011.

REY A., *Encyclopédies et dictionnaires*, Paris, PUF, Que Sais-Je ?, 1982.

REY-DEBOVE J., *Étude linguistique et sémiotique des dictionnaires français contemporains*, La Hague, Mouton, 1971.

WAGNER R.-L., *Les vocabulaires français, I, Définitions, Les dictionnaires*, Didier, 1967

REVUES

Revues de lexicographie

Les Cahiers du dictionnaire, dir. G. DOTOLI, Paris, Classiques Garnier.

Lexicographica, International Annual for Lexicography, Revue Internationale de Lexicographie, Internationales Jahrbuch für Lexicographie, (ed. by Gouws, RUFUS H., HEID U., SCHIERHOLZ S., SCHWEICKARD W., WIEGAND H.E.), Berlin, W. de Gruyter.

Numéros de revue

Aspects de la métalexicographie du XVIIe au XXIe siècles, dir. J. PRUVOST, *Cahiers de lexicologie* 88, Paris, Garnier, 2006.

Changer les dictionnaires ?, dir. P. CORBIN et N. GASIGLIA, *Lexique* 19, Presses Universitaires du Septentrion, 2009.

Collocations, corpus, dictionnaires, dir. P. BLUMENTHAL, F J HAUSMANN, *Langue française* 150, Paris, Larousse, 2006.

Dictionnaire, sémantique et culture, dir. S. DELESALLE, A. REY, *Langue française* 43, Paris, Larousse, 1979.

Dictionnaires électroniques du français, dir. BL. COURTOIS, M. SILBERZTEIN, *Langue française* 87, Paris, Larousse 1990.

Dictionnaires et innovation, ELA 137, Klincksieck, 2005.

Dictionnaires et littérature, Littérature et dictionnaires, dir. P. CORBIN, J.-P. GUILLERM, *Lexique* 12-13, Presses Universitaires de Lille, 1995.

Dictionnaires et orthographe, dir. CH. JACQUET-PFAU et M. MATHIEU-COLAS, *Cahiers de lexicologie* 97, Paris, Garnier, 2010.

Dictionnaires : nouvelles approches, nouveaux modèles, Revue française de linguistique appliquée, vol. X-2, 2005.

Dictionnaires : nouvelles technologies, nouveaux produits ? Revue française de linguistique appliquée, vol. II-1, 1997.

Le dictionnaire, dir. B. Al, J. Spa, *Lexique* 2, Presses Universitaires de Lille, 1983.

Le Dictionnaire de l'Académie française : un modèle qui traverse les siècles, *Études de linguistique appliquée (ÉLA)* 163, Klincksieck, 2011.

L'exemple dans le dictionnaire de langue. Histoire, typologie, problématique, dir. A. LEHMANN, *Langue française* 106, Paris, Larousse, 1995.

Les marques d'usage dans les dictionnaires (XVIIᵉ-XVIIIᵉ siècles), dir. M. GLATIGNY, *Lexique* 9, Presses Universitaires du Septentrion, 1990.

Lire les dictionnaires : une pluralité d'approches, dir. N. GASIGLIA, *Lexique* 22, Presses Universitaires de Lille, 2013.

Voix et voies de la lexiculture, dir. J. PRUVOST, *Études de linguistique appliquée (ÉLA)* 154, Klincksieck, 2009.

DICTIONNAIRES

Dictionnaires généraux

Dictionnaire de l'Académie française, 9ᵉ éd., en cours, 3 vol. parus, Imprimerie nationale-Fayard 1992-2011 ; www.academie-française.fr ; www.atilf.fr/dictionnaires/

Dictionnaire Hachette (DH), Hachette, 2013.

DUBOIS J. et al., *Dictionnaire du français contemporain (DFC)*, Larousse, 1 vol., 1980, 1971 [1966].

DUBOIS J. (dir.), *Lexis. Le dictionnaire érudit de la langue française*, Larousse, 1 vol., 2009 [1979].

GUILBERT L. et al., *Grand Larousse de la langue française (GLLF)*, Larousse, 7 vol., 1971-1978.

IMBS P., QUEMADA B. (dir.), *Trésor de la langue française. Dictionnaire de la langue du XIXᵉ et du XXᵉ siècles (1789-1960) (TLF)*, Éditions du CNRS-Klincksieck-Gallimard, 16 vol., 1971-1994 *(TLFI)* ; CD-ROM 2004 ; www.atilf.fr/tlfi

Le Petit Larousse illustré (PLI), Larousse, 1 vol., 2013 [1906].

PICOCHE J., ROLLAND J.-C., *Dictionnaire du français usuel*, De Boeck-Duculot, 1 vol., 2002.

REY A. (dir.), (*GR*), *Grand Robert de la langue française. Dictionnaire alphabétique et analogique de la langue française*.Le Robert, 6 vol., 2001 [P. ROBERT (dir.), 1957-1964 ; 1985].

—, *Dictionnaire culturel en langue française*, Le Robert, 4 vol., 2005.

REY A., REY-DEBOVE J. (dir.), *Le Nouveau Petit Robert. Dictionnaire alphabétique et analogique de la langue française* (*PR*), Le Robert, 1 vol., 2013 [1967].

Dictionnaires spécialisés

BLOCH O., VON WARTBUCH W, *Dictionnaire étymologique de la langue française*, Paris, PUF, 1 vol., 2008 [1960].

CELLARD J., REY A., *Dictionnaire du français non conventionnel*, Paris, Hachette, 1991 [1980].

COTTEZ H., *Dictionnaire des structures du vocabulaire savant*, Le Robert, coll. « Les Usuels du Robert », 1988 [1985].

ENCKELL P., RÉZEAU P., *Dictionnaire des onomatopées,* Paris, PUF, 2003.

GRUAZ C., HONVAULT R., *Dictionnaire synchronique des familles de mots français* (*DISFA*), 2 vol., CNRS-HESO, CNRS-DYALANG, Limoges, Lambert-Lucas, 2008.

LE FUR D., *Dictionnaire des combinaisons de mots. Les synonymes en contexte*, Paris, Le Robert, coll. « Les Usuels du Robert », 2007.

MEL'ČUK I., POLGUÈRE A., *Lexique actif du français*, Bruxelles, De Boeck, 1 vol., 2007.

PICOCHE J., *Dictionnaire étymologique du français*, Paris, Le Robert, « Les Usuels du Robert », 2008 [1971].

REY A. (dir.), *Dictionnaire historique de la langue française*, 3 vol., Paris, Le Robert, 2006 [2 vol., 1992].

REY A., CHANTREAU S., *Dictionnaire des expressions et locutions figurées*, Paris, Le Robert, coll. « Les Usuels du Robert », 1979.

REY-DEBOVE J., *Le Robert Brio. Analyse des mots et régularités du lexique*, Paris, Le Robert, 1 vol., 2004 [*Le Robert méthodique*, Le Robert, 1982].

RÉZEAU P. (dir.), *Dictionnaire des régionalismes de France. Géographie et histoire d'un patrimoine linguistique*, Bruxelles, De Boeck-Duculot, 2001.

INDEX

hyponyme, -ie 26, 73-78, 218, 301

I

idiomatique 82, **220**, 225
implication 75, 77, 82
incluant **38**-43, 52, 62-69, 277, 280
inclusion **38**-52, 62-69, **74**, 277
infixe 176
inhérent (sème) **49**, 114
intension (*vs* extension) 34, 39, 74
interfixation 163, 211
interfixe 187
interjection **16**, 137, 228, 257

L

lemme, lemmatisation 18
lexème (1) 18
lexème (2) 150
lexie (1) 214, **216**
lexie (2) **17**, 108
ligalexe 186
locution 19, 59, **214**, **216**, 222, 223,
  254, 284, 300

M

marque, marqué **23**, **83**, 108, 240, 243,
  268-275
méronyme, -ie 21, **73**, **77**, 278, 298,
  301
métaphore, -ique 27, **109**, 118, **121**,
  123-133, 272-273, 292
métonymie 26, 27, **112**, 118, 123-133,
  190, 193, 206, 221, 272-273
monème 150, 176
monosémie, -ique 91
morphe 152

morphème 18, **149**, 153, 150
morphème discontinu 164, 167
morphème libre 151
morphème lié 151, 152, 175
morphème zéro 168
morphon 153
mot complexe 155
mot composé 76, 211, 220, 227-228
mot construit **139**, **155-156**, 163, 175
mot fléchi 18, 156, 175
motivation relative 145
mot simple 21, 76, 145, 150, 151, 155,
  217, 257
mot-valise 172, **213**, 253

N

néologie, -isme 22, 27, 108, 155, 188,
  244, 252, 268, 293, 300
noème 48

O

onomasiologie, -ique **46**, 50, 80, 261,
  299, 301
onomatopée 137, 148, 244, 280

P

paradigme, -atique **19-20**, 45, 85, 151,
  161,175, 218, 289, 291
parasynonyme, -ie **79**, 88
parasynthèse, parasynthétique **144**,159,
  164, 166, 180, 196, 199
paronyme, -ie 21, **93**, 297
parties du discours **15**, 141, 191
partie-tout (relation) 73, **77**, 199, 277
phraséologie, -ique **59**, 63, 69, 220,
  261, 284-286, 289

Achevé d'imprimer en France
en juin 2013
par Dupli-Print à Domont (95)
www.dupli-print.fr

ARMAND COLIN s'engage
pour l'environnement en réduisant
l'empreinte carbone de ses livres.
Celle de cet exemplaire est de :
1,572 kg éq. CO_2
Rendez-vous sur
www.armand-colin-durable.fr

PAPIER À BASE DE
FIBRES CERTIFIÉES

Armand Colin Editeur
21, rue de Montparnasse – 75006 Paris

11017847 – (I) – (1,2) - OSB 90° - ACT
Dépôt légal : juin 2013 - N° d'impression : 232429